Informatik-Fachberichte 212

Herausgeber: W. Brauer
im Auftrag der Gesellschaft für Informatik (GI)

W.-M. Lippe (Hrsg.)

Software-Entwicklung

Konzepte, Erfahrungen, Perspektiven
Fachtagung, veranstaltet vom
Fachausschuß 2.1 der GI
Marburg, 21.-23. Juni 1989
Proceedings

Springer-Verlag
Berlin Heidelberg New York
London Paris Tokyo Hong Kong

Herausgeber

Wolfram-M. Lippe
Westfälische Wilhelms-Universität Münster
Institut für Numerische und Instrumentelle Mathematik – Informatik
Einsteinstraße 62, D-4400 Münster

Programmkomitee

U. Ammann	Contraves, Zürich
M. Broy	Universität Passau
M. Feldmann	SEL, Stuttgart
R. Franck	Universität Bremen
H. Ganzinger	Universität Dortmund
W. Hesse	Universität Marburg
K. Indermark	RWTH Aachen
R.-T. Kölsch	Kölsch & Altmann, München
H. Kröger	Universität Gießen
J. Kupka	Universität Clausthal-Zellerfeld
W.-M. Lippe	Universität Münster (Vorsitzender)
P. Meinen	Softlab, München
K.H. Möller	Siemens, München
H. Sandmayr	Infogem AG, Baden/Schweiz
M. Sommer	Universität Marburg
H. Weber	Universität Dortmund
H. Wössner	Springer-Verlag, Heidelberg

CR Subject Classification (1987): D.2-3, I.3.4, K.3.1, K.6

ISBN-13:978-3-540-51353-7 e-ISBN-13:978-3-642-74872-1
DOI: 10.1007/978-3-642-74872-1

CIP-Titelaufnahme der Deutschen Bibliothek.
Software-Entwicklung: Konzepte, Erfahrungen, Perspektiven; Fachtagung, veranst. vom Fachausschuß 2.1 der GI, Marburg, 21.-23. Juni 1989; proceedings / W.-M. Lippe (Hrsg.). – Berlin; Heidelberg; New York; London; Paris; Tokyo: Springer, 1989
(Informatik-Fachberichte; 212)
ISBN-13:978-3-540-51353-7

NE: Lippe, Wolfram-Manfred [Hrsg.]; Gesellschaft für Informatik / Fachausschuß Software-Entwicklung – Konzepte, Erfahrungen, Perspektiven; GT

2145/3140-543210 – Gedruckt auf säurefreiem Papier

VORWORT

Bei der Entwicklung von Software-Systemen treten Probleme auf, die zum Teil denen ähnlich sind, die man von Ingenieur-Projekten her kennt. Hierzu gehören z.B. das Management, die Kostenkontrolle, die Auswahl von Werkzeugen, die Qualitätskontrolle und die Produktpflege. Obwohl in den letzten Jahren eine Reihe von Methoden und Werkzeugen zur Lösung dieser Probleme entwickelt wurden, werden auch heute noch Software-Systeme erstellt, die überteuert, unzuverlässig und benutzerunfreundlich sind. Hierfür gibt es im wesentlichen zwei Gründe: Die existierenden Produkte zur Unterstützung der einzelnen Phasen der Softwareentwicklung sind noch nicht adäquat genug, und ihre Verbreitung sowie ihr Einsatz erfolgen noch nicht in dem bereits heute möglichen Umfang.

Der Fachausschuß 2.1 "Programmiersprachen und Software-Entwicklung" der Gesellschaft für Informatik hat sich daher entschlossen, in Zusammenarbeit mit der Universität Marburg vom 21. bis 23. Juni 1989 eine Fachtagung mit dem Thema "Software-Entwicklung - Konzepte, Erfahrungen, Perspektiven" zu veranstalten, bei der sowohl neue Konzepte vorgestellt werden als auch über Erfahrungen mit bestehenden Systemen berichtet wird.

Im Mittelpunkt des Interesses stehen hierbei die Aspekte der Software-Entwicklung:

- An welchen Leitlinien soll sie sich orientieren, welche Methoden und Werkzeuge sind für welche Aufgabenstellungen am besten geeignet?
- Wie lassen sich die speziellen Probleme bewältigen, die sich bei der Planung und Durchführung großer und sehr großer Software-Projekte ergeben, wie lassen sich Kosten und Termine abschätzen, große Entwickler-Teams führen, Systembausteine arbeitsteilig entwickeln und zusammenfügen, Dokumentationsmengen verwalten etc.?
- Welches sind die sprachlichen Ausdrucksmittel und Interaktionsformen, mit denen wir heute und in Zukunft mit Computern umgehen, und wie werden sie in Entwicklungsumgebungen verfügbar gemacht und diese wiederum durch Software realisiert?
- Welchen Einfluß haben Software-Entwicklung und -Anwendung auf die beteiligten Menschen?
- Wie gestaltet und verändert sich die Arbeitssituation und -qualität für Software-Entwickler und Benutzer? Wie sind die Aufgaben zwischen Mensch und Maschine verteilt, welche Auswirkungen haben Automatisierungsvorhaben auf die Gesellschaft?

Die große Resonanz von ungefähr 60 eingereichten Beiträgen zeigt die Aktualität dieses Themenkreises. Dank dieser hohen Anzahl fiel dem Programmkomitee aber auch die Auswahl für das Tagungsprogramm nicht leicht, und in vielen Fällen war dann die thematische Orientierung Grund für eine Nichtberücksichtigung. Ich möchte daher an dieser Stelle ausdrücklich auch den Autoren danken, die mit ihrem Beitrag nicht in diesem Tagungsband vertreten sind. Einige der Beiträge, die für das Fachgespräch nicht berücksichtigt werden konnten, werden jedoch in den beiden Workshops "Soziale und arbeitspsychologische Aspekte der Software-Entwicklung" und "Wiederverwendbarkeit von Software" vorgestellt und in einem Sonderheft der Softwaretechnik-Trends abgedruckt.

Danken möchte ich auch all denen, die dem Programmkomitee bei der Begutachtung geholfen haben, den Firmen und Institutionen, die diese Veranstaltung unterstützen, und meinen Mitarbeitern, ohne deren Hilfe ich die übernommenen Aufgaben nicht hätte durchführen können.

Ganz besonders bedanken möchte ich mich bei den Mitgliedern des Organisationskomitees in Marburg unter der Leitung der Kollegen Hesse und Sommer. Die Zusammenarbeit mit ihnen hat Freude gemacht.

Der Tagung wünsche ich einen erfolgreichen Verlauf und den Teilnehmern und Lesern dieses Bandes, daß ihnen die Tagung interessante Anregungen und fruchtbare Diskussionen vermittelt.

Münster, im April 1989 W.-M. Lippe

INHALTSVERZEICHNIS

Programmiersprachen

Formale Beschreibungsverfahren

Produktaspekte: Qualitätssicherung und Dokumentation

Anwendungen: Bildverarbeitung und Ausbildung

Softwareentwicklung als Realitätskonstruktion

Christiane Floyd
TU Berlin
Sekr. FR 5-6
Franklinstr. 28/29
D-1000 Berlin 10

Realität = Gemeinschaft
/v. Foerster 73/

1. Einleitung

Im folgenden will ich eine Sicht der Softwareentwicklung skizzieren, die im wesentlichen mit erkenntnistheoretischen Auffassungen des *Radikalen Konstruktivismus*[1] übereinstimmt. Es handelt sich hier um einen ersten Versuch, die Ergebnisse meiner Forschungstätigkeit der letzten beiden Jahren in schriftlicher Form vorzustellen[2]. Ich möchte sie als Vorschlag für eine weitergehende Diskussion einbringen und entsprechend vorsichtig formulieren.

Mein Anliegen war, Softwareentwicklung zu verstehen. Es ergab sich aus der langjährigen Beschäftigung mit Softwareentwicklungsmethoden in Forschung, Lehre und Praxis[3]. Dabei sind für mich die etablierten Denkschemata der Disziplin Software Engineering als ausschließliche Fundierung der wissenschaftlichen Arbeit fragwürdig geworden.

Das betrifft insbesondere folgende Grundannahmen des Faches: die Sicht der Softwareentwicklung als Produktion von Programmsystemen aufgrund fester Vorgaben, die Trennung zwischen Produktion und Einsatz bzw. Wartung, die Einteilung der Produktion in linear zu durchlaufende Phasen, die dabei fast ausschließliche Verwendung von Zwischenergebnissen in Form von Dokumenten, die Sicht von Methoden als feste Regelwerke, die menschen- und situationsunabhängig eine standardisierte Arbeitsweise

---

1 Der Kürze halber spreche ich von jetzt ab nur von "Konstruktivismus", meine damit aber durchgehend den radikal konstruktivistischen Ansatz (z.B. /v. Foerster 73/, /v. Glasersfeld 81/, /Maturana, Varela 87/, /Watzlawick 81/, /Schmidt 87/).

2 Meine Forschung wurde von der Stiftung Volkswagenwerk in zweifacher Weise gefördert: durch ein Akademie-Stipendium im Wintersemester 1987/88 für einen Forschungsaufenthalt in Palo Alto zum Thema "Erkenntnistheoretische Grundlagen der Softwareentwicklung" und durch Finanzierung der Tagung "Software Development and Reality Construction" vom 26.-30.9.1988 in Schloß Eringerfeld. Ich möchte der Stiftung hiermit herzlich danken.

3 Diese Arbeit fand seit 1978 an der TU Berlin in einem kooperativ gestalteten Forschungsmilieu statt, und wurde von meinen Mitarbeitern wesentlich mitgetragen. Insbesondere danke ich Reinhard Keil-Slawik, Jürgen Pasch, Fanny-Michaela Reisin und Gerhard Schmidt.

festlegen und die einseitige Betonung von Formalisierung unter Wegfall von Kommunikation, Lernen und Evolution[1].

Ich gebe gerne zu, daß kaum ein mir bekannter Autor die genannten Annahmen heute noch ohne Einschränkungen vertritt. Sie werden vielmehr als Idealvorstellungen eingeschätzt, die in der Praxis nur approximiert werden können. Es gibt aber noch wenige Ansätze zu Alternativen für die etablierte Denktradition des Software Engineering[2].

Die Fragwürdigkeit dieser Tradition folgt für mich zum einen aus den eklatanten Widersprüchen zwischen ihren Postulaten und dem, was in Projekten in der Industrie wie auch an der Hochschule tatsächlich stattfindet, obwohl viele dieser Projekte im Sinne der etablierten Tradition angeleitet werden. Mir steht fern zu behaupten, die Produktionssicht der Softwareentwicklung wäre irrelevant, sie scheint mir aber immer nur jeweils stückweise bezogen auf wohldefinierte Teilziele zu greifen, während sie der Softwareentwicklung als Ganzem nicht gerecht wird.

Zum anderen berücksichtigt die etablierte Sicht nicht das Ringen um Qualität[3] bei der Softwareentwicklung. Letztlich bietet sie keine Aufsatzpunkte für eine menschengerechte Systemgestaltung.

Hier scheint eine reichhaltigere Sichtweise notwendig. Das hat mich veranlaßt, nach adäquaten erkenntnistheoretischen Grundlagen für die Softwareentwicklung zu suchen[4]. Sie müssen uns helfen, spezifische, von Gemeinschaften getragene, koordinierte Erkenntnisprozesse zu verstehen, bei denen verschiedene Realitätsbereiche aufeinanderstoßen, abstrakte und gleichzeitig sehr komplexe Ergebnisse erarbeitet werden, die entstehende technische Realität der Software mit der sozialen Realität ihrer Herstellung und Nutzung verwoben ist, und sämtliche Prozesse vor dem Hintergrund gesellschaftlicher Widersprüche stattfinden.

Nach meiner Auffassung geht es bei der Softwareentwicklung primär um eine spezifische Ausprägung von *Design*. Unter Design verstehe ich insgesamt den kreativen Vorgang, in dem das Problem erschlossen, eine zugehörige Lösung erarbeitet und in menschliche Sinnzusammenhänge eingepaßt wird. Treffend dafür ist die Feststellung von Peter Naur:

---

1 Die daraus resultierende Kritik des Software Engineering findet sich in /Floyd 81/, /Floyd, Keil 83/, /Floyd 84/, /Floyd 85a/ und /Floyd 87/.

2 Nach meiner Auffassung ist der tragfähigste alternative Denkansatz der von Peter Naur über Programmierung als "Theoriebildung" (/Naur 84/). Meine eigene Arbeit im Software Engineering wurde durch Peter Naur maßgeblich beeinflußt (siehe auch meine Zusammenfassung seiner Kritik einer formalistischen Programmiermethodik in /Floyd, Mehl, Reisin, Schmidt, Wolf 87/).

3 "Quest for Quality", eine Wortschöpfung von Donald Knuth im Zusammenhang mit seiner Reflexion der Entwicklung des TeX-Systems und der dabei von ihm gemachten Fehler (/Knuth 87/).

4 Meine Suche wurde unmittelbar ausgelöst durch /Floyd 85b/, wo ich mich erstmals mit einem Versuch anderer Autoren, das Konzept autopoietischer Systeme auf Design anzuwenden, auseinandergesetzt habe und dabei auf die Komplementarität von Prozessen und Produkten gestoßen bin.

"Software development is an activity of overall design with an experimental attitude" /NAUR 74/.

In der vorliegenden Arbeit beziehe ich mich zur Fundierung von Design ausschließlich auf erkenntnistheoretische Einsichten, die dem konstruktivistischen Diskurs entstammen (siehe /SCHMIDT 87/[1]). Sie erscheinen mir in besonderer Weise geeignet, um die Softwareentwicklung als Design zu verstehen.

Zunächst will ich in Abschnitt 2 Postulate des etablierten Software Engineering aufzeigen, die ich insgesamt als *Produktionssicht* der Softwareentwicklung bezeichne. Dabei will ich deutlich machen, daß diese Postulate perspektivischer Natur sind. Sie wurden von einem Blickwinkel aus für einen bestimmten Betrachtungsschwerpunkt "erfunden", blenden aber andere aus. Damit sind wir bereits bei einer Schlüsselerkenntnis des Konstruktivismus

In Abschnitt 3 werden wichtige Elemente des Konstruktivismus eingeführt und auf unser Thema bezogen. Für uns sind seine Einsichten von Interesse, die das Entstehen von Wissen in verschiedenen Bereichen betreffen. Unsere Aufgabe ist dann, den spezifischen Typ von Erkenntnisprozessen, die bei der Softwareentwicklung maßgeblich sind, durch sie zu erklären.

In Abschnitt 4 wird ein für die Softwareentwicklung passender Design-Begriff ausgearbeitet. Im Deutschen ist er auf das Wortpaar "Entwurf" und "Gestaltung" abzubilden. Design ist nicht primär an vorweg festgelegte Ziele gebunden, sondern wird durch das Suchen nach Qualität geleitet.

Dann wird in Abschnitt 5 der Design-Raum aufgespannt. Er besteht aus den ineinandergreifenden Realitätsbereichen Anwendung, Methoden und Realisierungsmittel, die im Design konstruiert werden. Im Unterschied zu der Produktionssicht wird hier kein phasenspezifischer, zeitlicher Übergang von einem Realitätsbereich zum anderen angenommen, sondern es handelt sich um ein pulsierendes Gebilde aus immer neu und immer feiner zu treffenden Unterscheidungen, das sozusagen in der Zeit "tanzt".

In Abschnitt 6 werden die beim Design stattfindenden Erkenntnisprozesse als Geflecht von Entscheidungen charakterisiert, die die für Design maßgeblichen Realitätsbereiche verknüpfen. Die Brauchbarkeit einer Design-Entscheidung erweist sich durch ihre Beurteilung. Wo eine Rückwirkung der Beurteilung auf den Design-Prozess zugelassen wird, kommt es zur Schließung, indem Ergebnisse von Design wieder Grundlage für die Weiterführung von Design werden. Erfolg im Design bedeutet Stabilisierung des Geflechtes von Design-Entscheidungen trotz Revisionen.

---

1 Dieses Buch gibt eine ausgezeichnete Einführung in den Konstruktivismus. Es war mir beim Schreiben dieses Papiers sehr hilfreich. Ich habe auch, soweit möglich, die Positionen der Original-Literatur aus einzelnen Beiträge dieses Buchs hier zitiert.

Während die bisherige Behandlung auch für Design-Prozesse gilt, die von einzelnen vollzogen werden, wird in Abschnitt 7 die Möglichkeit einer dialogischen Orientierung aufgezeigt, bei der das Ich und Du der Softwareentwicklung in den Grundbeziehungen "Ich entwickle Software mit Dir" und "für Dich" anerkannt, und in dialogisch gestalteter Zusammenarbeit umgesetzt wird. Diese Orientierung bezieht unsere Verantwortung unmittelbar in die technische Arbeit ein.

Abschließend werden Konsequenzen aus dieser Sichtweise für Ausbildung, Projektgestaltung, sowie die Entwicklung von Methoden und Werkzeugen für die Softwareentwicklung aufgezeigt.

Insgesamt ergibt sich eine Sicht von Design als ineinandergreifenden, lebenden Prozessen, die von uns getragen werden, die verkümmern, entarten oder sich entfalten können. Ihre Entfaltung setzt zum einen eine genügende Autonomie des Designs voraus, zum anderen auch die Fähigkeit und Bereitschaft der Beteiligten zur multiperspektivischen Reflexion.

2. Softwareentwicklung als Produktion - eine Sicht und ihre Grenzen

In diesem Abschnitt will ich die für mich maßgebliche Fragestellung umreißen, und meinen Weg zu ihrer Bearbeitung aufzeigen[1]. Die erkenntnistheoretische Fundierung der Softwareentwicklung wird heute von vielen Wissenschaftlern und Praktikern als wichtiges Anliegen anerkannt und von verschiedenen Blickwinkeln aus vorangetrieben[2]. Der bekannteste Beitrag in diese Richtung ist zur Zeit das vieldiskutierte Buch "Understanding Computers and Cognition" /WINOGRAD, FLORES 86/, in dem es insgesamt um das Zusammenspiel von informationstechnischen Systemen mit unserem Denken und kooperativen Arbeiten geht.

In diesem Buch wird ein gangbarer Weg für erkenntnistheoretische Untersuchungen in unserem Bereich abgesteckt. Die etablierte Sicht, so argumentieren die Autoren, erscheint uns nur so lange selbstverständlich, wie wir uns innerhalb der rationalistischen Tradition bewegen, die sie durch ihre Postulate und zugrundeliegenden Annahmen charakterisieren. Diese Tradition, wie jede andere, bringt aber eine "Blindheit" mit sich, indem sie den Blick auf die ihr zugrundeliegenden Annahmen verstellt.

---

1 Ich möchte an dieser Stelle meinen Kollegen Albrecht Biedl, Dirk Siefkes und Walter Volpert sowie allen beteiligten Studenten und Studentinnen für die Zusammenarbeit bei einer Reihe von erkenntnistheoretisch ausgerichteten Seminaren an der TU Berlin danken, die für mich eine wichtige Diskussionsplattform darstellten.

2 Das hat sich für mich am deutlichsten bei der Tagung "Software Development and Reality Construction" gezeigt (siehe /Budde, Floyd, Keil-Slawik, Züllighoven 88/ und /GMD 88/; ein Buch über die Ergebnisse der Tagung ist in Vorbereitung).

Konkret auf die hier interessierende Softwareentwicklung bezogen, rechtfertigt die rationalistische Tradition folgende Annahmen[1]:

- Es gibt eine vorgegebene Realität "dort draußen", die wir bei der Softwareentwicklung vorfinden. Durch Analyse ihrer Gegebenheiten erhalten wir Anforderungen an die Software.
- Die wesentliche Aufgabe von Softwareentwicklern ist es, ausgehend von dem in der Realität vorgegebenen Problem eine korrekte Lösung in Form eines Programmsystems zu ermitteln.
- Es ist möglich, die Herstellung von Software von ihrem Einsatz zu trennen. Software Engineering behandelt die Herstellung von Software aufgrund fester Vorgaben.
- Grundlage für die Softwareherstellung sind Modelle, die die Realität abbilden. Modelle sollen der Realität genau entsprechen.
- Der gesamte Vorgang ist weitgehend menschenunabhängig. Für ein und das selbe Problem sollten unterschiedliche Entwickler auch die selben Ergebnisse erbringen. Mitarbeiter sollten austauschbar sein.
- Die Kommunikation soll eingeschränkt und über feste Schnittstellen geregelt werden. Die Arbeitsteilung kann nach Bedarf erfolgen. Je nach technischer Machbarkeit können beliebige Anteile der Herstellungsarbeit automatisiert werden.
- Die Verantwortung der Entwickler betrifft – nur – die ordnungsgemäße Herstellung des Produktes nach den Vorgaben. Weitergehende ethische Überlegungen sind von der sachlichen Arbeit getrennt.

Die mit diesen Annahmen verbundene Sicht der Softwareentwicklung ist zweifellos nützlich. Sie hat entscheidend zu den beeindruckenden Fortschritten in der Programmiermethodik, zu kontrollierbaren Modellen für die Abwicklung von Projekten und darauf aufbauender Entwicklung von Werkzeugen beigetragen. Sie gestattet es im Vorfeld, wichtige Aspekte der Softwareentwicklung zu verstehen oder im Nachhinein mehr oder weniger abgeschlossene Projekte aufzuarbeiten (siehe auch /PARNAS, CLEMENTS 85/).

Sie ist aber nicht brauchbar, um die in der jeweiligen Situation tatsächlich ablaufenden Prozesse der Softwareentwicklung zu verstehen, die insgesamt das Zustandekommen von Einsichten in die Funktionalität, Realisierung und Nutzungsmöglichkeiten von Program-

---

1 Winograd und Flores konkretisieren die "Rationalistische Tradition", indem sie aus ihr Annahmen bezogen auf verschiedene Gegenstandsbereiche ableiten. Eigentlich geht es nicht nur um die rationalistische Tradition als Lehre über unser Denken, sondern auch über die realistische Tradition als Auffassung über die Wirklichkeit.

men betreffen. Insbesondere führt uns die Produktionsssicht irre, idem sie uns nahelegt, daß wir bei der Softwareentwicklung von festen Gegebenheiten ausgehen können (müssen), und daraus (im Idealfall nach festen Regeln) ein Programmsystem ableiten können.

Die Produktionssicht beleuchtet einen wichtigen Betrachtungsschwerpunkt der Softwareentwicklung. Sie verstellt andere. Nach meiner Auffassung verstellt sie die Sicht auf Design. Die übergreifende Natur und damit die Schlüsselstellung des Design wird auch von anderen Autoren gesehen. So ist der Untertitel des zitierten Buchs von Winograd und Flores: "A New Foundation for Design".

Durch das Infragestellen der rationalistischenTradition entsteht zunächst ein Leerraum, den unterschiedliche erkenntnistheoretische Denkschulen ausfüllen könnten. Beim Aufzeigen ihrer neuen Fundierung beziehen sich Winograd und Flores insgesamt auf eine Mischung von Gesichtspunkten, die sie der Hermeneutik (nach Heidegger und Gadamer), dem biologisch fundierten Konstruktivismus (nach Maturana), und der Sprachphilosophie (nach Searle) entnehmen. Dies erscheint mir unbefriedigend.

Auch ich habe ansatzweise die Relevanz anderer Denkschulen ausgelotet, die derzeit zur Fundierung der Softwareentwicklung diskutiert werden[1]. Ihre gemeinsame Berücksichtigung überzeugt mich jedoch nicht, solange nicht geklärt ist, wie diese ganz unterschiedlichen, teils komplementären, teils konträren Traditionen zusammengebracht werden können, ohne daß daraus ein philosophischer Eintopf mit fadem Nachgeschmack entsteht.

Im Gegensatz zu dieser Herangehensweise beziehe ich mich im folgenden nur auf konstruktivistische Auffassungen. Sie passen in hervorragender Weise zu dem von mir gewählten Betrachtungsschwerpunkt Design.

Ferner halte ich sie auch auf einer anderen Ebene als Bezugsrahmen für eine eventuelle spätere Zusammenführung von Einzelbehandlungen anderer Betrachtungsschwerpunkte der Softwareentwicklung im Sinne unterschiedlicher Denkschulen für wünschenswert.

3. Einstieg in den konstruktivistischen Diskurs

Die Beschäftigung mit konstruktivistischen Ansätzen ist nicht einfach. Sie erfordern ein sehr weitgehendes Umdenken, das ich nur schrittweise vollziehen kann. Ferner ist die verfügbare Original-Literatur stückhaft und heterogen, und behandelt vorwiegend Gegenstandsbereiche, die mir fern liegen. Dies hängt damit zusammen, daß es sich hier um eine Metatheorie über das Zustandekommen von Erkenntnis handelt, deren Einsichten unter

---

1 Der skandinavische Autor Pelle Ehn stellt gar als theoretische Fundierung drei Design-Philosophien in einem Kapitel zusammen: eine Heidegger'sche, eine Wittgenstein'sche und eine Marx'sche (/Ehn 88/), deren Beziehung zueinander er vorsichtshalber offen läßt.

anderem aus der Biologie und der Entwicklungspsychologie gewonnen , und von dort aus in den Bereich des Sozialen übertragen worden sind. Dies nachzuvollziehen, ist nicht unser Anliegen. Auch können wir hier nicht die Grenzen der Übertragbarkeit ausloten.

Da es keine klar ausformulierte Gesamtposition gibt, sondern eine Vielfalt von im Einzelnen durchaus voneinader abweichenden Auffassungen, die durch einen gemeinsamen Geist (nach /BATESON 82/) gekennzeichnet sind, kann man zu Recht von einem konstruktivistischen "Diskurs" sprechen (/SCHMIDT 87/). Dabei sind einzelne Autoren in ihre fachwissenschaftliche Diskussion eingebunden, dringen aber über das "Was" des jeweils behandelten Gegenstandes hinaus zum "Wie" der dabei zustande kommenden Erkenntnis vor, wobei sie in unterschiedlichen Disziplinen verwandte Muster vorfinden.

Es übersteigt meine Möglichkeiten bei weitem, im Rahmen dieses Papiers eine adäquate Einführung in den Konstruktivismus zu geben. Trotzdem will ich versuchen, seine wichtigsten Eckpunkte wenigstens zu benennen, um mich anschließend auf sie beziehen zu können.

Unsere Fähigkeiten zur Erkenntnis sind nach konstruktivistischer Auffassung letztlich in der biologischen Natur des Menschen und seiner Koevolution mit allen Lebewesen begründet. Bateson, ein wichtiger Wegbereiter des Konstruktivismus, nimmt eine Wesensgleichheit von Geist und Evolution an (/BATESON 82/). Maturana setzt das Zustandekommen von Erkenntnis (Kognition) mit Leben gleich (/MATURANA, VARELA 87/).

Geist in diesem Sinne zeichnet nicht nur den einzelnen Menschen aus, sondern wird auch in anderen lebenden Systemen angetroffen. Geist ist auch immer auf etwas bezogen. So kennzeichnet Geist auch die Art des Zusammenwirkens von Gemeinschaften bezogen auf gemeinsame Anliegen. Dabei kommen tiefergehende Einsichten durch differenzierte Gegenüberstellung und Koordination von Einzelbeiträgen zustande.

Im Konstruktivismus werden Erkenntnistheorie und Ontologie getrennt (/v. GLASERSFELD 81/). Der Konstruktivismus lehrt, daß unsere Erkenntnis durch Konstruktion zustandekommt, er macht damit keine Aussage über das Seiende. Bei der Erkenntnis geht es nicht um Abbilder, die einer vorgegebenen Realität entsprechen, wir konstruieren vielmehr unsere Erkenntnisse so, daß sie in für uns brauchbarer Weise passen.

Wesentlich ist dabei die Einführung des Beobachters. Erkenntnis ist prinzipiell an einen Beobachter gebunden (siehe z.B. /MATURANA, VARELA 87/). Beobachter können nur das erkennen, wozu sie in der Lage sind. Die Verständigung zwischen Beobachtern findet in konsensuellen Bereichen statt, die beiden zugänglich sind.

Damit hängt auch das Konzept von Perspektiven zusammen. Eine Perspektive ist die Gesamtheit von Annahmen über relevante Aspekte eines interessierenden Gegenstandsbereichs aus einem gemeinsamen Blickwinkel. Perspektiven sind nicht an Personen gebunden. Eine Person nimmt zeitlich verschoben unterschiedliche Perspektiven ein.

Zwischen zwei oder mehreren bilden sich gemeinsame Perspektiven (/PASK 75/, siehe auch /BRÅTEN 78/).

Perspektivität ist prinzipiell mit Blindheit verbunden. Ich sehe nicht, was ich aus meiner Perspektive nicht sehen kann. Die Blindheit kann niemals ausgeschaltet werden. Voraussetzung für das Entstehen von tieferen Einsichten ist Selbstreferenz (s.u.) und die Interaktion (Kreuzung) von Perspektiven.

Konstituierend für Erkenntnis ist das Treffen von Unterscheidungen und Benennungen (/SPENCER BROWN 69/). Komplexe Erkenntnisprozesse bestehen in Geflechten von ineinandergreifenden Unterscheidungen und Wiederzusammenführungen, die sich auf jeweils unterschiedliche Perspektiven beziehen (/PASK 75/).

Ein Schlüsselkonzept ist die Selbstreferenz. Während sie in der Logik zu Paradoxien führt, ist sie grundlegend für das Verständnis des Lebendigen. Selbstreferenz erfordert operationale Geschlossenheit von Systemen. Das bedeutet zunächst nur, daß die Ergebnisse einer Operation wieder Elemente des Systems sind. Es liefert die Voraussetzung zur rekursiven Anwendung von Operationen.

Bei operational geschlossenen und energetisch offenen Systemen ist das Verhalten durch rekursive Kopplung von Operationen bestimmt, wobei mehrere Betrachtungsebenen ineinandergreifen. Das Verhalten von Systemen stabilisiert sich anhand von Eigenwerten, die zu Eigenverhalten Anlaß geben. Dadurch kommt es zur Selbstorganisation, die zum Zustandkommen höherer Ordnungen in Systemen führt ("Ordnung durch Störung"-Prinzip /v. FOERSTER 60/).

Lebende Systeme sind dadurch charakterisiert, daß sie im Verlauf ihres Bestehens ihre Organisation kontinuierlich selbst reproduzieren (Autopoiese nach /MATURANA, VARELA, URIBE 74/). Autopoiese findet in einem Medium statt. Das autopoietische System und das Medium bedingen sich gegenseitig[1].

Selbstreferenz spielt auch eine zentrale Rolle beim Zustandekommen von Erkenntnis. Perspektivische Blindheit kann durch Selbstreferenz überwunden werden ("Wenn ich sehe, daß ich blind bin, kann ich sehen"[2]). Selbstreferenz ist mathematischer Behandlung zugänglich (/VARELA 75/, /VARELA 87/).

Ein wesentlicher und immer wieder betonter Aspekt des Konstruktivismus ist, daß Ethik von der Betrachtung von Erkenntnis und Handeln niemals losgelöst werden kann (z.B. /v.

---

1 Ich vermeide im folgenden eine Stellungnahme darüber, wie sich dieses Konzept in brauchbarer Weise auf Soziale Systeme übertragen läßt (siehe dazu die scharf kontrastierten Theorieentwürfe in /Maturana, Varela 87/, /Luhmann 87/ und /Hejl 87/).

2 V. Foerster bezieht sich immer wieder auf eine für ihn prägende Erfahrung aus der therapeutischen Tätigkeit von Viktor Frankl (/v. Foerster 87/).

FOERSTER 73/, /v. GLASERSFELD 84/, /MATURANA, VARELA 87/). Das geschieht nicht durch explizite Angabe von Normen darüber, was man tun soll, sondern das Ethische ist von vornherein mit "eingewoben", da Erkenntnis und Handeln immer auf mich bezogen sind. In /v. FOERSTER 73/ findet sich der ethische Imperativ: Handle stets so, daß die Anzahl der Wahlmöglichkeiten größer werden[1].

Den Anderen anzuerkennen, erfordert nach /v. FOERSTER 73/ eine Entscheidung. Sie veranlaßt uns aus dem Monolog herauszutreten und in den Dialog einzutreten. Dialog bedeutet, die Perspektive des Anderen anzunehmen. Schließung erfolgt dann über den Anderen ("sich selbst mit den Augen des Anderen sehen" /v. FOERSTER 87/).

Dieser Schritt zum Dialogischen[2] ist von ausschlaggebender Bedeutung bei der Umsetzung von konstruktivistischen Vorstellungen im Umgang mit anderen. Er führt zu der als Motto für das vorliegende Papier verwendeten Sicht "Realität = Gemeinschaft" (/v. FOERSTER 73/). Nach /BRÅTEN 88/ ist unsere Erkenntnisfähigkeit insgesamt dialogisch angelegt.

Ich weiß nicht, ob ich Ihnen bei dieser rudimentären und naturgemäß lückenhaften Parforce-Tour durch den Konstruktivismus ein bißchen von der Freude vermitteln konnte, die ich bei seiner allmählichen Erschließung erlebt habe. Ich fühle mich mit diesem Gedankengut wohl. Es paßt zu meinen eigenen Erfahrungen im Alltagsleben und in der Berufspraxis und scheint mir weitreichende Möglichkeiten zu einer wünschenswerten Gestaltung unseres Zusammenlebens aufzuzeigen.

Mein eigentliches Thema beginnt dort, wo wir erkennen, daß die Sicht der Softwareentwicklung als Produktion erfunden ist. So erweist sich die vorherrschende Auffassung über den Gegenstand der Disziplin Software Engineering als konstruierte Realität. Sie ist brauchbar, um bestimmte Aspekte der Softwareentwicklung zu verstehen, und versagt bei anderen. Daher ist es wichtig, ihr andere Sichten gegenüberzustellen.

4. Softwareentwicklung als Design

Zunächst ist zu klären, was ich hier unter Design verstehen will. Es wird nicht ausreichen, einen vorgegebenen Begriff von Design zu verwenden. Vielmehr wird es mir darum gehen, den Begriff Design passend zu den für mich maßgeblichen Anliegen zu konstruieren. Das heißt: ich möchte mit Ihnen gemeinsam eine Reihe von Unterscheidungen treffen, um Design in der Softwareentwicklung brauchbar zu charakterisieren.

Mit Design meinen wir eine spezielle Art von Erkenntnisprozessen, die auf machbare und wünschenswerte Ergebnisse in einem interessierenden Bereich ausgerichtet sind. Die

---

1 Dies läßt sich nach meiner Auffassung unmittelbar als Leitfaden zur Gestaltung von Softwareentwicklungsprojekten sowie von computergestützten Systemen anwenden.

2 Der Begriff wird hier im Sinne von Buber verwendet (siehe /Buber 84/).

interessierenden Bereiche können ganz unterschiedlich sein. Wir sprechen in der Regel nur dann von Design, wenn es Anliegen gibt, die man erfüllen möchte, begrenzte Ressourcen, die zur Verfügung stehen, und verschiedene Möglichkeiten zur Realisierung.

Design in der Softwareentwicklung ist spezifisch und unterliegt besonderen Bedingungen. Software ist durch ein Zusammenspiel mehrerer unüblicher Eigenschaften gekennzeichnet, die sowohl die Art des Produktes (siehe z.B. /PARNAS 86/ und /KEIL-SLAWIK 88/) als auch seine Einbettung in menschliche Sinnzusammenhänge (z.B. /EHN 88/) betreffen. Software weist eine ungeheure Komplexität auf, erfordert also ebenso komplexe Herstellungprozesse. Sie besteht aus einem einheitlichen, abstrakten Baustoff, ist daher beliebig formbar und prinzipiell uneingeschränkt revisionsfähig. Sie muß maschinell verarbeitbar, das heißt bis ins Einzelne vollständig, konsistent und formal fehlerfrei sein. Sie ist nicht der sinnlichen Wahrnehmung zugänglich, kann also letztlich nur beim Einsatz beurteilt werden. Sie schafft soziale Kontexte für menschliche Handlungen, die durch die technischen Eigenschaften des Produktes geprägt werden.

Design verknüpft somit verschiedene Welten: die soziale Welt der jeweils maßgeblichen Anwendung, die technische Welt der Realisierungsmittel und die formale Welt der Methoden und Konzepte.

Es ist nicht einfach, die gemeinte Bedeutung auf Deutsch auszudrücken. Um die erforderliche Reichhaltigkeit zu gewährleisten, müssen wir "Design" auf das Paar "Entwurf" und "Gestaltung" abbilden. "Entwurf" allein genügt nicht, weil wir in der Regel Entwurf und Realisierung trennen. Wir entwerfen etwas. Das Ergebnis (der Entwurf) wird anschließend realisiert. "Gestaltung" meint zwar auch Realisierung, erscheint aber im Zusammenhang mit rein technischen Aspekten künstlich.

Verwenden wir statt dessen das englische Wort im Deutschen, so denken wir hauptsächlich an "das Design" als Ergebnis eines Gestaltungsprozesses, das vorwiegend äußere Merkmale eines Gegenstandes betrifft. Das ist jedoch zu eng. Design ist hier prozessual zu verstehen: die Ergebnisse des Design werden in die Gestaltungsprozesse eingeordnet, aus denen sie hervorgehen. Design betrifft nicht nur äußerliche Merkmale, sondern auch die Funktionalität des zu erstellenden Programmsystems sowie seine Einbettung in menschliche Handlungskontexte. Im Design ist auch die Bereitstellung von geeigneten Werkzeugen und Methoden für die jeweils spezifische Softwareentwicklung sowie die Projektgestaltung enthalten.

Ich möchte jetzt Design in der Softwareentwicklung von verschiedenen Seiten her beleuchten. Dabei bitte ich im voraus um Vergebung für die abstrakten Formulierungen.

Sie kommen zum einen zustande, weil diese Gedanken für mich neu sind[1]. Zum anderen charakterisiere ich hier aber auch Design so, daß sowohl der von Einzelnen als auch der von Gemeinschaften getragene Design darunter subsumiert werden können. Die Differenzierung zwischen diesen beiden erfolgt erst in Abschnitt 7.

5. Der Design-Raum aus ineinander verschränkten Realitätsbereichen

Die Produktionssicht legt uns nahe, die Softwareentwicklung als Folge von Phasen zu betrachten, die im Idealfall linear zu durchlaufen sind. Sie haben zum Gegenstand, zuerst die Anforderungen der Anwendung zu ermitteln, darauf aufbauend eine Spezifikation des zu erstellenden Systems zu erarbeiten, die festlegt, was gemacht werden soll, ohne zu bestimmen, wie das System arbeiten wird, und daraus das Programm abzuleiten.

Hier treten die für Design maßgeblichen Realitätsbereiche implizit auf:

- die Welt der Anwendungen, deren Anliegen für die Softwareentwicklung maßgeblich sind, und aus der wir Anforderungen an die Software ableiten,
- die Welt der Realisierungsmittel, in unserem Falle informationstechnische Systeme einschließlich vorhandener Software,
- die Welt der Methoden und Konzepte, die wir wie Landkarten verwenden, um uns bei der Verknüpfung von Anliegen mit Realisierungsmitteln zurecht zu finden.

Im Phasenmodell wird genau ein Weg durch diese Welten aufgezeigt: von den festen Anforderungen nach festgelegten Methoden zur Realisierung auf einem vorgegebenen System. Dieser Weg ist im Idealfall einmal bezogen auf das gesamte Produkt Software zu durchlaufen.

Die Design-Sicht bringt hier ein Umdenken mit sich. Der zeitliche Fortschritt ist von den Realitätsbereichen zu trennen. Sie werden nicht zeitlich nacheinander bearbeitet, sondern sie sind zu jedem Zeitpunkt gegenwärtig und verknüpft. Ferner ist kein Realitätsbereich vorgegeben, sondern sie werden im Design konstruiert. Das bedeutet:

- Wir analysieren nicht Anforderungen, sondern wir konstruieren sie aus unserer Perspektive.(siehe auch /Reisin 88/) Diese wird bestimmt durch unsere eigenen Prioritäten und Werte, durch die von uns als Landkarte verwendeten Methoden, und durch unsere Interaktion mit anderen, die Anforderungen aus ihrer Sicht kon-

1 Nicht nur mir geht es so: "Die Gedanken hier sind so neu, daß ihre Beschreibung noch nicht durch ständige und wiederholte Bemühungen die Glätte eines von Wind, Wasser und Sand polierten Kieselsteins besitzt" (/v. Foerster 87/).

struieren. Anforderungen sind perspektivisch. Sie reflektieren meist Differenzen der Perspektiven und unterliegen zeitlichem Wandel.

- Wir wenden nicht fest vorgegebene Methoden, sondern wir konstruieren sie aufgrund der Gegebenheiten. Methoden als solche gibt es nicht, es geht vielmehr stets um Prozesse der situationsbedingten Methodenentwicklung und -anwendung. Wir wählen Methoden und passen sie an. Letztlich entwickeln wir im Verlaufe von Design unsere eigenen Methoden.

- Wir beziehen uns nicht auf feste Realisierungsmittel, die erst spät und im Detail bei Entscheidungen zum Tragen kommen. Vielmehr konstruieren wir den sinnvollen Einsatz von Realisierungsmitteln durch Erproben, Auswahl oder Ergänzung dessen, was verfügbar ist.

Die Annahme eines vorweg definierten Wegs durch diese Welten ist irreführend. Dieser Weg wäre nur dann gangbar, wenn alle relevanten Entscheidungen bereits getroffen wären. Dann aber kann kein Design stattfinden.

6. Design als Geflecht von Entscheidungen

Design ist *in Anliegen verankert.* Sie geben Anlaß zum Setzen von Zielen, die mithilfe von bestimmten Mitteln erreicht werden sollen. Mit der Differenzierung zwischen Anliegen und Zielen will ich hier von vornherein die mögliche Diskrepanz zwischen dem,was vorgeblich erreicht werden soll und dem, was sich als wünschenswert erweist, einbeziehen[1]. Design wird im Hinblick auf gesetzte Ziele ins Leben gerufen, wobei der Ausgangspunkt ein bereits getroffenes Geflecht von Entscheidungen ist, die die für relevant gehaltenen Anliegen im Hinblick auf zu erreichende Ziele mit vorläufig anvisierten Realisierungsmitteln verknüpfen.

Dennoch setzt Design nicht auf einer festen Grundlage auf, und wird auch nicht durch vorgegebene Ziele determiniert. Die Anliegen können sich während des Design-Prozesses wandeln. Die Realisierungsmittel können sich als nicht ausreichend erweisen. Die vorgegebenen Ziele können als irreführend oder nicht mehr gültig erkannt werden. In diesem Sinne kann Design als *zielfrei* angesehen werden. Design schafft sich seine eigenen Grundlagen und setzt sich seine eigenen Ziele.

Design erfordert ein Zusammenspiel unterschiedlicher Fähigkeiten: neben der Beherrschung von Methoden sind dies ein Gespür für das Potential der Realisierungsmittel und Sensitivität für die sich wandelnden Anliegen der Anwendung.

---

[1] Mit Zielen ist nach konstruktivistischer Sicht vorsichtig umzugehen. /V. Glasersfeld 82/ spricht von "ehrlichen Zielen", die sich aus der Aufrechterhaltung der autopoietischen Organisation ableiten lassen. Ähnlich sind hier Anliegen gemeint.

Design setzt einen (Spiel)raum mit *Wahlmöglichkeiten* voraus und den (Frei)raum für spielerisches Vorgehen zum Ausloten dieser Möglichkeiten. Das bedeutet: Design kann nur dort zustandekommen, wo ein ausreichendes Repertoire an Möglichkeiten besteht, um relevante Unterscheidungen zu treffen. Design erfordert Autonomie, um eine echte Auswahl treffen zu können.

Design besteht aus einem Geflecht von *Designentscheidungen*, die in ihrer Gesamtheit einen Lösungsvorschlag ausmachen[1]. Sie verknüpfen Anliegen mit Mitteln im Hinblick auf das Erreichen von jeweils gültigen Zielen. Dabei werden komplexe Strukturen von miteinander verwobenen Entscheidungen aufgebaut. Sie müssen in sich kohärent, und insgesamt wünschenswert sein. Ihr Zustandekommen ist *für den individuellen Design-Prozess spezifisch*, es ist nicht vom vorgegebenen Problem determiniert. Vielmehr wird auch das Problem im Design erschlossen. Design ist durch die Perspektive seiner Träger, und durch die ihnen auferlegten Vorgaben bestimmt.

Was wünschenswert ist, orientiert sich an mehreren Gesichtspunkten, die häufig zu gegenläufigen führen: ob die Entscheidungen zu den Anliegen passen, ob das Geflecht von Entscheidungen alle als wesentlich erachteten Elemente des Problems überdeckt, ob die verfügbaren Mittel sinnvoll eingesetzt werden, ob die gesetzten Ziele erreicht werden. Diese Unterscheidungen werden durch einen Beobachter getroffen.

Design beruht somit auf einer Fülle von aufeinander Bezug nehmenden Unterscheidungen darüber, was "gut" (wünschenswert) ist. Dabei ergibt sich ein Wechselspiel zwischen Lösungsvorschlägen und ihrer Beurteilung. Was "gut" ist, erweist sich im Prozess dadurch, daß die Beteiligten es für "gut" halten. Unterscheidungskriterien ergeben sich aus den für den Design maßgeblichen Anliegen.

Design kann sich nur dann voll entfalten, wenn bereits getroffene Entscheidungen aufgrund ihrer Beurteilung revidiert werden können; das heißt, wenn die Ergebnisse von Design selbst wieder zum Ausgangspunkt für Design werden. Dadurch kommt *Schließung* im Design zustande.

Das Treffen von Entscheidungen, die Beurteilung und die Schließung finden, ineinander verschränkt, auf verschiedenen Ebenen statt: beim Einzelnen informell, beim Erarbeiten und Überprüfen eines Lösungsvorschlages, bei gemeinsamer kritischer Würdigung, beim Umsetzen einer Entscheidung in die Realisierung, beim Testen, beim Einsatz.

---

1 Nicht alle erforderlichen Designentscheidungen werden bewußt getroffen. Häufig zeigt erst die Beurteilung des Lösungsvorschlags, welche Entscheidungen erforderlich wären, und welche Konsequenzen nicht getroffene Entscheidungen implizieren. Die Bedeutung von expliziten Entwurfsentscheidungen wurde besonders von /Parnas 72/ hervorgehoben. Allerdings betrachtet er nur Entwurfsentscheidungen als Grundlage für die Modularisierung. Zum Design gehört natürlich eine Fülle von weiteren Entscheidungen.

Schließung erfordert, Fehler zuzugeben und daraus zu lernen (/KNUTH 87/), konstruktive Kritik zu geben und zu nehmen, von fehlgesetzten Zielen abzugehen und sich wandelnde Anliegen anzuerkennen. Schließung bedeutet Weiterführung des Design.

Design ist insgesamt erfolgreich, wenn sich das Geflecht von Designentscheidungen im Verlauf von Revisionen stabilisiert, das heißt, wenn es Beurteilungen standhält, und trotz sich wandelnder Anliegen von den Beteiligten als "gut" anerkannt wird.

Design ist somit immer *multiperspektivisch*, auch wenn er von einzelnen getragen wird. Dies ergibt sich aus der Verknüpfung von Anliegen, Realisierungsmitteln und Methoden, aus unterschiedlichen Beurteilungskriterien, sowie aus dem Wechselspiel zwischen Entwurf, Realisierung und Benutzung, das maßgeblich für die Schließung ist. Design erfordert multiperspektivische Reflexion.

7. Dialogische Orientierung im Design

In diesem Abschnitt geht es um Softwareentwicklung mit anderen und für andere, das ist der Normalfall für gesellschaftlich wirksame Softwareentwicklung. Sie soll hier als *potentiell dialogisch* angesehen werden. Das Ich und Du der Softwareentwicklung verbirgt sich in Grundbeziehungen wie "Ich entwickle Software mit Dir" und "Ich entwickle Software für Dich".Wenn Softwareentwicklung potentiell eine dialogische Aktivität ist, so können wir dies anerkennen und uns darauf orientieren. Wir können uns für das DU entscheiden und ihm Raum geben. Dann findet das Wesentliche zwischen mir und dem anderen ab, wir entwickeln *gemeinsam*. Wir suchen nach Denkweisen, um unsere gemeinsame Wirklichkeit zu verstehen und nach Arbeitsformen, um zu ihrer vollen Entfaltung beizutragen.

Angesichts der vorherrschenden Praxis der Softwareentwicklung mag dies absurd klingen.Wie wir wissen, wird Softwareentwicklung im großen Ausmaß als Instrument zum Ausüben von Macht und Kontrolle benutzt, Softwareprojekte werden bürokratisch angeleitet und über Werkzeuge gesteuert, Teamarbeit ist durch Rivalitäten und Aneinander-Vorbeiarbeiten gekennzeichnet. Dies nicht zu sehen, wäre tatsächlich absurd Wir sind aber nicht gezwungen, dies als unabänderlich anzusehen.

Ganz im Gegenteil halte ich tiefgehende Veränderungen der Praxis im Hinblick auf Qualität und auf menschengerechte Systemgestaltung für dringend geboten. Wir haben deshalb an der TU Berlin schon seit mehreren Jahren an einer Reorientierung der Softwareentwicklung auf menschengerechte Systemgestaltung gearbeitet (/FLOYD 86/), die zu Projektlehrveranstaltungen, Methodenentwicklung, Pilotprojekten und interdisziplinärer Zusammenarbeit mit anderen Wissenschaftlern geführt haben.

Ich halte diese Reorientierung nicht nur aus "humanitären Gründen" erforderlich - so als ob die sachliche Arbeit ohne Berücksichtigung des Anderen mindestens ebenso gut geleistet werden könnte. Vielmehr kann sich Design in Gemeinschaften nach meiner Auffassung ohne diese Reorientierung nicht entfalten.

Im folgenden will ich die für unsere Erfahrungen maßgeblichen Denkansätze und Arbeitsformen in der Sprechweise der Konstruktivisten ausdrücken.

Ich gehe dabei davon aus, daß Gruppenarbeit bei der Softwareentwicklung als ineinander verwobenes Geflecht der oben genannten Grundbeziehungen angesehen werden kann, und spreche daher von einer dialogischen Orientierung[1]. Das bedeutet nach /BUBER 84/, den anderen anzunehmen, und nicht zu instrumentalisieren. "Dialogische Orientierung im Design" ist ein Weg, um die Zusammenarbeit mit anderen Entwicklern und mit Benutzern gemeinsam zu charakterisieren. Nach unseren Erfahrungen liegen solche Gemeinsamkeiten vor. Wir müssen aber auch zwischen den beiden Fällen differenzieren können. Wir unterscheiden dann zwischen

- dialogischem Entwurf, damit meine ich das mit anderen Entwicklern gemeinsame Erarbeiten eines Lösungsvorschlages (siehe auch /PASCH 89/), und
- dialogischer Gestaltung, damit meine ich das mit Benutzern gemeinsame Schaffen von computergestützten Handlunskontexten (siehe auch /REISIN, SCHMIDT 89/).

Im Dialogischen Design geht es darum, daß ein wünschenswerter Lösungsvorschlag zwischen mir und anderen entsteht, daß Designentscheidungen gemeinsam getroffen werden und Schließung unter Berücksichtigung der Perspektiven aller Beteiligten erfolgt. Das heißt: anstatt mein Modell nach meinen Beurteilungskriterien zu entwickeln, diese nach Möglichkeit zu verobjektivieren und durchzusetzen, gilt es, mich den Perspektiven der anderen zu öffnen. Anstelle eines von mir verwalteten Modellmonopols (/BRÅTEN 73/), dem sich die anderen anpassen müssen, geht es darum, die Perspektiven aller aufzugreifen, und in Interaktion zu bringen.

Dies wird von Methoden nur wenig unterstützt. Die meisten mir bekannten Methoden sind monologisch (genau genommen postulieren sie eine Pseudo-Objektivität und erkennen die Perspektivität des Designers nicht an[2]). In einem dialogischen Design müssen wir davon ausgehen, daß jeder ausgearbeitete Beitrag vorläufigen Charakter hat, daß zusammenarbeitende Designer unterschiedliche Erwartungen an den gesamten Prozeß und unterschiedliche Prioritäten und Beurteilungskriterien mitbringen. In einem dialogischen Design müssen wir auch bestehende Konflikte anerkennen und gemeinsam bewältigen.

---

1 Diese Sichtweise habe ich von Stein Bråten übernommen, und halte sie für eine wichtige Bereicherung. Falls sie Ihnen nicht natürlich scheint, wird es für die praktische Arbeit wenig ändern, dabei einfach an kooperative Softwareentwicklung zu denken.

2 Eine Ausnahme bildet SADT mit dem Blickwinkel-Konzept und dem Autor-Kritiker-Zyklus (siehe meine Bewertung in /Floyd 84/). Hier gibt es aber kein Verfahren, die unterschiedlichen Perspektiven zur Interaktion zu bringen.

Für Design im Dialog muß es gelingen, diese Perspektiven so zu vernetzen, daß das im Design entstehende Geflecht von Entscheidungen gemeinsam getragen wird. Das bedeutet, in sinnvoller Weise zwischen individueller und gemeinsamer Arbeit zu alternieren, konstruktive Kritik zu geben und zu nehmen, die Konsequenzen von vorgeschlagenen Designentscheidungen auszuloten, Ergebnisse multiperspektivisch zu bewerten und gemeinsam zu revidieren, so daß allmählich ein gemeinsam getragener Lösungsvorschlag sich stabilisiert.

Die Voraussetzung für Design im Dialog ist Vertrauen. Es kann nur dort entstehen, wo die Interessen der Beteiligten berücksichtigt werden, und verlangt von allen Beteilgten, besonders vom Projektleiter, die Bereitschaft zur Schaffung und Aufrechterhaltung eines sozial stützenden Milieus.

Dialogische Gruppenarbeit kann von keinen impliziten Voraussetzungen ausgehen, sondern muß die Grundlagen für die gemeinsame Arbeit selbst legen. Das bedeutet gemeinsame Etablierung des Projektes, der Übernahme von Verantwortungen, der Aufgabenteilung und Synchronisation, der Konventionen und Standards für die gemeinsame Arbeit. Es bedeutet auch gemeinsame Erarbeitung einer für das Projekt maßgeblichen Sicht der Grundlagendokumente und der jeweils gültigen Anliegen, Prioritäten und Beurteilungskriterien.

Design im Dialog erfordert die bewußte Bildung einer gemeinsamen Projektsprache, die die maßgeblichen Realitätsbereiche in einer für alle nachvollziehbaren Weise verknüpft.

Gemeinsame Ziele müssen im laufenden Prozeß aufgrund der jeweiligen Situation gesetzt und revidiert werden.

Gemeinsame Arbeit erfordert gemeinsam zugängliche und aufrecht erhaltene externe Stützen wie Projektordner oder Tagebücher, die die geltenden Arbeitsgrundlagen und die gemeinsam getroffenen Entscheidungen festhalten, so daß der Entscheidungsprozeß bei Revisionen nachvollzogen werden kann.

Im Gegensatz zu den Annahmen der Produktionssicht erfordert Design im Dialog reichhaltige Kommunikation zwischen allen Beteiligten. Information muß kontinuierlich gesammelt und gestreut werden, neue Blickwinkel eingebracht und aus immer wieder neuen Perspektiven beurteilt werden.

Die Arbeitsteilung muß stets vor dem Hintergrund einer gemeinsam getragenen Gesamtsicht erfolgen, getrennt erarbeitete Ergebnisse müssen gemeinsam überprüft werden. Technisch kann dieser Prozeß durch Prototyping unterstützt werden, wobei gemeinsames Lernen anhand der realisierten Vorversionen im Vordergrund steht.

Insgesamt orientieren sich die beschriebenen Maßnahmen daran, daß sich im Projekt Geist entfaltet, und eine gemeinsam getragene Perspektive zustandekommt.

8. Schlußbemerkungen

Obwohl ich hier nur eine Skizze von Softwareentwicklung als Design geben konnte, möchte ich noch aufzeigen, was für Konsequenzen sich ergeben, wenn wir diese Sicht anerkennen und ihr Raum geben wollen. Sie bedeutet eine bewußte Orientierung für unsere wissenschaftliche und praktische Arbeit.

Bei der Ausbildung wird sie uns nahelegen, Studenten die für Design erforderlichen Fähigkeiten mitzugeben.

Bei der Methodenentwicklung wird es darum gehen, flexibel adaptierbare Konzepte und Verfahren auszuarbeiten, die gemeinsames Arbeiten mit anderen Entwicklern und Benutzern unterstützen. Gemeinsames, flexibel strukturiertes und inkrementelles Arbeiten wird auch maßgeblich bei der Werkzeugentwicklung sein.

Die Projektgestaltung wird die Zusammenarbeit im Design fördern. Das bedeutet möglichst hohe Autonomie, so daß wir Verantwortung einbringen können; die Schaffung eines dialogisch orientierten Arbeitsmilieus, so daß gemeinsame Perspektiven gebildet werden können; die Arbeitsteilung so, daß unsere gemeinsamen Designentscheidungen zustandekommen und beurteilt werden können; letztlich die bewußte Einbeziehung von Revisionen, so daß Design sich schließen kann.

Ein Anerkennen und Umsetzen dieser Sicht bedeutet somit, Design selbst zu gestalten ("Designing Design"). Zweifellos sind wir sehr weit von gesellschaftlichen Bedingungen entfernt, in denen das im großen Ausmaß möglich ist[1]. Das macht es um so wichtiger, als Beitrag zu wünschenswerten gesellschaftlichen Veränderungen, gangbare Wege für Design, orientiert an gemeinsam erlebter Qualität und menschengerechter Gestaltung, aufzuzeigen, zu erproben und ihre Tauglichkeit unter Beweis zu stellen.

Danksagung

Diesem Abschnitt kommt ein wichtiger Stellenwert zu, da die hier geäußerten Gedanken dialogisch entstanden sind. Das heißt, sie sind durch Zusammenarbeit, Gespräche und geistige Auseinandersetzungen mit einer Reihe von Personen, die ich nicht vollständig aufzählen kann, ermöglicht worden und zustandegekommen.

Wichtige Einsichten entstammen meinem Forschungsaufenthalt in Palo Alto 1987/88 sowie der Vorbereitung und Durchführung der Tagung "Software Development and Reality Construction". Dafür danke ich in besonderer Weise meinen Mitveranstaltern Reinhard

---

1 Die Meister im Design finden sich in den skandinavischen Ländern. Aus ihren wissenschaftlichen und methodischen Ansätzen wie auch den Strategien zur gesellschaftlichen Umsetzung können wir wichtige Einsichten für unsere eigene Arbeit gewinnen (siehe /Floyd, Mehl, Reisin, Schmidt, Wolf 87/).

Budde, Reinhard Keil-Slawik und Heinz Züllighoven, sowie allen anderen Organisatoren und Teilnehmern.

Eine wertvolle Gesprächspartnerin beim Schreiben dieses Papiers war mir Fanny-Michaela Reisin; durch wiederholtes und engagiertes Kreuzen unserer Perspektiven habe ich viel gelernt.

Die Möglichkeit, hiermit versuchsweise in den konstruktivistischen Diskurs einzusteigen, verdanke ich der geistigen Führung, Ermutigung und liebevollen Unterstützung durch drei Wissenschaftler: Stein Bråten hat mir den Zugang zu dieser Denkwelt erschlossen und mir unschätzbare Orientierungshilfen gegeben. Gordon Pask hat offenkundig die Theorie, die ich brauche, meine bisher allerdings vergeblichen Versuche, sie zu verstehen, haben mir dennoch zentrale Einsichten vermittelt. Heinz v. Foerster hat die vorliegende Arbeit in ihren Kernpunkten inspiriert und wesentlich geprägt.

Literatur

Bateson 82: G. Bateson: *Geist und Natur. Eine notwendige Einheit*, Suhrkamp, Frankfurt a. M., 1982.

Bråten 73: S. Bråten: *Model Monopoly and Communication: Systems Theoretical Notes on Democratization.* In: Acta Sociologica 1973, Vol. 16 -No. 2.

Bråten 78: S. Bråten: *System Research and Social Science.* In: G. Klir (Ed.): Applied Systems Research: Recent Deveopments and Trends, New York, 1978.

Bråten 88: S. Bråten: *Between Dialogical Mind and Monological Reason: Postulating the Virtual Other.* In: M. Campanella (Ed.): Between Rationality and Cognition – Policy-Making under Conditions of Uncertainty, Complexity and Turbulence, Turin, 1988.

Buber 84: M. Buber: *Das Dialogische Prinzip*, Verlag Lambert Schneider, Heidelberg, 1984.

Budde, Floyd, Keil-Slawik, Züllighoven 88: R. Budde, C. Floyd, R. Keil-Slawik, H. Züllighoven (Eds.): *Software Development and Reality Construction* (Conference Preprints), GMD, Bonn, 1988.

Ehn 88: P. Ehn: *Work-Oriented Design of Computer Artifacts*, Almquist & Wiksell International, Stockholm, 1988.

Floyd 81: C. Floyd: *A Process-Oriented Approach to Software Development.* In: Systems Architecture. Proc. of the 6th European ACM Regional Conference, Westbury House, 1981.

Floyd, Keil 83: C. Floyd, R. Keil: *Adapting Software Development for Systems Design with the User.* In: U. Briefs, C. Ciborra, L. Schneider (Eds.): Systems Design For, With and By the Users, North-Holland, Amsterdam, 1983.

Floyd 84: C. Floyd: *Eine Untersuchung von Software-Entwicklungsmethoden.* In: H. Morgenbrod, W. Sammler (Hrsg.): Programmierumgebungen und Compiler, Berichte des German Chapter of the ACM 18, B.G Teubner, Stuttgart, 1984.

Floyd 85a: C. Floyd: *On the Relevance of Formal Methods to Software Development.* In: H. Ehrig, C. Floyd, M. Nivat, J. Thatcher (Eds.): Proc. of the International Joint Conference on Theory and Practice of Software Development (TAPSOFT), Vol. 2:

Formal Methods and Software Development, Springer-Verlag, Berlin Heidelberg New York Tokyo, 1985.

Floyd 85b: C. Floyd: *Comments on* "Giving back some Freedom to the System Designer" *by F. De Cindio, G. De Michelis and C. Simone – Design Viewed as a Process.* In: Systems Research Vol. 2, No. 4, pp. 281-283, 1985.

Floyd 86: C. Floyd: *STEPS – eine Orientierung der Softwaretechnik auf sozialverträgliche Technikgestaltung.* In: E. Riedemann, U. von Hagen, K.-D. Heß, W. Wicke (Hrsg.): 10 Jahre Informatik und Gesellschaft – eine Herausforderung bleibt bestehen, Universität Dortmund, Forschungsbericht Nr. 227, 1986.

Floyd 87: C. Floyd: *Outline of a Paradigm Change in Software Engineering.* In: G. Bjerknes, P. Ehn, M. Kyng (Eds.): Computers and Democracy – a Scandinavian Challenge, Gower Publishing Company Ltd., Aldershot, England, 1987.

Floyd, Mehl, Reisin, Schmidt, Wolf 87: C. Floyd, M. Mehl, F.-M. Reisin, G. Schmidt, G. Wolf: *SCANORAMA – Methoden, Konzepte, Realisierungsbedingungen und Ergebnisse von Initiativen alternativer Softwareentwicklung und -gestaltung in Skandinavien*, Werkstattbericht Nr. 30, Ministerium für Arbeit, Gesundheit und Soziales des Landes Nordrhein-Westfalen, 1987.

v. Foerster 60: H. von Foerster: *Über selbstorganisierende Systeme und ihre Umwelten.* In: ib.: Sicht und Einsicht: Versuche zu einer operativen Erkenntnistheorie, Vieweg, Braunschweig, Wiebaden, 1985.

v. Foerster 73: H. von Foerster: *Über das Konstruieren von Wirklichkeiten.* In: ib.: Sicht und Einsicht: Versuche zu einer operativen Erkenntnistheorie, Vieweg, Braunschweig, Wiebaden, 1985.

v. Foerster 85: H. von Foerster: *Sicht und Einsicht: Versuche zu einer operativen Erkenntnistheorie*, Vieweg, Braunschweig, Wiebaden, 1985.

v. Foerster 87: Heinz von Foerster: *Erkenntnistheorien und Selbstorganisation.* In: S. Schmidt (Hrsg.): Der Diskurs des radikalen Konstruktivismus, Suhrkamp, Frankfurt a. M., 1987.

v. Glasersfeld 81: E. von Glasersfeld: *Einführung in den radikalen Konstruktivismus.* In: P. Watzlawick (Hrsg.): Die erfundene Wirklichkeit, R. Piper & Co., München, 1981.

v. Glasersfeld 82: E. von Glasersfeld im Gespräch mit NIKOL: *Siegener Gespräche über Radikalen Konstruktivismus* (1982, 1984). In: S. Schmidt (Hrsg.): Der Diskurs des radikalen Konstruktivismus, Suhrkamp, Frankfurt a. M., 1987.

GMD 88: R. Budde, C. Floyd, R. Keil-Slawik, H. Züllighoven: *Bericht über die Arbeitskonferenz zu erkenntnistheoretischen Grundlagen für die Entwicklung und Nutzung von Software-Systemen.* In: Der GMD-Spiegel 4/88, 56-58.

Hejl 87: P. Hejl: *Konstruktion der sozialen Konstruktion: Grundlinien einer konstruktivistischen Sozialtheorie.* In: S. Schmidt (Hrsg.): Der Diskurs des radikalen Konstruktivismus, Suhrkamp, Frankfurt a. M., 1987.

Keil-Slawik 88: R. Keil-Slawik: *Die Gestaltung des Unsichtbaren.* In: Computer Magazin 7-8/88, 39-41.

Knuth 87: D. Knuth: *The Errors of TEX* (First Draft), Computer Science Dept.,Stanford University, Stanford, 1987.

Luhmann 87: N. Luhmann: *Soziale Systeme: Grundriß einer allgemeinen Theorie*, Suhrkamp, Frankfurt a. M., 1987.

Maturana 87: H. Maturana: *Kognition.* In: S. Schmidt (Hrsg.): Der Diskurs des radikalen Konstruktivismus, Suhrkamp, Frankfurt a. M., 1987.

Maturana, Varela 87: H. Maturana, F. Varela: *Der Baum der Erkenntnis – Die biologischen Wurzeln des menschlichen Erkennens*, Scherz Verlag, Bern, München, Wien, 1987.

Maturana, Varela, Uribe: H. Maturana, F. Varela, R. Uribe: *Autopoiesis, the Organization of Living Systems: Its Characterization and a Model.* In: Biosystems 5, 187.

Naur 74: P. Naur: *Concise Survey of Computer Methods*, Studentlitteratur, Lund, Sweden, 1974.

Naur 84: P. Naur: *Programming as Theory Building*, Datalogisk Institut, University of Copenhagen, 1984.

Parnas 72: D. Parnas: *On the Criteria To Be Used in Decomposing Systems into Modules.* In: Comm. ACM 15 (1972), 1053.

Parnas 86: D. Parnas: *Software Wars.* In: Kursbuch 83, Kursbuch/Rotbuch Verlag, Berlin, 1986.

Parnas, Clements 85: D. Parnas, P. Clements: *A Rational Design Process: How and Why to Fake It.* In: H. Ehrig, C. Floyd, M. Nivat, J. Thatcher (Eds.): Proc. of the International Joint Conference on Theory and Practice of Software Development (TAPSOFT), Vol. 2: Formal Methods and Software Development, Springer-Verlag, Berlin Heidelberg New York Tokyo, 1985.

Pasch 89: J. Pasch: *Mehr Selbstorganisation in Softwareentwicklungsprojekten*, Manuskript, Technische Universität Berlin, 1989.

Pask 75: G. Pask: *Conversation, Cognition and Learning*, Elsevier, Amsterdam Oxford New York, 1975.

Reisin 88: F.-M. Reisin: *Anticipating Reality Construction: A Reference Scheme for Software Development.* In: R. Budde, C. Floyd, R. Keil-Slawik, H. Züllighoven (Hrsg.): Software Development and Reality Construction, Springer-Verlag, erscheint im Herbst 1989.

Reisin, Schmidt 89: F.-M. Reisin, G. Schmidt: *STEPS – ein Ansatz zur evolutionären Systementwicklung.* In: K.-D. Jansen, U. Schwitalla, W. Wicke (Hrsg.): Beteiligungsorientierte Systementwicklung, Beiträge zu Methoden der Partizipation bei der Entwicklung computergestützter Arbeitssysteme, Westdeutscher Verlag, 1989.

Schmidt 87: S. Schmidt (Hrsg.): *Der Diskurs des radikalen Konstruktivismus*, Suhrkamp, Frankfurt a. M., 1987.

Spencer Brown 69: G. Spencer Brown: *Laws of Form*, George Allen and Unwin, London, 1969.

Varela 75: F. Varela: *A Calculus of Self-Reference.* In: Int. J. General Systems 2, 5-24.

Varela 87: F. Varela: *Autonomie und Autopoiese.* In: S. Schmidt (Hrsg.): Der Diskurs des radikalen Konstruktivismus, Suhrkamp, Frankfurt a. M., 1987.

Watzlawick 81: P. Watzlawick (Hrsg.): *Die erfundene Wirklichkeit*, R. Piper & Co., München, 1981.

Winograd, Flores 86: T. Winograd , F. Flores: *Understanding Computers and Cognition*, Ablex Publishing Corporation, Norwood, New Jersey, 1986.

Eine integrierte Softwareentwicklungs–Umgebung - ein alternativer konzeptioneller Ansatz

M. Nagl
Lehrstuhl für Informatik III
RWTH Aachen

Zusammenfassung

Dieser Aufsatz beschreibt eine methodische Vorgehensweise zur Realisierung von Softwareentwicklungs–Umgebungen oder allgemeiner von interaktiven Systemen. Hierzu wird zunächst das hier beschriebene Projekt von anderen Ansätzen der Literatur abgegrenzt, um danach den spezifischen Ansatz zu erläutern. Dieser besteht in der Verwendung eines anderen internen Datenmodells, einer formalen Spezifikation der Wirkung von Werkzeugen vor deren Realisierung und einer allgemeinen anwendbaren Strategie zur Umsetzung einer solchen Spezifikation in eine effiziente Realisierung.

1. Einleitung

Softwareentwicklungs–Umgebungen (abg. SEU) sind seit etlichen Jahren der Hauptarbeitsbereich der Softwaretechnik. Für sie wurden eine Vielzahl von Begriffen geprägt, wie z.B. Programmier–Werkbank, computerunterstützte Softwaretechnik (engl. CASE), Programmierassistent oder Software–Fabrik. Diese Begriffe für SEUen beschreiben aber auch die Breite der Unterstützung oder den gewählten Ansatz. So versteht man unter einer Programmier–Werkbank einen konventionellen Werkzeugkasten, die Begriffe SEU oder CASE spiegeln den phasen- oder arbeitsbereichsorientierten ingenieurmäßigen Ansatz der Softwareerstellung und -wartung wider, mit dem Programmierassistenten assoziiert man (künstlich) intelligentes Verhalten der Werkzeuge, und der Begiff Software–Fabrik deutet auf fabrikationsmäßige Softwareerstellung hin, wobei meist die Vorstellung mitschwingt, daß man den Erstellungsproß konfigurieren kann. Es gibt eine Fülle von Literatur über SEUen, wobei sich die Literaturangaben anderer Vorhaben auf einige der Übersichtsbände beschränken (/Br 88/, /BSS 84/, /CDW 86/, /He 84, 87, 88/, /Ri 86/).

Das *Globalziel* von SEUen ist, die *Produktivität* von Softwareentwicklern durch automatisierte oder teilautomatisierte Hilfsmittel zu steigern, oder andersherum, zur Kostenreduktion bei der Entwicklung und Wartung beizutragen. Das wird dadurch erzielt, daß (1a) unnötige Detailarbeit von Softwareentwicklern ferngehalten wird, damit diese sich auf die kreativen Aufgaben konzentrieren können, daß (1b) fehleranfällige und unübersehbare Aufgaben, wie z.B. das Konsistenthalten verschiedener Softwaredokumente zu überwachen, abgenommen werden, daß (2) die Struktur und Qualität von Softwaredokumenten verbessert wird, indem die Werkzeuge bestimmte Konzepte, Notationen, Methoden unterstützen, denen die Erstellung eines Dokuments oder die ein Dokument einer Dokumentenklasse erfüllen soll, oder daß (3) die Kooperation verschiedener Mitglieder einer Entwicklermannschaft unterstützt wird. Obige Zielsetzungen haben in einigen Bereichen spezielle Ausprägungen, wie (a) daß durch Werkzeuge aufbereitete Dokumente die Kommunikation unterstützen, (b) die Akzeptanz durch Rapid–Prototyping–

Werkzeuge erhöht wird, (c) der kommerzielle Erfolg durch Planungs-, Führungs- und Kontrollwerkzeuge gesteigert werden kann u.s.w.

Für jeden der Softwaretechnik-Arbeitsbereiche (Requirements Engineering, Programmieren-im-Großen etc.) kann man *Editor-* und *Analysewerkzeuge* erstellen. Es können auch *Transformationswerkzeuge* angegeben werden, die in eine Dokumentenklasse des gleichen Arbeitsbereichs oder die eines anderen Arbeitsbereichs transformieren. Ferner können *Instrumentierungswerkzeuge* (für Test, Messung, Buchhaltung der noch auszuführenden Arbeiten etc.) sowie, für ausführbare Dokumente, auch *Ausführungswerkzeuge* angegeben werden. Alle diese Werkzeuge können mehr oder minder viel Struktur der zugrundeliegenden Dokumente berücksichtigen, und es kann bei der Erstellung oder Veränderung der Zusammenhang der Dokumente bzw. die Arbeitsteilung unterschiedlich stark berücksichtigt werden.

Dieser Aufsatz behandelt hauptsächlich den Ansatz und die Ergebnisse des *IPSEN-Projekts* (*I*ntegrated and Incremental Software *P*roject *S*upport *En*vironment). Der Name drückt aus, daß wir uns eine breite Unterstützung durch Werkzeuge bei der Softwareerstellung zum Ziel gesetzt haben und daß spezielle Eigenschaften der SEU von Interesse sind. Neben diesem Projekt wird z.Zt. eine Spezifikations-Umgebung für operationale Datenschemafestlegung bearbeitet /Sc 89/. Außerhalb der Softwaretechnik, aber mit der gleichen Vorgehensweise zur Erstellung, wurden ein "intelligentes" Text- sowie Bibliothekssystem studiert. Wir führen diese Vorhaben hier deshalb auf, um anzudeuten, daß der IPSEN-Ansatz auch auf andere Bereiche übertragen werden kann, bei denen der Wunsch nach "intelligenten" Werkzeugen besteht. Schließlich sei hier darauf verwiesen, daß es auch andere Gruppen gibt, die sich mit einer ähnlichen Ausrichtung beschäftigen (z.B. /Gö 88/, oder andere in /ENRR 87/ beschrieben).

Die *Entwicklungsgeschichte* des IPSEN-Projekts reicht weit zurück. Der Ansatzpunkt waren theoretische Arbeiten über Graph-Grammatiken oder deren Anwendungen (/Sc 75/, /Na 79/). Graph-Grammatiken sind formale Ersetzungssysteme über Graphen, also eine Generalisierung von Zeichenketten-, Baum- oder attributierten Grammatiken (/ENRR 87/ gibt einen Überblick über die gegenwärtigen Aktivitäten auf diesem Gebiet). Nachdem geeignete Formalisierungen gelangen, wurden einige Anwendungen von Graph-Grammatiken zur operationalen Spezifikation studiert (zusammengefaßt z.B. in /Na 79/). Aus diesen erwuchs das Ziel, die Anwendung auf Werkzeuge zum Programmieren-im-Kleinen zu studieren und zu implementieren (/BBN 77/). Später entstand daraus die Vorstellung eines integrierten Programmierarbeitsplatzes /Na 80/, der mit /En 86/ und /Sc 86/ realisiert wurde. Diese Zielsetzung wurde schließlich auf andere Arbeitsbereiche, wie Programmieren-im-Großen, Projektorganisation und Unterstützung der technischen Dokumentation, erweitert (/Le 88, a, b/). Z.Zt. laufen Untersuchungen über die Unterstützung von Versionskontrolle, Requirements-Engineering, Wiederverwendbarkeit beim Programmieren-im-Großen, Verteilung bei der Softwareerstellung, alle wieder mit der Zielsetzung der Integration aller genannten Bereiche.

Der theoretische Ansatz des Projekts, dabei insbesondere seine Abstützung auf Graph-Ersetzungssysteme ist eines der Hauptunterscheidungsmerkmale zu anderen Projekten. Dies schließt insbesondere das Aufsetzen auf ein anderes internes Datenmodell (nicht Baum oder Text) ein und ferner die einheitliche Vorgehensweise bei der Modellierung und Realisierung von Werkzeugen. Alles dies *unterscheidet* IPSEN *von anderen Ansätzen.* Diese Vorgehensweise umschreiben wir mit dem Begriff Graphentechnik (/Na 87/).

Die Zielsetzung dieses Aufsatzes besteht insbesondere darin, den speziellen Graphentechnik-Ansatz für Softwareentwicklungs-Umgebungen genauer zu erläutern. Hieraus ergibt sich die folgende *Gliederung:* Wir geben in Abschnitt 2 zunächst eine Charakterisierung von IPSEN, um die Gemeinsamkeiten und die Abgrenzung mit anderen Projekten und SEUen zu erläutern. Der nächste Abschnitt dient der Erläuterung der Bedeutung von Graphen. Abschnitt 4 beschreibt, wie die Wirkung von Werkzeugen operational spezifiziert werden kann, Abschnitt 5 wie aus dieser Spezifikation eine Realisierung gewonnen werden kann und welche Erfahrungen daraus resultieren. Der letzte Abschnitt dient der Zusammenfassung und der Skizzierung zukünftiger Ziele.

2. Charakterisierung von IPSEN

Im folgenden geben wir eine *Charakterisierung* des Projekts und der zugehörigen SEU aus *drei Perspektiven* an. Zunächst vergleichen wir IPSEN mit anderen SEU-Projekten, danach geben wir die Arbeitspakete an, in die der Hauptteil der Aktivitäten des Projekts floß, und schließlich listen wir globale Charakteristika der IPSEN-SEU auf.

Die folgende Tab. 1 versucht, IPSEN *anhand* eines groben SEU-*Klassifikationsschemas einzuordnen.* Dabei sind hier nur diejenigen "Charakterisierungsdimensionen" angegeben, für die aussagekräftige "Koeffizientenwerte" vorliegen.

Umgebungsbestimmung

Prozeßmodell: IPSEN folgt einem diskreten Modell der Einteilung in einzelne Arbeitsbereiche (Programmieren-im-Großen, Projektorganisation etc.) mit entsprechenden Dokumentenklassen, die jedoch als miteinander der verzahnt angesehen werden.

Qualität der Unterstützung:

Überdeckung: zur Zeit werden die Arbeitsbereiche Programmieren-im-Großen, Programmieren-im-Kleinen, Dokumentation und Projektmanagement unterstützt, andere sind in Arbeit.

Tiefe: Für jede Dokumentenklasse wurde eine Sprache entwickelt, bis auf Programmieren-im-Kleinen, wo Modula-2 angenommen wurde. Das Softwareerstellungsparadigma ist das ingenieurmäßige. Die Werkzeuge betrachten die logischen Einheiten des Dokuments (Inkremente).

Integration: Die Integration der Arbeitsbereiche und die Konsistenz der betreffenden Dokumente wird unterstützt.

Formalisierung: Alle Sprachen für die Dokumentenklassen haben eine festgelegte, kontextfreie und (reichhaltige) kontextsensitive Syntax.

Granularität: Die Konsequenzen einer Änderung werden innerhalb eines Dokuments aber auch über Dokumentengrenzen hinweg bis auf Inkrementebene festgestellt.

Rollenorientiertheit: Zu jedem Arbeitsbereich gehört eine Basisrolle, die von einer oder mehreren Personen eingenommen werden kann.

Gruppenorientiertheit: Jedes Projektteammodell kann mit diesen Basisrollen realisiert werden. Das Problem, daß mehrere Personen gleichzeitig an logisch abhängigen Dokumenten arbeiten, wird zur Zeit untersucht.

Charakterisierung der zu entwickelnden Software:

Anwendungsbereich: Anwendungssoftware, sequentielle und nebenläufige Systemsoftware

intendierte Qualität: Sichere und effiziente Software, mit spezieller Ausrichtung auf Anpaßbarkeit

Einsatzbereich: Nicht nur im Entwicklungslabor

Erstellungsart: Erstellung und Pflege "handgeschriebener" Software unter Verwendung allgemeine Bausteine.

Bedieneroberfläche:

Globalphilosophie: Soviel wie möglich Strukturkenntnis über die Dokumente, Disziplin der Arbeit auf Dokumenten einerseits, Flexibilität und Freiheit der Arbeitsweise andererseits.

Arbeiten auf Einzeldokumenten: Die Arbeitseinheiten (Inkremente) beziehen sich auf die Syntax der zugrundeliegenden Dokumentenklasse. Die Werkzeuge reagieren sofort, was z.B. unvollständige Dokumente zu analysieren und auszuführen gestattet. Alle Werkzeuge einer Dokumentenklasse arbeiten integriert, was beliebigen Wechsel zwischen ihnen erlaubt. Die Konsequenzen einer Änderung werden sofort entdeckt, die Veränderungen werden auf einen kleinstmöglichen Bereich beschränkt (Inkrementalität).

Integration: Auswirkungen von Änderungen auf andere Dokumente werden auf einer Inkrement-zu-Inkrement-Ebene festgestellt. Die Änderung in anderen Dokumenten erfolgt wieder inkrementell.

Layout: Das Layout von Dokumenten wird z.Z. ausschließlich automatisch erzeugt.

Bedienermodell: Jeder Bediener hat bestimmte Rollen, die bestimmte Operationen erlauben. Benutzerkommandos unterscheiden verschiedene Erfahrungen von Benutzern.

Gruppenmodell: Rollen korrespondieren zu Verantwortlichkeiten und Zugriffsrechten.

Architektur der Softwareentwicklungsumgebung:

Realisierung: IPSEN ist handgeschrieben unter Benutzung von Basisbausteinen (z.B. Nichtstandard-Datenbanksystem). Die Architektur und die Implementierung sind aus einer formalen Spezifikation abgeleitet. Erste Schritte in Richtung Generierung von Komponenten wurden gemacht.

Kopplung: Die Integration/Inkrementalität der Werkzeuge führt zu einer engen internen Kopplung.

Integration: Alle internen Datenstrukturen werden in einem Nichtstandard-DBS abgelegt. Zwischen internen logischen Dokumenten und Repräsentationsdokumenten existiert eine inkrementelle Transformation, verschiedene Views zu einem logischen Dokument werden verwaltet. Änderungen logischer Dokumente werden in abhängige Dokumente propagiert.

Anpaßbarkeit: Hinzufügen neuer Werkzeuge eines Arbeitsbereichs ist leicht möglich, ebenso das Hinzufügen von neuen Arbeitsbereichen, falls Integration nicht betrachtet wird. Der Austausch einer Methode/Sprache eines Arbeitsbereichs führt zu einer anderen Realisierung der Werkzeuge, die jedoch mechanisch abgeleitet werden kann. Bedieneroberflächenänderungen bleiben in einem Modul.

Portabilität: Fenstersystem, E/A-System, DBS können ausgetauscht werden. Graphik-Workstations sind erforderlich. Die Implementierung erfolgte in Modula-2.

Hintergrund der Entwickler:

Der Hintergrund der Gruppe ist Softwaretechnik (Art der Unterstützung des Benutzers, ingenieurmäßiger Ansatz, Flexibilität), Programmiersprachen/Compiler (möglichst viele kontextsensitive Überprüfungen, inkrementelle Mechanismen) und formale Spezifikation (für die Definition der internen Wirkung von Werkzeugen).

Interne Mechanismen:

Konzeptuelle Modellierung: Für alle Arten von internen Dokumenten werden Graphen als Modell benutzt. Deren Operationen werden durch Graph-Grammatiken spezifiziert.

Integrationsmodell: Beziehungen zwischen Dokumenten werden durch Graphverbindungen und funktionale Mechanismen modelliert.

Tab. 1: Klassifikation von IPSEN

Im folgenden charakterisieren wir die *Hauptarbeitspakete* des Projekts (vgl. Tab. 2). Diese sind keineswegs den Dimensionen von Tab. 1 zugeordnet, sondern sind spezielle "Linearkombinationen" derselben. Die Erörterung der Arbeitspakete dient auch der Abgrenzung des Inhalts dieses Aufsatzes.

(1) Konzepte/Methoden/Sprachen:
Dieser Bereich der Entwicklung geeigneter Konzepte/Paradigmen/Methoden/Sprachen für einzelne Arbeitsbereiche der Softwaretechnik, hat auch ohne Werkzeugunterstützung seinen Wert. Es wurde eine Beschreibungssprache für Softwarearchitekturen entwickelt, die sich noch in Weiterentwicklung befindet (/LN 85/, /Le 88/, /Na 88,89b/). Zur Zeit beginnen Aktivitäten auf der Ebene des Requiremtents Engineering.

(2) Überlegungen zu neuen Werkzeugen für einzelne Arbeitsbereiche und deren Integration:
Zu den selbstentwickelten oder vorgegebenen Sprachen der Dokumentenklassen wurden neue Werkzeuge überlegt. Die bedeutendsten Merkmale sind, daß (1) diese Werkzeuge die Struktur der Dokumentenklassen und ihre Verzahnung kennen, daß sie (2) möglichst flexibel sind, aber zur Entwicklung sicherer industriemäßiger Software dienen sollen, und daß (3) eine uniforme Bedieneroberfläche realisiert werden muß (/EJS 88/, /Le 88a/). Neue Werkzeuge in den bereits angedeuteten Bereichen (Requirements Engineering, Wiederverwendbarkeit beim Programmieren-im-Großen, Übergang Requirements-Engineering zu Programmieren-im-Großen, Versionskontrolle, gleichzeitiges Arbeiten mit logisch abhängigen Dokumenten) sind in Untersuchung.

(3) Graphentechnik:
Dieser Bereich wird im folgenden detailliert erörtert.

(4) Architekturüberlegungen für Softwareentwicklungs-Umgebungen:
In diesem Bereich versuchen wir, die Standardarchitekturüberlegungen zu Softwareentwicklungs-Umgebungen oder allgemeiner zu interaktiven Systemen voranzutreiben (/ENS 86/, /LNW 87/). Eine Schichteneinteilung der Architektur (/ELNS 85/) zeigt, daß, gemäß der noch zu erläuternden Graphentechnik, ein Teil der Architektur mit einem internen Graphenprozessor zu tun hat. Die Datenablage dient als Basiskomponente ein Nichtstandard-DBS (/BL 85/, /LS 88/, /We 89/). Schritte zur Generierung von Komponenten der Softwareentwicklungs-Umgebung wurden angegangen.

(5) Implementierung/Vorführung:
Für das Programmieren-im-Kleinen gibt es einen strukturbezogenen Modula-2 Editor, statische Ana-

lysewerkzeuge, Instrumentierungswerkzeuge für Test und Messung, einen Interpreter, der einem inkrementellen Compilerschema folgt (/EN 86/, /Sc 86/, /ES 87/). Für das Programmieren-im-Großen sind ein strukturbezogener Editor und Analysewerkzeuge für eine Architekturbeschreibungssprache, ein Transformator zur Erzeugung von Modulrahmen (in C, Modula-2), strukturbezogene Editoren für die technische Dokumentation und für das Projektmanagement (Verantwortlichkeits- und Zugriffskontrolle) verfügbar (/Le 88b/). Alle Werkzeuge sind integriert, wobei die Softwarearchitektur des zu entwickelnden Systems im Zentrum des Interesses steht. Der gesamte Code umfaßt ca. 150.000 LOC Modula-2. IPSEN wurde auf vielen internationalen Konferenzen vorgeführt.

Tab. 2: Arbeitspakete des IPSEN-Projekts

Wir geben im folgenden einige *Charakteristika* der IPSEN-Softwareentwicklungsumgebung an. Diese Charakteristika haben sowohl mit allen Punkten der Klassifikation von Tab. 1 als auch mit allen Arbeitspaketen von Tab. 2 zu tun (/Na 89a/). Wir diskutieren die Eigenschaften hier jedoch lediglich in Bezug auf das Außenverhalten der IPSEN-SEU.

a) *integriert*
Die Werkzeuge eines Arbeitsbereichs sind integriert. Es gibt, falls Abhängigkeiten zu verwalten sind, arbeitsbereichsübergreifende Werkzeuge. Die Werkzeuge helfen bei der Integration von Einzelpersonen zu einer Gruppe.

b) *interaktiv*
Die Werkzeuge reagieren sofort (Warnungen, Fehler, Ausführung des Kommandos) unter Ausnutzung des gesamten vorhandenen Wissens über einzelne Dokumente und ihre Querbezüge. Beispielsweise können unvollständige Dokumente analysiert und ausgeführt werden. Rollenänderungen führen sofort zu geänderten Zugriffsrechten.

c) *strukturbezogen*
Die Werkzeuge arbeiten auf logischen Einheiten der Dokumente, d.h. Einheiten der zugrundeliegenden formalen Syntax der Dokumentenklasse, die insbesondere alle kontextsensitiven Bezüge einschließt. Diese Strukturbezogenheit gilt auch für Auswirkungen von Änderungen auf andere Dokumente.

d) *kommandogestützt*
Die meisten Werkzeuge arbeiten kommandogestützt, d.h., ein Kommando gibt an, was zu tun ist, der Bediener ändert nicht direkt die Repräsentation des Dokuments. Damit kann der Bediener bezüglich der kontextfreien Syntax bezüglich einer Dokumentenklasse keine Fehler machen.

e) *inkrementell*
Inkrementalität heißt, daß der Aufwand der Änderungen in einem Dokument oder in mehreren Dokumenten minimiert wird. Bei Analysen wird der Analysebereich kleingehalten, bei der Ausführung werden die Vorbereitungsschritte (z.B. Codeerzeugung) minimiert.

f) *einheitlich*
Für jeden Arbeitsbereich gibt es Editor, Analysator, Instrumentator, Ausführer, ggf. Transformatoren. Alle Werkzeuge haben die gleichen Eigenschaften (strukturbezogen, integriert etc.).

g) *rollen-, gruppen-, projektorientiertheit*
Für jeden Arbeitsbereich gibt es eine Basisrolle. Projektteams für ein Teilprojekt können mit diesen Basisrollen aufgebaut werden.

3. Graphen und ihre Rolle

Die folgenden Abschnitte stellen den Hauptteil dieses Aufsatzes dar. Sie sollen die *einheitliche Graphentechnik-Vorgehensweise* aufzeigen, mit der wir in verschiedenen Arbeitsbereichen integrierte Werkzeuge erstellt haben. Diese Vorgehensweise reicht von der Modellierung der internen Datenstrukturen für Werkzeuge bis zu der der Architektur oder der Implementation des fertigen Systems. Wir werden dabei feststellen, daß die Charakteristika, die wir in Abschnitt 1 aufgezeigt haben, diese Vorgehensweise stark bestimmen, bzw. daß diese Charakteristika aus der hier beschriebenen Vorgehensweise resultieren.

Eine zentrale Rolle für das Verständnis dieser Vorgehensweise nimmt die folgende, die Situation etwas vereinfachende Fig. 3 ein, die das Übersetzungsschema von IPSEN wiedergibt: Für jedes Dokument zu einer Dokumentenklasse gibt es ein *internes* Dokument, eine *komplexe Datenstruktur*, die alle Strukturinformationen des Dokuments enthält. Diese Datenstruktur wird verändert, wenn syntax-gesteuerter Editor- oder wenn Instrumentierungs- oder Transformationswerkzeuge (z.B. für Optimierung) aktiviert werden, sie wird analysiert, wenn ein Analysekommando angestoßen wird, und sie wird schließlich ausgeführt, wenn ein Ausführungskommando auf einem (ausführbaren) Dokument ausgeführt werden soll. Diese interne Ausführung kann dann (z.B. für die Modulausführung beim Programmieren-im-Kleinen) in verschieden großen Portionen erfolgen (ganze Module bis zu einer einzelnen elementaren Anweisungen), die Instrumentierung beachten oder nicht (Ausgabe bestimmter Variablen, Beachten von Laufzeitbedingungen u.s.w.). Zusätzlich zu diesen Operationen auf der internen komplexen Datenstruktur wird durch einen Transformationsschritt aus der internen Datenstruktur, die Text- oder Diagrammanzeige auf dem Bildschirm bzw. Textausgabe erzeugt (Unparsing). Umgekehrt braucht man bei interaktiver textueller Eingabe oder beim Einlesen eines Textdokuments eine Möglichkeit der Übersetzung in die interne Form (Parsing).

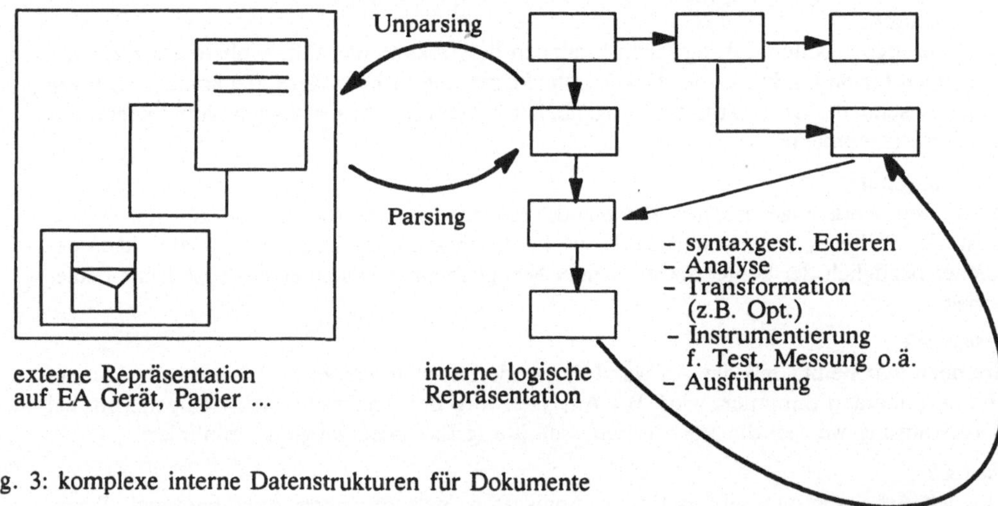

Fig. 3: komplexe interne Datenstrukturen für Dokumente

Neben diesen Datenstrukturen, die die logische Struktur eines Dokuments wiedergeben, und die wir deshalb "logisch interne Datenstrukturen" nennen wollen, gibt es *weitere interne Datenstrukturen*, die in Fig. 3 nicht eingezeichnet sind (vgl. Fig. 4). Beispielsweise hängen an einigen logischen internen Datenstrukturen andere Datenstrukturen, die aus *Effizienzgründen* eingeführt wurden. Dies sind z.B. Codestücke für eine P-Code-Maschine für die internen Datenstrukturen zu Modulrümpfen. Die Ausführung von Modulrümpfen läuft nun zweistufig ab: Der Graph wird ausgeführt, an entsprechenden Stellen erfolgt die Ausführung der P-Code-Stücke (/BBN 77/, /ES 87/). Man kann diese anderen Datenstrukturen als Erweiterungen der logischen internen Datenstrukturen auffassen, die aber aus Effizienzgründen anders abgelegt sind. Für die graphische Ausgabe auf dem Bildschirm (und der Einheitlichkeit halber für die

Textausgabe ebenso) gibt es eine Datenstruktur, die die *Repräsentationsstruktur* eines Dokuments festhält. Dies ist bei einer Graphik z.B. schon deshalb nötig, weil der Benutzer eine automatisch erzeugte Graphik ggf. interaktiv verschönern will und diese Verschönerung aufgehoben werden soll. Damit ist das Unparsing und das Parsing von Fig. 3 ein zweistufiger Transformationsvorgang, der im ersten Fall aus der logischen Datenstruktur eine Repräsentationsstruktur erzeugt und dies in einem weiteren Schritt anzeigt oder ausgibt. Die Zweistufigkeit des Unparsing bzw. Parsing ist nun für Graphik bzw. Text nicht gleichermaßen wichtig: Zweistufiges Unparsing ist für Graphik aus dem obengenannten Grund wichtig, bei Text tritt das interaktive Arbeiten auf der Repräsentation nicht auf. Umgekehrt ist Parsing ausschließlich für Text wichtig, weil z.Z. noch kein Werkzeug versucht, eine Freihandzeichnung zu interpretieren.

Inkrementelle Mechanismen spielen in IPSEN an verschiedenen Stellen eine Rolle. Wenn ein Dokument geändert wird (beim syntaxgesteuerten Edieren, beim Instrumentieren, Transformieren für Optimierung), dann wird nur der entsprechende Teil der logisch internen Datenstruktur geändert. Hat die Änderung Auswirkungen auch auf andere Dokumente, dann wird ebenfalls nur der entsprechende Teil dieses logisch internen anderen Dokuments geändert. Das gleiche betrifft Analysen bzw. Ausführungen (bei ausführbaren Dokumenten): Es wird nur der relevante Teil analysiert bzw. ausgeführt. Es werden dann auch nur für die veränderten Teile die effizienzfördernden Datenstrukturen neu erzeugt (z. B. P-Code-Stücke), die erste Stufe des Unparsings erzeugt nur für die veränderten Teile geänderte Repräsentationsteilstrukturen, die Repräsentationsstruktur wird entsprechend nur inkrementell geändert. Umgekehrt wird bei der interaktiven Texteingabe mithilfe von Parsing nur der zu ändernde Teil syntaxanalysiert und entsprechend nur der betreffende Teil des internen logischen Dokuments geändert. Die Feststellung, welcher Teil einer internen Datenstruktur geändert, analysiert, ausgeführt werden muß, für welchen Teil eine neue Repräsentationsstruktur erzeugt werden muß, wo in anderen Dokumenten Auswirkungen entstehen usw. erzwingt eine Verwaltung der Abhängigkeiten in und zwischen Dokumenten.

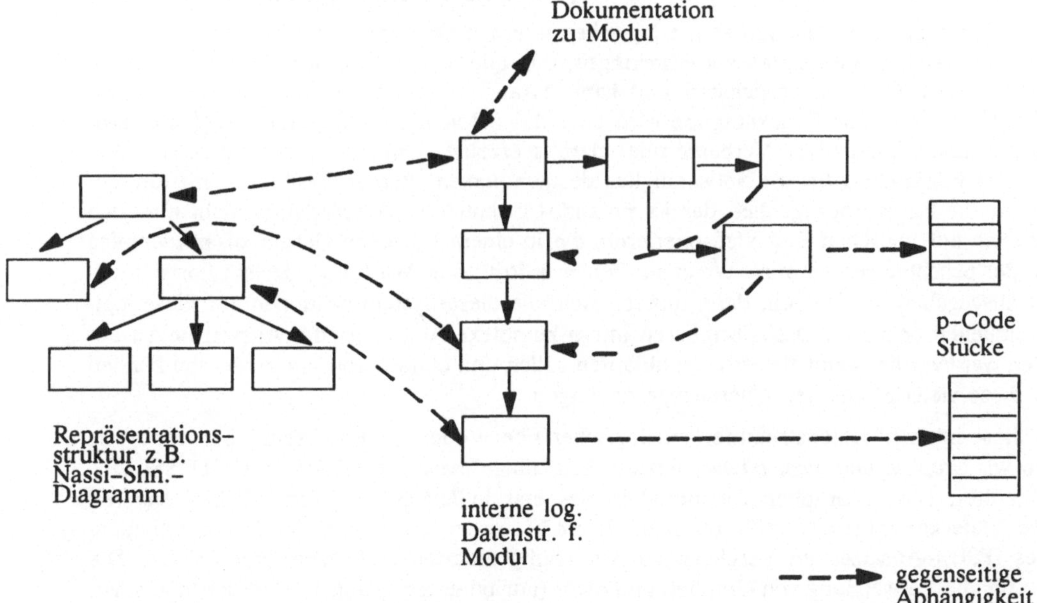

Fig. 4: weitere Datenstrukturen und ihre Abhängigkeiten am Beispiel einer Modulimplementation

Ähnlich wie wir eben wegen der gewünschten Inkrementalität argumentiert haben, hätten wir auch die anderen Charakteristika von IPSEN (integriert, interaktiv, strukturbezogen etc.) heranziehen können, um für komplexe interne Datenstrukturen zu argumentieren, die Querbezüge zu modellieren gestatten. Aus diesem Grunde nehmen wir *Graphen* für die logischen internen Dokumente, aber auch für die internen Repräsentationsdokumente. Wir nennen deshalb die interne logische Struktur zu einem Modul den Modulgraphen, die für eine Softwarearchitektur den Systemgraphen, die für eine Dokumentation den Dokumentationsgraphen usw. Wie oben ausgeführt, sind diese Graphen die Zentren der Aktivitäten aller Werkzeuge der entsprechenden Klasse von Softwaredokumenten. Intern erzeugt jede Aktivierung eines Werkzeugs einen syntaxgesteuerten Edier-, Analyse-, Transformations-, Instrumentierungs- oder Ausführungsschritt auf einem Graphen, ggf. mit anschließender Aktualisierung weiterer Datenstrukturen (Repräsentationsstrukturen, abhängige Dokumente), die ebenfalls, bis auf die Datenstrukturen zur Effizienzsteigerung, Graphform besitzen. Somit führen alle Werkzeuge intern zu *Operationen* eines *Graphenprozessors.*

Die Graphen zu einer Dokumentenklasse haben genau festgelegte Eigenschaften. Damit gehört zu jeder *Dokumentenklasse* eine interne logische *Graphenklasse,* deren Struktur die Struktur der Dokumentenklasse widerspiegeln muß und die auf die Operationen mit diesen Dokumenten abgestimmt sein muß. Jede Operation eines Werkzeugs auf einem Dokument führt zu einer internen Operation auf einem Graphen der entsprechenden Graphenklasse. Werden bei der Operation des Werkzeugs die Dokumentenklasseneigenschaften eingehalten, dann führen die internen Operationen ebenfalls von einem zulässigen Graphen der jeweiligen Graphenklasse zu einem anderen zulässigen Graphen. Die gleiche Argumentation trifft für die Graphen zu, die die Repräsentation von bestimmten Dokumenten festlegen. Natürlich sind diese internen Graphenklassen und ihre Operationen für verschiedene Dokumentenklassen verschieden, sie sind ja auch auf die spezifischen Dokumentenklassen abgestimmt. Wir werden jedoch später sehen, daß trotz dieser Verschiedenheit der Aufbau und die Operationen auf eine einheitliche Weise festgelegt werden können. Es läßt sich ebenfalls feststellen, daß Konsistenz und Integration zwischen verschiedenen Dokumenten auf eine einheitliche Weise angegangen werden kann.

Wie bereits ausgeführt, müssen es die logischen internen Graphen gestatten, vielerlei Beziehungen zu verwalten. Sie agieren als *Wissensbasis,* d.h. alle Information über ein Dokument ist in einem solchen Graphen gespeichert und kann daraus wieder leicht ermittelt werden. Der Bildschirminhalt oder die Druckausgabe wird über das automatische Unparsing (ggf. mit zwischengeschalteter interaktiver Verbesserung) daraus erzeugt. Um neben der Inkrementalität eine weitere Begründung für die Notwendigkeit der komplexen internen Strukturen anzuführen, wollen wir die Strukturbezogenheit der Kommandos diskutieren. Das bedeutet nicht nur, daß Operationen auf logischen Einheiten operieren, die in einem logischen Gesamtzusammenhang stehen, der beachtet werden muß. Wenn ein Fehler auftritt, eine Warnung oder ein Fortschrittsbericht ausgegeben werden soll, dann müssen sich alle diese Systemreaktionen auf diese logischen Einheiten beziehen. Deshalb müssen intern komplexe Analysen oder Auswertungen angestoßen werden, die, wenn sie effizient ablaufen sollen und einfach formuliert werden können sollen, diese vielerlei internen Querbezüge benötigen.

Für diese internen Datenstrukturen auf logischer Ebene oder auf Repräsentationsebene verwenden wir *Graphen* und *nicht Bäume*, letztere heutzutage meist *attributiert* (z.B. /RT 88/, /RT 89/, /BS 86/). Dieses Graphen-Datenmodell, das erst in letzter Zeit von etlichen anderen Autoren entdeckt wird (vgl. den Tagungsband /He 88/), ist der Hauptgrund für die Verschiedenheit des IPSEN-Ansatzes im Vergleich zu den häufig zitierten Aufsätzen über SEUen. Die Gründe für die Verwendung von Graphen und nicht (attributierten) Bäumen sind die folgenden: (1) Graphen sind ein einheitliches Beschreibungsmittel, das mächtig genug ist, daß damit alle Struktureigenschaften ausgedrückt werden können. Damit muß nicht (1a) ein Teil der Strukturinformation, nämlich der kontextsensitive, der sich nicht durch Bäume ausdrücken läßt, außerhalb des Datenmodells in einem anderen Formalismus (z.B. Attributauswertung), abgehandelt werden. Ferner kann (1b) beliebig weitere Strukturinformation, die nicht der Syntax zugeordnet wird (wie Kontrollfluß, Datenfluß, Unparsing-Informationen etc.), in das Datenmodell aufgenommen werden, ohne dieses zu sprengen.

Dies ist *keine Argumentation, Bäume* zu vermeiden. Ein wichtiger Teil der Strukturinformation hat stets Baumcharakter, worauf wir unten zurückkommen. Wie dominant dieser Baumanteil ist, hängt jedoch von der Dokumentenklasse ab. Wir sind nicht gezwungen, den restlichen Teil der Strukturinformationen in Attribute und deren Übereinstimmung an verschiedenen, weit auseinanderliegenden Stellen eines Baums zu stecken. Wir plädieren auch nicht dafür, auf *Attribute* zu *verzichten*. Attribute sind nötig, Werteinformation abzulegen (das Erstellungsdatum eines Moduls ist z.B. für einen Architektureditor keine Strukturinformation). Wir argumentieren damit dafür, strukturelle Informationen von nichtstrukturellen Informationen zu unterscheiden und erstere in einem einheitlichen Datenmodell auszudrücken.

Das interne Datenmodell, das wir verwenden, sind *gerichtete, attributierte* Graphen mit *Markierungen* auf *Knoten* und *Kanten*. Die Codierung von Sachverhalten in Form von Graphen ist stets die folgende: Elementare Objekte werden zu Knoten, deren Markierung (Typ) gibt die Art eines entsprechenden Objekts an. Gerichtete Kanten repräsentieren gerichtete Beziehungen, die ebenfalls aufgrund ihrer Markierung (ihres Typs) in verschiedene unterschieden werden. Knoten- und Kantenmarkierungen sind endlich. Attribute sind für bestimmte Knotenklassen definiert und damit für alle Knoten eines bestimmten Knotentyps automatisch vorgegeben. Wir bezeichnen obige Graphen im folgenden, ohne daß dies zu Mißverständnissen führen kann, einfach als Graphen.

Die Verwendung von Graphen als internes Datenmodell verleitet zu einem *weiten Verständnis* von *Syntax*. Meist wird nur der kontextfreie Anteil der Syntax als Syntax bezeichnet, den kontextsensitiven Anteil nennt man statische Semantik, weil er sich mit den üblichen Syntaxbeschreibungsmechanismen (z.B. EBNF) nicht ausdrücken läßt. In IPSEN wird die gesamte Syntaxinformation (und auch weitere) einheitlich gehandhabt, was nicht nur für die interne Modellierung, sondern auch Konsequenzen für die Realisierung einer SEU hat. Beide werden einheitlicher, was wir unten nachweisen werden.

In einigen Fällen ist die Syntax (kontextfrei und kontextsensitiv) von Dokumenten vorgegeben, wie z.B. bei Programmieren-im-Kleinen, wo wir Modula-2 als Sprache verwenden, die wir unterstützen (/Wi 84/). In diesem Falle bilden wir die Syntax intern durch Graphen nach. In den Fällen, wo wir Dokumentenklassen selbst definieren, z.B. für die Architekturbeschreibungssprache des Programmierens-im-Großen (/LN 85/) oder in den Fällen, wo eine Syntax nur unpräzise vorgegeben ist, nehmen wir gleich Grammatiken über Graphen, d.h. *Graph-Grammatiken* (vgl. /Na 79/) an, um die gesamte *Struktur* dieser Dokumente zu *definieren*. Die Festlegung der externen Repräsentationen (Text oder Graphik) ist dann ein weiterer Schritt.

Fig. 5 zeigt einen kleinen Ausschnitt aus einem Systemgraphen, der die Architektur eines Softwaresystems intern beschreibt. Es geht lediglich um drei Module und Ihre Beziehungen untereinander und auch dieser Sachverhalt ist zum Teil noch vergröbert dargestellt. Der Leser muß das Beispiel nicht im Detail nachvollziehen können. Hierzu müßte die zugrundeliegende Architekturbeschreibungssprache verstanden sein, die Module verschiedener Arten und verschiedener Importbeziehungen zwischen diesen vorsieht. Es geht an dieser Stelle nur um die Erzeugung eines Eindrucks: *Graphen* für interne logische Dokumente (aber auch für Repräsentationsdokumente usw.) werden also, soweit sie einer *konkreten Anwendung* entspringen, *sehr komplex*. Der Benutzer einer Softwareentwicklungs-Umgebung wird solche Graphen zwar nie zu Gesicht bekommen, weil diese nur für die Entwickler einer Entwicklungsumgebung von Interes-

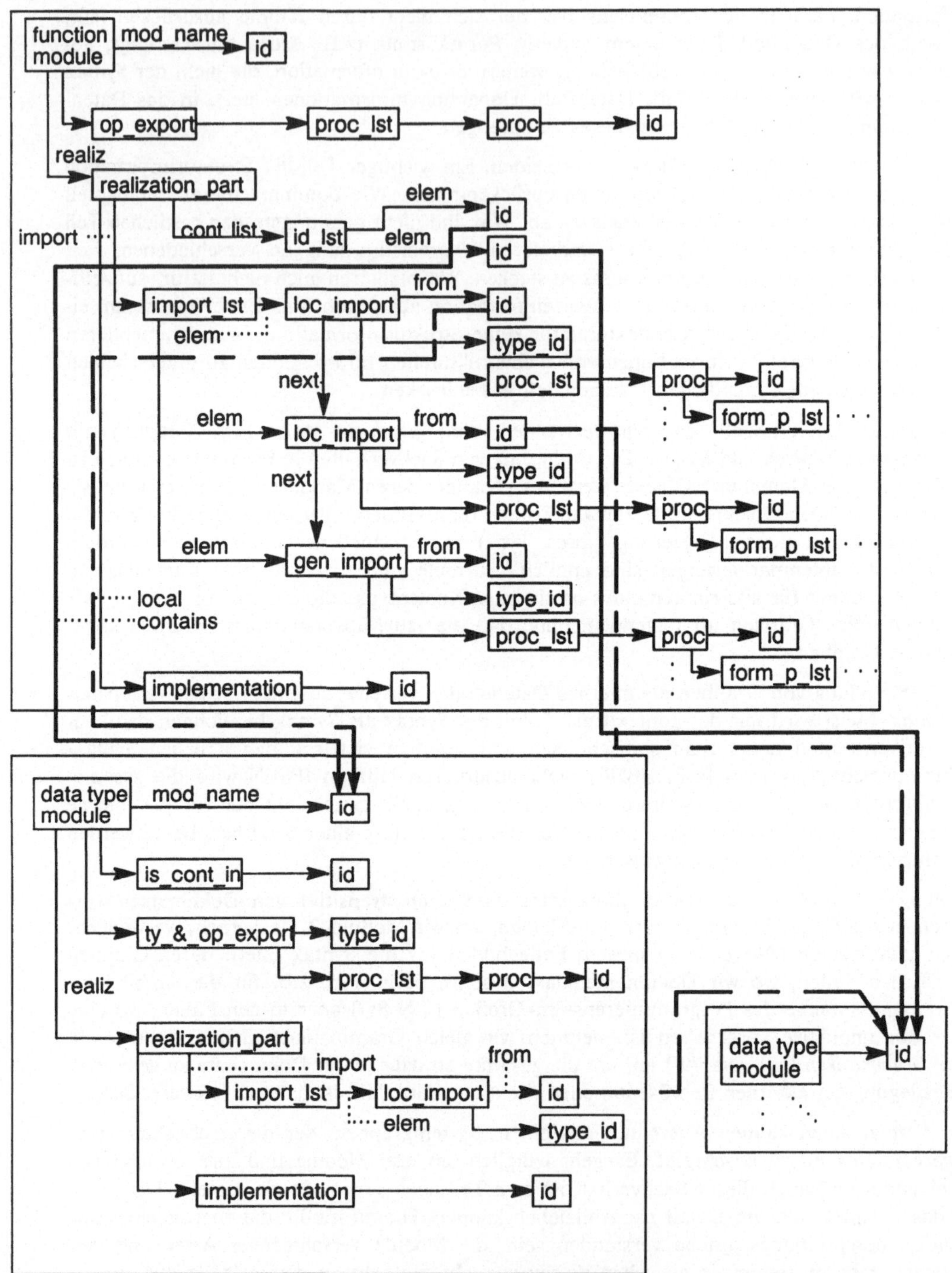

Fig.5: interne Graphen sind komplex: kleiner Ausschnitt eines Systemgraphen

se sind. Aber auch für diesen eingeschränkten Kreis von Personen ergibt sich die Frage, wie mit solcher Komplexität umzugehen ist.

Wenn wir Fig. 5 genauer betrachten, so fällt auf, daß der *Graph* einen *starken Baumanteil* besitzt. Dieser ist in der Zeichnung nur für die Anteile einzelner Module erkennbar. Dieser Baumanteil wird durch die "besteht-aus"-Beziehung aufgespannt. Ein Modul besteht aus Name, einer Klausel, die festlegt, ob er in einem anderen enthalten ist, der Liste der exportierten Ressourcen und einem Realisierungsteil. Letzterer besteht aus der Liste der von anderen Modulen importierten Ressourcen und aus dem eigentlichen Rumpf, den man auf Architekturebene nicht betrachtet. Alle Module sind in einem Teilsystem enthalten, was in Fig. 5 nicht eingetragen ist. Betrachtet man die Teilbäume solcher Baumstrukturen genauer, so stellen wir zweierlei fest. Zum einen handelt es sich um die interne Repräsentation der logischen Portionen des Dokuments, der *Inkremente*. Zum anderen treten diese stets in Form *bestimmter Arten* auf. Solche Teilbäume können elementar, d.h. Blätter sein, sie sind dann nicht weiter strukturiert, wie z.B. die id-Knoten, die Bezeichnern entsprechen. Sie können aber auch sog. komplexe Inkrementen entsprechen, die aus Inkrementen unterschiedlicher Arten zusammengesetzt sind, wie z.B. die realization_part-Knoten oder sie entsprechen Listen von Inkrementen gleicher Art, wie dies bei den import_lst-Knoten der Fall ist.

Zusätzlich zu dem Baumanteil treten *weitere Kanten* auf. Diese gehören zu der Reihenfolgefestlegung von Inkrementen in Listen, wenn diese *Reihenfolge* im entsprechenden Dokument von Wichtigkeit ist, zur *kontextsensitiven Syntax*, die stets aus der Festlegung von Zusammenhängen zwischen definierenden und angewandten Vorkommnissen besteht bzw. aus Bedingungen, die sich daraus ableiten lassen. Schließlich kommen weitere Kanten hinzu, z.B. beim Programmieren-im-Kleinen für den Kontrollfluß, Datenfluß etc. Es sei bemerkt, daß es nur eine aufspannende Baumbeziehung geben kann (z.B. die besteht-aus-Beziehung) und damit andere *Strukturbeziehungen* eines Dokuments, die Baumstruktur haben, wie z.B. die Vererbungsbeziehung eines Architekturdokuments (bei einfacher Vererbung) durch Kanten modelliert werden müssen, die nicht zum Baumanteil gehören, obwohl sie selbst wieder eine Baumstruktur darstellen.

Wenn wir die beiden letzten Absätze, die die Bestandteile von Graphen betrachten, zusammenfassen, so müssen wir folgendes feststellen: Das Modellieren von Graphen beginnt bereits damit, sich bezüglich der statischen Struktur Gedanken zu machen. Hier ist bedeutsam, welche Beziehung man zur zugrundeliegenden Baumbeziehung benutzt. Es empfiehlt sich, hierfür die besteht-aus-Beziehung zu verwenden. Dann können alle Teilbäume in bestimmte Arten eingeteilt werden. Die zu modellierenden Nichtbaum-Kanten entsprechen insbesondere der kontextsensitiven Syntax, aber auch weiteren Zusammenhängen. Wir wollen diese grundsätzliche und einheitliche Vorgehensweise *einheitliche statische Graphenmodellierung* nennen. Dies ist für alle internen Dokumente anwendbar.

Für eine bestimmte interne Graphenklasse (z.B. Systemgraphen) können nun die möglichen *Knotenmarkierungen* (Knotentypen) und *Kantenmarkierungen* (Kantentypen), die überhaupt auftreten können, vorab festgelegt werden. Hierzu werden für die Attributstruktur der einzelnen Knoten entsprechende *Klassen* eingeführt, die in einer Vererbungsbeziehung zueinander stehen können (/Sc 89/). Beispielsweise ist Autor und Erstellungsdatum je ein Attribut einer Knotenklasse, die die Struktur der Wurzelknoten von Modulen beschreiben soll. Im Falle eines funktionalen Moduls kommt noch ein Attribut hinzu, das etwa festhält, ob abgeprüft wurde, ob alle Operationen der Schnittstelle Ein-/Ausgabeverhalten besitzen, bei Datenabstraktionsmodulen, ob die Schnittstellenfestlegung auf Sicherheit hin (durch Sicherheitsabfragen, Ausnahmen) abgeprüft wurde (vgl. /Na 89b/). Also gibt es Knotenklassendeklarationen FUNC_MODULE und DATA_MODULE und Knotenmarkierungen function_module der Art FUNC_MODULE, data_type_module und data_object_module, der Art DATA_MODULE. Ferner wird vorab festgelegt, daß eine Kante einer bestimmten Markierung nur von Knoten mit einer bestimmten Markierung zu anderen Knoten mit einer bestimmten Markierung gehen kann. Darüberhinaus enthalten die Knotenmarkierungsfestlegungen auch bestimmte Attributauswertungsfunktionen. So kann z.B. auf eine deklarative Art und Weise festgelegt werden, daß bei Änderung eines Modulnamens (Attribut eines bestimmten Bezeichnerknotens) das veränderte Attribut zu bestimmten anderen Knoten über bestimmte Kanten propagiert werden muß (vgl. /Sc 89/). Auf diese Weise kann die programmsystemweite Umbenennung eines Moduls einfach beschrieben werden. Wir nennen alle diese Angaben zu einzelnen Graphenklassen in Anlehnung an die Datenbankterminologie die *Schemafestlegung* einer bestimmten *Graphenklasse*.

4. Operationale Spezifikation der Werkzeuge

Wir haben bisher die statische Struktur einzelner Graphenklassen diskutiert. Noch wichtiger als dieses ist für die Realisierung komplexer Werkzeuge die Festlegung, welche Änderungen der internen Graphen durch die Aktivierung bestimmter Werkzeuge hervorgerufen werden. Diese *Spezifikation interner Änderungen* von Graphen aufgrund von Editor-, Instrumentierungs-, und Transformations-Operationen werden wir hier anhand des Programmieren-im-Großen-Editors betrachten und auch hiervon nur einen kleinen Teil (vgl. /Le 88b/). Für diese Spezifikation setzen wir die formalen Hilfsmittel ein, die für Graph-Grammatiken (/Na 79/) entwickelt wurden und die wir später erläutern, nämlich Graph-Regeln, Tests für das Vorhandensein von Teilgraphen und eine Steuerung der Anwendung von Regeln.

Wir geben auf diese Weise eine *operationale* Spezifikation der internen Wirkungsweise von Werkzeugen an, d.h. wir programmieren auf Graphen, allerdings auf eine recht *abstrakte* Art und Weise. Diese Programmierung ist deshalb abstrakt, weil wir (1) Graphen betrachten und nicht irgendwelche Datenstrukturen, die man braucht, um sie zu realisieren, weil wir (2) mit Teilgraphentest und Anwendung einer Graph-Regel sehr mächtige deklarative Beschreibungsmittel für Veränderungen besitzen, die wir (3) durch die Programmierung der Reihenfolge von Regelanwendungen noch erweitern. Graph-Regeln enthalten wiederum linke Seite (zu ersetzender Graph) und rechte Seite (der hierfür einzusetzende Graph), sowie Anwendbarkeitsbedingungen, die die Anwendbarkeit einer Regel steuern. Für die Ersetzung legt eine weitere Komponente, die Einbettungsüberführung, fest, wie die neu einzusetzende rechte Seite eingehängt werden muß, in Abhängigkeit von der Einhängung der linken Seite. Wenn auch die Mechanismen sehr abstrakt sind, so programmieren wir dennoch. Die Frage, die sich jetzt stellt, ist die, ob diese *Programmierung* wieder auf eine systematische und einheitliche Art und Weise erfolgen kann.

Dieser Aufsatz enthält keine Details und keine Formalismen über diese Graph-Grammatik-Spezifikation. Es sei hierfür auf /Na 79/ und auf die Fortentwicklung des Spezifikationskalküls in /En 86/, /Le 88b/ und /Sc 89/ verwiesen. Wir verwenden hier *sequentielle, programmierte Graph-Grammatiken* über knoten- und kantenmarkierten, gerichteten, attributierten Graphen. Dabei bedeutet programmiert, daß bestimmte Kontrollstrukturen, die den Kontrollstrukturen von Programmiersprachen entsprechen, die Reihenfolge der Anwendung von Regeln steuern, sequentiell bedeutet, daß die Steuerung so erfolgt, daß eine Regel nach der anderen angewandt wird. Die elementaren Operationen dieses Spezifikationskalküls sind Teilgraphentest und Graph-Ersetzung, die bereits oben erwähnte Attributauswertung wird deklarativ außerhalb der operationalen Spezifikation festgelegt (/Re 89b/). Wir wollen im folgenden einige der Mechanismen, die für die Graph-Grammatik-Spezifikation zum Einsatz kommen, beispielhaft vorführen, die Attributauswertung wird hierbei nicht erläutert (vgl. /Sc 89/).

Die dabei verwandten *Graph-Regeln* haben vom Standpunkt der Graph-Grammatik-Theorie eine *einfache Gestalt*. Bezüglich der Gestalt der linken Seite sind sie bei aufbauenden Operationen einknotig, wobei dann auf der rechten Seite ein Graph mit wenigen Knoten und starkem Baumanteil steht (vgl. Fig. 6). Bei der Festlegung kontextsensitiver oder sonstiger Nichtbaum-Beziehungen kommen mehrknotige linke Seiten vor (vgl. Fig. 7.c). Auch die Einbettungsüberführung von Graph-Regeln hat eine einfache Gestalt. Im Regelfall zieht man nur Kanten zu Knoten, die von der linken Seite aus schon direkt über Kanten erreichbar waren. Wir gehen mit den eingesetzten Mechanismen des Spezifikationskalküls sehr sorgfältig um, so daß die Programmierung auf möglichst evidente Art und Weise erfolgt.

Dadurch, daß der Graph einer Graphenklasse in verschiedene Anteile zerfällt, nämlich in Baumanteil, kontextsensitive Beziehungen, weitere Beziehungen (z.B. Kontrollfluß), besteht auch die operationale *Graph-Grammatik-Spezifikation* aus verschiedenen *Anteilen*, die zunächst separat erstellt und dann zusammengefügt werden (/ELS 87/). Dieser modulare Aufbau der Spezifikation empfiehlt sich schon deswegen, weil bei Hinzufügen neuer Werkzeuge die internen Graphen um weitere Informationen angereichert werden müssen, die bei Veränderungen mit zu berücksichtigen sind.

Der *kontextfreie* Anteil der Struktur wird durch eine Menge von Graph-Regeln geliefert, die den aufspannenden Baum des Graphen manipulieren. Dieser Anteil beschreibt, aus welchen Bestandteilen ein Dokument besteht. Wie schon gesagt, können wir hier bereits alle Inkremente der Dokumentenklasse identifizieren.

Der *kontextsensitive* Anteil stellt zusätzlich Querverbindungen im Baum her und zwar zwischen den Inkrementen, die in einer kontextsensitiven Beziehung bezüglich der Syntax stehen. Beispielsweise darf die lokale Benutzbarkeit eines Moduls B für einen Modul A nur dann eingetragen werden, wenn beide bestimmte Gültigkeitsbereichsregeln einhalten (s. unten). Schließlich gibt es weitere Anteile der Spezifikation, die mit Cursor-Bewegungen, ggf. mit der Erzeugung unterschiedlicher Repräsentationen, weiteren Nichtbaum-Anteilen (Kontrollfluß, Datenfluß beim Programmieren-im-Kleinen etc.) zusammenhängen.

Auf die letzten Anteile gehen wir im folgenden nicht weiter ein, vom kontextfreien und vom kontextsensitiven Anteil zeigen wir aus dem Bereich Programmieren-im-Großen einige Regeln, die zur Erstellung des Baumanteils bzw. zur Einrichtung einer kontextsensitiven Beziehung dienen (vgl. /Le 88b/).

Fig. 6 zeigt einen kleinen *Ausschnitt* aus der *kontextfreien Graph-Grammatik* in Form einer verallgemeinerten BNF (vgl. hierzu auch Fig. 5). Wir sehen, daß die erste Regel der Auswahl dient, um welche Art von Modul es sich handeln soll. Die zweite fügt die Bestandteile für einen funktionalen Modul ein. Weitere Regeln detaillieren diese Struktur, wie beispielsweise die dritte, die in die Exportliste des Moduls ein weiteres Prozedurinkrement einfügt. Die Einbettungsüberführungen aller dieser Regeln sind identisch: linke Seite und der Wurzelknoten der jeweiligen rechten Seite besitzen die gleichen ein- und auslaufenden Kanten.

Als *Beispiel* eines *kontextsensitiven Schritts* betrachten wir die Einführung einer lokalen Benutzbarkeitsbeziehung zwischen zwei Modulen eines Softwaresystems (vgl. Fig. 7). Eine solche Beziehung drückt aus, daß ein Modul A die Benutzbarkeit eines Moduls B haben möchte, um die Ressourcen der Schnittstelle von B für die Realisierung des Rumpfs von A zu benutzen (vgl. Fig. 7.a). Die Beziehung muß mit den Gültigkeits- und Sichtbarkeitsregeln konsistent sein, die man von blockstrukturierten Programmiersprachen her kennt. Eine solche Benutzbarkeit ist möglich für die Söhne eines Moduls, auch für den Modul selbst, für die Brüder, für irgendeinen Vorfahren und dessen direkte Nachfolger. Sie ist beispielsweise für die Enkel eines solchen Moduls verboten. Dieser komplexe Schritt der Einfügung einer solchen lokalen Benutzbarkeit wird im wesentlichen durch eine einzige Graphregel bewerkstelligt, die in eine Kontrollprozedur eingebettet ist, die hier im Falle der Nichtanwendbarkeit eine Fehlermeldung veranlaßt. In diesem einfachen Beispiel dient die Kontrollprozedur also nicht der Steuerung der Reihenfolge von Regelanwendungen.

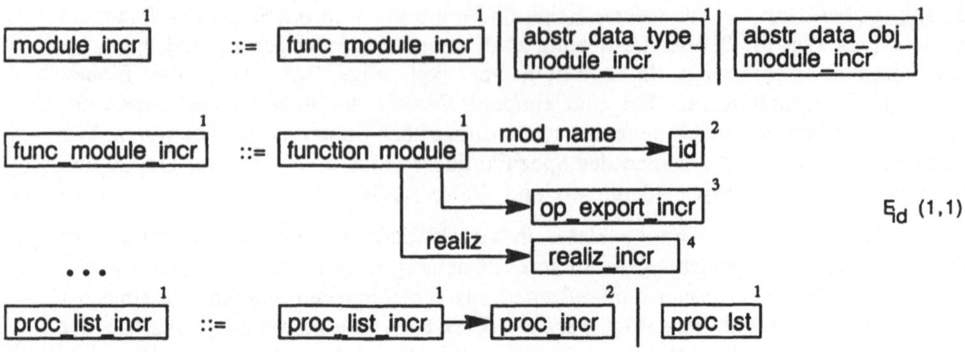

Fig. 6: Teil der kontextfreien Grammatik für Systemgraphen

Betrachten wir diese *Regel* etwas *genauer* (vgl. Fig. 7.c zusammen mit Fig. 5). In der Kontrollprozedur loc_usability_isertion versuchen wir, eine lokale Benutzbarkeit, etwa eines Moduls B, bei einem importierenden Modul A (vgl. Fig. 7.a), einzutragen. In der Fig. 5 sehen wir, daß die einzelnen Module, die in Fig. 7.a durch Knoten dargestellt sind, in sich wiederum Feinstruktur besitzen. Die Enthaltenseinskanten zwischen Modulen von Fig. 7.a sind dort dick eingezeichnet, die lokalen Benutzbarkeitskanten sind strichliert. Wir wollen letztlich zwei Bezeichnerknoten des Systemgraphen, nämlich einen in der Liste der lokalen Importe in dem Teilgraphen zu A und einen, der den Namen von B in dem Teilgraphen zu B enthält, miteinander durch eine local Kante verbinden, falls beide das gleiche Namensattribut besitzen und ferner die bereits angesprochenen Gültigkeitsbereichsregeln erfüllt sind. Das drückt sich zum einen in dem Parameter Module_Ident der Produktion aus, und zum zweiten in der *Anwendbarkeitsbedingung* der linken Seite der Produktion insert_local_edge. Diese besteht aus zwei Teilen: Zum einen aus einem Knoten edit_Marker, der über eine get-Kante genau die Stelle identifiziert, auf die der Benutzer den Cursor gesetzt hat, zum zweiten aus einem *Pfadausdruck* corr_exp_Module, der die Verbindung beschreibt, die zwischen diesen beiden Knoten gegeben sein muß. Wir gehen nämlich in dem Teilgraphen, der dem importierenden Modul entspricht, zum Bezeichnerknoten des Moduls hoch (Teilpfad Module_Root), von dort zu einem Bezeichnerknoten eines beliebigen Modul-Vorfahren bezüglich der Modulschachtelung (durch die Iteration über cont_Father) und nehmen diesen (id für die Identität) und die Bezeichnerknoten der Söhne (Pfad cont_Sons_Idents). Durch diesen Pfad erhalten wir insgesamt die Bezeichnerknoten von Modulen, zu denen eine local-Kante gerichtet werden kann. Hier sehen wir nach, bei welchem der Wert des Namensattributs gleich ist mit dem Parameter der Produktion, der vom Benutzer eingegeben wird. Da es höchstens einen passenden Knoten geben kann, tragen wir im Falle des Erfolgs innerhalb der rechten Seite die entsprechende local-Kante ein, andernfalls geben wir eine Fehlermeldung aus. Man beachte, daß hier auch der Fall von Fig. 5 abgedeckt wird, daß eine lokale Benutzbarkeit zu einem Sohn gerichtet ist (die Iteration über cont_Father ist dann leer). Die Pfadausdrücke von Module_Root bzw. cont_Sons_Idents enthalten Markierungen von Kanten über die vom Ziel zur Quelle gelaufen wird (Vorzeichen -) bzw. umgekehrt (Vorzeichen +).

In diesem kleinen Beispiel haben wir fast *alle Elemente* des *Spezifikationskalküls* kennengelernt, mit denen Graphoperationen präzisiert werden können. Wir haben Kontrollstrukturen eingeführt, um die Regelanwendung zu steuern, Anwendbarkeitsbedingungen in Regeln in Form von Teilgraphen, die vorhanden sein müssen, wenn eine Regel anwendbar sein soll. Diese Teilgraphen dienen zum einen der Identifikation der Stelle der Veränderung (Cursorknoten), zum anderen in Form von Pfadausdrücken der deklarativen Festlegung von Verbindungswegen.

Die Graphveränderung selbst geschieht durch die Anwendung einer Graph-Regel, d.h. des Austauschs der linken Seite durch eine rechte Seite mit Einhängen der rechten Seite gemäß der Einbettungsüberführung, die hier wieder identisch ist. Schließlich können wir uns bestimmte Attribute besorgen und die Neuauswertung bestimmter zu ändernder Attribute graphenweit anstoßen (in Abschnitt 3 angedeutet).

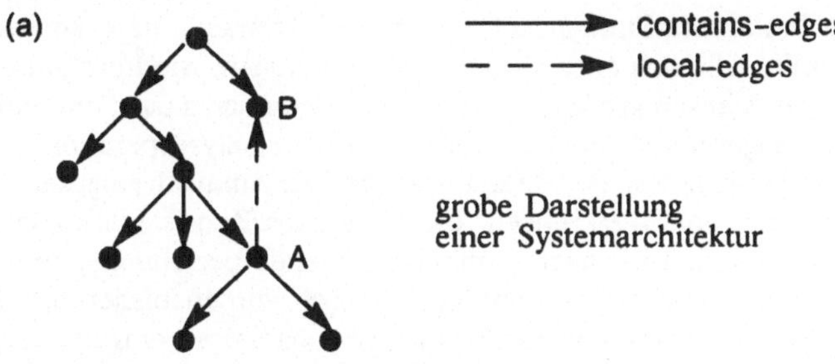


```
(b) control procedure loc_usability_insertion ( Module_Ident : string ) is
     begin
       if possible then insert_local_edge ( Module_Ident )
       else error (" Module not found in contains-tree or import not possible according
                     to scope rules ");
       end
    end loc_usability_insertion;
```

(c) **production** insert_local_edge (Module_Ident : **string**)

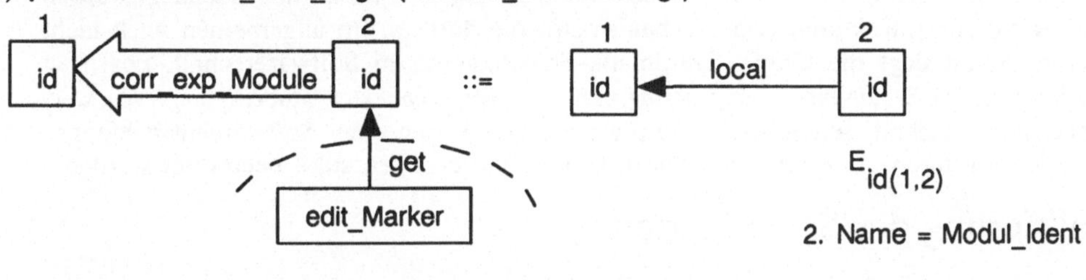


```
operator corr_exp_Module ( Module_Ident: string ) is
   Module_Root (cont_Father)* ( id union cont_Sons_Idents ) attr {Name = Module_Ident};
operator Module_Root is
        -from -elem -import -realiz +mod_name ;
operator cont_Father is
        -cont_Sons_Idents ;
operator cont_Sons_Idents is
        - mod_name +realiz +cont_list +elem + contains ;
```

Fig. 7: Beispiel eines kontextsensitiven Ersetzungsschritts

Dieser dynamische Anteil der Graph-Grammatik-Spezifikation muß nun mit den Schemaangaben von Abschnitt 3 verträglich sein. Beispielsweise hat es keinen Sinn, Knotenmarkierungen in Regeln einzuführen, die in der Schemadefinition nicht angegeben wurden, Attribute zu verändern, die in dieser Form nicht existieren usw. Der Kalkül ist in der letzten Form (/Sc 89/)

streng typisiert, d.h. alle kontextsensitiven Querbeziehungen innerhalb einer Graph-Grammatik-Spezifikation, bestehend aus Schemaangabe und Operationsspezifikation, sind erfaßt. Es handelt sich damit um eine *sehr hohe Programmiersprache* für *Spezifikationszwecke*. Alle Werkzeuge, die die Eingabe und Veränderung solcher Spezifikationen unterstützen, machen von dieser strengen Typisierung Gebrauch.

Was eben für bestimmte Einfügeoperationen für Inkremente bzw. kontextsensitive Beziehungen skizziert wurde, läßt sich auch für andere Operationen, wie Löschung, Verschmelzung von Teildokumenten, Austausch größerer Stücke eines Dokuments usw. anwenden. Desgleichen lassen sich die hier angeführten Mechanismen auch für Analyseoperationen einsetzen. Beispielsweise können Teilgraphentest und Pfadausdrücke hier sinnvoll eingesetzt werden. Schließlich läuft die Realisierung von Werkzeugen, die Integration/Konsistenz zwischen Dokumenten bewirken, darauf hinaus, daß wir auch graphübergreifende Beziehungen und ihre Veränderungen und Analysen formal beschreiben. Für das letztere wurden bisher bei der Realisierung der IPSEN-Werkzeuge eine Reihe von Realisierungsmechanismen eingesetzt, (/LNW 87/), die formal jedoch nicht in den Spezifikationskalkül eingebettet sind. Die Arbeit am Spezifikationskalkül wird also noch weitergehen. Insoweit können wir im nächsten Abschnitt die Ableitung der Realisierung aus einer formalen Spezifikation auch nur für einen Teil der IPSEN-Werkzeuge vorführen. Diese Ansatz oder Anspruch der ingenieurmäßigen Erstellung von Graph-Grammatik-Spezifikationen als Grundlage für eine Realisierung hat den Namen *Graph-Grammar-Engineering* erhalten (/ES 85a/, /ELS 87/).

Diese Graph-Grammatik-Spezifikation macht die Struktur interner Graphen und ihre Veränderung präzise. Sie ist damit weder mit dem Entwurf noch der Implementierung einer Softwareentwicklungs-Umgebung gleichzusetzen. Sie ist auch von der Ermittlung der Anforderungen im Requirements-Engineering verschieden, da hier Details formal festgelegt werden (Präzisierung interner Strukturen und Mechanismen), die dort i.a. im allgemeinen noch nicht interessieren. Somit liegt die Graph-Grammatik-Spezifikation, in Softwaretechnik-Begriffen ausgedrückt, *zwischen Requirements-Engineering* und *Software-Architektur-Modellierung*. Wir werden im nächsten Abschnitt sehen, daß die Entwurfsüberlegungen einer Softwareentwicklungs-Umgebung jedoch durch diese formalen Spezifikationsüberlegungen stark beeinflußt werden.

5. Realisierung der Spezifikation

Eine bestimmte interne Graphenklasse von Fig. 3 (Systemgraphen, Modulgraphen etc.) ist im IPSEN-System als *abstrakter Datentyp* realisiert. Das heißt, daß seine Schnittstellenoperationen auf die Veränderungen/Abfragen der Dokumentenklasse abgestimmt ist, wie z.B. Einfuege_Prozedur_in_die_Schnittstelle_eines'_funkt_Moduls. Damit läßt diese Schnittstelle keinerlei Details der Realisierung dieser internen Dokumentenklasse erkennen. Das heißt, daß die Module der IPSEN-Architektur oberhalb dieser Graphenklassen nicht wissen, wie die Graphen aufgebaut sind, sie wissen nicht einmal, daß es sich um Graphen handelt (vgl. Fig. 8). Ein Grund für dieses Information Hiding ist der, daß der Aufbau einer solchen problembezogenen internen Graphenklasse sich leicht ändern kann, z.B. wenn neue Werkzeuge hinzugefügt werden. Was wir bisher skizziert haben, ist die operationale Spezifikation einer solchen Graphenklasse und die einheitliche Methodik zu einer solchen Spezifikation zu kommen.

Wir wollen nun den Teil der IPSEN-Architektur unterhalb der internen Graphenklassen genauer betrachten. Die anderen Teile sind für die Graphentechnik-Erläuterung dieses Aufsatzes nicht interessant (vgl. /ELNS 85/). Dieser Teil ist keineswegs klein! Von dem gesamten IPSEN-System (Fig. 8 zeigt hier nur einen kleinen Ausschnitt, der mit dem Programmieren-im-Großen zu tun hat), hat mehr als die Hälfte des Quellcodes mit Graphen zu tun. Wir werden uns in diesem Abschnitt mit der Frage beschäftigen, wie die operationale Graph-Grammatik-Spezifikation eines abstrakten Datentyps (z.B. Systemgraph) in eine Realisierung umgesetzt werden kann. Es gibt 4 verschiedene Möglichkeiten der Umsetzung (vgl. Fig. 9), die diesen Teil der Architektur des IPSEN-Systems jeweils anders aussehen lassen. Der Rest dieses Papiers dient im wesentlichen dazu, diese Möglichkeiten zu skizzieren bzw. die hierfür verwendbaren Hilfsmittel.

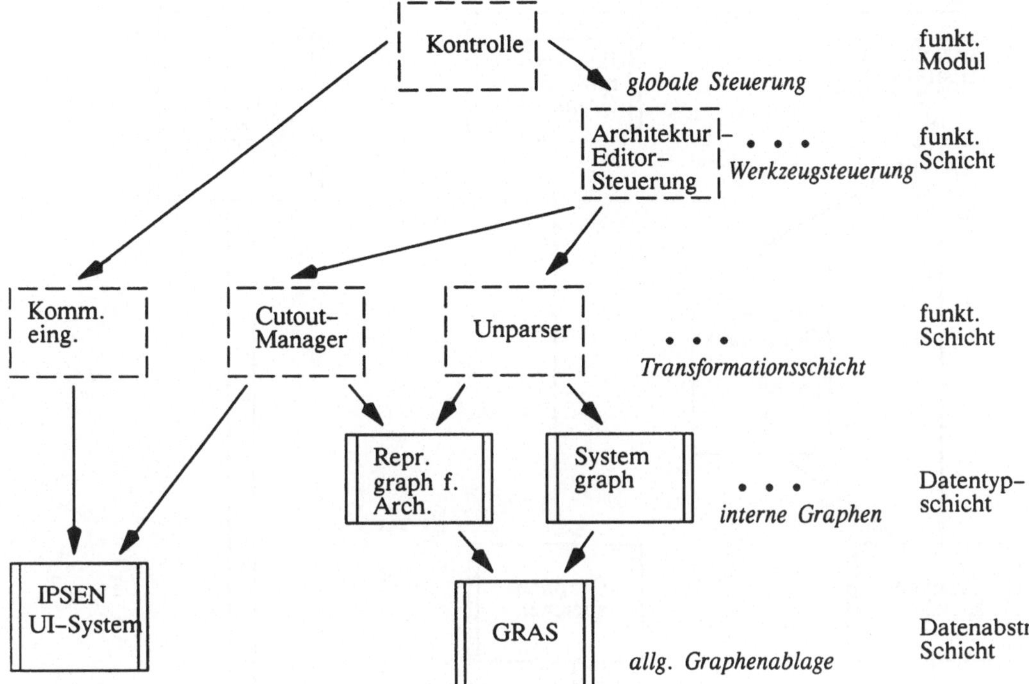

Fig. 8: Ausschnitt aus der IPSEN-Architektur

Die erste Möglichkeit besteht darin, die *Graph-Grammatik-Spezifikation direkt auszuführen* (vgl. Fig. 9.a). Die Spezifikation besteht aus Kontrollprozeduren, Graphentests, Regelanwendungen, Pfadausdrücken und Attributauswertungen. Hierfür muß der Ausführer für solche Spezifikationen an der Schnittstelle geeignete Operationen anbieten, die dann direkt, das heißt interpretativ, ausgeführt werden. Ein Graph-Grammatik-Interpreter für einen anderen Kalkül wurde in /Gö 88/ realisiert, für den obigen Kalkül sind Arbeiten in Gange.
Wenn auch die Teilgraphentests in einer Graph-Grammatik-Spezifikation nicht so zeitkritisch sind, da es immer eine durch den Cursor lokalisierte Stelle gibt, wo zu suchen ist. Es ist aber klar, daß eine solche direkte Ausführung einer Spezifikation nur zur *Prototyperstellung* herangezogen werden kann. Die Realisierung des abstrakten Datentyps besteht hier lediglich im Aufruf des Interpreters auf der Graph-Grammatik-Spezifikation.

Um eine effiziente Realisierung zu erhalten, muß die direkte Interpretation vermieden werden und statt dessen ein *äquivalentes Programm* angegeben werden (vgl. Fig. 9.b). Hier gibt es prinzipiell 2 Möglichkeiten: Entweder man *setzt* eine Graph-Grammatik-Spezifikation *manuell* in ein Programm *um,* was beim jetzigen IPSEN-Systems geschehen ist. Die zweite Möglichkeit besteht darin, ein solches Programm zu erzeugen oder teilweise *zu erzeugen*. In der eingangs erwähnten Spezifikations-Umgebung für Graph-Grammatik-Spezifikationen, wird dieser Weg gewählt. Der dabei erfolgte Ansatz ist nicht ein reiner Compiler-Compiler-Ansatz: Es werden bestimmte Basiskomponenten für den kontextfreien und kontextsensitiven Syntaxanteil beliebiger Dokumentenklassen zur Verfügung gestellt, es werden bestimmte Teile der Architektur aufgrund der Graph-Grammatik-Spezifikation erzeugt, und ein Teil der Architektur, der die Spezifika der jeweiligen Dokumentenklasse abhandelt, wird manuell hinzugefügt.

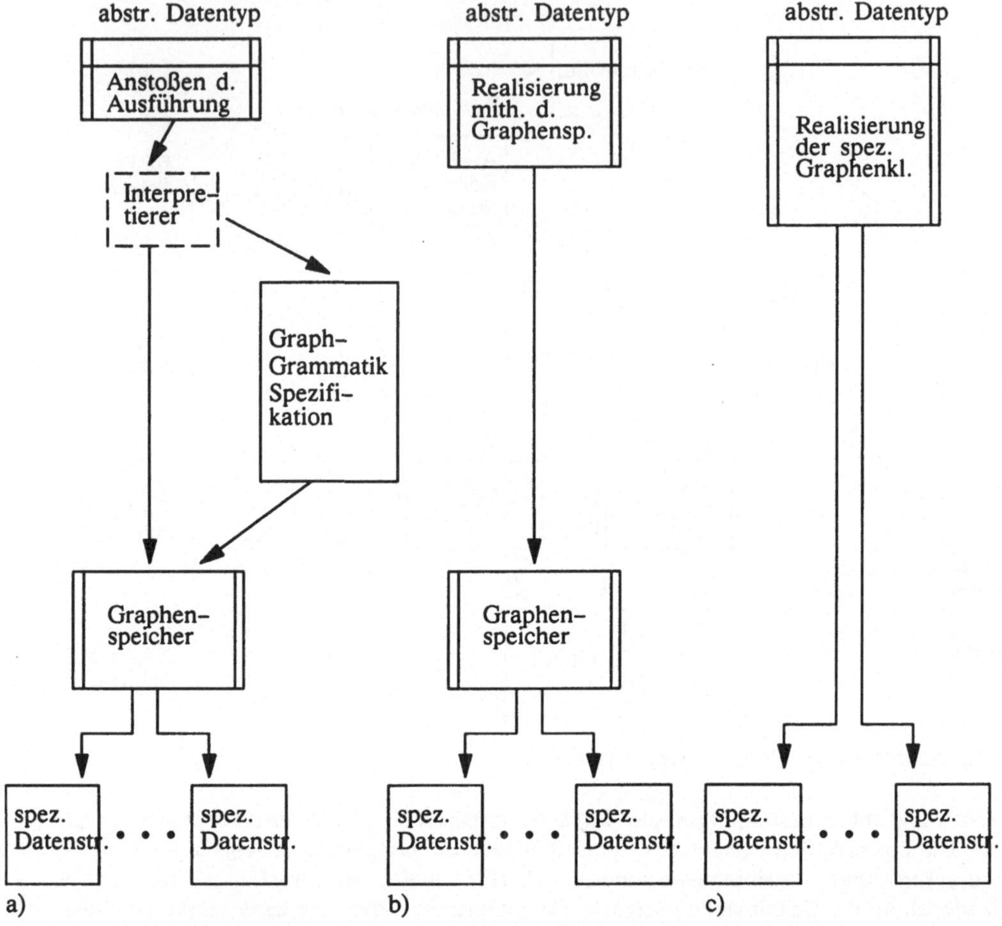

Fig. 9: verschiedene Möglichkeiten der Realisierung der operationalen Spezifikation für einen abstrakten Datentyp

Bei der direkten Ausführung (vgl. Fig. 9.a), als auch bei den beiden Möglichkeiten der Angabe eines zur Spezifikation äquivalenten Programms (vgl. Fig. 9.b), haben wir die Implementation nur bis auf die Ebene von Graphen betrachtet. Um dies zu ermöglichen steht ein System zur Graphenablage zur Verfügung, auf das wir gleich eingehen wollen. Diese speichert Graphen, egal welche Größe und Struktur sie besitzen. Natürlich könnte man eine bestimmte *Graphenklasse* auch mithilfe darauf abgestimmter *spezieller Datenstrukturen* implementieren (vgl. Fig. 9.c). Man handelt sich dabei allerdings den gravierenden Nachteil ein, daß dies für jede Graphenklasse neu erfolgen muß und ferner, daß Graphklassenänderungen weitreichende Änderungen nach sich ziehen. Wir haben diese Art der Umsetzung deshalb nicht weiter verfolgt. Betrachtet man die verschiedenen Realisierungsmöglichkeiten von Fig. 9 so ist klar, daß der Rumpf des zu realisierenden abstrakten Datentyp-Teilsystems von links nach rechts immer aufwendiger wird, da die Schicht, auf die man sich bei der Realisierung abstützt, logisch immer tiefer angesiedelt ist.

Wir wollen nun im Rest des Abschnitts die Hilfsmittel zur Graphen-Spezifikation und Implementation aufführen, die wir entwickelt haben, bzw. die sich in der Entwicklung befinden. Die wichtigste Basiskomponente für die nach obiger Strategie erstellten Werkzeuge ist der bereits erwähnte *Graphenspeicher,* der, wie wir eben gesehen haben, auch für unterschiedliche Realisierungstechniken eingesetzt werden kann. Die Operationen dieses Speichers liegen auf dem Niveau üblicher Graphoperationen: Erzeugen, Öffnen etc. eines Graphen, Einfügen, Löschen von Knoten, Kanten etc., Attribute setzt und abfragen, elementare Graphabfragen, wie z.B. die Bestimmung der Zielknoten von Kanten einer bestimmten Markierung, deren Quellknoten festliegt, Markierungsabfrage für Knoten u.s.w. Mit diesen elementaren Abfragen können beliebig zusammengesetzte Abfragen im Sinne der obigen Pfadausdrücke realisiert werden. Dieser Graphenspeicher ist ein abstrakter Datentyp für beliebige Graphen, mit dessen Hilfe sich die problembezogenen, spezifischen Graphenklassen implementieren lassen. Ablagesysteme der Art des Graphenspeichers braucht man in allen Anwendungen, wo komplexe, hochgradig vernetzte Daten manipuliert und abgespeichert werden. Man nennt diese, da übliche Datenbanksysteme sich hierfür nicht gut zu eignen scheinen, *Nichtstandard-Datenbanksysteme.* Die Arbeit an solchen Systemen reicht weit zurück (/GN 81/), die Ideen zum Einsatz und zur Realisierung der in IPSEN eingesetzten Version sind in /BL 85/ und /LS 88/ beschrieben.

Weitere Hilfsmittel der Graphentechnik sind der bereits erläuterte Ausführer für Graph-Grammatik-Spezifikationen, der sich in Arbeit befindet. Schließlich sind Editor- und Analysewerkzeuge zur Erstellung von Graph-Grammatik-Spezifikationen in Arbeit. Die Werkzeuge sind dabei so gebaut, daß alle kontextsensitiven Bezüge innerhalb einer Graph-Grammatik-Spezifikation während deren Erstellung bereits abgeprüft werden. Diese Werkzeuge nehmen Bezug auf den umfassenden, in diesem Aufsatz skizzierten Spezifikationskalkül.

Die Modellierung und Realisierung interaktiver Anwendungen spielt auch im Datenbankbereich eine große Rolle. Wir wollen hier kurz zusammenfassen, worin wir die *Unterschiede* zu der im *Datenbankbereich üblichen Vorgehensweise* sehen: (1) Die Datenmodellierung ist in der Architektur des interaktiven Systems nach oben hin abgeschottet (problemspezifischer abstrakter Datentyp), so daß die Art der Dokumentenmodellierung dort nicht mehr sichtbar ist. (2) Wir spezifizieren hier in einem Datenmodell, das objektorientiert aber trotzem streng typisiert ist (was wir hier nicht erläutern konnten) und das insbesondere die Spezifikation der Operationen mit einbezieht. Diese Spezifikation setzt auf mächtige Beschreibungsmittel wie Regelersetzung, Programmierung, Anwendbarkeitsbedingung, Attributauswertung etc. auf. (3) Die Umsetzung der Spezifikation (Schemaanteil, Spezifikation der Operationen) in eine Realisierung kann auf verschiedene Weisen erfolgen (Rapid Prototyping, effiziente Form). Im letzteren Falle wird zu einem äquivalenten Programm übergegangen, das das Schema und die Spezifikation der Operation erfüllt, so daß Laufzeitüberprüfungen unter Verwendung des Schemas entfallen. (4) Die Implementation erfolgt mithilfe eines Nichtstandard-Datenbanksystems, das ausgefeilte interne Mechanismen besitzt, so daß die Abspeicherung, Auffinden und Modifikation interner Dokumente schnell erfolgt.

6. Abschluß

Wie wir gesehen haben, spielen in IPSEN und in verwandten Projekten *Graphen* eine *zentrale Rolle:* Sie tauchen auf unterschiedlichen Niveaus auf (1) als interne Datenstrukturen, um die Struktur oder die Repräsentation von Dokumenten, oder die Integration verschiedener Dokumente zu beschreiben, (2) auf dem Spezifikationsniveau in dem Sinne, daß dort Operationen auf Graphen mithilfe von Graphen (in den Regeln) festgelegt werden, (3) auf Implementationsniveau im Sinne der Umsetzung einer Spezifikation und letztlich der Ablage in einem Nichtstandard-Datenbanksystem. Schließlich spielen Graphen (4) auch auf der Ebene der Weiterentwicklung von Methoden/Notationen in einzelnen Softwaretechnik-Arbeitsbereichen eine Rolle, was wir in diesem Aufsatz nicht besprochen haben.

Die internen Dokumente werden in ihrer Struktur sorgfältig aufgebaut, die Operationen auf diesen Graphen werden formal spezifiziert, die Umsetzung dieser Spezifikation in eine Realisierung (Festlegung der Softwarearchitektur, Implementation der Module) wird soweit es geht mechanisiert, wobei die Vorgehensweise von der in der Datenbankwelt üblichen abweicht. Diese Vorgehensweise ist weitgehend unabhängig von dem konkreten Problem, wie Erfahrungen in verschiedenen Bereichen gezeigt haben. Diese "Methode", mit vertretbarem Aufwand zu intelligenten Werkzeugen zu kommen, die effizient arbeiten, hat den Namen *Graphentechnik* erhalten. Es gibt noch eine Reihe von wissenschaftlichen Problemen, die in der Zukunft zu lösen sind. Diese Vorgehensweise ist überall dort einsetzbar, wo man Werkzeuge mit der in Abschnitt 1 geschilderten Charakteristik gewinnen will.

Danksagung

Wie bereits erwähnt, handelt es sich bei IPSEN um eine Gruppenarbeit. Der Gesamtaufwand des Projekts beträgt mehr als 50 Personenjahre. Davon wurden etwa 30 % für Implementierungsarbeiten verwandt, der größere Teil ging in die vorangehenden konzeptionellen Arbeitspakete, die in Abschnitt 2 skizziert wurden.

Die folgenden Mitglieder haben zum Erfolg des Projekts beigetragen bzw. arbeiten zur Zeit daran: C. Beer, E. Berens, J. Börstler, Th. Brandes, H. Brandt, M. Broekmans, U. Cordts, St. Coors, J. Derissen, W. Dorka, M. Eichstaedt, G. Engels, F. Erdtmann, R. Gall, H. Haferkamp, P. Heimann, R. Herbrecht, P. Hormanns, Th. Janning, J. Kloth, R. Koether, M. Lefering, C. Lewerentz, M. Lischewski, G. Metzen, B. Pohlmann, A. Sandbrink, W. Schäfer, U. Schleef, A. Schürr, R. Spielmann, M. Thiele, P. Tillmann, C. Weigmann, B. Westfechtel, D. Zerulla, A. Zündorf. Für das Engagement Mitarbeit dieser Mitglieder sei hier herzlich gedankt.

Literatur

/BBN 77/ W. Brendel/H. Bunke/M. Nagl: Syntaxgesteuerte Programmierung und inkrementelle Compilation, in H. J. Schneider (Ed.): Proc. of the 7th Annual GI Conference, Informatik-Fachberichte 10, 57–74, Berlin: Springer (1977).

/BL 85/ Th. Brandes/C. Lewerentz: GRAS: A Non-standard Data Base System within a Software Development Environment, in Proc. of the GTE Workshop on Software Engineering Environments for Programming in the Large, Harwichport, June 1985, 113–121.

/Br 88/ P. Brereton (Ed.): Software Engineering Environments, Chichester: Ellis Horwood (1988).

/BS 86/ R. Bahlke/G. Snelting: The PSG System: From Formal Language Definitions to interactive Programming Environment, ACM TOPLAS 8,4, 524–546 (1986).

/BSS 84/ D.R.Barstow/H.E. Shrobe/S. Sandewall (Eds.): Interactive Programming Environments, New York: McGraw Hill (1984).

/CDW 86/ R. Conradi/T. M. Didriksen/D. H. Wanvik (Eds.): Advanced Programming Environments, Proc. Int. Workshop, Trondheim, 604 pp., LNCS 244, Berlin: Springer–Verlag (1986).

/EGNS 83/ G. Engels/R. Gall/M. Nagl/W. Schäfer: Software Specification Using Graph Grammars, Computing 31, 317–346 (1983).

/EJS 88/ G. Engels/Th.Janning/W. Schaefer: A Highly Integrated Tool Set for Program Development Support, Proc. ACM SIGSMALL Conference 1–10 (1988).

/ELS 87/ G. Engels/C. Lewerentz/W. Schäfer: Graph Grammar Engineering – A Software Specification Method, in /ENRR 87/, 186–201.

/ELNS 85/ G. Engels/C. Lewerentz/M. Nagl/W. Schäfer: On the Structure of an Incremental and Integrated Software Development Environment, Proc. of the 19th Hawaii Int. Conference on System Sciences, Vol. 2a, 585–597 (1986).

/En 86/ G. Engels: Graphen als zentrale Datenstruktur in einer Softwareentwicklungs-Umgebung, Dissertation, 200 pp., VDI–Verlag (1986).

/ENRR 87/ H. Ehrig/M. Nagl/G. Rozenberg/A. Rosenfeld (Eds.): Graph Grammars and Their Application to Computer Science, 609 pp., LNCS 291, Berlin: Springer Verlag (1987).

/ENS 86/ G. Engels/M. Nagl/W. Schäfer: On the Structure of Structure–Oriented Editors for Different Applications, in /He 87/, 190–198.

/ES 87/ G. Engels/A. Schürr: A Hybrid Interpreter in a Software Development Environment, in Proc. 1st European Software Engineering Conference (1987).

/GN 81/ R. Gall/M. Nagl: Software–Implementation assoziativer Speicher, El. Rechenanl. 23, 2, 61–71 (1981).

/Gö 88/ H. Göttler: Graphgrammatiken in der Softwaretechnik, Informatik–Fachberichte 178, Berlin: Springer–Verlag (1988).

/He 84, 87, 88/ P. Henderson (Ed.): Proc. 1st ACM SIGSOFT/SIGPLAN Software Engineering Symposium on Practical Software Development Environments, 196 pp., ACM SIGPLAN Notices 19, 5 (1984). Proc. 2nd Symp., 227 pp., ACM SIGPLAN Notices 23, 1 (1987). Proc. 3rd Symp., 257 pp., ACM Software Engineering Notes 13, 5 (1988).

/Le 88a/ C. Lewerentz: Extended Programming in the Large in a Software Development Environment, in /He 87/, 173–182.

/Le 88b/ C. Lewerentz: Interaktives Entwerfen großer Softwaresysteme – Konzepte und Werkzeuge, Dissertation, 179 pp., Informatik–Fachberichte 194, Berlin: Springer–Verlag (1988).

/LN 85/ C. Lewerentz/M. Nagl: Incremental Programming–in–the–Large, Proc. 18th Hawaii Int. Conf. on System Sciences, 638–649 (1985).

/LS 88/ C. Lewerentz/A. Schürr: GRAS, a Management System for Graph–like Documents, in Proc. 3rd Conf. on Data and Knowledge Bases, Jerusalem, 1988, S. 19–31, Morgan Kaufmann Publishers Inc. (1988).

/Na 79/ M. Nagl: Graph–Grammatiken: Theorie, Anwendungen, Implementation, 375 pp., Wiesbaden: Vieweg (1979).

/Na 80/ M. Nagl: An Incremental Compiler as Part of a System for Software Production, Informatik–Fachberichte 25, 29–44, Berlin: Springer (1980).

/Na 85/ M. Nagl: An Incremental and Integrated Software Development Environment, Computer Physics Communications 38, 245–276 (1985).

/Na 87/ M. Nagl: A Software Development Environment Based on Graph Technology, in /ENRR 87/, 458–478.

/Na 88/ M. Nagl: Einführung in die Programmiersprache Ada, 2. Aufl., Wiesbaden: Vieweg–Verlag (1988).

/Na 89a/ M. Nagl: Characterization of the IPSEN–Project, Proc. Int. Conf. on Syst. Dev. Environm. and Factories, Berlin, 9.–11. Mai, (1989).

/Na 89b/ M. Nagl: Methodisches Programmieren–im–Großen – Modellieren auf Entwurfsebene, Buch in Vorbereitung.

/RT 88/ T. Reps/T. Teitelbaum: The Syntesizer Generator Reference Manual, New York: Springer–Verlag (1988).

/RT 89/ T. Reps/T. Teitelbaum: The Syntesizer Generator, New York: Springer–Verlag (1989).

/Ri 86/ W. Riddle (Ed.): Proc. Software Environments Workshop, ACM Software Engineering Notes 11, 1 (1986).

/Sc 75/ H. J. Schneider: Syntax–directed Description of Incremental Compilers, Lect. Notes in Computer Science 26, 192–201, Berlin: Springer (1975).

/Sc 86/ W. Schäfer: An Integrated Programming Environment: Concepts, Design and Implementation (in German), Dissertation, 150 pp., VDI–Verlag (1986).

/Sc 89/ A. Schürr: Introduction to PROGRESS, an Attribute Graph Grammar Based Specification Language, submitted for publication.

/We 89/ B. Westfechtel: Extension of a Graph Storage for Software Documents with Primitives for Undo/Redo and Revision Control, submitted for publication.

/Wi 84/ N. Wirth: Programming in Modula–2, 3. Auflage, Berlin: Springer–Verlag (1984).

ERGEBNISSE EINER LÄNGSSCHNITT-STUDIE ÜBER DEN SOFTWARE-LEBENSZYKLUS

Franz Lehner
Institut für Wirtschaftsinformatik und Organisationsforschung
Universität Linz
A-4040 LINZ-AUHOF
AUSTRIA

Das Lebenszyklus-Konzept in der Wirtschaftsinformatik

Die Lebenszyklus-Theorie ist seit langem als wertvolles Instrument zur Analyse der dynamischen Entwicklung von Produkten am Markt bekannt. Der Begriff Lebenszyklus hat auch im Zusammenhang mit Anwendungssystemen große Verbreitung gefunden. Bei vielen Autoren findet sich in der Folge die Forderung nach einem "Lebenszyklus-Management", die inhaltliche Präzisierung fehlt jedoch meist oder wird nur stichwortartig skizziert. Der Lebenszyklus und das Lebenszyklus-Management sind eine Übertragung vom Produkt-Management, wobei die Inhalte an völlig andere Voraussetzungen angepaßt werden müssen. Vergleicht man das Konzept des Produkt-Lebenszyklus mit dem Software-Lebenszyklus, so bestehen sowohl inhaltlich und methodisch als auch bei den empirischen Forschungen noch große Defizite im Softwarebereich. Von vielen Autoren wird der Lebenszyklus (im Sinne eines Software-Lebenszyklus) allerdings auch als Synonym für die Phasen der Softwareentwicklung verstanden. Die Begriffe Lebenszyklus und Phasenkonzept beschreiben jedoch etwas grundsätzlich verschiedenes. Mit der Bezeichnung Lebenszyklus soll, im Gegensatz zum Phasenkonzept als reinem Vorgehensmodell, der iterative und zyklische Charakter des Entwicklungs- und Wartungsprozesses betont werden (vgl. GEWA-82).

In der Literatur wird die Software-Lebenszyklus-Theorie von PUTNAM eingeführt. Im Mittelpunkt seiner Arbeit steht der Verlauf der Lebenskurve von Anwendungssystemen. Er berücksichtigt dabei nicht nur den Aufwand für die Entwicklung, sondern auch den Wartungsaufwand. In Form einer mathematischen Funktion wird der Kurvenverlauf für sehr große Anwendungssysteme, wie sie z.B. im US-Verteidigungsministerium entwickelt und eingesetzt werden, beschrieben (vgl. PUTN-79, BOEH-81). Eine konsequente Weiterführung und eine Verallgemeinerung dieses Ansatzes durch die Untersuchung weiterer Anwendungssysteme findet sich jedoch weder bei PUTNAM noch bei anderen Autoren.

HAMMER gibt eine ausführliche Darstellung der Einsatzmöglichkeiten und Erfahrungen mit dem Lebenszyklus-Management im Hardwarebereich. Er weist auch auf die Wichtigkeit einer analogen Vorgangsweise für Anwendungssysteme hin, reduziert aber die inhaltliche und methodische Dimension des Lebenszyklus-Managements auf eine reine Kosten-Nutzen-Analyse (vgl. HAMM-81). SEIBT gibt ebenfalls eine Begriffsklärung für das Lebenszyklus-Management, die einzelnen

Phasen erinnern allerdings deutlich an das Phasenkonzept. Die Zuordnung von Controlling-Aktivitäten zu den einzelnen Phasen des Lebenszyklus findet später in der Auffassung als Controlling-Funktion bei HEINRICH eine Fortführung (vgl. SEIB-83, HEIN-88a).

Eine davon abweichende Auffassung zum Lebenszyklus-Managment findet sich bei GRIESE. Nicht besonders detailliert wird der Aufgabeninhalt wie folgt beschrieben: "Die ... dargestellten Sichtverbindungen (Umsetzung der Durchdringungsstrategie, der Innovationsstrategie und der Wirtschaftlichkeitsstrategie auf der administrativen Ebene, Anmerkung des Autors) lassen sich noch weiter detaillieren und zum Teil in meßbare Größen umsetzen. So ergeben Entwicklungs- und Wartungsaufwendungen pro Jahr, bezogen auf den Wert des Programm-bestands pro Anwendungsgebiet, z.B. Finanz- und Rechnungswesen, über die Zeit eine quantifizierte Aussage über das Life-Cycle-Management (GRIE-86).

SNEED bringt den Lebenszyklus mit dem Software Engineering in Verbindung. Er betrachtet den Lebenszyklus als iterativen Prozeß, bei dem jede Iteration auf dem Ergebnis der letzten Iteration aufbaut. "Ein endgültiges Ergebnis gibt es nicht, weil die Anwendungen, die von der Software gebildet werden, selber stets im Fluß sind und die technische Umgebung, in die Software eingebettet ist, ebenfalls in Bewegung ist. ... Software veraltet in dem Maße, wie sie nicht mehr anpassungsfähig wird. In dieser Hinsicht ähneln Softwaresysteme biologischen Systemen"(SNEE-87). SNEED nimmt eine Einteilung der Anwendungssysteme in die Kategorien Wegwerfsysteme, statische Systeme und evolutionäre Systeme vor. Er mißt dem Lebenszyklus nur bei evolutionären Systemen eine Bedeutung zu. Wichtigste Aufgabe nach diesem Ansatz ist, jede einzelne Komponente eines Anwendungssystems derart zu konstruieren, daß sie jederzeit mit einer minimalen Auswirkungen auf andere Komponenten änderbar und erweiterbar ist. Für die Zwecke der Projektleitung empfiehlt SNEED die Unterteilung in vier Lebensphasen: Erstentwicklung, Weiterentwicklung, Wartung und Abstieg.

Der Versuch, das Konzept des Produkt-Lebenszyklus unverändert auf Anwendungssysteme zu übertragen, führt zu Widersprüchen. Die Entwicklung und die Wartung von Anwendungssystemen sind keine Produktionsprozesse sondern Produktentwicklungs-Prozesse. Auch die Einführung und der Einsatz ("Absatz") erfolgen nicht unter Marktbedingungen. Um dennoch eine konkrete Zielsetzung im Hinblick auf die Produkt-Lebensdauer eines Anwendungssystems formulieren zu können, bedarf es zunächst der Analyse der Ausgangssituation. Die begriffliche Klärung, welche die Dimension des Problems erkennbar machen soll, dient im wesentlichen der Beantwortung folgender Fragen:

- Welchen empirischen Gesetzmäßigkeiten folgt die Lebensentwicklung eines Anwendungssystems?
- Wie ist die Lebensdauer zu definieren?
- Wie kann die Abgrenzung der Lebensphasen erfolgen?

Zur Klärung der empirischen Gesetzmäßigkeiten wurde vom Autor eine Untersuchung durchgeführt, deren Ergebnisse dargestellt werden. Ein besonderes Problem besteht dabei bezüglich der verwendeten Meßgrößen, anhand derer die Entwicklung des Anwendungssystems verfolgt werden soll. Den traditionellen Größen wie Umsatz, Gewinn oder Deckungsbeitrag, die beim Produkt-Lebenszyklus Verwendung finden, fehlt ein Äquivalent. Auch die bestehenden theoretischen Lebenszyklus-Modelle können auf Anwendungssysteme wegen des oben aufgezeigten Fehlens der Voraussetzungen nicht übertragen werden.

Bedingt durch die in der Praxis vorgefundenen Datenaufzeichnungen, werden zur Beschreibung des Lebenszyklus von Anwendungssystemen der Wartungsaufwand und die Nutzungshäufigkeit herangezogen. Ähnlich wie beim Produkt-Lebenszyklus deutet auch beim Lebenszyklus von Anwendungssystemen vieles darauf hin, daß er keiner Eigengesetzlichkeit folgt, sondern vielmehr eine abhängige Variable verkörpert, die jedoch bewußt gesteuert werden kann.

Auswahl der Unternehmen und Vorgehensweise

Die Datenerhebung über die Wartung und Nutzung von Anwendungssystemen wurde im Zeitraum Jänner 1987 bis Juni 1988 bei den 80 größten Unternehmen Oberösterreichs durchgeführt. Nur etwa 20 der untersuchten Unternehmen verfügten über systematische Aufzeichnungen, die für die Auswertung im Rahmen dieser Arbeit geeignet waren. Für die Beschreibung des Lebenszyklus wurden die Größen Wartungsaufwand und Nutzungsintensität, über die Aufzeichnungen vorgefunden wurden, herangezogen:

- **Wartungsaufwand**: z.B. Anzahl der Programmänderungen, Programmiererstunden pro Anwendungssystem, Wartungskosten pro Periode;
- **Nutzungsintensität**: z.B. Transaktionsstatistiken, Terminalstatistiken, Verrechnungsstatistiken, Ressourcenverbrauch (CPU, Drucker).

Von den Unternehmen mit systematischen Aufzeichnungen verfügten 16 Unternehmen über Daten, die auch für statistische Auswertungen geeignet waren (d.h. monatliche Werte über einen Zeitraum von mindestens drei Jahren). Als besonders problematisch für die Datenaufzeichnung hat sich die Tatsache, daß praktisch in jedem Unternehmen eine andere Aufzeichnungsform besteht, erwiesen. Die Ursachen sind vielfältig. Der Unterschied im Bereich der Nutzung von Anwendungssystemen erklärt sich zum Teil durch den jeweils vom Betriebssystem abhängigen Transaktionsbegriff oder durch die unterschiedlichen Loggingsysteme. Was die Aufzeichnungen über die Wartung betrifft, die nach Zeiteinheiten, Häufigkeit der Änderung oder Kosten, zusammengefaßt nach den unterschiedlichsten Tätigkeitsschlüsseln, Programmen, Arbeitsgebieten oder Perioden erfolgen, so spiegeln sich darin weniger die unternehmensspezifischen Planungsziele, sondern ein mangelndes Verständnis für die Managementaspekte der Wartung wieder. Systematische Aufzeichnungen über das Größenwachstum von Anwendungssystemen, den Personaleinsatz und den Entwicklungsaufwand wurden nirgends vorgefunden. Interessant ist ein Vergleich mit der Untersuchung von LIENTZ und SWANSON, wo ebenfalls festgestellt wurde, daß nur wenige Unternehmen "gute" Daten über die Wartungsaktivitäten besitzen (vgl. LIEN-80). In drei Fällen wurde die Einsichtnahme in die

Daten verweigert, sodaß letztlich 13 Unternehmen übrig blieben, wo eine weitere Analyse der Anwendungssysteme vorgenommen werden konnte. Die Ursachen für die Ablehnung der Zusammenarbeit lagen in der zusätzlichen Arbeitsbelastung der Mitarbeiter sowie in unternehmensinternen Richtlinien über die Weitergabe von Daten an unternehmensfremde Personen.

Lebensdauer von Anwendungssystemen

Die theoretische und die praktische Lebensdauer eines Anwendungssystems sind für die bewußte Planung und Steuerung des Einsatzes von zentraler Bedeutung. Die Lebensdauer setzt sich zusammen aus der Entwicklungsdauer sowie der Einsatz- und Nutzungsdauer eines Anwendungssystems. Dabei ist die theoretische Lebensdauer als die technisch mögliche Lebensdauer, die praktische Lebensdauer als die wirtschaftlich sinnvolle oder in der Praxis beobachtbare Lebensdauer zu verstehen. Der Einsatz eines Anwendungssystems läßt sich mit einer Investition vergleichen. Der Ertrag, den diese Investition abwirft, ist wesentlich von der Einsatz- und Nutzungsdauer abhängig (z.B. Dauer der Lizenzeinnahme, Dauer des Rationalisierungsgewinns).

Ganz allgemein kann aufgrund des Datenmaterials, das in dieser Arbeit ausgewertet wurde, festgestellt werden, daß die in der Literatur dokumentierten Werte für die durchschnittliche Lebensdauer von Anwendungssystemen in der Praxis häufig weit überschritten werden. SELIG ermittelt das Alter mit 5,7 Jahren, bei einem Minimum von 3,7 Jahren und einem Maximum von 8,5 Jahren (SELI-86). Für die im Rahmen dieser Arbeit untersuchten Anwendungssysteme ergibt sich eine durchschnittliche Lebensdauer von 8.8 Jahren. In die Berechnung einbezogen wurden jene Anwendungssysteme, die mindestens seit drei Jahren im Einsatz waren und deren tatsächliches Alter ermittelt werden konnte. Diese Restriktionen sind durch Faktoren, wie Personalfluktuation oder fehlende Aufzeichnungen, die die Ermittlung der tatsächlichen Lebensdauer verhindern, begründet. Der ermittelte Durchschnittswert hängt stark von der Altersstruktur der Anwendungssysteme ab. An dieser Stelle soll daher die exakte Größe des errechneten Wertes nicht weiter diskutiert, sondern auf die belegbare Tatsache hingewiesen werden, daß Anwendungssysteme relativ lange genutzt werden.

Die Lebensdauer eines Anwendungssystems ist im einzelnen vom betrachteten Anwendungssystem abhängig. Sie läßt sich unter einem technischen und einem wirtschaftlichen Aspekt definieren. In Abgrenzung zur technischen Lebensdauer als dem Zeitraum, in dem ein Anwendungssystem genutzt werden kann, bezeichnet die wirtschaftliche Lebensdauer den gewinnmaximalen Zeitraum (vgl. WÜBB-84). Letztere umfaßt meist einen kürzeren Zeitraum. In der Praxis stand bisher für Anwendungssysteme der technische Aspekt im Mittelpunkt. Einflußfaktoren auf die technische Lebensdauer sind z.B. die Entwicklungen im Bereich der Hardware (veraltet und nicht mehr wartbar), die Systemsoftware (z.B. Betriebssystem-Wechsel, Software nicht portabel), ein Herstellerwechsel oder ein Wechsel des Datenbanksystems. Vorgeschlagen wird, diese vorrangige Orientierung an externen Einflußgrößen durch eine Planung der wirtschaftlichen Lebensdauer zu ergänzen.

In der Praxis kennt man bisher keine Möglichkeit, vorherzubestimmen, wie lange ein Anwendungssystem eingesetzt und gewartet werden soll bzw. wann der günstigste Zeitpunkt für eine Ablöse kommt. Zu unterschiedlich ist die Anzahl der - teilweise noch gar nicht bekannten - externen und internen Einflußfaktoren. Die Bestimmung einer optimalen Betriebsdauer ist wohl auch deswegen schwierig, weil ein Anwendungssystem, bedingt durch "Wartung", im Laufe seines Lebens mehreren unterschiedlichen Zwecken dienen oder für mehrere Benutzer erfüllen kann. Das Konzept des Lebenszyklus sowie die Betrachtung unter technischen und wirtschaftlichen Gesichtspunkten gibt jedoch einen gewissen Anhalt.

Verhältnis zwischen Entwicklungs- und Wartungsaufwand

Sieht man von dem kurzen Beobachtungszeitraum ab, der typisch für die meisten in der Literatur dokumentierten Längsschnitts-Daten über Anwendungssysteme ist, so bestätigt sich die Meinung vieler Autoren, daß der Wartungsanteil mit etwa 30% anzusetzen ist, nur teilweise (vgl. dazu GRIE-87, SELI-86, GRIE-86, OEST-81, ZIMM-87, LIEN-80, NOTH-86, BOEH-80). In diesem Zusammenhang ist auch auf die suggestive Kraft der Darstellung mit Prozentsätzen hinzuweisen, die z.B. keine Differenzierung nach der Größe oder der Bedeutung des Anwendungssystems erlauben. Die empirischen Untersuchungen, die dieser Arbeit zugrundeliegen, zeigen, daß die Zeitdauer des Einsatzes und damit der Wartungsphase ein Mehrfaches der Entwicklungsdauer ist. Dabei kann das Verhältnis zwischen Entwicklungs- und Wartungsphase grundsätzlich unter zwei Aspekten gesehen werden: Zeit und Aufwand. Bei der zeitlichen Betrachtung steht die Entwicklungsdauer des Anwendungssystems der Einsatzdauer gegenüber. Jene Anwendunssysteme, für die die Lebenszyklus-Daten vollständig vorlagen ergibt sich eine durchschnittliche Entwicklungsdauer von 1.1 Jahren und eine durchschnittliche Wartungsdauer von 4.6 Jahren. Bei einem überwiegenden Teil der untersuchten Anwendungssysteme, insbesondere bei langlebigen Systemen, lagen keine vollständigen Aufzeichnungen über den Lebenszyklus vor; diese Tatsache wirkt sich selbstverständlich auf die errechneten Werte aus. Darüber hinaus ist bei der Berechnung zu überlegen, wie etwa die schrittweise Implementierung oder umfangreiche Funktionserweiterungen zu bewerten sind. Differenzierter ist die zweite Betrachtungsweise, bei der der Entwicklungsaufwand mit dem Wartungsaufwand verglichen wird. Die nachfolgende Tabelle zeigt diese Werte für einige der untersuchten Anwendungssysteme.

Bezeichnung des Anwendungssystems	Dauer in Monaten		Aufwand in Manntagen	
	Entwicklung	Wartung	Entwicklung	Wartung
Einkauf	11	15	599	83
Rechnungswesen	24	55	9397	11031
POS	30	60	4625	12494
Anlagenbau	12	66	460	191
Produktionsplanung	6	55	40	70
MIS	7	90	141	381
Finanzplanung	12	60	318	56
Qualitätssicherung	12	68	169	309

Bewußt wird auf eine Interpretation dieser Werte verzichtet. Es handelt sich einerseits um keine repräsentative Auswahl von Anwendungssystemen, andererseits hat der zugrundegelegte Wartungsbegriff auf diese Werte einen sehr großen Einfluß. Im vorliegenden Fall wurde unter Wartung der Aufwand für Fehlerbehebung, Anpassung und Weiterentwicklung zusammengefaßt. Da die genaue Abgrenzung der Entwicklungs- und der Wartungsphase bei evolutionär entwickelten Anwendungssystemen in einer dynamischen Umwelt (d.h. bei hohem Anpassungs- oder Änderungsbedarf) kaum möglich ist, wurden nur solche Anwendungssysteme einbezogen, wo diese Abgrenzung möglich war. Der diagnostische Wert der Gegenüberstellung von Entwicklungs- und Wartungsaufwand ist daher fraglich. Die Beurteilung des Verhältnisses kann letztlich nur im Einzelfall und anhand der spezifischen Unternehmenssituation erfolgen.

Wartungsaufwand im Lebenszyklus

Bisher galt die These, daß der Wartungsaufwand im allgemeinen mit dem Alter von Anwendungssystemen steigt. Eine theoretische Begründung wird z.B. im Gesetz des kontinuierlichen Wachstums gesehen (vgl. BOEH-80, MORG-86). Eine weitere Erklärung bestand in der Analogie mit dem Investitionsgüterbereich. Mit der sogenannten "Badewannenkurve" wird der empirisch nachprüfbare Sachverhalt beschrieben, daß Frühausfälle einer Maschine zunächst eine größere Anzahl von Fehlern bewirken. Die Fehleranzahl reduziert sich nach einer Einführungsphase auf Zufallsausfälle. Mit der Alterung steigen die Fehler wieder an (vgl. WÜBB-84). Der Vergleich ist problematisch, weil an Anwendungssystemen durch die Nutzung keine Verschleißerscheinungen entstehen. Paradoxerweise kann aber die Wartung selbst Ursache für "Verschleißerscheinungen" sein. Mehrfach findet sich in der Literatur auch der Hinweis auf das Gesetz des statistisch gleichmäßigen Wachstums (vgl. BOEH-81, BUDD-80). Das Wachstum großer Anwendungssysteme unterliegt, bezogen auf den Codeumfang und die Modulanzahl, langfristig einem steigenden Trend. Dies kann teilweise als Erklärung für die steigende Fehlerrate oder den zunehmenden Wartungsaufwand bei alten Anwendungssystemen dienen.

In der Untersuchung von LIENTZ und SWANSON wurde der Zusammenhang von Alter und Wartungsaufwand statistisch nachgewiesen (LIEN-80). Auch STEARNS versuchte, diesen Sachverhalt anhand einer Lebenszyklus-Kurve nachzuweisen. Demnach steigen die Wartungsaktivitäten nach der Übergabe des Anwendungssystems aus der Entwicklung in den Betrieb steil an. Ursache ist nach STEARNS die Entdeckung und Korrektur von Fehlern. Anschließend sinken die Wartungsaktivitäten auf etwa die Hälfte zurück um dann wieder langsam und stetig mit Zunahme des Alters anzusteigen (vgl. STEA-80). Diese Meinung wurde in vielen Veröffentlichungen unkritisch übernommen und wird bis heute als gültig betrachtet, obwohl bisher kein Nachweis durch Längsschnitt-Untersuchungen erbracht wurde.

Zu der gleichen Aussage kommt auch SEIBT in einer Untersuchung eines Personal-Informationssystems (vgl. SEIB-83a). Es handelt sich dabei um den einzigen in der Literatur dokumentierten Lebenszyklus eines Anwendungssystems, der mehrere Jahre umfaßt. Abbildung 1 zeigt den Verlauf des Wartungsaufwands dieses Personal-Informationssystems über einen Zeitraum von acht Jahren. Dargestellt werden die relativen Veränderungen des jährlichen Prozentanteils der Wartungskosten, bezogen auf die Gesamtkosten der Entwicklung. Mit 100 Prozent werden die Gesamtkosten angesetzt, die bis zum Zeitpunkt des Einsatzbeginns im Betriebsjahr 0 angefallen sind.

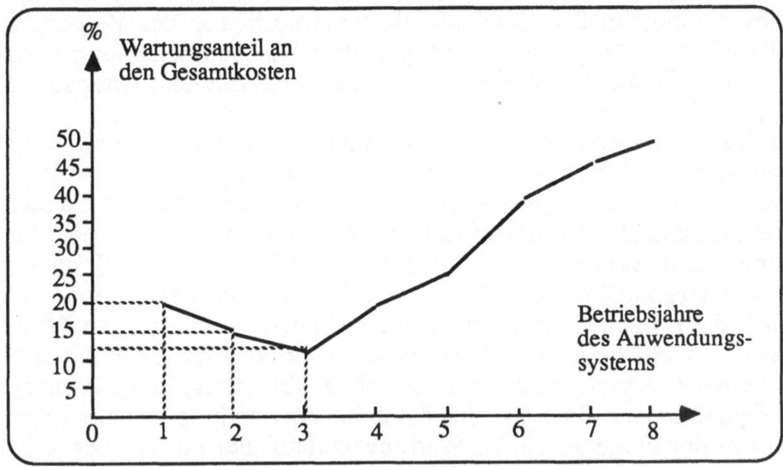

Abb. 1: Wartungsverlauf eines Personal-Informationssystems

Die Interpretation des Kurvenverlaufs spiegelt deutlich die oben dargestellten Thesen wieder: "Das Absinken des Prozentanteils in den ersten 3 Betriebsjahren ist eine Folge der zunehmenden Stabilisierung der Software aufgrund Abbau von Fehlern und zunehmender Effizienz der Programme. Der Anstieg des Prozentanteils für Software-Pflege/Wartung ab dem 4. Betriebsjahr ist eine Folge des Anwachsens der internen (=Personalabteilung) Änderungswünsche und der Anzahl der eingebauten Sonderregelungen sowie der extern induzierten Änderungsnotwendigkeiten" (SEIB-83a).

In einer von SELIG durchgeführten empirischen Untersuchung wird der Zusammenhang zwischen Alter und Wartung erstmals in Frage gestellt. SELIG kommt zu dem Ergebnis, daß eine Zunahme des Wartungsanteils mit dem Alter eines Anwendungssystems anhand des von ihm erhobenen Datenmaterials nicht nachweisbar ist (vgl. SELI-86). Dieses Ergebnis kann durch die Untersuchungen im Rahmen dieser Arbeit präzisiert werden. Die Aussage, daß kein Zusammenhang zwischen dem Alter und dem Wartungsaufwand eines Anwendungssystems besteht, wird weitgehend bestätigt. Deutlich zeigt sich aber, daß der Wartungsaufwand von der Umwelt des Anwendungssystems beeinflußt wird. Zwei Grundtypen können unterschieden werden. Im ersten Fall liegt ein nahezu "idealer" Verlauf vor. Nach der Implementierung des Anwendungssystems pendelt sich der Wartungsaufwand auf einem niedrigem Niveau ein. Im zweiten Fall verläuft die Kurve sehr unregelmäßig. An den ausgewerteten Lebenszyklen wurden große Varianzen festgestellt, die aber in vielen Fällen durch die projektorientierte Arbeitsorganisation erklärt werden können. Die Wartungsursachen selbst können allerdings sehr vielfältig sein. Vereinzelt sind auch Gesetzmäßigkeiten, die sich aus der Wartungsorganisation (z.B. periodische Tagung des Wartungsausschusses oder "Gießkannenpolitik") oder dem Anwendungsgebiet (z.B. Änderungsbedarf zum Jahreswechsel bei Inventurprogrammen) ergeben, zu erkennen. Vergleicht man die beiden Grundmodelle, so ist bei Anwendungssystemen in einer dynamischen Umwelt ein deutlich höherer durchschnittlicher Wartungsaufwand sowie ein sehr unregelmäßiger Verlauf der Wartungskurve zu beobachten. Dieser unregelmäßige Verlauf führte vermutlich in der Vergangenheit, bei zu kurzer Beobachtungszeit und oft mangelhafter Datenaufzeichnung durch die Unternehmen, zu dem Eindruck, daß der Wartungsaufwand mit dem Alter steigt.

Abbildung 2 zeigt zwei charakteristische Beispiele für einen unregelmäßig verlaufenden Lebenszyklus. Die Hauptursache ist in der dynamischen Umwelt solcher Anwendungssysteme zu sehen. Merkmale einer dynamischen Umwelt können u.a. starke Konkurrenzverhältnisse am Markt (z.B. bei Großhandelshäusern) oder häufige Gesetzesänderungen mit Auswirkungen auf das Geschäftsvolumen (z.B. steuerliche Anreize für Wertpapiere im Bankbereich) sein. Im Lebenszyklus eines Anwendungssystems zeigt sich die Dynamik der Umwelt in einer hohen Varianz beim Wartungsaufwand, in einem ungünstigen Verhältnis zwischen Entwicklungs- und Wartungsaufwand sowie Schwierigkeiten bei der methodischen Abgrenzung der Lebenszyklus-Phasen. Diese Dynamik der Umwelt, die nicht im Anwendungssystem selbst begründet ist, führt in der Folge zu einem Wartungsverlauf, der nur schwer durch ein Modell erfaßbar und prognostizierbar ist. Die besten Prognoseergebnisse wurden bei Annahme eines autoregressiven Prozesses erster Ordnung erzielt.

Abb. 2: Wartungsverlauf in einer dynamischen Umwelt (Programmiersprachen PL/1 und RPG II)

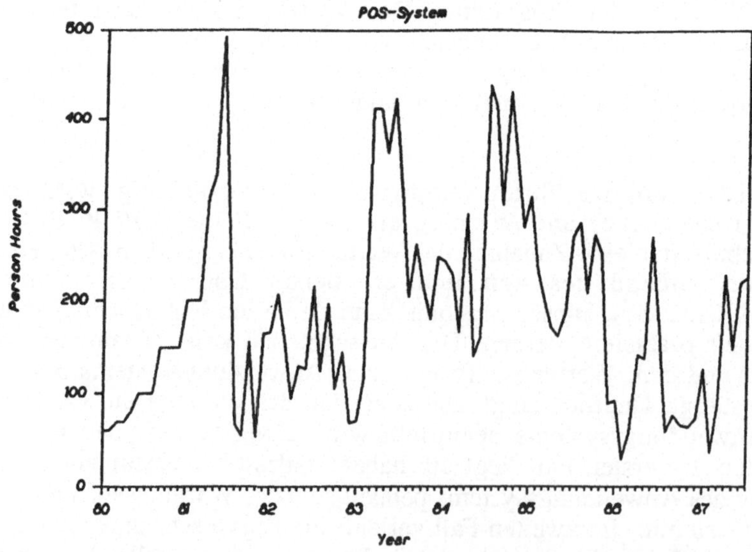

Abbildung 3 zeigt den Lebenszyklus von zwei Anwendungssystemen, die als typische Vertreter jener Klasse mit einem einheitlichen Kurvenverlauf angesehen werden können. Als wichtigste Voraussetzung wird die statische Umwelt angesehen. Bei Anwendungssystemen mit einer statischen Umwelt (d.h. wenigen unvorhersehbaren externen Einflüssen auf die Wartung) pendelt sich der Wartungsaufwand nach der Einführungsphase auf einem niedrigen Niveau ein. Derartige Lebenszyklen sind typisch für Anwendungen in Bereichen wie Lohn- und Gehaltsverrechnung oder Buchhaltung. Bei der Annahme eines quadratischen Trends für das Modell konnten gute Prognoseergebnisse erzielt werden. Weitere Einflußfaktoren, die sich z.B. aus der Arbeitsorganisation in der Programmierung, der Personalkapazität, dem Entscheidungsablauf oder saisonalen Einflüssen ergeben, können an dieser Stelle vernachlässigt werden. Sie verursachen zwar mitunter hohe Varianzen, beeinflussen den Kurvenverlauf in seiner Grundtendenz jedoch kaum.

Abb. 3: Wartungsverlauf in einer statischen Umwelt (Programmiersprache PL/1)

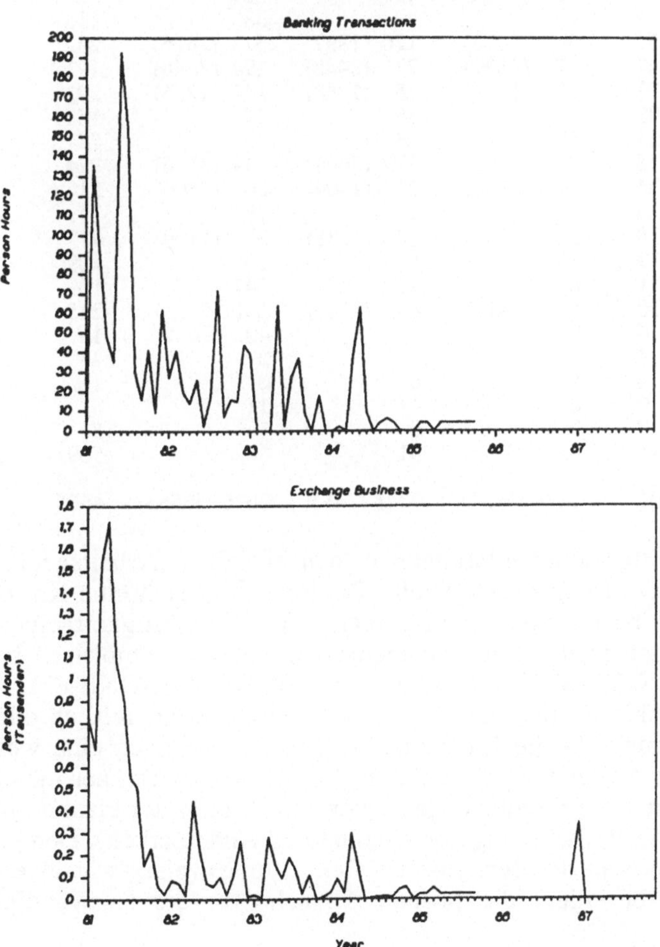

Eine intuitive Erklärung der empirischen Ergebnisse, wonach der Lebenszyklus eines Anwendungssystems durch die dynamische oder statische Umwelt geprägt ist, findet sich bei SNEED (SNEE-87). Eine Bestätigung der Hypothese, daß die Unterscheidung in eine dynamische und eine statische Umwelt sinnvoll ist, gibt auch die nachfolgend dargestellte Tabelle, die in einem Industrieunternehmen erhoben wurden.

Anwendungs-gebiet	Häufigkeit der Programmänderungen (in Klammern: Aufwand in Stunden)				Anzahl der Programme
	1984	1985	1986	1987	
Stückliste	432	486 (6297)	880 (9054)	647 (6089)	606
Lohnabrechnung	213	102	43	74	352
Montageverfügung	123	118 (2511)	193 (2076)	103 (1405)	265
Absatzplanung	119	146	114	115	101
Ersatzteile	106	177	134	140	379
Materialabrechnung	91	92	157	124	156
Betriebsmittel	85	2	11	0	43
Umsatzstatistik	81	96	43	62	129
Bedarfsrechnung	66	25	49	38	113
Auftragsabrechnung	51	30 (2778)	126 (1897)	57 (2616)	282
Fertigungssteuerung	47	173 (2827)	77 (2448)	194 (2646)	191
Disposition	37	101 (1097)	25 (1048)	141 (286)	201
Einkauf	33	87	35	37	151
Stellenplan/Gehalt	31	57	23	29	78
Lieferaufträge	26	76 (1056)	379 (5606)	349 (3536)	224
Plankalkulation	26	16 (132)	21 (1404)	26 (1490)	81
Lagerwirtschaft	25	119	9	29	74
Produktionsplan	18	21	40 (1635)	21 (1199)	41
Inventur	17	35	8	10	109
SKD/CKD	11	8	47	147	109
Fertigungsplan	10	83 (1917)	89 (3741)	261 (5415)	215
Budget	6	9	3	40	15
Arbeitseinsatzrechnung	4	4	12	2	43
Qualität	4	4	0	0	16
Kundendienst	0	0	11	11	8
Betriebsanalyse	0	0	0	1	54
nicht zugeteilt	134	65	41	48	569
Summe	1701	2078 (66313)	2548 (74550)	2676 (66555)	4605

Die Häufigkeit der Programmänderungen in den einzelnen Arbeitsgebieten (Anwendungssystemen) wird gegenübergestellt. Deutlich zeigt sich eine Konzentration der Änderungen auf bestimmte Arbeitsgebiete. Für die Gültigkeit einer Pareto-Optimalität finden sich in der Literatur mehrfach, zum Teil empirisch bestätigte, Hinweise (z.B. WEIN-80, STEA-80, MORG-86, BUDD-80, JONE-87). An diese Diskussion knüpft sich die Frage an, ob der Wartungsaufwand zeitlich oder kausal begründet werden kann. Für die Kausalität spricht, daß sie auch eine wesentliche Voraussetzung für die Anwendung des Lebenszyklus-Konzepts ist. Dies mündet in der Forderung, die Folgen von Entscheidungen schon sehr früh in der Planungsphase des Systems zu beachten (z.B. Sicherung von Qualität und Änderbarkeit). Demgegenüber spielt die Zeitdimension in der dynamischen Betrachtungsweise zwar eine wichtige Rolle, die Zeit ist aber nicht die primäre Ursache für die Notwendigkeit der Wartung.

Nutzung von Anwendungssystemen

In der Literatur gibt es für Systeme allgemeiner Art gut abgesicherte Aussagen, die jedoch in Bezug auf Anwendungssysteme nie verifiziert wurden. LIENTZ und SWANSON streifen in ihrer umfangreichen Studie über Softwarewartung diese Frage: "What is the pattern of the system growth over the full life cycle? A reasonable conjecture is that it approximates the logistic curve form ... The logistic curve is a general system growth curve, which has many counterparts in nature, where resources for growth are limited. In data processing, it has also been applied to the growth of data processing organizations (Nolan, 1973). (LIEN-80)" Es wird also die Vermutung geäußert, daß es sich hier um Wachstumsprozesse mit begrenzten Ressourcen handelt, die mit der Logistik-Kurve erklärt werden können.

Abbildung 4 zeigt an einem Beispiel den charakteristischen Verlauf der Nutzungskurve von Anwendungssystemen. Nach der Einführung des Anwendungssystems ist allgemein eine "Sättigung" zu beobachten. Wird die Nutzung z.B. durch die Anzahl der ausgeführten Transaktionen pro Periode veranschaulicht, so ist die Sättigung als Deckung des Bedarfs im Rahmen der unterstützten Aufgabe zu interpretieren. Weitere Einflüsse oder Ansätze für die Erklärung des Phänomens sind die schrittweise Inbetriebnahme, die Abhängigkeit der Nutzungshäufigkeit vom Umsatz, von der Anzahl der Geschäftsfälle oder der Kundenanzahl, die Anzahl der Mitarbeiter sowie die begrenzte Rechnerleistung. Darüberhinaus wird der Kurvenverlauf von weiteren Faktoren beeinflußt, die jedoch meist nur innerhalb eines einzelnen Unternehmens Gültigkeit besitzen (z.B. saisonale Schwankungen im Handel, periodische Tätigkeiten wie z.B. Prämienvorschreibungen, Erweiterungen des Produktsortiments); sie werden daher an dieser Stelle nicht weiter betrachtet. Gute Prognoseergebnisse konnten bei Annahme eines logarithmischen Verlaufs erzielt werden. Die von LIENTZ und SWANSON aufgestellte Vermutung eines logistischen Kurvenverlaufs wird also an den untersuchten Lebenszyklen nicht bestätigt.

Abb. 4: Nutzung von Anwendungssystemen

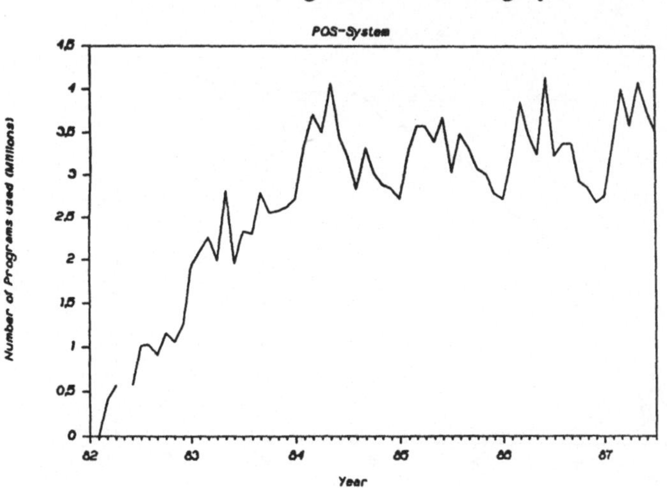

Betriebsmittelverbrauch

Die wichtigsten Betriebsmittel für die Ausführung der Programme eines Anwendungssystems sind CPU, I/O, Speicher und Drucker. Diese Betrachtung ist, bedingt durch die gegenüber Programmen erweiterte Sicht bei Anwendungssystemen auch auf die Faktoren Personal (z.B. Arbeitszeit) und Hilfsmittel für die Aufgabendurchführung, auszudehnen. In der Literatur wurden dazu nur wenige Daten gefunden. Abbildung 5 zeigt die Entwicklung des Datenvolumens, welche einen Indikator für den Verbrauch und den zukünftigen Bedarf an externem Speicherplatz darstellt (SCHW-86).

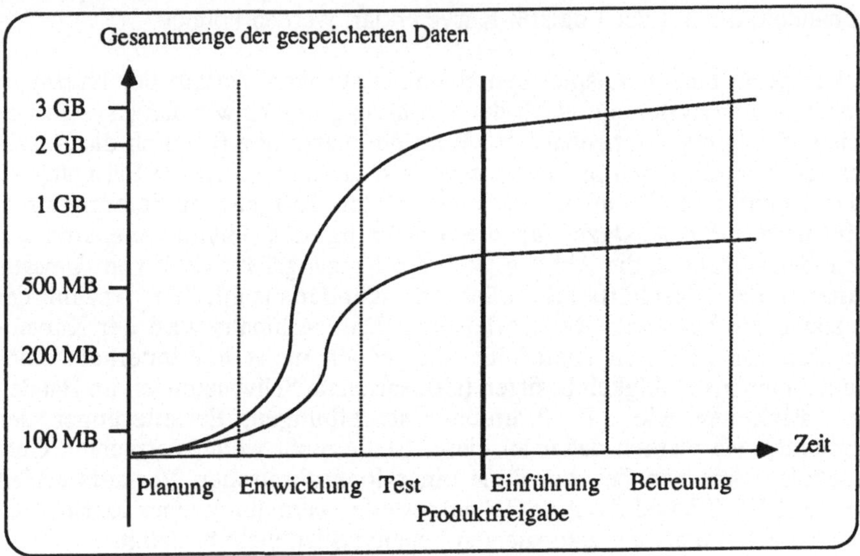

Abb. 5: Entwicklung des Datenvolumens

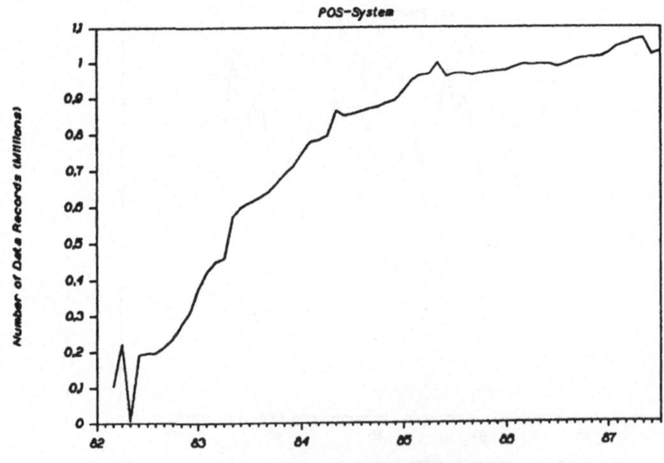

Abb. 6: Anzahl Datensätze

Trotz der offensichtlichen Wichtigkeit der Daten über den Betriebsmittel-Verbrauch für eine Einschätzung des Nutzens existieren nur in zwei der untersuchten Unternehmen, einer Bank und einem Großhandelshaus, längerfristige Aufzeichnungen über den Betriebsmittelverbrauch je Anwendungssystem. Im ersten Fall war der Zeitraum der verfügbaren Aufzeichnungen mit 3.5 Jahren zu kurz, um einen Trend zu erkennen. Im zweiten Fall, den Abbildung 6 zeigt, lagen Aufzeichnungen über die Entwicklung der Anzahl der gespeicherten Datensätze vor. Die Ähnlichkeit mit der von SCHWÄRTZEL dargestellten Kurve, aber auch mit den bereits oben dargestellten Nutzungsdaten ist offensichtlich. Bei der Anwendung der logarithmischen Funktion konnten auch in diesem Fall zufriedenstellende Prognoseergebnisse erzielt werden. Untersuchungen an weiteren Anwendungssystemen sind jedoch unbedingt notwendig.

Zusammenfassung

Bisher fehlte es dem Management an einem sachbezogenen Weg, die eingesetzten Anwendungssysteme zu beschreiben und in ihrer Nutzung zu verfolgen. Mit dem Untersuchungsergebnis dieser Arbeit liegt ein empirisch gestütztes Modell vor, das die Evolution eines Anwendungssystems, das sich im Einsatz befindet, beschreibt. Man kann dieses Modell in Anwendung bringen, um ein besseres Verständnis über die Nutzung der Informations- und Kommunikationstechnik im Unternehmen zu erhalten. Man kann aber auch eine gewisse Einsichtnahme in mögliche Zukunftsentwicklungen gewinnen und davon angemessene Managementstrategien ableiten, um den Einsatz der Anwendungssysteme auf die Unternehmensziele abzustimmen. Damit können Aufgaben in Verbindung mit dem Einsatz und der Weiterentwicklung von Anwendungssystemen, die bisher einer Planung und Kontrolle weitgehend entzogen waren (z.B. Kostenplanung oder Personalplanung für die Wartung), unterstützt werden.

Die empirischen Ergebnisse dieser Arbeit basieren auf einer Längsschnitt-Untersuchung über die Wartung und die Nutzung von Anwendungssystemen. Bedingt durch die Schwierigkeit, den Nutzen beim Einsatz von Anwendungs-systemen quantitativ zu erfassen, kann dem Aufwand kein Ertrag gegenübergestellt werden. Als näherungsweiser Ersatz für den Ertrag kann jedoch die Nutzungsfunktion herangezogen werden. Wenig sinnvoll ist allerdings eine voreilige Schlußfolgerung bei einer Gegenüberstellung der Aufwands- und der Nutzungskurve, da die Kurven wegen ihrer unterschiedlichen Meßgrößen nicht direkt vergleichbar sind. Im Einzelfall sind als Entscheidungsgrundlage weitere Daten zu analysieren (z.B. Kosten für den Ersatz, Entwicklung der Hardwaresituation im Unternehmen, Möglichkeiten der Kostenreduktion bei der Wartung).

Die vom Autor durchgeführte Untersuchung erlaubt zusammengefaßt folgende Aussagen:

- Die These, daß "alte" Programme wartungsintensiver sind als neuentwickelte, läßt sich in dieser vereinfachten Form nicht aufrechterhalten. Daß diese These bisher

nicht falsifiziert wurde, leitet sich aus der Tatsache ab, daß bisher überwiegend Querschnitts-Untersuchungen gemacht wurden.
- Der klassische Lebenszyklus in Form der Normalverteilung läßt sich bei Anwendungssystemen nicht beobachten. Die Modelle, die aus der Diffusionstheorie bekannt sind, sind nicht anwendbar, weil wesentliche Voraussetzungen für die Anwendung dieser Modelle nicht erfüllt sind.
- Es ist sowohl für die Wartung als auch für die Nutzung von Anwendungssystemen ein charakteristischer Kurvenverlauf feststellbar, dess Funktion als Lebenszyklus-Modell herangezogen werden kann.

Bei der Beantwortung der Frage nach dem Nutzen des Lebenszyklus-Modells weichen die Antworten erfahrungsgemäß stark voneinander ab. Das Lebenszyklus-Modell besitzt wesentliche Vorteile gegenüber Konzepten, in denen überwiegend die Systementwicklung im Vordergrund steht:

- es berücksichtigt die gesamte Lebensdauer eines Anwendungssystems und entspricht damit der Betrachtungsweise, die bei Wirtschaftlickeitsrechnungen angewendet wird;
- die Einsatzzeit eines Anwendungssystems ist gewöhnlich größer als die Entwicklungszeit;
- die Kosten während der Einsatzzeit durch Wartungsaktivitäten übersteigen in den meisten Fällen die Entwicklungskosten;
- die bewußte Strukturierung der Lebensdauer eines Anwendungssystems unterstützt die Planung, Kontrolle und Steuerung aller Aktivitäten, insbesondere die Wartung, in den einzelnen Phasen;
- in der Folge sind auch positive Wirkungen auf das Verantwortungsbewußtsein der Systemplaner und Anwender zu erwarten.

Literatur

BOEH-80 Boehm, B. W.: Software Maintenance. In: PARI-82, 21

BOEH-81 Boehm, B.W.: Software Engineering Economics.Englewood Cliffs, New Jersey 1981

BOLK-81 Bolkart, W., Schweiggert, F., Roggenbuck, G.: Wachstumsverluste. Ulm 1981

BROM-87 Bromann, P.: Erfolgreiches strategisches Informationsmanagement. Landsberg/Lech 1987

BUDD-80 Budde, R.et al.: Untersuchungen über Maßnahmen zur Verbesserung der Softwareproduktion. GMD Bericht Nr. 130, Teil 1, München/Wien 1980

CASE-86 Case, A. F.: Information Systems Developement: Principles of Computer-Aided Software Engineering. Englewood Cliffs 1986

CASH-88 Cash, J. I. , McFarlan, F. W., McKenney, J. L.: Corporate Information Systems Management. 2. A., Homewood 1988

GEWA-82 Gewald, K. et al.: Software-Engineering. 3. A., München/Wien 1982

GRIE-86 Griese, J. und Rieke, F.: Praktische Aspekte des Informationsmanagements. In: Information Management,1/1986, 22-25

GRIE-87 Griese, J. et al.: Ergebnisse des Arbeitskreises Wirtschaftlichkeit in der Informationsverarbeitung. In: ZfbF 7/1987, 515-551

HAMM-81 Hammer, C.: Life Cycle Management. In: Information & Management 4/1981, 71-80

HEIN-88 Heinrich, L. J. und Roithmayr, F.: Wirtschaftsinformatik-Lexikon. 3. A. München/Wien 1988

HEIN-88a Heinrich, L. J. und Burgholzer, P.: Informationsmanagement. 2. A., München/Wien 1988

HESS-84 Hesse, W. et al: Ein Begriffssystem für die Softwaretechnik. In: Informatik-Spektrum 7/1984, 200-213

JONE-87 Jones, T. C.: Effektive Programmentwicklung. Hamburg 1987

KAYR-83 Kay, R. (Hrsg.): Management betrieblicher Informationsverarbeitung. München/Wien 1983

KLIN-81 Kline, M. B. und Schneidewind, N. F.: Life Cycle Comparisons of Hardware and Software Maintainability. In: Proc. Third. Nat. Rel. Conference, Birmingham, England 1981, 4A/3/1-4A/3/14

LEHM-80 Lehman, M. M.: Programs, Life Cycles and Laws of Software Evolution. In: Proc. IEEE, Vol. 68, 9/1980, 1060-1076

LEHN-88a Lehner, F.: Anwendungssystem-Management. In Handbuch der modernen Datenverarbeitung (HMD), Heft 142, Juli 1988, 47-61

LEHN-88b Lehner, F.: Aufwandsvergleich: Anwendungssystem-Entwicklung mit Sprachen der 3. und modernen Softwarewerkzeugen. In: Information Management 4/1988, 34-41

LEHN-89 Lehner, F.: Anwendungssystem-Management. Dissertation, Universität Linz, Oktober 1988, erscheint 1989 im Verlag C. Hanser, München

LIEN-78 Lientz, B. P. et al.: Characteristics of Application Software Maintenance. In: Communications of the ACM, Vol 21, 6/1978, 466-471

LIEN-80 Lientz, B. P. und Swanson, E. B., Software Maintenance Management. A Study of the Maintenance of Computer Application Software in 487 Data-processing Organizations, Reading/Massacusetts 1980

MOEL-83 Möller, K.-H.: Entwicklung von Software als organischer Prozeß - ein Vergleich verschiedener Phasenkonzepte. In: Angewandte Informatik 7/1983, 284-289

MORG-86 Morgenbrod, H. und Mrva, M.: Wartung großer Softwaresysteme. In: SCHW-86, 136-147

NOTH-86 Noth, Th. und Kretzschmar, M.: Aufwandschätzung von DV-Projekten. 2. A., Berlin et al. 1986

OEST-81 Oesterle, H.: Entwurf betrieblicher Informationssysteme. 1981

PARI-82 Parikh, G. (Hrsg): Techniques of Program and System Maintenance. Cambridge, Massachusetts 1982

POMB-87 Pomberger, G. und Remmele, W., Prototyping-orientierte Software-Entwicklung. In: Information Management, 2/1987, 28-35

PUTN-79 Putnam, L. H. und Fitzsimmons, A.: Estimating Software Costs. In: Datamation 9/1979, 189-198, 10/1979, 171-178, 11/1979, 137-140

SCHN-87 Schneidewind, N. F.: The State of Software Maintenance. In: IEEE Transactions on Software Engineering, Vol.13, 3/1987, 303-309

SCHW-86 Schwärtzel, H. (Hrsg.): Informatik in der Praxis. Aspekte ihrer industriellen Nutzanwendung. Berlin/Heidelberg/New York 1986

SEIB-83 Seibt, D.: Controlling des Lebenszyklus von Anwendungssystemen. In: EDV-Controlling. CW-Publikationen, München 1983, 235-258

SEIB-83a Seibt, D.: DV-Unterstützung des betrieblichen Personalwesens. In: KAYR-83, 189-214

SELI-86 Selig, J.: EDV-Management. Eine empirische Untersuchung der Entwicklung von Anwendungssystemen in deutschen Unternehmen. Berlin 1986

SNEE-87 Sneed, H. M.: Software Management. Köln 1987

STEA-80 Stearns, S. K.: Experience with Centralized Maintenance of a large Application System. In: PARI-82, S. 143-149

WEIN-80 Weinberg, G. M.: Worst First Maintenance. In: PARI-82, S. 119-121

WÜBB-84 Wübbenhorst, K.: Konzept der Lebenszykluskosten. Darmstadt 1984

ZIMM-87 Zimmer, A.: Neukonzeption von Anwendungssystemen - eine Frage des Timings und der Systemumgebung. In: Handbuch der modernen Datenverarbeitung (HMD), Heft 135, 1987, 65-73

Das CROWN-System – Verwalten, Verteilen, Installieren und Ferntesten von verteilten Anwendungen

F. Schneidereit, D. Blankenhagel, D. Emons,
G. Hackbart, Ch. Unger, D. Völzke

Technische Universität Berlin
Forschungsgruppe Kommunikations- und Betriebssysteme

Zusammenfassung. In gleicher Weise wie die bisher realisierten Werkzeuge des Computer Aided Software Engineering die Routinearbeiten bei der Software-Entwicklung automatisieren, muß auch Rechnerunterstützung für die Routinearbeiten bei der Wartung und beim Betreiben von Software-Systemen geboten werden. Insbesondere verteilte Anwendungen können nicht sinnvoll manuell gewartet werden. Bei der Wartung verteilter Anwendungen ist meist eine Vielzahl von Rechnern betroffen und erschwerend kommt hinzu, daß die Wartung der Software verschiedener Rechner miteinander koordiniert werden muß. Zur Bewältigung dieser quantitativen und qualitativen Wartungsprobleme wurde an der Technischen Universität Berlin das CROWN-System entwickelt. Es handelt sich hierbei um ein allgemein verwendbares Hilfsmittel, das Rechnerunterstützung beim Verwalten, Verteilen, Installieren und Testen von Software-Systemen bietet, und insbesondere die kontrollierte, fehlertolerante Durchführung dieser Aktivitäten bei verteilten Anwendungen gewährleistet.

1. Einleitung

Die Software-Produktion wird den Entwicklern heutzutage durch eine Vielzahl von Hilfsmitteln erleichtert. Der Einsatz dieser Werkzeuge beginnt bei der Erstellung der Programmquellen, setzt sich fort beim Debugging der Kompilate, endet dann aber meist schon bei der koordinierten Versions- und Variantenhaltung der entstandenen Software. Alle diese Hilfsmittel unterstützen einen Entwickler nicht nur bei Neuentwicklungen, sondern auch bei der Veränderung von Software-Systemen. Erstaunlicherweise wird trotz dieser Hilfsmittel des Computer Aided Software Engineering (die sogenannten CASE-Werkzeuge) die Wartung von Software-Systemen noch stiefmütterlich behandelt. Dies erscheint besonders fatal in Anbetracht der Tatsache, daß gerade bei der Software-Wartung mindestens 50% der gesamten Software-Kosten anfallen [Infotech 1980] [Lientz, Swanson 1980]. Insgesamt sind 1985 weltweit Software-Kosten in Höhe von über 150 Mrd. US-$ entstanden bei einer geschätzten jährlichen Steigerungsrate von 12% [Boehm, Papaccio 1988]. Da das Mißverhältnis zwischen den bei der Wartung anfallenden Kosten und den bereitgestellten Werkzeugen ein für die Software-Produktion untragbarer Zustand ist, werden vereinzelt erste Ansätze zur Überwindung dieser Misere unternommen. In gleicher Weise wie existierende CASE-Werkzeuge Routinearbeiten bei der Software-Entwicklung automatisieren, muß auch Rechnerunterstützung für die Routinearbeiten bei der Wartung und beim Betreiben von Software-Systemen geboten werden.

An der Technischen Universität Berlin wird deshalb seit über drei Jahren an der Enwicklung von Werkzeugen zum Testen und zur Wartung von verteilten Anwendungen gearbeitet. Prototypen solcher Hilfsmittel wurden erstellt und werden zur Zeit erweitert und verbessert. Vor allem aber sollen sie vollständig in den Software-Produktionsprozeß eingegliedert werden. Als Bindeglied zwischen diesen neuen und den traditionell zur

Software-Entwicklung eingesetzten Hilfsmitteln wird eine koordinierte Versionshaltung verwendet.

Die Anforderungen, die man an Hilfsmittel für die Wartung im Software-Produktionsszyklus stellt, sind recht vielfältig. Zum einen erwarten die Software-„Produzenten" vor allem Rechnerunterstützung bei der Durchführung von Wartungsaktivitäten, zum anderen sind aber zusätzlich auch Informationen darüber von Interesse, wer zu welchem Zeitpunkt in den Besitz der Software gekommen ist, ob die dabei angefallenen Kosten beglichen wurden, etc. Weiterhin möchten die Software-Benutzer sicherstellen, daß eine lauffähige Version der Anwendungs-Software installiert wird und diese sofort und ohne Probleme eingesetzt werden kann. Alle diese Aspekte werden bei den bisherigen Ansätzen zur Software-Wartung nur unvollständig berücksichtigt. Software wird ohne die Möglichkeit der anschließenden Überprüfung ihrer Einsatzfähigkeit einfach nur verteilt, wobei vor allem im PC-Bereich zur Installation fast immer die Mitwirkung der Anwender erforderlich ist.

Vielen Software-Anbietern wird erst ziemlich spät bewußt, daß sie unterstützende Hilfsmittel bei der Weitergabe der von ihnen erstellten Software an die Anwender benötigen, da sie anfänglich nur die rasche Fertigstellung ihres Software-Produkts – mit allen dabei auftretenden Problemen – vor Augen hatten. Spätestens nach der Fertigstellung müssen sie aber feststellen, daß anschließend noch ein systematisches Testen, Verwalten, Verteilen und Installieren des erstellten Software-Systems sinnvoll wäre. Zu diesem Zeitpunkt im Software-Produktionsprozeß ist es aber für die Entwicklung geeigneter Werkzeuge oft schon zu spät (und häufig fehlt dann auch das dafür nötige Geld). Es wird dann versucht, dieses Problem „irgendwie" (1) zu beheben, was erfahrungsgemäß meist mehr schlecht als recht gelingt.

Dieser Beitrag stellt das CROWN-System vor, bei dem es sich um ein allgemein verwendbares Hilfsmittel handelt, das durch sein breites Einsatzspektrum und seine offene, flexible Anwendbarkeit die beschriebene Lücke füllen kann. Das System bietet Rechnerunterstützung beim Verwalten, Verteilen, Installieren und Testen von Software-Systemen, insbesondere bei der kontrollierten, fehlertoleranten Durchführung dieser Aktivitäten bei verteilten Anwendungen.

2. Die Hauptschwierigkeiten bei der Software-Wartung

Der Software-Produktionsprozeß läßt sich grob in eine Phase der *Software-Entwicklung* und eine Phase der *Software-Wartung* unterteilen. Bei der räumlichen Unterscheidung der Aktivitäten dieser Phasen versteht man (wie z.B. in [Herrtwich, Schneidereit 1988]) unter Entwicklung all jene Tätigkeiten, die Entwickler bei der Implementierung der Software auf den ihnen zugeordneten Rechnern (*Entwicklungsrechner* genannt) durchführen. Alle Aktivitäten, aufgrund derer die Grenzen der Entwicklungsrechner verlassen und die Rechner der Anwender (*Zielrechner* genannt) miteinbezogen werden, bezeichnet man als Wartung.

Durch die heutzutage verfügbaren Programmierumgebungen wird meist nur die Entwicklungsphase unterstützt. Sie werden deshalb häufig Software-*Entwicklungs*umgebungen genannt. Den Entwicklern wird hierdurch eine instrumentelle Unterstützung bei der Durchführung der Implementierung geboten. Das CROWN-System hingegen stellt eine Software-*Wartungs*umgebung dar, die Rechnerunterstützung (auf einem sogenannten *Wartungsrechner*) bei allen Aktivitäten bietet, die bei der Durchführung einer Wartung anfallen.

Eine solche Unterscheidung von Hilfsmitteln zur Unterstützung des gesamten Software-Produktionsprozesses ist sinnvoll, da dadurch die auftretenden Problemgruppen zunächst isoliert betrachtet werden können. Auf diese Weise lassen sich schnell erste Erfahrungen mit einem Hilfsmittel zur Software-Wartungsunterstützung sammeln. Dieses Hilfsmittel kann über

(1) In [Hesse 1988] wird dies in ähnlichem Zusammenhang mit dem Begriff „quick and dirty" umschrieben.

ein Versionshaltungssystem mit einer Software-Entwicklungsumgebung gekoppelt werden.

Während die Menge der Entwicklungsrechner für eine bestimmte Anwendung meist überschaubar ist, kann die Menge der Zielrechner schnell sehr groß werden. Dies ist zum einen darauf zurückzuführen, daß zunehmend große Mengen dezentraler, autonomer Personal Computer (PCs) oder auch Workstations verwendet werden. Zum anderen sind diese Rechner oft noch untereinander vernetzt, was bedingt, daß eine Vielzahl der Aufgaben durch Kooperation, d.h. durch den Einsatz verteilter Anwendungen, erbracht werden. Dies ist z.B. beim zunehmenden Einsatz von PCs im Verwaltungsbereich [Schindler 1985] der Fall. Bei solchen verteilten Anwendungen verschärfen sich die Probleme der Software-Wartungsunterstützung sowohl in *qualitativer* als auch in *quantitativer* Hinsicht. Sie werden besonders im PC-Bereich immer gravierender, da für diesen Markt die höchsten Zuwachsraten festgestellt werden.

In qualitativer Hinsicht wird die Wartung dadurch erschwert, daß die einzelnen auf vernetzten PCs laufenden Subsysteme der zu wartenden verteilten Anwendung kooperieren. Alle Wartungsvorgänge müssen deshalb *koordiniert* durchgeführt werden. Dies erschwert die Wartungsunterstützung in qualitativer Hinsicht. Besonders im PC-Bereich sind oft viele solcher Subsysteme vorhanden, wobei die PCs darüber hinaus meistens geographisch weit verteilt sind. Die Steuerung und Überwachung der zur koordinierten Wartung erforderlichen Kommunikationsbeziehungen ist durch Wartungspersonal alleine nicht zu leisten. Hinzu kommt, daß die zu wartenden Subsysteme auf den einzelnen PCs nicht mehr von speziell ausgebildetem Personal betreut werden, sondern von den Leuten, die die Geräte als reine Arbeitsmittel aus Anwendersicht benutzen und häufig nur geringe Kenntnisse über Datenverarbeitung besitzen. Wartungsvorgänge können diesen Personen nicht aufgetragen werden, da diese dadurch in der Regel überfordert, auf jeden Fall aber an der Ausübung ihrer eigentlichen Tätigkeit gehindert würden. Es ist also zusätzlich auch in quantitativer Hinsicht schwierig, geeignetes Wartungspersonal zu finden.

Es liegt deshalb nahe, die Wartungsdurchführung rechnerunterstützt als *Fernwartung* [Herrtwich 1986] abzuwickeln. Aspekte der Wartungssteuerung, -kooperation und -ordnung im Rahmen von Fernwartungsvorgängen werden ausführlich in [Herrtwich, Schneidereit 1988] behandelt. Der vorliegende Beitrag erläutert die Realisierung dieser Aspekte im CROWN-System. Zunächst wird jedoch beschrieben, für welche Aktivitäten im Software-Produktionsprozeß das vorgestellte Fernwartungssystem eine geeignete Rechnerunterstützung bietet.

3. Die Aspekte der Wartungsunterstützung im Software-Lebenszyklus

Bei fast allen Modellen zum Software-Lebenszyklus kann man feststellen, daß sie die ersten Stufen des Software-Produktionsprozesses recht detailliert beschreiben [Davis 1988], die folgenden dann aber nur knapp behandeln. Ein Grund hierfür ist sicherlich in der historischen Entwicklung solcher Modelle zu sehen, die sich bisher hauptsächlich mit den ersten Stufen – also von der Software-Erstellung bis hin zur Bereitstellung einer Implementierung – befaßt haben. Der Großteil der Kosten fällt aber erst bei den daran anschließenden Aktivitäten an.

So wird bereits seit einiger Zeit der Qualitätssicherung – von der man heute in nahezu jeder Institution spricht, die sich in irgendeiner Form mit der Entwicklung von Software befaßt [Hesse 1987] – immer größere Bedeutung beigemessen. Die Bestrebungen der Software-Qualitätssicherung sind zur Zeit jedoch vorwiegend im Rahmen der Funktions- und Leistungsüberprüfung angesiedelt. Eine solche Qualitätssicherung wird jedoch räumlich gesehen immer noch auf den Entwicklungsrechnern durchgeführt. Außer acht gelassen werden bisher meist die Aktivitäten, die anschließend auf den Zielrechnern durchzuführen sind. Diese Aktivitäten werden im folgenden kurz erläutert.

Erst nachdem eine Anwendung lokal getestet worden ist, ist es sinnvoll, die *Verteilung* der entsprechenden Version des erstellten Software-Systems vorzunehmen. Die Software sollte dabei auf den Zielrechnern zunächst nur temporär abgelegt werden, um eine eventuell bereits vorhandene Vorgängerversion nicht zu überlagern, falls der Benutzer beispielsweise noch mit der zu wartenden Version der Software arbeiten möchte.

Diese Überlagerung erfolgt später zu einem günstigen Zeitpunkt (z.B. nachts, wenn die Software nicht in Gebrauch ist) im Rahmen einer *Installation*. Hierbei wird dann das Software-System an dem ihm zugedachten Platz abgelegt und anschließend „eingerichtet". Die zur alten Version des Software-Systems gehörenden zielrechnerspezifischen Daten werden an die neue Version angepaßt und die alte Version kann anschließend beseitigt werden. Die Verteilung und die Installation können bei Bedarf auch zusammengefaßt werden, wie es bei den bisher entwickelten Mechanismen zur Fernwartung der Fall ist. Hierbei muß allerdings sichergestellt werden, daß die alte Version nicht benutzt wird und während der Installation ein Versuch der Benutzung ausgeschlossen werden kann.

Als letzter Schritt vor der „Inbetriebnahme" der installierten Software durch den Anwender sollte eine *abschliessende Überprüfung* der Funktions- und Leistungsfähigkeit auf den Zielrechnern erfolgen, um sicher zu gehen, daß die Software beim Anwender auch in einer gebrauchsfähigen Version vorliegt. Im Extremfall könnte diese Überprüfung natürlich den gleichen Umfang wie beim lokalen Testen annehmen. Aufgrund wirtschaftlicher Erwägungen (es müssen meist viele Installationen getestet werden, und je umfassender getestet wird, desto höher sind die Datenübertragungsgebühren und desto länger kann mit der gewarteten Anwendung nicht gearbeitet werden...) ist es jedoch angebracht, nur die bei einer Installation als möglicherweise fehlerträchtig bekannten Teile des Software-Systems und das Zusammenspiel der einzelnen Komponenten noch einmal zu überprüfen. Sinnvollerweise werden auch hierbei die von der oben erwähnten Fernwartung zur Verfügung gestellten Hilfsmittel verwendet. Im Rahmen der Fernwartung werden dann *Ferntests* durchgeführt.

Aus Effizienzgründen empfiehlt es sich im allgemeinen, die Hilfsmittel zur Installation und zur Funktions- und Leistungsüberprüfung der installierten Software zu kombinieren. Dies ist immer dann sinnvoll, wenn die Software-Installationen mehrerer Rechner voneinander abhängig sind, wie z.B. im Fall der koordinierten Wartung einer verteilten Anwendung. Eine getrennte Behandlung jedoch genau dann wünschenswert, wenn auch noch nach der erfolgreichen und getesteten Installation des Software-Systems eine Überprüfung in bestimmten Zeitintervallen vorgenommen werden soll (2). Eine solche Überprüfung braucht nicht notwendigerweise von einem Wartungsrechner auszugehen, sondern es ist auch denkbar, dies vom Zielrechner aus zu veranlassen.

4. Das CROWN-System

Die nachfolgenden Abschnitte beschreiben die Struktur des im Fachgebiet Kommunikations- und Betriebssysteme am Fachbereich Informatik der Technischen Universität Berlin in Zusammenarbeit mit der Firma Telematic Services GmbH entwickelten CROWN-Systems. Das CROWN-System baut auf dem an der Technischen Universität Berlin entwickelten DIADEM-System (3) auf [Herrtwich 1987] [Baier et al. 1987], bietet darüber hinaus sowohl

(2) Man denke hier z.B. an die Möglichkeit von „Wartungsintervallen" für ein Software-System, wie sie bei der Wartung von Automobilen schon lange üblich sind. An dieser Stelle soll aber nicht darüber diskutiert werden, ob Software abnutzbar ist, es sei jedoch erwähnt, daß im laufenden Betrieb die Funktionsfähigkeit eines Software-Systems durch eine Vielzahl von Faktoren beeinträchtigt werden kann. Beispielsweise können Änderungen in der Umgebung der Software bewirken, daß das System nicht mehr richtig oder gar nicht mehr funktioniert. Solche Fehler sind um so wahrscheinlicher, je länger man ein Software-System nicht mehr benutzt hat – auch Software „rostet" also. Solche Beeinträchtigungen gilt es dann aufzudecken.

(3) Der Name DIADEM steht für „Distributed Application Interdependent Maintenance", auf Deutsch „Eng gekoppelte Wartung verteilter Systeme".

umfangreichere Einsatzmöglichkeiten als auch eine deutlich erweiterte Funktionalität. Die Problematik der Wartung verteilter Anwendungen ist bei beiden Systemen in besonderem Maße berücksichtigt worden. Die Systembezeichnung **CROWN** entspricht dem gewählten Projektnamen „Combination of Reliable Distributed Application-Software Administration, Distribution, Installation and Testing". Der Projektname benennt bereits die wesentlichen Anliegen des Systems:

- *Combination*: Eine Vielzahl von Einzelwerkzeugen bzw. Diensten werden zu einem Gesamtsystem zusammengefügt.
- *Reliable*: Das entwickelte System arbeitet besonders zuverlässig und weitgehend fehlertolerant.
- *Distributed Application-Software*: Das System wird vor allem im Zusammenhang mit verteilten Anwendungen eingesetzt.
- *Administration*: Um eine einfache Benutzung des Systems zu ermöglichen, wird eine Versionsverwaltung zur Verfügung gestellt, die auch die Ankopplung des Systems an schon eingesetzte Software-Entwicklungsumgebungen vereinfacht.
- *Distribution*: Die Software der lokal verwalteten Anwendungen soll koordiniert und weitestgehend rechnerunterstützt verteilt werden.
- *Installation*: Die Anwendungen werden nach ihrer Verteilung koordiniert installiert.
- *Testing*: Nach der Installation werden die Anwendungsprogramme auf ihre Vollständigkeit und Gebrauchsfähigkeit hin überprüft.

Darüber hinaus ist das System einfach und komfortabel zu benutzen. Insbesondere wird auch solchen Benutzern die Arbeit mit dem System ermöglicht, die man aufgrund ihres Kenntnisstandes sonst nicht mit Wartungsdurchführungen betrauen könnte. Im folgenden werden die einzelnen Systemkomponenten mit ihren Aufgaben vorgestellt und zueinander in Beziehung gesetzt. Außerdem wird die Systemarchitektur des CROWN-Systems erläutert.

5. Die Systemarchitektur des CROWN-Systems

Die Realisierung des CROWN-Systems ist in der Anwendungsschicht des ISO-Referenzmodells für offene Systeme [ISO 1985] angesiedelt. Gemäß der strukturellen Vorgabe durch das ISO-Referenzmodell für offene Systeme wurde auch die Software des CROWN-Systems in aufeinander aufbauende Teilschichten mit eindeutiger Benutzthierarchie untergliedert. Diese Bildung von Teilschichten wird durch die Trennung unterschiedlicher Aufgaben und Kommunikationsbelange motiviert. Aufgrund dieser Überlegungen wurde das CROWN-System folgendermaßen in Teilschichten strukturiert:

- Die unterste Teilschicht stellt eine einfach zu handhabende Schnittstelle für den Datenaustausch bereit, wobei die Datenübertragung besonders zuverlässig erfolgt.
- Die nächsthöhere Teilschicht koordiniert die fehlertolerante Durchführung eines Wartungsvorgangs. Im Rahmen einer Wartungsdurchführung müssen sämtliche Ausführungen der Wartungsoperationen verwaltet werden. In dieser Teilschicht sind jene Mechanismen angesiedelt, die alle Wartungsoperationen gemein haben.
- In der darauffolgenden Teilschicht werden bei einem Wartungsrechner Wartungsaufträge in Form von Wartungsprogrammen entgegengenommen und durch einen Interpreter abgewickelt. Da die Wartungsprogramme eine eher prozedurale Beschreibung der Abwicklung voraussetzen, wurde zur Vereinfachung der Benutzung des CROWN-Systems ein Präprozessor entwickelt, der eine deklarative Beschreibung ermöglicht. Diese wird dann in ein entsprechendes Wartungsprogramm überführt. Der Interpreter veranlaßt anschließend die im Wartungsprogramm vorgesehene Ausführung der Wartungsoperationen auf den Zielrechnern. Erst in dieser Teilschicht kommt die eigentliche Semantik von Wartungsoperationen zum Tragen. Diese Teilschicht ermöglicht darüber

hinaus eine lokale Simulation der Wartungsprogramme.

- Die oberste Teilschicht realisiert die Benutzerschnittstelle des CROWN-Systems. Mit ihrer Hilfe können Wartungsvorgänge auf einfache Art und Weise durchgeführt werden. Die angegliederte Wartungsdatenbank verwaltet die zu wartenden Anwendungen, die Wartungsprogramme und die Wartungsoperationen unter Zuhilfenahme einer Versionskontrolle. Die Ergebnisse der Wartungsvorgänge werden automatisch protokolliert und können z. B. bei späteren Wartungsvorgängen berücksichtigt werden.

Die vorgenommene Strukturierung in Teilschichten wird durch Abbildung 1 verdeutlicht.

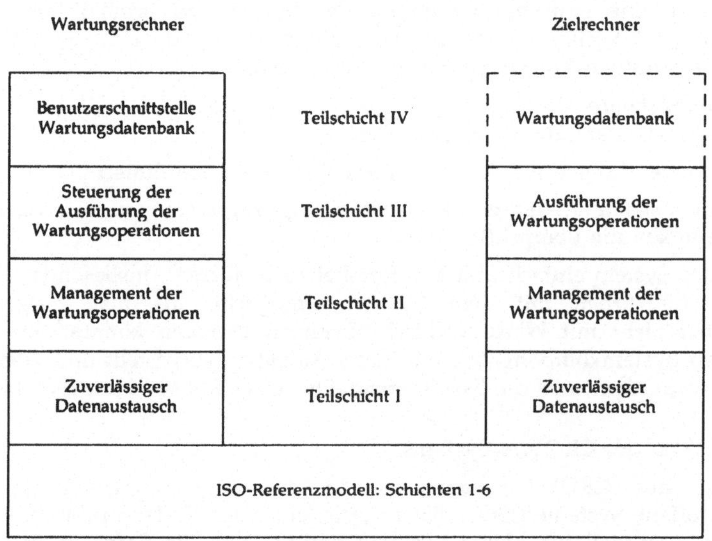

Abbildung 1: *Die Systemarchitektur des CROWN-Systems*

Die Wartungsdatenbank ist bei einem Zielrechner nur indirekt betroffen: Bei einem Wartungsvorgang wird die Datenbasis durch das Ablegen der Wartungsoperationen, die vor der Wartungsdurchführung auf den Zielrechnern noch nicht vorhanden waren, ergänzt.

In den folgenden Abschnitte wird detaillierter auf die Funktionalität der oben beschriebenen Teilschichten eingegangen.

5.1. Teilschicht I: Der zuverlässige Datenaustausch

In der Teilschicht I des CROWN-Systems wird ein zuverlässiger Datenübertragungsdienst realisiert. Dieser Dienst wurde gemäß den Empfehlungen der ISO [ISO 1986] und der CCITT [CCITT 1986] konzipiert, durch die ein „Reliable Transfer"-Dienst standardisiert ist. Die Realisierung des zuverlässigen Datenübertragungsdienstes setzt auf dem Darstellungsdienst [ISO 1985b] (Schicht 6) des ISO-Referenzmodells auf. Es handelt sich hierbei um einen verbindungsorientierten Dienst, so daß Dienstelemente zum Auf- und Abbau einer zuverlässigen Kommunikationsverbindung zur Verfügung gestellt werden. Da ein alternierender Dialog unterstützt wird, umfaßt der zuverlässige Datenübertragungsdienst neben Dienstelementen zum eigentlichen Datenaustausch zusätzlich noch Dienstelemente zum Anfordern und Abgeben des Senderechts.

Die durch den Datenübertragungsdienst gewährleistete hohe Zuverlässigkeit besteht darin, daß eine gesendete Nachricht z.B. auch bei temporären Ausfällen des Kommunikationsmediums ihren Empfänger erreicht. Die Benutzung des Datenübertragungsdienstes wird wesentlich vereinfacht, da mit vielen Fehlerfällen nicht mehr gerechnet werden muß. Beispielsweise wird bei einem kurzzeitigen Systemzusammenbruch auf einem der kommunizierenden Rechner der Diensterbringer des zuverlässigen Datenübertragungsdienstes selbständig versuchen, die Verbindung erneut aufzubauen. Nach dem erfolgten Wiederaufbau wird die Kommunikation an dem Punkt fortgesetzt, an dem sie unterbrochen worden war. Dem Dienstbenutzer der zuverlässigen Datenübertragung bleibt ein solcher Ausfall der Kommunikationsverbindung verborgen. Er wird allenfalls eine zeitliche Verzögerung der Kommunikation bemerken können.

Es ist aber nicht möglich, alle Kommunikationsfehler vor dem Dienstbenutzer zu verbergen. Mit einem Rechner, der wochenlang nicht eingeschaltet oder nicht funktionstüchtig ist, kann man nicht kommunizieren. Es ist deshalb zwecklos, wochenlang zu versuchen, (erneut) eine Kommunikationsverbindung zu diesem Rechner aufzubauen, um einen Wartungsvorgang zu beginnen (oder fortzusetzen). Man wird deshalb akzeptieren, daß nach einer bestimmten Zeitspanne des erfolglosen Aufbauens einer Verbindung dem Dienstbenutzer eine Fehlermeldung angezeigt wird. Der Fehlermeldung kann dann entnommen werden, ob der Kommunikationspartner sich nicht gemeldet hat, ob es an bestimmten Verbindungsstellen zu (Protokoll-)Fehlern kam, etc.

Aufgrund der nicht allzu umfangreichen Funktionalität des zuverlässigen Datenübertragungsdienstes ist eine leichte Portierbarkeit auf vergleichbare Kommunikationsdienste gegeben. Bei einer Portierung des CROWN-Systems auf einen anderen Kommunikationsdienst ist nur die unterste Teilschicht betroffen.

5.2. Teilschicht II: Das Management der Wartungsoperationen

Bei einer verteilten Anwendung ist es notwendig, daß auf allen Rechnern die gleiche Version der Software vollständig und einsatzfähig vorhanden ist. Inkonsistenzen zwischen den installierten Versionen führen nämlich, wie im ersten Abschnitt bereits erwähnt, fast immer dazu, daß das Gesamtsystem nicht (oder zumindest nicht uneingeschränkt) eingesetzt werden kann. Bei der Wartung einer verteilten Anwendung ist es deshalb erforderlich, eher den gesamten Wartungsvorgang wieder rückgängig zu machen, als ein inkonsistentes System zu hinterlassen. Um beim Management der Wartungsoperationen ein solches Wiederherstellen eines früheren Zustandes der Anwendung auf einfache Weise zu ermöglichen, werden im CROWN-System der gesamte Wartungsvorgang und die einzelnen dabei auszuführenden Wartungsoperationen als Transaktionen angesehen.

Der Begriff der *Transaktion* stammt ursprünglich aus dem Datenbankbereich [Eswaran et al. 1976] [Härder, Reuter 1983]. Als Transaktion bezeichnet man dort eine Operation, die durch relativ kurze Interaktionssequenzen die Datenbestände verändert und dabei garantiert, daß die Daten auch bei nebenläufigem Zugriff und bei Rechnerausfällen immer in einem konsistenten Zustand bleiben. In diesem Zusammenhang kann man Wartungsvorgänge als eine Veränderung von Datenbeständen betrachten, wobei die Datenbestände in diesem Fall die zu wartenden Anwendungen auf den verschiedenen Rechnern sind. Die dazu notwendigen Interaktionssequenzen sind jedoch weitaus länger und umfangreicher, so daß eine Unterstrukturierung einer solchen Transaktion erforderlich ist. Durch das Transaktionskonzept wird im CROWN-System die fehleratomare Durchführung eines Wartungsvorganges gewährleistet. Da zur Zeit im CROWN-System bei einem Wartungsvorgang auf einem Zielrechner jeweils nur eine Anwendung betroffen ist, konnte auf die Realisierung der Synchronisationsatomarität einer Transaktion weitgehend verzichtet werden. Die Fehleratomarität wird dadurch erreicht, daß für die Transaktionsausführung ein *zweiphasiges*

Festlegungsprotokoll [Gray 1978] verwendet wird, welches im Fehlerfall ein Rücksetzen der Transaktionsausführung ermöglicht. Für das CROWN-System bedeutet dies, daß ein Wartungsvorgang nach einem aufgetretenen Fehler wieder rückgängig gemacht werden kann, und damit die Konsistenz des gewarteten Systems gewährleistet bleibt.

Im CROWN-System wird für das Management der Wartungsoperationen ein allgemeines, von der ISO standardisiertes zweiphasiges Festlegungsprotokoll [ISO 1988] verwendet. Bei der Transaktionsausführung wird zwischen einer Vorbereitungs- und einer Entscheidungsphase unterschieden. In der Vorbereitungsphase beantragt der Initiator des Wartungsvorgangs (der Client) von den zu wartenden Rechnern (den Servern) die Ausführung der einzelnen Wartungsoperationen. Die Server melden an den Client zurück, ob sie die Wartungsoperationen – und damit auch den Wartungsvorgang – erfolgreich ausführen konnten oder nicht. In der Entscheidungsphase legt der Client anhand der Rückmeldungen aller Server fest, ob der Wartungsvorgang festgelegt oder ausgelöscht werden soll.

Ein Wartungsvorgang setzt sich im allgemeinen aus einer Folge von einfachen Wartungsoperationen zusammen wie z.B. aus dem Löschen oder Kopieren von Dateien. Diese Wartungsoperationen werden im CROWN-System als *Subtransaktionen* ausgeführt. Eine Beschreibung der Funktionsweise solcher Subtransaktionen wird in Abschnitt 5.3.2 gegeben. Durch diese Unterstrukturierung einer Transaktion in Subtransaktionen ist eine effiziente Durchführung eines Wartungsvorganges möglich, da auf Fehler während den recht langen Interaktionssequenzen flexibel reagiert werden kann. Wenn bei einer Wartungsoperation ein temporärer Fehler auftritt, dann ist es jetzt möglich, die Wartungsoperation wiederholt auszuführen, so daß bei einem solchen Fehler nicht gleich der gesamte Wartungsvorgang rückgängig gemacht werden muß. Da die Ausführung jeder Subtransaktion durch den Server an den Client gemeldet wird – unabhängig davon, ob sie erfolgreich oder erfolglos war – kann dieser besser auf auftretende Probleme reagieren und so beispielsweise den gesamten Wartungsvorgang sofort abbrechen, wenn auf einem Zielrechner ein schwerwiegendes Problem aufgetreten ist.

5.3. Teilschicht III: Die Steuerung und die Ausführung der Wartungsoperationen

Während in den unteren beiden Teilschichten der Wartungsrechner und die Zielrechner ähnliche Dienste erbringen, besitzt die dritte Teilschicht des CROWN-Systems unterschiedliche Ausprägungen: Auf dem Wartungsrechner steuert diese Teilschicht die Ausführung der Wartungsoperationen, und auf den Zielrechnern werden in dieser Teilschicht die vom Wartungsrechner in Auftrag gegebenen Wartungsoperationen ausgeführt. Im folgenden werden die beiden Ausprägungen der dritten Teilschicht des CROWN-Systems vorgestellt.

5.3.1. Die Steuerung der Ausführung der Wartungsoperationen

Wartungsvorgänge werden im CROWN-System programmgesteuert durchgeführt. Dadurch brauchen die teilweise recht zeitaufwendigen Vorgänge bei der Wartungsdurchführung zum einen nicht ständig beaufsichtigt zu werden. Zum anderen besteht die Möglichkeit, lediglich das Wartungsprogramm durch jemanden erstellen zu lassen, der die zu wartende Anwendung genau kennt. Ein Wartungsvorgang kann dann auch durch Personen initiiert werden, die nur oberflächliche Kenntnisse über den Aufbau und die Arbeitsweise der Anwendung haben. Die im ersten Abschnitt genannten qualitativen und quantitativen Probleme bei der Wartungsdurchführung kann man auf diese Weise wesentlich besser in den Griff bekommen. Das CROWN-System stellt hierzu einen Präprozessor zur einfachen Beschreibung, einen Interpreter zur Ausführung und einen Simulator zur semantischen Überprüfung von Wartungsvorgängen zur Verfügung.

Erfahrungsgemäß erfordern Wartungsvorgänge hauptsächlich die Übertragung einer Vielzahl von Dateien und die anschließende Ausführung von Operationen, die sich auf diese Dateien beziehen (wie z.B. die Installation von Dateien oder die Änderung von

Systemdateien). Diese Tatsache wird im CROWN-System dadurch angemessen berücksichtigt, daß ein Präprozessor existiert, der die hierzu erforderlichen Angaben in einer sehr einfachen Eingabesprache entgegennimmt und selbständig die entsprechenden, detaillierteren Wartungsprogramme erzeugt. Der Benutzer des Präprozessors kann interaktiv die zu übertragenden Dateien einer Anwendung auswählen und die Randbedingungen festlegen, unter denen der Wartungsvorgang ablaufen soll. Solche Randbedingungen sind beispielsweise:

- Die Anzahl der Versuche, die erfolglose Übermittlung einer Datei bei einem temporären Fehler zu wiederholen,
- die ausschließliche Verwendung von Einschritt-Subtransaktionen (siehe Abschnitt 5.3.2),
- die maximale Gesamtgröße der durch eine Mehrschritt-Subtransaktion (siehe Abschnitt 5.3.2) zu übertragenden Dateien,
- die Modifikation der Zugriffsrechte der übertragenen Dateien und
- die Modifikation der Besitzerkennung der übertragenen Dateien.

Um die Aktivitäten, die bei fast allen Wartungsvorgängen erforderlich sind, braucht sich ein Benutzer des CROWN-Systems bei Verwendung des Präprozessors jedoch nicht weiter zu kümmern. Die Umsetzung dieser Aktivitäten in Subtransaktionsaufrufe in den generierten Wartungsprogrammen kann der Benutzer bei Bedarf durch Änderung der Randbedingungen der „voreingestellten" Heuristiken beeinflussen. Dem Benutzer werden vor allem folgende Arbeiten abgenommen:

- Das Ausprogrammieren des Einrichtens der benötigten Dateiverzeichnisse, der Übertragung der Dateien, der Änderung der Zugriffsrechte und der Besitzerkennung, etc.
- Das optimale Zusammenfassen der Dateinamen der zu übertragenden Dateien in sogenannte Indexdateien, mittels derer unter Verwendung einer speziellen Subtransaktion die effiziente Verteilung der Dateien ermöglicht wird.
- Die genaue Angabe der Parameter der durch das CROWN-System bereitgestellten Subtransaktionen.
- Die Reaktion auf Subtransaktionsausführungen, bei denen die Subtransaktion nicht erfolgreich ausgeführt werden konnte. Wiederholte Ausführungen dieser Subtransaktionen werden dabei auf der Basis von Erfahrungswerten umgesetzt.

Dem Benutzer des CROWN-Systems wird durch den Präprozessor ein Hilfsmittel zur Verfügung gestellt, mit dem er Wartungsprogramme einfach und schnell erstellen kann. Hierbei kommen ihm im Präprozessor berücksichtigte Erfahrungswerte zugute, so daß auch ungeübten Benutzern die Erstellung optimaler Wartungsprogramme und damit auch die effiziente Durchführung von Wartungsvorgängen möglich ist.

Die folgende Präprozessoreingabe beschreibt einen Wartungsvorgang, in dem einige Quell-Dateien (4) übertragen und anschließend auf dem Zielrechner übersetzt werden, wodurch eine vollständige Version der Anwendung erzeugt wird. Die Quell-Dateien werden anschließend wieder gelöscht. Abschließend wird die Funktionsfähigkeit der installierten Anwendung überprüft.

---

(4) Von der Übertragung von Quell-Dateien wird hier nur beispielhaft ausgegangen. Leistungsbewertungen haben ergeben, daß es meist effizienter ist, anstelle der Quell-Dateien gleich die ausführbaren Programme zu übertragen – sofern diese für die Zielrechner vorliegen. Außerdem werden die meisten Software-Produzenten in der Regel ihre Quell-Dateien unter keinen Umständen weitergeben – auch nicht für die kurze Zeitspanne eines Wartungsvorganges.

```
HDIR /user/wartung                         /* Quell-Dateiverzeichnis für die Dateiübertragung festlegen */
DDIR /user/bin                             /* Ziel-Dateiverzeichnis auf den Zielrechnern festlegen */
RETRIES=3                                  /* Vordefinierten Wert für die max. Anzahl der Versuche ändern, */
                                           /* eine erfolglose Subtransaktionsausführung zu wiederholen */
DISTRIBUTE                                 /* Verteilung der zu wartenden Anwendung */
  PERMISSIONS=rw-rw----                    /* Vordefinierte Angabe für die Zugriffsrechte ändern */
  OWNER=Crown                              /* Vordefinierte Besitzerkennung der Dateien ändern */
  Makefileuser1 TO Makefile                /* Datei Makefileuser1 als Datei Makefile übertragen */
  PERMISSIONS=DEFAULT                      /* Vordefinierten Wert wiederherstellen */
  ALL /src WITHOUT private TO /src         /* Alle Dateien aus /src außer der Datei „private" */
END DISTRIBUTE                             /* sind zu übertragen */
INSTALL                                    /* Installieren der Anwendung */
  make "#d/Makefile"                       /* Die Subtransaktion make übersetzt die übertragenen Dateien */
  RETRIES=0
  rm "#d/src/*.c"                          /* Die Subtransaktion rm löscht die Quell-Dateien */
END INSTALL
TEST                                       /* Überprüfen der Vollständigkeit und Funktionsfähigkeit */
                                           /* der installierten Anwendung */
  fsl_test                                 /* Vollständige und korrekte Installation auf Dateisystemebene überprüfen */
  test_appl                                /* Funktionsfähigkeit der installierten Software durch eine spezielle */
END TEST                                   /* Testsubtransaktion überprüfen */
```

Der Präprozessor ermöglicht die einfache Angabe der Dateien, die verteilt und installiert werden sollen. Mit HDIR bzw. DDIR wird eine abkürzende Bezeichnung des Quell- bzw. Ziel-Dateiverzeichnisses ermöglicht, auf die sich dann alle folgenden Dateiangaben beziehen. HDIR und DDIR werden durch einen Makromechanismus umgesetzt, der die durch HDIR und DDIR bestimmten Pfadnamen innerhalb des DISTRIBUTE-Blocks automatisch substituiert. Im INSTALL-Block werden #h und #d in analoger Weise durch die entsprechenden Pfadnamen ersetzt.

Innerhalb des DISTRIBUTE-Blocks werden die zu verteilenden Dateien festgelegt. Es können einzelne Dateien, aber auch Dateiunterbäume einfach ausgewählt werden. In der obigen Beispieleingabe werden durch „ALL /src WITHOUT private TO /src" alle Dateien des Dateiverzeichnisses /user/wartung/src ausgewählt, wobei die Datei /user/wartung/src/private bei dieser Auswahl nicht berücksichtigt wird. Die übertragenen Dateien werden auf den Zielrechnern durch den Aufruf entsprechender Subtransaktionen im erzeugten Wartungsprogramm in dem Dateiverzeichnis /user/bin/src abgelegt. Dabei werden die Zugriffsrechte entsprechend gewählt und die Besitzerkennung wird bei allen Dateien in Crown geändert. Sollen Dateiunterbäume übertragen werden, so wird im generierten Wartungsprogramm die Erzeugung der entsprechenden Dateiverzeichnisse festgelegt, falls diese auf den Zielrechnern noch nicht existieren sollten.

Neben der Übertragung von Dateien kann in einem INSTALL-Block die Ausführung zusätzlicher Subtransaktionen bestimmt werden. Im Beispiel werden die übertragenen Dateien mit Hilfe der Subtransaktion make übersetzt und anschließend die Quell-Programme durch die Subtransaktion rm gelöscht. Abschließend wird im TEST-Block die installierte Software durch die Testsubtransaktion fsl_test auf ihre vollständige und korrekte Installation auf Dateisystemebene überprüft. Anschließend wird durch die spezielle Testsubtransaktion test_appl die Gebrauchsfähigkeit der installierten Anwendung kontrolliert.

Der Präprozessor erzeugt aus der einfachen Wartungsspezifikation ein Wartungsprogramm, das vom Interpreter des CROWN-Systems direkt ausgeführt werden kann, und das den Ablauf der Wartung steuert. Das Programm kann jedoch auch weiter bearbeitet und so an individuelle Anforderungen angepaßt werden.

Die Wartungsprogramme werden in einer Sprache notiert, die eigens für die Beschreibung von Wartungsvorgängen entworfen wurde. Sie ähnelt in ihrem Aufbau anderen Programmiersprachen vom ALGOL-Typ, weist aber neben den üblichen Konstrukten einer Programmiersprache auch spezielle Konzepte auf, die für die Spezifikation von Wartungsvorgängen nötig sind. Als Beispiel diene folgendes Wartungsprogamm, das gemäß der oben beschriebenen Präprozessoreingabe generiert wurde:

```
/* Variablen-Deklarationen */
ADDRESS addr;
INTEGER retries, count;

/* Anweisungen */
ON addr IN self DO                          /* Aufspalten des Programmflusses in nebenläufige Stränge */
   retries:=3;
   count:=0;
/* Aufgrund des DISTRIBUTE-Blocks generierter Programmteil */
...                                         /* Erzeugen der entsprechenden Dateiverzeichnisse */
LABEL vor_ftrans:
   ftrans source=!"/user/wartung/Makefileuser1"
         destination="/user/bin/Makefile";  /* Subtransaktion ftrans zur Dateiübertragung starten */
     FAILURE                                /* Schwerwiegender Fehler */
       RECOVER vor_ftrans;                  /* Änderung rückgängig machen */
       EXIT ON;                             /* Wartungsvorgang abbrechen */
     END FAILURE;
     IF return<>"OK" THEN                   /* Ausgabe der Subtransaktion überprüfen */
       IF count<=retries
        THEN
         count := count + 1;
         RETO vor_ftrans;                   /* Subtransaktionsausführung erfolglos, aber neuer Versuch */
        ELSE
         RECOVER vor_ftrans;
         EXIT ON;
       END IF;
     END IF;
   END ftrans;
LABEL vor_mehrschritt_ftrans:
   mehrschritt_ftrans index=!"/diaprep/src_indexfile";
     STEPS                                  /* Mehrschritt-Subtransaktion → Kommunikation mit der Subtransaktion */
       INPUT !output;                       /* Der Inhalt der Datei mit dem in der Ausgabe „output" */
                                            /* angegebenen Namen wird als Eingabe zurückgeliefert */
     END STEPS;
     FAILURE
       recover vor_ftrans;
       EXIT ON;
     END FAILURE;
     ...                                    /* Ausgabe überprüfen und Subtransaktion bei erfolgloser */
                                            /* Ausführung wiederholen */
   END mehrschritt_ftrans;
   ...                                      /* Änderung der Zugriffsrechte und der Besitzerkennungen */
/* Aufgrund des INSTALL-Blocks generierter Programmteil */
LABEL vor_make:
   make makefile="/user/bin/Makefile";      /* Die Subtransaktion make übersetzt die übertragenen Quell-Dateien */
   ...                                      /* Fehlerbehandlung wie oben */
   END make;
   retries:=0;
   count:=0;
   ...                                      /* In analoger Art und Weise werden die übertragenen */
                                            /* Quell-Dateien wieder gelöscht und es werden die */
END ON;                                     /* Subtransaktionen zur Funktionsüberprüfung aufgerufen */
...
```

Zur Behandlung mehrerer Zielrechner wird der Programmfluß mit Hilfe der ON-Anweisung in parallele Stränge aufgeteilt, wobei für jeden Zielrechner ein Strang vorgesehen ist. Innerhalb der ON-Anweisung werden die Subtransaktionen (im Beispiel ftrans, mehrschritt_ftrans und make) notiert.

Durch die Subtransaktion ftrans wird eine Datei auf einem Zielrechner abgelegt. Mit Hilfe der Mehrschritt-Subtransaktion mehrschritt_ftrans werden die Quell-Dateien auf einem Zielrechner abgelegt. Die Quell- und Zielnamen der zu übertragenden Dateien sind in der beim Parameter index angegebenen Indexdatei enthalten. Mit einer Mehrschritt-Subtransaktion läßt sich die Übertragung schneller und einfacher als mit einer Vielzahl von Einschritt-Subtransaktionen durchführen. Die Subtransaktion make übersetzt anschließend die Quell-Dateien auf einem Zielrechner.

Die Angabe des Inhalts einer Datei als Parameter einer Subtransaktion wird durch das Voranstellen eines „!" ermöglicht. Nach der Ausführung einer Subtransaktion kann deren Ausgabe (im Wartungsprogramm durch die vordefinierte Variable return angezeigt) ausgewertet werden. Ist die Subtransaktion erfolgreich abgearbeitet worden, so wird als Ausgabe die Zeichenkette „OK" erwartet. Im Fehlerfall wird eine entsprechende Ausgabe (wie z.B. „* stable storage write failed"; siehe Abschnitt 5.3.2) durch die Subtransaktion zurückgeliefert. Ein „*" am Anfang einer Subtransaktionsausgabe gibt an, daß es sich um einen schwerwiegenden Fehler handelt, so daß ein Scheitern der Subtransaktionen angenommen wird. In diesem Fall wird der FAILURE-Block, der nach dem Subtransaktionsaufruf angegeben ist, ausgeführt. Die Ausgaben einer Mehrschritt-Subtransaktion werden im STEPS-Block durch die vordefinierte Variable output angezeigt, und die entsprechenden Eingaben werden der Subtransaktion durch die INPUT-Anweisung übermittelt.

Subtransaktionen können einzeln zurückgesetzt werden, wodurch die Veränderungen auf den Zielrechnern rückgängig gemacht werden. Im Wartungsprogramm kann über das Rücksetzen anhand der Ausgabe der Subtransaktion entschieden werden. Innerhalb der ON-Anweisung wird das Zurücksetzen mit Hilfe von Sprungmarken (durch das Schlüsselwort LABEL gekennzeichnet) und speziellen Anweisungen ermöglicht. Durch die RECOVER-Anweisung werden alle Subtransaktionen rückgängig gemacht, die nach der angegebenen Sprungmarke ausgeführt wurden. Mit Hilfe der RETO-Anweisung werden alle Subtransaktionen nach der angegebenen Sprungmarke zurückgesetzt, das Programm aber wird ab der Sprungmarke erneut ausgeführt. Durch die EXIT ON-Anweisung wird die ON-Anweisung verlassen, wodurch der gesamte Wartungsvorgang auf allen Zielrechnern abgebrochen wird.

Mit Hilfe des Simulators für Wartungsprogramme kann ein Wartungsvorgang lokal simuliert werden. Dies ermöglicht die Überprüfung der Semantik eines Wartungsprogramms, ohne einen realen Wartungsvorgang durchführen zu müssen. So können semantische Fehler aufgedeckt werden, die bei einem realen Wartungsvorgang zum Zurücksetzen aller ausge*uhrten Subtransaktionen auf allen Zielrechnern führen können. Besonders schwerwiegend ist dieses aufgrund eines Programmierfehlers erforderliche Zurücksetzen in einem bereits weit fortgeschrittenen Stadium der Ausführung des Wartungsprogramms. Durch den Einsatz des Simulators kann aber das Entstehen solch erheblicher Kosten vermieden werden. Um im CROWN-System darüber hinaus die Erstellung von syntaktisch korrekten Präprozessoreingaben und Wartungsprogrammen zu vereinfachen, wurden hierzu syntaxgesteuerte Editoren bereitgestellt.

5.3.2. Die Ausführung der Wartungsoperationen

Während ein Wartungsrechner nur die Steuerung des Wartungsvorgangs übernimmt, werden die einzelnen Wartungsoperationen auf den Zielrechnern ausgeführt, wodurch die eigentlichen Modifikationen der zu wartenden Anwendung erfolgen. Auf den Zielrechnern werden diese Wartungsoperationen fehleratomar durch Subtransaktionen erbracht (siehe Abschnitt 5.2). Damit die Wirkung einer Subtransaktionsausführung wieder rückgängig gemacht werden kann, wird vor der Durchführung der Zustand aller von der Subtransaktion veränderten Daten in einem stabilen Speicher [Lampson, Sturgis 1979] abgelegt. Diese Vorbereitungen müssen im CROWN-System explizit erfolgen. Neben einem *Semantikblock,* in dem die eigentliche Ausführung der Wartungsoperationen durch die Subtransaktion bewirkt wird, besteht eine Subtransaktion aus den drei folgenden Blöcken:

- Im *Vorbereitungsblock* werden alle für das Rücksetzen der Subtransaktion benötigten Daten gespeichert.
- Durch den *Auslöschungsblock* wird der Zustand wiederhergestellt, der vor der Ausführung der Subtransaktion vorlag.
- Im *Festlegungsblock* werden alle Daten gelöscht, die für den Zweck des Auslöschens der Subtransaktion im Vorbereitungsblock gespeichert wurden.

Der Ansatz, dem Semantikblock weitere Blöcke zur Erfüllung der Fehleratomarität einer Subtransaktion beizugeben, ermöglicht die einfache Verwendung von bereits existierenden Dienstprogrammen oder Bibliotheksfunktionen, ohne diese modifizieren zu müssen.

Um die Struktur einer Subtransaktion zu verdeutlichen, sei hier die Subtransaktion mkdir aufgeführt. Sie erzeugt ein neues Dateiverzeichnis auf dem Zielrechner, auf dem sie zur Ausführung gebracht wird.

```
#include /* diverse Hilfsdateien */
main (ac, av)                                        /* Subtransaktion mkdir */
int ac ; char *av[] ;
{
char buf1[MAXBUF], buf2[MAXBUF] ;
char para1[MAXNAME], *para2 ;
int ret ;
  ...                                                /* Initialisieren der formalen Parameter */
  switch (strans_init (ac, av, para1, &para2)) {     /* Initialisierung und Parameterbestimmung */
    case STAFAIL :                                   /* Initialisierungsfehler */
      strans_quit ("* initialization failed") ;      /* Ausgabe anzeigen und terminieren */
    case STAPREPAR :                                 /*** Vorbereitungsblock ***/
      if (access (para2, TEST_EXIST) != 0 )          /* Existiert das Dateiverzeichnis ? */
        /* Nein, dann Werdegang anlegen */
        if (sthis_put (para2, strlen (para2) + 1)) != TADFLT)
          /* Fehlerfall */
          strans_quit ("* stable storage write failed") ;
      /* Sollte kein Fehler aufgetreten sein, wird der nächste Block ebenfalls ausgeführt */
    case STADFLT :                                   /*** Semantikblock ***/
      if (access (para2, TEST_EXIST) != 0 ) {        /* Existiert das Dateiverzeichnis ? */
        /* Dateiverzeichnis existiert nicht */
        sprintf (buf1, "mkdir %s", para2) ;          /* UNIX-Befehl erstellen */
        if (system (buf1) !=0)                       /* UNIX-Befehl mkdir erzeugt Dateiverzeichnis */
          /* UNIX-Befehl konnte nicht ausgeführt werden */
          strans_quit ("directory creation failed");
        strans_quit ("OK") ;
      }
      strans_quit ("directory already exists") ;
    case STAEXTING :                                 /*** Auslöschungsblock ***/
      ret = sthis_get (buf2, NAMELEN) ;              /* Werdegang lesen */
      if (ret < 0 ) {
        if (ret == STANODATA)                        /* Kein Eintrag im Werdegang vorhanden */
          strans_quit ("") ;
        strans_quit ("* stable storage read failed") ;
      }
      sprintf (buf1, "rmdir %s", buf2) ;             /* UNIX-Befehl erstellen */
      if (system (buf1) != 0)                        /* UNIX-Befehl rmdir entfernt Dateiverzeichnis */
          strans_quit ("* directory deletion failed"); /* Der „*" veranlasst den Server, diesen Block*/
                                                     /* noch einmal auszuführen */
      sthis_clear () ;                               /* Werdegang wird gelöscht */
      strans_quit ("") ;
    case STACOMMIT :                                 /*** Festlegungsblock ***/
      /* gesicherte Daten freigeben */
      sthis_clear () ;                               /* Werdegang wird gelöscht */
      strans_quit ("") ;
}}
```

Die von der Subtransaktion zur Auslöschung benötigten Daten werden im Subtransaktionswerdegang gespeichert, einer speziellen Datei im stabilen Speicher. In der Beispiel-Subtransaktion wird im Vorbereitungsblock der Name des Dateiverzeichnisses im Werdegang abgelegt, sofern dieses erzeugt werden muß. Im Semantikblock findet die eigentliche Erzeugung des Dateiverzeichnisses statt, falls dieses noch nicht existiert. Findet die Subtransaktion später beim Auslöschen im Werdegang einen Eintrag vor, so wird das Dateiverzeichnis wieder gelöscht. Ist kein Eintrag vorhanden, existierte das Dateiverzeichnis bereits und soll auch weiter bestehen bleiben. Im Falle der Festlegung wird ein etwaiger Eintrag im Werdegang gelöscht.

Im CROWN-System werden zwei Arten von Subtransaktionen unterschieden. Es gibt zum einen *Einschritt-Subtransaktionen* (z.B. die obige Subtransaktion mkdir), die einzelne Wartungsaktivitäten enthalten. Zum anderen können mehrere Wartungsaktivitäten auch in sogenannten *Mehrschritt-Subtransaktionen* (wie z.B. die Subtransaktion mehrschritt_ftrans im Wartungsprogramm in Abschnitt 5.3.1) zusammengefaßt werden. Erstere dienen dazu, kürzere Wartungsoperationen auszuführen und liefern ihre Ausgabe einmal am Ende an das Wartungsprogramm zurück. Mehrschritt-Subtransaktionen ermöglichen es, die Ausführung von komplexen Wartungsoperationen entsprechend den Festlegungen im Wartungsprogramm zu beeinflussen. Eine Mehrschritt-Subtransaktion liefert während ihrer Ausführung mehrmals Ausgaben, auf die der Interpreter entsprechend reagiert. Vor allem Subtransaktionen zum Überprüfen der Funktionsfähigkeit einer installierten Anwendung sind im CROWN-System als Mehrschritt-Subtransaktionen realisiert.

Für das Ferntesten von Anwendungen sind bisher im CROWN-System Subtransaktionen für Tests auf Dateisystemebene und für Tests durch Ausführung (auch datenbezogenes Testen [Sneed 1988] oder Black-Box-Testen [Schmitz et al. 1983] genannt) vorgesehen worden. Durch Tests auf Dateisystemebene werden neben der Existenz von Dateien auch deren Attribute im Dateisystem (z.B. Länge, Zugriffsrechte, etc.) kontrolliert. Beim Testen durch Ausführung wird die Funktionalität der installierten Anwendung beispielsweise über deren Benutzerschnittstelle überprüft. Die Tests auf Dateisystemebene sind hierbei im Vorfeld der Tests durch Ausführung angesiedelt, da sie die Grundvoraussetzungen für letztere sicherstellen. Erst nachdem die vollständige Installation der Anwendung auf Dateisystemebene überprüft wurde, ist es sinnvoll, durch die Anwendung durch Ausführung zu testen. Die derzeitige Beschränkung auf diese „Testansätze" ist jedoch keinesfalls zwingend, da der Benutzer des CROWN-Systems leicht eigene Subtransaktionen erstellen kann. So lassen sich zukünftige Testwerkzeuge sowie neue Dienstprogramme in das CROWN-System einfach integrieren.

Ein aufgedeckter Fehler wird durch die Subtransaktion als Ausgabe zurückgeliefert, auf die der Interpreter gemäß der im Wartungsprogramm festgelegten Vorgehensweise geeignet reagieren wird. Der Wartungsvorgang könnte beispielsweise bei gravierenden Fehlern noch einmal wiederholt oder aber auch abgebrochen werden. Leichtere Fehler können durch den Aufruf geeigneter Subtransaktionen behoben werden. Sollte z.B. eine Datei auf dem Zielrechner fehlen, so kann sie durch Aufruf einer entsprechenden Subtransaktion nachträglich installiert werden. Mehrschritt-Subtransaktionen können ein solches Vorgehen selbst beeinflussen, indem sie durch ihre Ausgaben die entsprechende Datei vom Wartungsrechner anfordern.

5.4. Teilschicht IV: Die Benutzerschnittstelle und die Wartungsdatenbank

Aus Sicht des Benutzers des CROWN-Systems stellt die Benutzerschnittstelle sicherlich die wichtigste Komponente des gesamten CROWN-Systems dar. Sie ist der Verbindungspunkt zwischen dem CROWN-System und seinen Benutzern und beeinflußt in großem Umfang die effektive Benutzung des gesamten Systems. Die Benutzerschnittstelle unterstützt die Verwaltung und Bereitstellung der gesamten für eine Wartung benötigten Informationen über die Rechner, Hierarchien von Zielrechnern, Subtransaktionen, Präprozessoreingaben, Wartungsprogramme und Anwendungen sowie deren Abhängigkeiten untereinander. Hinzu kommt die Verwaltung der Benutzer, der Protokolle einer Sitzung mit dem CROWN-System und der Protokolle der durchgeführten Wartungen. Desweiteren gehören die Dienstprogramme und diejenigen Operationen dazu, die auf diesen Funktionskomplexen anwendbar sind.

Ein Softwaresystem, das wie das CROWN-System die Integration von Verwaltung, Verteilung, Installation und Testen von Anwendungsprogrammen unterstützt, muß einer Vielzahl von Benutzern – häufig mit unterschiedlichen Kenntnisständen – eine Unterstützung ihrer Arbeit bieten. Das CROWN-System unterscheidet verschiedene Benutzergruppen, die einen ihrem jeweiligen Kenntnisstand und Aufgabengebiet entsprechenden Operationsumfang zur Verfügung gestellt bekommen. Das System ist besonders leicht zu bedienen, da die Benutzer durch die für sie uninteressanten Operationen erst gar nicht verwirrt werden. Hierdurch können eventuelle Fehler vermieden werden.

Während es einem ungeübten Benutzer sicherlich ausreichen wird, vorspezifizierte Wartungsvorgänge initiieren zu können, erwartet ein geübter Benutzer, solche Wartungsvorgänge und das dazugehörige Umfeld (5) festlegen zu dürfen. Ein fortgeschrittener Benutzer wird hierbei den gesamten Umfang eines Wartungsvorgangs mit allen vor- und nachgelagerten Aktivitäten und Entscheidungen selbst gestalten wollen.

Sämtliche vom Benutzer über die Benutzerschnittstelle des CROWN-Systems eingegebenen und für Wartungsdurchführungen benötigten Daten werden in eine Wartungsdatenbank aufgenommen und sind so jederzeit verfügbar. Die Wartungsdatenbank übernimmt alle Aufgaben, die zur Verwaltung und Änderung der vom Benutzer eingerichteten Dateien oder Datensätze notwendig sind. Darüber hinaus nimmt die Wartungsdatenbank auch alle Informationen auf, die während der Arbeit mit dem CROWN-System anfallen und auf die später zurückgegriffen werden soll. Die Dateien und Datensätze werden im zugrundeliegenden Dateisystem unterstrukturiert abgelegt.

Um die Arbeit mit dem CROWN-System an den entsprechenden Stellen so einfach wie möglich zu machen, werden durch die CROWN-Benutzerschnittstelle eine Vielzahl von Interaktionsmöglichkeiten (z.B. Funktionstasten, Pop-Up-Menüs, Auswahllisten, etc.) angeboten. Viele dieser Möglichkeiten können alternativ verwendet werden, so daß ein Benutzer mit dem System so interagieren kann, wie er es von anderen Systemen gewohnt ist oder wie es ihm am besten gefällt.

Neben diesen Mechanismen, die das Arbeiten mit dem CROWN-System erleichtern sollen, bietet die Benutzerschnittstelle die Möglichkeit, Versionen von Anwendungen, Präprozessoreingaben, Wartungsprogrammen und Subtransaktionen zu verwalten. Bei der Auswahl eines Anwendungsprogramms, eines Wartungsprogramms oder einer Subtransaktion werden dem Benutzer jeweils alle vorhandenen Versionen in Form einer Übersichtsliste angezeigt. Außerdem werden bestehende Abhängigkeiten zwischen den verwalteten Informationen berücksichtigt, beispielsweise mit welcher Version eines Wartungsprogramms eine bestimmte Version einer Anwendung gewartet werden muß. Wartungsvorgänge lassen sich auf diese Weise auch durch ungeübte Benutzer sehr einfach initiieren, da die meisten Informationen und Abhängigkeiten bereits in der Wartungsdatenbank gespeichert sind und durch die Benutzerschnittstelle automatisch berücksichtigt werden können.

5.5. Stand der Realisierung und zukünftige Entwicklungen

Ein erster Prototyp des beschriebenen CROWN-Systems wurde Anfang 1989 fertiggestellt und es werden zur Zeit Testwartungen zur Bewertung der Implementierung durchgeführt. Das gesamte CROWN-System ist in der Programmiersprache „C" implementiert und läuft momentan auf IBM-kompatiblen PCs unter einem UNIX-ähnlichen Betriebssystem. Für die Fernkommunikation wird ein X.25-Netz verwendet.

Der Schwerpunkt der Weiterentwicklung liegt zur Zeit in der Realisierung geeigneter Sicherheitsmechanismen, um beispielsweise die Geheimhaltung der übertragenen Software zu gewährleisten und nicht autorisierte Wartungsdurchführungen zu verhindern. Darüber hinaus wird das gesamte System verbessert und weiterentwickelt. Insbesondere soll die Benutzung des Systems noch einfacher und komfortabler gemacht und die Zuverlässigkeit und Fehlertoleranz der Wartungsdurchführung erhöht werden. Nicht zuletzt wird das System

(5) Gemeint ist hiermit z.B. das „Einspielen" bzw. Erstellen verschiedener Versionen der Anwendungen, Präprozessoreingaben, Wartungsprogramme, Subtransaktionen und das Festlegen bestehender Abhängigkeiten.

weiterhin an die neuesten Versionen der zugrundeliegenden internationalen Standards angepaßt werden. Auch an der Portierung des CROWN-Systems auf andere Rechnerumgebungen und an der Anbindung an die dort vorhandenen Software-Entwicklungsumgebungen wird gerade gearbeitet.

Danksagung

Die Autoren bedanken sich bei allen Mitarbeitern im Fachgebiet Kommunikations- und Betriebssysteme der TU Berlin und der Firma Telematic Services GmbH, die die Entwicklung des CROWN-Systems unterstützt haben.

Besonderer Dank gilt Herrn Prof. Dr.-Ing. S. Schindler, der die Durchführung des CROWN-Projekts ermöglicht hat.

Anschrift der Autoren

Technische Universität Berlin
Fachbereich 20 (Informatik)
Sekretariat FR 6-3
Franklinstraße 28/29
D-1000 Berlin 10

E-Mail: fresh@tub.UUCP, fresh@DB0TUI6.BITNET

Literaturverzeichnis

[Baier et al. 1987]
R. Baier, U. W. Brandenburg, U. Einig, S. Finke, R. G. Herrtwich, S. Hochberger, F. Schneidereit: Softwarefernwartung in verteilten Systemen, in: N. Gerner, O.Spaniol (Hrsg.): Kommunikation in verteilten Systemen - Anwendungen, Betrieb, Grundlagen, Informatik-Fachberichte 130, Springer-Verlag, Berlin Heidelberg New York Tokyo, 1987

[Boehm, Papaccio 1988]
B. W. Boehm, P. N. Papaccio: Understanding and Controlling Software Costs, IEEE Transactions on Software Engineering, Vol. 14, No. 10, pp. 1462-1477, October, 1988

[CCITT 1986]
CCITT: Reliable Transfer: Model and Service Definition, Draft Recommendation X.rts0, 1986

[Davis 1988]
A. M. Davis: A Taxonomy for the Early Stages of the Software Development Life Cycle, The Journal of Systems and Software, Vol. 8, No. 4, pp. 297-311, September, 1988

[Eswaran et al. 1976]
K. P. Eswaran, J. N. Gray, R. A. Lorie, I. L. Traiger: The notions of consistency and predicate locks in a database system, Communications of the ACM, Vol. 19, No. 11, November, pp. 624-633, 1976

[Gray 1978]
J. N. Gray: Notes on Database Operating Systems, in: R. Bayer, R. M. Graham, G. Seegmüller (Ed.): Operating Systems: An Advanced Course, Lecture Notes in Computer Science, Vol. 60, Springer-Verlag, Heidelberg Berlin New York, 1978

[Härder, Reuter 1983]
T. Härder, A. Reuter: Principles of Transaction-Oriented Database Recovery, ACM Computing Surveys, Vol. 15, No. 4, December, pp. 287-317, 1983

[Herrtwich 1986]
R. G. Herrtwich: Interdependent Maintenance of Distributed Applications, in: Proceedings ACM/SIGOPS Workshop Making Distributed Systems Work, CWI, Amsterdam, 1986

[Herrtwich 1987]
R. G. Herrtwich: Fernwartung verteilter Applikationen im Masseneinsatz, Dissertation, TU Berlin, Fachbereich 20 (Informatik), KBS, 1987

[Herrtwich, Schneidereit 1988]
R. G. Herrtwich, F. Schneidereit: Ein Werkzeug zur Fernwartung verteilter Applikationen, Informatik Forschung und Entwicklung, Heft 3, S. 77-93, 1988

[Hesse 1987]
W. Hesse: Software – Qualitätssicherung, Editorial, Informatik Spektrum, Band 10, Heft 3, S. 119-120, Juni, 1987

[Hesse 1988]
W. Hesse: Verfahren zur Software-Qualitätssicherung, Editorial – Informatik Spektrum, Band 11, Heft 6, S. 291, 1988

[ISO 1985]
ISO: Information Processing Systems – Open Systems Interconnection – Basic Reference Model, International Standard 7498, 1985

[ISO 1985b]
ISO: Information Processing Systems – Open Systems Interconnection – Connection Oriented Presentation Service Definition, Second Draft Proposal 8822, 1985

[ISO 1986]
ISO: Information Processing Systems – Open Systems Interconnection – MOTIS – Reliable Transfer Server and Use of Presentation and Session Services, Draft Proposal 9066, 1986

[ISO 1988]
ISO: Information Processing Systems – Open Systems Interconnection – Service Definition for the Commitment, Concurrency and Recovery Service Element, Draft International Standard 9804, April, 1988

[Infotech 1980]
Infotech Limited: Life-Cycle Management, Infotech State of the Art Report, Series 8, Number 7, 1980

[Lampson, Sturgis 1979]
B. W. Lampson, H. E. Sturgis: Crash Recovery in a Distributed Storage System, Xerox Palo Alto Research Center, Computer Science Laboratory, Palo Alto, 1979

[Lientz, Swanson 1980]
B. P. Lientz, E. B. Swanson: Software Maintenance Management, Addison-Wesley, Reading, 1980

[Schindler 1985]
S. Schindler: Basiskonzepte der Bürokommunikation oder Technologien des papierlosen Büros/Verwaltens, in: H. R. Hansen (Hrsg.): GI/OCG/ÖGI-Jahrestagung 1985, Informatik-Fachberichte 108, Springer-Verlag, Berlin Heidelberg New York Tokyo, 1985

[Schmitz et al. 1983]
P. Schmitz, H. Bons, R. van Megen: Software-Qualitätssicherung – Testen im Software-Lebenszyklus, Vieweg, 1983

[Sneed 1988]
H. M. Sneed: Software-Testen – Stand der Technik, Informatik Spektrum, Band 11, Heft 6, S. 303-311, Dezember, 1988

MAESTRO II: Konzepte einer offenen Software-Produktionsumgebung

Günter Merbeth
Softlab GmbH
München

1 Offenheit und Integration bei Software-Produktionsumgebungen

Offenheit und Integration sind zwei Konzepte, die gegenwärtig im Zusammenhang mit Werkzeugen zur Software-Entwicklung häufig diskutiert werden. Aufgrund des aktuellen Angebots an solchen Werkzeugen dominiert dabei die Integration; und zwar deshalb, weil der Werkzeug-Markt geprägt ist durch nicht integrierte Werkzeuge, vor allem zur Unterstützung der frühen Phasen. Solche häufig graphisch orientierten Werkzeuge beherrschten in den letzten Jahren die Diskussion. Beispiele für Produkte in diesem Gebiet sind: Excelerator, IEF, IEW, Teamwork und ProMod. So kommt es, daß der Begriff CASE (Computer Aided Software Engineering) häufig als Synonym für graphisch orientierte Analyse/Design Werkzeuge benutzt wurde.

Heute ist jedoch das Bewußtsein gestiegen, daß eine wirkliche Verbesserung der Software-Entwicklung nur dann erreicht wird, wenn der gesamte Entwicklungsprozeß durchgängig unterstützt wird. Aus diesem Grund werden Anstrengungen unternommen,Werkzeuge für verschiedene Phasen, die möglicherweise von unterschiedlichen Herstellern kommen, zu integrieren. Derartige Integration befriedigt allerdings nur selten die Bedürfnisse der Anwender, weil jene Werkzeuge für die Integration meist nicht vorbereitet sind, und weil ein Konzept sowie die dazugehörigen Basismittel fehlen.

Es gibt eine Reihe von Ansätzen für integrierte Systeme. Ihnen fehlt jedoch meist die Offenheit. Andererseits gibt es offene Systeme, denen es wiederum an der nötigen Integration mangelt. Mit MAESTRO II wurden beide Konzepte, sowohl Offenheit als auch Integration, gleichermaßen als Ziele verfolgt.

Wirklich durchgängige Unterstützung aller Tätigkeiten bei der Software-Entwicklung kann nur durch eine integrierte Software-Produktionsumgebung erreicht werden, die die notwendigen Basismechanismen dafür zur Verfügung stellt. Solche IPSE's (Integrated Project Support Environments) oder "full life cycle CASE-Systeme" werden künftig Einzel-CASE-Werkzeuge ablösen. Sie müssen allerdings hinsichtlich verschiedener Aspekte offen sein, damit sie an die realen Bedürfnisse angepaßt werden können.

Softlab hat mit MAESTRO II, dem Nachfolger des seit vielen Jahren erfolgreichen Software-Entwicklungssystems, mit dem heute über 22.000 Entwickler arbeiten, eine solche IPSE entwickelt. In diesem Beitrag werden ihre Grundkonzepte vorgestellt. Dabei soll klar werden, daß Integration und Offenheit nicht zwei Konzepte sind, die sich gegenseitig ausschließen, sondern daß sie sehr wohl in einem System koexistieren können. Konzepte der Offenheit, auf die speziell eingegangen wird, sind:

- die Offenheit für unterschiedliche Zielsysteme
- die Möglichkeit, unterschiedliche Methoden auf demselben System zu unterstützen
- die Erweiterbarkeit
- die Fähigkeit der Integration von Fremdwerkzeugen.

2 Das dreistufige Konzept: offen für Zielsysteme

Software-Produktionsumgebungen unterstützen die Software-Entwicklung durch Computerarbeitsplätze. Somit gehören mindestens zwei Instanzen zu einer SPU: der Arbeitsplatz und der Zielrechner.

Die Zielmaschine ist das Computersystem, auf dem die zu entwickelnde Software später laufen wird. Dies kann ein Mainframe für Transaktionsanwendungen sein, aber auch ein Mikro-Prozessor bei "embedded systems".

Der Arbeitsplatz ist bei MAESTRO II ausgestattet mit einer Workstation. Sie ist heute ein MS-DOS basierter PC/AT. In Zukunft werden auch OS/2 und UNIX-basierte Workstations angeboten. Auf der Workstation laufen die wesentlichen Komponenten der Werkzeugunterstützung, angefangen von einfachen Texteditoren bis hin zur graphischen Entwurfsunterstützung oder Funktionen zur Konfigurationsverwaltung.

Software-Entwicklung wird in der Regel in größeren Teams durchgeführt. Projekte mit ein bis drei Projektmitarbeitern sind in der Minderzahl. Die Mitglieder eines Projektteams müssen dabei häufig gemeinsam oder gegenseitig auf Informationen zugreifen können. Im Architekturkonzept von MAESTRO übernimmt ein Projektserver als Instanz zwischen Workstation und Zielmaschine die Teamunterstützung. Seine wesentlichen Aufgaben sind:

- Er muß Informationen aufnehmen, verwalten und sie dem Benutzer wieder in geeigneter Form zur Verfügung stellen. Benutzer der Informationen muß dabei nicht der Erzeuger der Informationen sein.
- Er muß zwischen den Workstations sowie zwischen Workstations und Zielsystem vermitteln.

Insgesamt ergibt sich somit ein dreistufiges Modell:

(1) Workstations, auf denen die meisten Werkzeuge zur Software-Entwicklung laufen

(2) Projektserver zur Datenverwaltung und zur Kommunikation

(3) Zielmaschine.

Logisch existiert diese Aufteilung immer. Bei Systemen mit nur zwei physischen Instanzen übernimmt gewöhnlich die Zielmaschine die Funktion des Projektservers mit. Dieses Vorgehen hat allerdings den Nachteil, daß die Serverfunktionalität entweder direkt an eine Zielmaschinenarchitektur gebunden ist, und somit die gesamte SPU nur für diesen Zielmaschinentyp geeignet ist, oder daß die Serverfunktionen auf mehreren Zielmaschinentypen implementiert werden müssen.

Das Ziel bei MAESTRO war, offen zu sein für unterschiedliche Zielmaschinentypen, wobei der Typ nicht nur durch die Hardwarearchitektur bestimmt ist, sondern durch:

- Hardwarebasis
- Betriebssystem
- Anwendungsumgebung (Datenbank, TP-Monitor und ähnliches).

Das Ziel wird dadurch erreicht, daß das geschilderte dreistufige Modell auch maßgebend ist für die physische Architektur. Man erhält damit eine dedizierte Software-Produktionsumgebung, bestehend aus Workstations und dem Projektserver, verbunden durch ein lokales Netz und versehen mit unterschiedlichen Anschlußmöglichkeiten zu den verschiedenen Zielsystemen (siehe Bild 1).

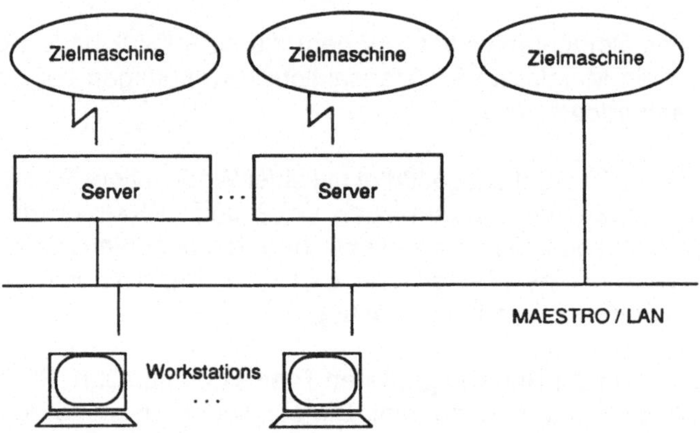

Bild 1: Dreistufiges Modell von MAESTRO II

Die Anbindung der Zielsysteme kann über spezielle DFÜ-Software auf dem Server erfolgen. Falls Zielsysteme die im MAESTRO/LAN verwendeten Protokolle sprechen (siehe Kapitel 3), können sie auch über das lokale Netz an MAESTRO angeschlossen werden.

Es bestehen folgende Anbindungsmöglichkeiten:

- Terminalemulation: Auf der MAESTRO-Workstation werden die Zielsystemterminals emuliert. Dadurch hat der Software-Entwickler von einem Arbeitsplatz aus nicht nur die gesamte MAESTRO-Funktionalität zur Verfügung, sondern er kann auch spezielle Werkzeuge auf dem Zielsystem benutzen oder seine Programme in der Zielumgebung testen.

- File-Transfer: Er wird nicht nur zum Transport von Quell-Files oder Übersetzungs-Listings benutzt, sondern über spezielle Protokolle auch zum Austausch von Daten zwischen der MAESTRO-Datenbank und Data Dictionaries oder Werkzeug-eigenen Datenbanken auf dem Zielsystem.

- Durch die Verfügbarkeit von verteilten Filesystemen können Objekte auf einem System durch Werkzeuge auf anderen Systemen bearbeitet werden. Durch Quasi-Standards, wie dem NFS(Network File System) von SUN, wird diese Art der Kopplung in Zukunft dominieren. Auf dem Server stehen Protokolle für verteilte Filesysteme zur Verfügung. MAESTRO II beinhaltet selbst auch ein solches Konzept (siehe Kapitel 5.1).

3 Die Hardware- und Software-Basis

Im Gegensatz zu MAESTRO I, das auf dem P7x00-Minirechner von Philips mit einem MAESTRO-eigenen Betriebssystem realisiert ist, basiert MAESTRO II auf Standard-Hardware und Standard-Software-Komponenten.

Basis der MAESTRO II - Workstation ist heute ein PC/AT mit EGA oder VGA Graphik-Karte und Maus. Das Basis-Betriebssystem ist MS-DOS. Diese Workstation gibt es bereits seit zwei Jahren als graphische Workstations für Analyse-/Design-Werkzeuge in Verbindung mit MAESTRO I. Wegen der vor einigen Jahren auf den PC's noch fehlenden Funktionalität in den Bereichen Mehrprozeßfähigkeit und Fenstersystem wurde MS-DOS in diesen Bereichen durch Eigenentwicklungen erweitert. Es ist geplant, neben der MS-DOS Version auch OS/2 und UNIX basierte Workstations anzubieten. In diesen Fällen wird auf Standard-Fenstersysteme zurückgegriffen.

Das Basis-Betriebssystem für die Server-Software ist UNIX. Damit ist eine leichte Portierbarkeit auch in diesem Bereich gegeben. Gegenwärtig läuft die Software auf dem Philips-Rechner P90x0 (Motorola 68030, VME-Bus) mit UNIX System V und auf DEC/VAX unter ULTRIX.

Als lokales Netz zur Verbindung der Workstations mit dem Server und zum Anschluß lokal vorhandener Zielsysteme wird Ethernet mit dem Internet-Protokollen TCP/IP benutzt. Zur Realisierung des verteilten Filesystems dienen die XDR/RPC-Protokolle von SUN's NFS (siehe Kapitel 5.1).

4 Die Plattform: offen für Werkzeugintegration

4.1 Klassifizierung der Werkzeuge

Einer der Erfolgsgründe von MAESTRO I ist sicher dessen Eigenschaft, daß alle Funktionen harmonisch in ein System integriert sind. So war das Ziel für MAESTRO II natürlich, wieder solch ein integriertes System zu entwickeln. Zwei Aspekte erschweren allerdings dieses Vorhaben:

- In den letzten Jahren wurden komplexe Werkzeuge entwickelt, die deutlich höhere Anforderungen an die Integration stellen.

- Es ist das Ziel, Fremdwerkzeuge (von Dritten) in die SPU zu integrieren.

Mit dem Begriff Integration kann man unterschiedliche Konzepte verbinden.
Bei MAESTRO sind es im wesentlichen die folgenden zwei:

- Integration aller Leistungen des Gesamtsystems unter einer einheitlichen Benutzer-Schnittstelle.
- Integration aller Werkzeuge über einer zentralen Datenbank, dem OMS (Object Management System).

Durch Benutzer-Schnittstelle und OMS wird ein SPU-Rahmen gebildet, der alle Werkzeuge aufnimmt. Es gibt unterschiedliche Möglichkeiten, die Werkzeuge zu klassifizieren. Traditionelle Phasenmodelle bieten dafür allerdings nur teilweise eine befriedigende Basis. Die wesentlichen Ursachen dafür sind:

- Neben den speziellen Phasenwerkzeugen gehören auch Basisfunktionen, wie Text bearbeitung, elektronische Post und ähnliches, zum Leistungsangebot einer integrierten SPU.
- Auch Tätigkeiten, die quer zu traditionellen Phasenmodellen liegen, wie Projekt-Management und Configuration Management, müssen in die Unterstützung mit einbezogen werden.
- Moderne Phasenmodelle, etwa das Spiralmodell von B. Boehm /Boehm/, müssen abbildbar sein.

MAESTRO folgt einer Klassifizierung, die sich international durchzusetzen scheint. Sie unterscheidet:

- Life Cycle Werkzeuge
- Front End Werkzeuge
- Back End Werkzeuge.

Es werden hier die englischen Begriffe benutzt, weil sie sich international durchgesetzt haben und entsprechende deutsche Begriffe häufig nicht beabsichtigte semantische Assoziationen bewirken.

Bild 2 zeigt die logische Architektur von MAESTRO II mit den 5 Komponenten, die im folgenden grob skizziert werden.

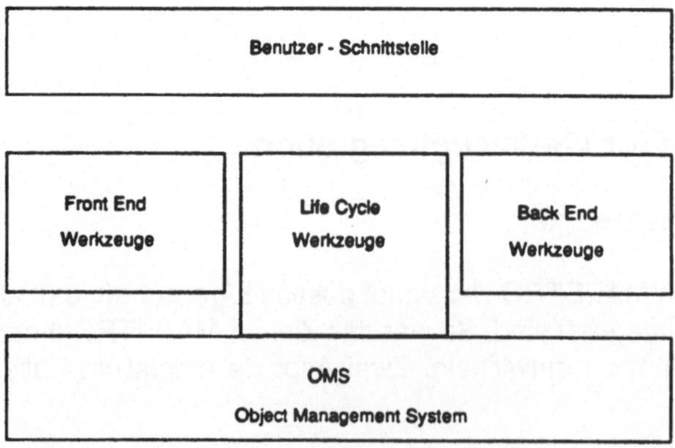

Bild 2: Logische Architektur von MAESTRO II

(1) Benutzer-Schnittstelle

Moderne Benutzer-Schnittstellen sind geprägt durch Fenstersystem, pull-down Menüs, Mausbedienung, Dialog-Boxen und ähnliches. Die neueren Systeme wie MS-Windows, OS/2-Presentation Manager und OSF/Motif zeigen einen hohen Grad an Gleichartigkeit in diesen Punkten. Für MAESTRO II wurde deshalb eine einheitliche Benutzer-Oberfläche entworfen, die den genannten Quasi-Standard-Konzepten folgt. Sie kann somit leicht auch auf anderen Fenstersystemen implementiert werden.

Für den ersten MS-DOS basierten Workstation-Typ wurde ein Fenster- und Menüsystem realisiert, das im "look and feel", das heißt, in der Präsentation zum Benutzer hin, weitgehend mit dem Presentation Manager oder MS-Windows identisch ist.

Bestandteil der Benutzer-Oberfläche ist eine Kommando-Schnittstelle, die dem Benutzer als Expertenmodus oder zur Programmierung von Batch-Abläufen dient. Sie wurde nach dem Orthogonalitätsprinzip mit generischen objektorientierten Kommandos entworfen.

(2) Object Management System

Die objektorientierte Datenbank OMS ist der Kern der gesamten SPU. Ziel ist, daß alle Werkzeuge unmittelbar auf dem OMS operieren, nicht nur Informationen von dort bekommen und Ergebnisse darin ablegen. Diese Forderung ist ein Ziel, das sicher erst im Laufe der nächsten Jahre vollständig erreicht werden kann. Die Konzepte und Mechanismen sind jedoch in MAESTRO II enthalten. Welche Konzepte das sind und welche Forderungen sich daraus an das OMS ergeben, wird im Kapitel 6 diskutiert.

(3) Life Cycle Werkzeuge

Zu den Life Cycle Werkzeugen gehören alle Funktionen, die den Software-Entwickler in allen Phasen seiner Tätigkeit unterstützen, unabhängig davon, ob er gerade an einer Spezifikation arbeitet oder Wartungsarbeiten verrichtet, oder ob er vielleicht als Projektmanager Planungsarbeiten durchführt. Dies sind einerseits Basisfunktionen, die nicht spezifisch für Software-Entwicklung sind und auch zu jedem Bürosystem gehören, und andererseits SPU-spezifische, aber phasenübergreifende Werkzeuge.

Zu den Basisfunktionen gehören:

- Das MAESTRO-spezifische Textsystem, das zusammen mit dem zugrundeliegenden MAESTRO-Filesystem über mächtige Funktionen zum Bearbeiten auch großer Texte mit ausgeprägter Struktur (z. B. Programm-Quellen, Benutzerhandbücher) verfügt.
- Ein Makro-Mechanismus, der in allen Situationen benutzbar ist, z. B. auch bei der Emulation des Zielsystem-Terminals.
- Funktionen für elektronische Post.
- Ein Navigator für den Datenbestand, mit dem im gesamten verteilten Filesystem navigiert werden kann. Das OMS ist in das verteilte Filesystem eingebunden. Somit arbeitet der Navigator auch auf den Objekten des OMS, wo natürlich vielfältigere Navigationsmöglichkeiten bestehen als im normalen Filesystem (z.B. durch Verfolgen nicht-hierarchischer Relationen).
- Eine Programmiermöglichkeit zum Erweitern und Anpassen an spezielle Bedürfnisse, bestehend aus:

- der Prozedur- und Regelsprache PROLAN
- System-Calls, die die Basisfunktionalität für PROLAN verfügbar machen
- Werkzeuge zur Definition und zum Erwerben der Benutzerschnittstelle.

Die wichtigsten für die Software-Entwicklung spezifischen, jedoch phasenübergreifendenTätigkeiten sind:

- Produktverwaltung
- Dokumentation
- Projektmanagement
- Qualitätssicherung und
- Konfigurationsverwaltung.

(4) Front End- und Back End Werkzeuge

Die Klassifizierung der phasenbezogenen Werkzeuge in Front End- und Back End Werkzeuge hat ihre Wurzeln in der Aufteilung in frühe Phasen, vor allem Analyse und Design, und späte Phasen für die Implementierung. Im Zusammenhang mit den sich etablierenden Möglichkeiten zur stärkeren Automatisierung des gesamten Software-Entwicklungsprozesses durch Generatoren und den Einsatz eines zentralen OMS als Umschlagplatz der Informationen scheint jedoch eine andere Interpretation der beiden Toolkategorien sinnvoll:

- Zu den Front End Werkzeugen gehören all diejenigen, mit deren Hilfe vom Entwickler Informationen erfragt und im OMS abgelgt werden. Das sind graphische Analyse-/Designwerkzeuge ebenso wie solche für den Maskenentwurf oder spezielle Editoren.
- Back End Werkzeuge erzeugen aus den im OMS abgelegten Informationen ablauffähige Programmsysteme (Generatoren).

Von Ausnahmen abgesehen sind Front End Werkzeuge typische Dialogwerkzeuge und müssen deshalb auf der Workstation verfügbar sein. Back End Werkzeuge haben meist einen transformativen Charakter, die keinen Dialog mit dem Entwickler benötigen, und können deswegen auf dem Server, auf der Workstation oder auch auf der Zielmaschine laufen. Typische Back End Werkzeuge sind Code-Generatoren und Compiler.

4.2 Plattform und Integration von Fremdwerkzeugen

Der Software-Engineering-Markt ist heute geprägt durch Einzelwerkzeuge für alle oben genannten Kategorien. Viele Anwender benutzen einzelne oder einen bestimmten Satz von Werkzeugen. Das Hauptproblem bei der Anwendung dieser Werkzeuge ist meist nicht fehlende Funktionalität, sondern die mangelnde Integration. Softlab möchte deshalb mit MAESTRO II zwei unterschiedlichen Situationen gerecht werden:

- Im einen Fall bekommt der Anwender eine schlüsselfertige Lösung aus einer Hand.
- Im anderen Fall sollen bereits existierende oder speziell ausgewählte Werkzeuge in die aufzubauende Umgebung einbezogen werden.

MAESTRO II ist deshalb aufgeteilt in eine Plattform und eine Menge von auf der Plattform ablauffähigen Werkzeugen. Die MAESTRO-Plattform besteht aus:

- dem OMS als wichtige Integrationsbasis

- der Benutzer-Schnittstelle und
- den Life Cycle Werkzeugen.

Diese Plattform ist für sich arbeitsfähig. Sie kann aber durch Front End- und Back End Werkzeuge ergänzt werden. Softlab bietet selbst solche Front End- und Back End Werkzeuge an. Es können aber auch Fremd-Werkzeuge benutzt werden.
Die Integration ist beim heutigen Stand der Werkzeuge häufig nicht einfach oder führt nicht immer zum gewünschten Resultat. Die Gründe sind vielfältig. Der wichtigste hängt mit dem vorn bereits erwähnten Phänomen zusammen, daß wirkliche Integration nur dann erreichbar ist, wenn alle Werkzeuge direkt auf dem OMS arbeiten (siehe Toolverbund in Kapitel 6) und über dieselbe Benutzer-Schnittstelle bedient werden. Dies ist häufig nicht möglich, weil die zu integrierenden Werkzeuge sowohl eine eigene Datenhaltung als auch eine eigene Benutzer-Schnittstelle haben. Eine Änderung dieser Situation ist zwar realisierbar, erfordert aber erheblichen Aufwand, weil tiefe Eingriffe in die Werkzeuge vorgenommen werden müssen.

In Zukunft wird sich diese Situation durch die Verfügbarkeit von allgemein akzeptierten Benutzer-Schnittstellen und einem Standard für die Entwicklungsdatenbank verbessern. Der erste Aspekt ist mit den oben genannten Entwicklungen schon relativ weit fortgeschritten. Bei der Schnittstelle zum Datenhaltungssystem gibt es zwar eine Reihe von Ansätzen. Erwähnt seien IRDS (Information Resource Dictionary System)/IRDS/, PCTE (Portable Common Tool Einvironment) /PCTE/, CAIS (Common APSE Interface Set)/CAIS/ und die Arbeiten zu OSS (Object Storage System) in EUREKA Projekt ESF (EUREKA Software Factory). Doch auch wenn, optimistisch betrachtet, sich bald ein Standard herausbilden wird, hat sich die Situation damit noch nicht merklich gebessert. Denn die Integration ist erst dann möglich, wenn es für den Standard brauchbare Implementierungen gibt und die Werkzeuge diesen Standard benutzen.

Obwohl das erstrebte hohe Ziel nicht so leicht erreichbar ist, lassen sich dennoch heute schon sehr brauchbare Lösungen anbieten. Man kann nämlich neben der angestrebten

- vollen INTEGRATION in OMS und Benutzer-Schnittstelle
- einen weniger anspruchsvollen ANSCHLUSS

realisieren. Bei diesem ANSCHLUSS kann das Werkzeug seine von der Plattform verschiedene Benutzer-Schnittstelle behalten. Der Übergang von der Plattform zum Fremd-Werkzeug erfolgt dann durch einen "Hot-Key", der über einen Menüeintrag aufgerufen wird, dabei den Arbeitszustand der Plattform rettet und in das Fremd-Werkzeug verzweigt. Nach dem Verlassen des Werkzeuges wird der alte Zustand der Plattform restauriert und der Benutzer kann seine Arbeit damit fortsetzen.

Die Mindestforderung beim Werkzeug-Anschluß ist, daß die vom Werkzeug bearbeiteten Daten langfristig im OMS abgelegt werden. Das Werkzeug bezieht seine Daten aus dem OMS und legt die Ergebnisse im OMS ab. Dabei muß aber das für die Ablage benutzte Datenmodell mit dem in der Plattform benutzten Datenmodell konsistent sein, was heißen soll, daß beide in den für die Life Cycle Werkzeuge (vor allemProduktverwaltung) wichtigen Teilen übereinstimmen müssen. Nur dann hat man nämlich den Nutzen, daß die Life Cycle Werkzeuge auch auf die vom Fremd-Werkzeug eingebrachten Daten anwendbar sind.

Das klingt nach Minimalforderung, ist aber in seiner Bedeutung kaum zu überschätzen. Denn folgende Vorteile ergeben sich auch bei einem so realisierten Anschluß:

- Die Daten sind von allen Workstations zugreifbar.
- Es ist über OMS eine Verbindung zu anderen (möglicherweise ebenfalls Fremd-) Werkzeugen möglich.
- Der Anschluß an das Zielsystem wird durch die Plattform bereitgestellt.
- Versions-/Variantenbildung ist mit OMS und den Werkzeugen zur Konfigurationsverwaltung möglich.
- Zugriffsschutz wird realisiert.
- Integriertes Projektmanagement ist für die durch das Fremdwerkzeug zu bearbeitenden Projektteile möglich.
- Beziehungen zwischen den Daten des Fremd-Werkzeugs und anderen Teilen des Projektes können in OMS dargestellt werden.

Softlab hat bereits erste Erfahrungen mit dem Anschluß von Fremd-Werkzeugen gesammelt.

5 Werkzeuge und Methoden-Realisierung

5.1 Das Schichtenmodell

MAESTRO II gliedert sich in vier Schichten (siehe Bild 3).

Methoden
Werkzeuge
SPU - Basis
Basis

Bild 3: Das Schichtenmodell von MAESTRO II

Das Schichtenmodell wird hier nicht diskutiert, um die Konstruktion von MAESTRO zu erklären, sondern um zu zeigen, welche Möglichkeiten für Adaptionen und Erweiterungen bestehen.

Die unterste Schicht, die Basis, beinhaltet alle direkten Schnittstellen zu den Basisbetriebssystemen sowie die Erweiterungen der Betriebssysteme (vor allem auf MS-DOS), sämtliche Kommunikationsprotokolle bis zur Ebene 4 im ISO-Schichtenmodell, das MAESTRO-Filesystem und das verteilte Filesystem. Wichtigste Komponente ist hier das verteilte Filesystem (in MAESTRO II LFS, für Logical File System, genannt). Wie bereits vorn erwähnt, basiert es auf den NFS-Protokollen XDR/RPC. Das LFS selbst ist eine Erweiterung von NFS. Diese Erweiterung war notwendig, weil die spezifischen Zugriffe zum MAESTRO-Filesystem mit seinen vielfältigen Attributen möglich und das OMS in das LFS integriert sein sollte.

Die zweite Schicht stellt die Basis für die SPU MAESTRO zur Verfügung. Zu ihr gehören:

- die Benutzer-Schnittstelle

- das OMS sowie
- die in 4.1 genannten Basisfunktionen, insbesondere auch die Editoren.

Auf dieser Basis sind die Werkzeuge realisiert, die die dritte Schicht bilden. Zu der Werkzeug-Schicht gehören sowohl Life Cycle wie auch Front End- und Back End Werkzeuge.

Werkzeuge können einerseits selbständig angewendet, andererseits aber auch durchVerwendung in einer Methodenrealisierung genutzt werden. Beispiel für den zweiten Fall ist ein Werkzeug für die Bearbeitung von Datenflußdiagrammen. Es kann in unterschiedlichen Methodenimplementierungen benutzt und dabei gegebenenfalls an die speziellen Anforderungen angepaßt werden.

In der oberen Schicht sind die Methoden realisiert. Methoden sind konsistente Zusammenstellungen von Techniken. Sie decken meist einen größeren Bereich des gesamten Entwicklungsprozesses ab. Ziel ist aber meist, alle Tätigkeiten durch adäquate Techniken zu unterstützen. Die Implementierungen der Methoden stützen sich auf Werkzeuge für die einzelnen Techniken aus Schicht drei ab.

5.2 Methoden-Realisierung

Ziel der erwähnten Vorgehensweise bei der Methoden-Realisierung ist, einen erweiterbaren Satz von Werkzeugen zur Verfügung zu stellen, damit die Methoden mit vergleichsweise geringerem Aufwand realisierbar sind. Dieses Ziel ist erreichbar, weil sich die unterschiedlichen Methoden bei der Unterstützung der einzelnen Tätigkeiten gar nicht so gravierend unterscheiden. Die Vorgehensweise ist in Bild 4 skizziert.

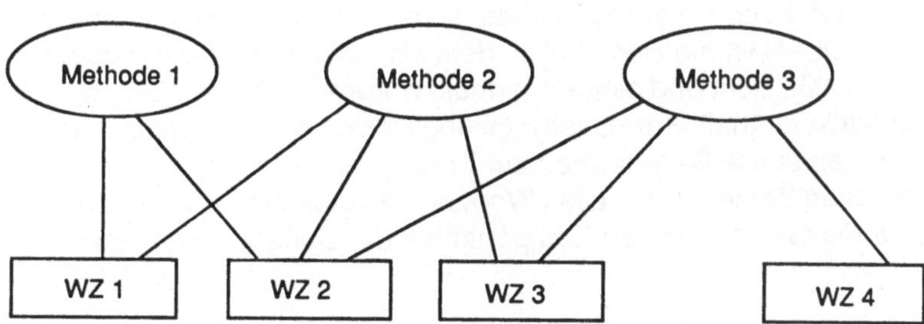

Bild 4: Methoden-Realisierung auf Basis eines Werkzeugsatzes

Durch diese Art der Realisierung ist es möglich, daß die Methoden-Unterstützung von MAESTRO schnell an neue Entwicklungen angepaßt werden kann. Es ist aber auch möglich, daß spezielle Anwender, gegebenenfalls mit Hilfe eines darauf spezialisierten Anbieters, die Implementierung einer eigenen oder die Anpassung einer verfügbaren Methode selbst durchführt.

Gegenwärtig wird an der Implementierung folgender Methoden gearbeitet:

- SA/SD /DeMarco/, /Yourdon/
- LSDM /LSDM/
- SSADM /SSADM/
- Merise/Merise/

Die Techniken bei der Implementierung von Methoden sind Selektion, Parametrisierung, Adaption und freie Ergänzung.

Mit Selektion ist gemeint, daß man sich aus dem Werkzeugangebot die für seine spezielle Methode geeigneten Werkzeuge auswählen kann (siehe Bild 4).

Parametrisierung bedeutet die Anpassung von Werkzeugen an spezielle Anforderungen, ohne das Werkzeug selbst ändern zu müssen. Typische Beispiele dafür sind:

- Definition von Dokumentationsstandards
- Definition von Entwicklungszuständen für das Projektmanagement.

Bei der Werkzeugadaption werden Modifikationen am Werkzeug durch Ergänzen von Code-Teilen vorgenommen. Ein Beispiel ist die Modifikation von graphischen Symbolen in einer Diagrammtechnik. Häufig sind solche Ergänzungen in der Konzeption der Werkzeuge bereits vorgesehen.

Freie Ergänzungen in konventioneller Implementierungstechnik werden benutzt, um Werkzeuge in größerem Stile zu modifizieren, neue und für die Methode vielleicht spezielle Werkzeuge zu implementieren und durch die Realisierung von Brücken zwischen Werkzeugen zu einer geschlossenen Methoden-Unterstützung zu gelangen.

Für Werkzeugadaptionen und Ergänzungen steht die bereits erwähnte Prozedur- und Regelsprache PROLAN und ein Werkzeugsatz für die Benutzer-Schnittstelle zur Verfügung. Bestandteil von PROLAN ist ein Regelteil, in dem Sprachverarbeitungsprozesse durch eine kontextfreie Grammatik leicht und elegant formuliert werden können. Der Werkzeugsatz zur Benutzer-Schnittstelle enthält Formulierungsmöglichkeiten für Menüs, Dialogboxen und weitere Komponenten sowie Generatoren zur Erzeugung der entsprechenden Programme. Um einen einheitlichen Bedienstil bei allen Werkzeugen und Methoden zu erreichen, existiert eine Anleitung für die Gestaltung von Komponenten der Benutzer-Schnittstelle.

6 Werkzeugverbund und OMS

Für die Integration von Werkzeugen gibt es zwei Hauptmethoden:

- das Kettenmodell und
- das Sternmodell.

Das Kettenmodell ist durch das Betriebssystem UNIX populär und berühmt geworden und ist eines der Erfolgsfaktoren von UNIX. Es hat allerdings zwei gravierende Nachteile: Bei einer größeren Anzahl von Werkzeugen wächst die Zahl der potentiell notwendigen Adaptionskomponenten und außerdem ist die Reihenfolge der Werkzeugausführung in engen Grenzen vorgeschrieben.

Der Werkzeugverbund von MAESTRO basiert auf dem in Bild 5 gezeigten Sternmodell mit dem OMS als Sternzentrum. Wie bereits vorn diskutiert, müssen alle Werkzeuge für eine wirkliche Integration direkt auf dem OMS arbeiten. Im OMS wird deshalb innerhalb eines Werkzeugsatzes ein einheitliches Datenmodell benutzt, so daß alle Werkzeuge auf dieses Datenmodell abgestimmt werden können. Zum Anschluß von Fremd-Werkzeugen und zum Austausch von Daten mit Dictionaries auf dem Zielsystem existiert ein Austauschformat OMS/DX (Data eXchange format).

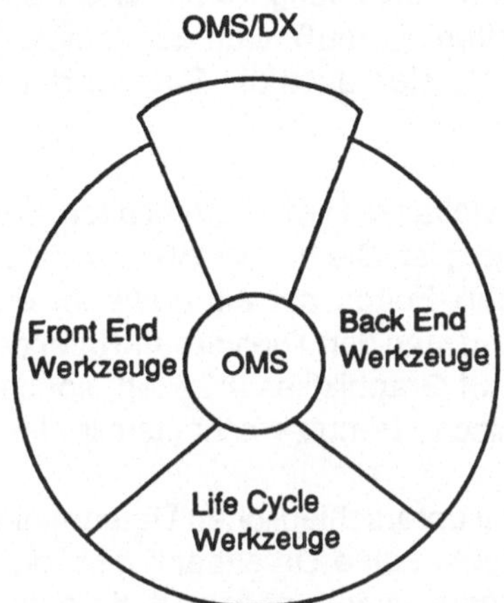

Bild 5: Sternförmiger Werkzeugverbund von MAESTRO

Die Anforderungen an das zentrale OMS sind wegen der verschiedenartigen Informationen und der unterschiedlichen operationellen Anforderungen sehr vielfältig. Objekte im Sinn von OMS können unterschiedliche Gestalt haben: Es können kleine Objekte, wie ein Prozeß in einem Datenflußdiagramm, bzw. einfache Dateien sein oder - im anderen Extremfall - umfangreichste Datennetze (z. B. Konfigurationen ganzer Softwaresysteme). Wissenschaftliche Untersuchungen ebenso wie praktische Erfahrungen haben gezeigt, daß relationale Datenbanksysteme als Basis für ein solches OMS nicht geeignet sind.

Die wichtigsten Anforderungen sind:

- Das OMS muß sogenannte komplexe Objekte verwalten können. Ein komplexes Objekt wird hierarchisch aus einfacheren Objekten gebildet. Beispiele für komplexe Objekte sind Diagramme, die aus mehreren Instanzen und Verbindungen bestehen oder Module, die neben dem Source-Code auch Spezifikationen, Testtreiber oder ähnliches umfassen. Operationen müssen in der Regel auf alle Objekte anwendbar sein, gleichgültig ob es sich dabei um einfache oder komplexe Objekte handelt.

- Felder müssen beliebige Länge haben können (z. B. eine Datei mit Source-Code).

- Lange Transaktionen müssen unterstützt werden, beispielsweise Transaktionen, in denen ein Modul durch einen Entwickler bearbeitet wird. Das kann Stunden oder gar Tage in Anspruch nehmen.

- Beziehungen unterschiedlichen Typs müssen verwaltet werden können.

- Zur Datensicherheit muß es ein mächtiges Konzept für Zugriffsrechte geben.

- Die Realisierung unterschiedlicher Datenmodelle erfordert ein effektives, dynamisch erweiterbares Typkonzept mit Vererbung.

- Zum Aufbau von Funktionen zur Konfigurationsverwaltung muß das OMS einen flexiblen Mechanismus zur Versionsverwaltung enthalten. Er muß auch auf komplexe Objekte anwendbar sein, und er muß zulassen, daß je Version auch die Struktur des Objektes eine andere sein kann.

Die funktionalen Anforderungen sind also sehr vielfältig. Hinzu kommt noch, daß für bestimmte Werkzeuge sehr hohe Performance notwendig ist. Die hohen Anforderungen kommen in diesem Zusammenhang z. B. von dem Graphik-Editor, der als Basis für die graphischen Analyse-/Design Werkzeuge benutzt wird. Nimmt man den Toolverbund über dem OMS ernst, dann darf dieser Graphikeditor nicht einfach auf Graphikfiles arbeiten, sondern er muß auf Daten im OMS wirken. Er ist somit eine graphische Benutzerschnittstelle des OMS.

Bei der Entwicklung von MAESTRO II wurde mit unterschiedlichen Datenbanken experimentiert. Dabei hat sich herausgestellt, daß es heute keine Datenbank gibt, die einerseits die genannten funktionalen Anforderungen erfüllt, andererseits aber auch die notwendige Performance erbringt. Für MAESTRO wurde deshalb das in Bild 6 gezeigte Konzept entwickelt und implementiert. Das gesamte OMS besteht aus zwei Komponenten:

- OMS/REP, dem zentralen REPository
- OMS/SUC, dem Single User Cache.

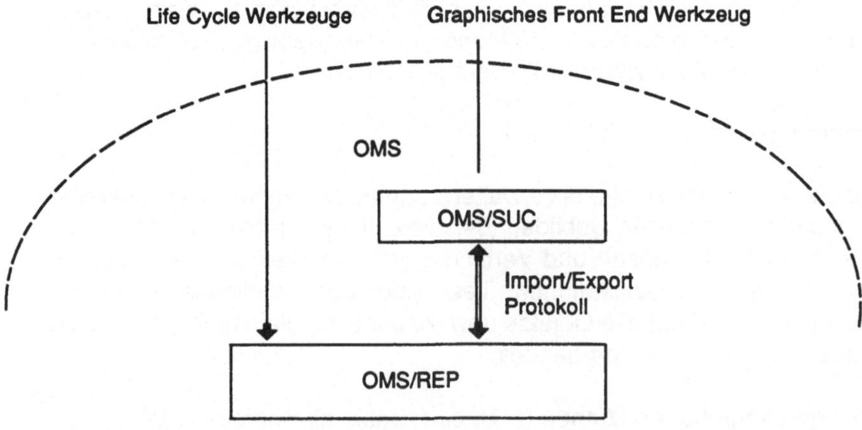

Bild 6: Realisierungsaspekt von OMS

Der Single User Cache hat folgende Eigenschaften:

- Er hat nur einen Benutzer.
- Er enthält nur einen Teil der im OMS/REP abgelegten Daten.
- Das Datenmodell ist vereinfacht. Es hat zum Beispiel keine Mechanismen zur Versionsverwaltung oder zur Zugriffskontrolle.

Damit ist klar, daß OMS/SUC nicht die gesamte Funktionalität haben muß und somit performanter implementiert werden kann. Der Preis, den man dafür zu zahlen hat, ist einerseits, daß die Daten im OMS/REP nicht immer aktuell sind, und andererseits, daß auf dem SUC nur die Werkzeuge arbeiten können, denen das eingeschränkte Datenmodell genügt. Die fehlende Aktualität der Daten im OMS/REP muß nicht unbedingt ein Nachteil sein, weil über diesen Mechanismus lange Transaktionen realisiert werden können. Die Aufteilung der Werkzeuge in solche, die auf dem SUC arbeiten können und solche, die das zentrale OMS benötigen, beinhaltet auch keinen praktischen Nachteil, weil der SUC ja so konstruiert werden kann, daß die Werkzeuge mit hoher Anforderung an die Performance diesen benutzen können, und weil Werkzeuge, die die gesamte Funktionalität des OMS und den gesamten Datenbestand benötigen, in der Regel nicht so extreme Performance-Bedingungen haben.

In MAESTRO II wurde das hier diskutierte Konzept realisiert, wobei in der gegenwärtigen Implementierung sowohl für OMS/REP als auch für OMS/SUC Eigenentwicklungen eingesetzt werden.

7 Zusammenfassung

Zwei der wichtigsten Konzepte von MAESTRO II sind Offenheit und Integration. In dem Beitrag wurde gezeigt, daß sich diese beiden Konzepte nicht gegenseitig ausschließen, daß sie bei der Integration von Fremd-Werkzeugen sogar zusammenwirken. Durch Mechanismen zur Integration bzw. zum Anschluß von Werkzeugen wird es erst möglich, MAESTRO für Fremd-Werkzeuge zu öffnen. Das wichtigste Integrationskonzept ist ein Object Management System, das als Operationsbasis für alle Werkzeuge dient.

Die beiden anderen wichtigen Offenheitsaspekte sind die Offenheit für unterschiedliche Zielsysteme und die Möglichkeit, verschiedene Methoden mit denselben Basiswerkzeugen zu unterstützen. Beides wird in Zukunft eine große Rolle spielen. Anwender mit einer homogenen Zielsystem-Umgebung werden immer seltener. Vor allem UNIX-Systeme brechen immer häufiger in die Domäne reinrassiger Umgebungen ein. Damit entsteht sofort der Wunsch, mit einer SPU unterschiedliche Zielsysteme bedienen zu können.

Die Offenheit bei der Methodenunterstützung ist deshalb so wichtig, weil heute noch keine allgemein akzeptierte Methode existiert. Es gibt zwar Ansätze, aus den Methoden SSAM und Merise eine sogenannte EUROMETHOD zu definieren. Doch bis sich ein solcher Standard durchgesetzt haben wird, müssen praktisch einsetzbare Software-Produktionsumgebungen möglichst leicht auf die Unterstützung unterschiedlicher, ja sogar individueller Methoden zugeschnitten werden können.

Literatur

/BOEHM/ Boehm, B.W.: A Spiral Model of Software Development and Enhancement. IEEE Computer, May 1988

/CAIS/ Common ADA Programming Support Environment Interface Set, Revision A, DOD-STD-1838 A, 1986

/IRDS/ IRDS Tutorial, Revision 4. ISO/TC97/SC21/WG3, 1986
IRDS Framework, Revision 4. ISO/TC97/SC21/WG3, 1987

/PCTE/ PCTE: A Basis for a Portable Common Tool Environment, 5. Edition, ESPRIT, 1988

/DeMarco / DeMarco, T.: Structured Analysis and System Specification, New York: Yourdon Press, 1978

/Yourdon/ Yourdon E. Constantine L.L.: Structured Design: Fundamentals of a Discipline of Computer Program and Systems Design. New York: Yourdon Press, 1978

/SSADM/ SSADM Reference Manual, Vers. 3, CCTA

/Merise/ Tardieu, et al.: La Methode MERISE. Les Editions D'Organisation. Paris 1985

/LSDM/ Learmonth & Burchett Management System, PLC: Introduction to LSDM. LBMS, Evelyn House, 62 Oxford Street, London W1N 9LF, 1987

Eine kostengünstige Projektbibliothek für die Entwicklung und Wartung von Software
– Entwurf und Einsatzerfahrungen –

F.-J. Höping, GAD e.G. Münster,

Th. Spitta, Vatter & Palme GmbH Rheine

Zusammenfassung:

Der Entwurf, die Entwicklung und die bisherige Benutzung einer Projektbibliothek werden dargestellt. Hardware und Software zielen darauf ab, für kleinere und mittlere Anwender eine kostengünstige Softwareentwicklungsumgebung mit einem preiswerten Einstieg zu ermöglichen. Für diese Zielgruppe sind Systeme wie MAESTRO (Philips P7000) oder VIDOC (IBM-MVS/TSO) zu mächtig und zu teuer. Das System legt IBM-kompatible PCs als Workstation und ein PC-Netz mit zentralem File Server zugrunde und kann ab zwei Workstations stufenweise bis auf ca. 30 Plätze ausgebaut werden. Es ist seit Anfang 1988 produktiv im Einsatz. Durch das System wurde die Einführung von Software Engineering bei einem mittelgroßen Anwender ermöglicht, der mangels eines geeigneten Dokumentationswerkzeugs bisher an diesem Vorhaben gescheitert war.

Die Entwicklung des Systems als Diplomarbeit wurde evolutionär und partizipativ vorangetrieben, und zwar in den Stufen Prototyp (Wegwerflösung), Einplatzversion, Netzversion. Dieses Vorgehen kam der Qualität des Produktes (Erfahrung des Entwicklers) und der Akzeptanz bei den Benutzern zugute (frühe Einbeziehung und stufenweise Lernprozesse). Die geplanten weiteren Entwicklungsstufen werden kurz skizziert.

Inhalt:

1. Projekt- oder Produktbibliothek

Der Begriff "Projektbibliothek" wurde 1978 geprägt, als anläßlich eines großen Softwareprojekts (START) ein Verwaltungssystem für dessen Dokumentation geschaffen wurde (Denert 79, Project Library). Im Zuge der Entwicklung des sehr erfolgreichen dedizierten Softwareentwicklungssystems PET/MAESTRO wurden aus dem Prototyp für das o.a. Projekt das Produkt PLUS und ähnliche Werkzeuge entwickelt, die alle unter dem Namen "Projektbibliothek" vermarktet wurden. Aus Sicht des Softwarehauses war die Bezeichnung korrekt. Das Werkzeug verwaltete die Dokumente von Projekten. Aus Sicht des Anwenders, der die Dokumentation in der Wartung zu pflegen hatte, wäre der Begriff **Produktbibliothek** korrekter, wenn man unter "Produkt" alle Entwicklungsergebnisse, also Dokumente, Quelltexte, Testdaten u. ä. versteht, die auch gewartet werden müssen. Der Begriff **Projektbibliothek** soll im folgenden weiterverwendet werden, da er sich allgemein eingebürgert hat.

Andere Projektbibliotheken werden ebenfalls auf dedizierten Systemen angeboten, heute meist auf der Basis von UNIX (ProMod, PRADOS) oder sie arbeiten auf Zielrechnern etwa von SIEMENS (ToolManager) oder IBM (VIDOC). Die Begriffe dediziert, zentral, verteilt werden in Abschn. 2 präzisiert.

Die hier vorzustellende Projektbibliothek läuft auf einem dedizierten Rechner ab und entspricht dem Konzept von MAESTRO. MAESTRO als typisches dediziertes System verbreitete sich vor allem bei Großanwendern, die sehr viele Entwickler (20 bis mehrere 100) beschäftigen. Für kleine Anwender war wegen des hohen Einstiegspreises (>500.000 DM pro System) die Wirtschaftlichkeit nicht gegeben.

Mit der sich rasch verbreitenden und verbessernden PC-Technik lag der Gedanke nahe, ein solches System auf PC-Basis zu entwickeln, das sich auch kleine Anwender zu einem geringen Einstiegspreis beschaffen und auf Basis eines PC-Netzes stufenweise erweitern konnten.

Im folgenden werden Konzept, Entwicklung, Einführung und Benutzung eines solchen Systems beschrieben. Es wurde an der Universität Münster als Diplomarbeit in enger Zusammenarbeit mit einem Anwender entwickelt (Höping 88, Projektbibliothek) und ist seit 1½ Jahren mit jetzt 10 Entwickler-Arbeitsplätzen im Einsatz. Es existiert eine Einplatz-PC- und eine Netzversion unter MS-DOS mit NOVELL. Das System erhielt den Namen **PBV**, Projekt-Bibliotheks-Verwaltung.

2. Verteilte Entwicklung und Werkzeugverbund

Es gibt drei prinzipielle Möglichkeiten, Software für ein Zielsystem zu entwickeln:

(A) zentral. Der Entwicklungsrechner (ER) ist auch Produktionsrechner (PR). Dieser einfache Fall wird hier nicht weiter erörtert.

(B) dediziert. ER ist verschieden von PR. Es entsteht ein Portierungsproblem ER nach PR, sofern ER und PR nicht vom gleichen Rechnertyp sind.

(C) verteilt. Auf ER und auf PR laufen verschiedene Aktivitäten ab, da die Rechner spezialisiert sind oder eine Lastverteilung stattfindet. Es können Softwarewerkzeuge als verteilte Systeme ausgelegt sein oder es findet auf ER eine Emulation des PR statt, damit der Entwickler nur einen Bildschirm mit Tastatur benötigt.

2.1 Dedizierte Systeme

Die Entwicklung auf einem dedizierten System erfordert alle Werkzeuge des PR auch auf dem Entwicklungsrechner. Dies führt bei typverschiedenen Rechnern zu schwer lösbaren Portierungsproblemen. Während es bei gut genormten Sprachen (ADA, COBOL, FORTRAN) und Batchsoftware noch relativ einfach ist, Programme von ER nach PR zu portieren, wird es bei Dialogsoftware und dem Einsatz von Datenbanksystemen schon sehr schwierig, wirklich dediziert zu entwickeln (Näheres s. Spitta 85, Anforderungsprofil). Man ist bei dedizierter Entwicklung außerhalb der UNIX-Welt heute noch immer gezwungen, sich in der homogenen Umgebung eines Herstellers zu bewegen. Es ist abwegig, die hierfür benötigten Entwicklungswerkzeuge (Datenbanksystem, Compiler, Textsystem u.a.) selbst entwickeln zu wollen.

Umfassendere herstellerspezifische Lösungen befinden sich etwa bei IBM, SIEMENS, SAP AG oder Software AG in der Entwicklung, teilweise sind sie schon im Einsatz. Sie werden in ein bis zwei Jahren voll verfügbar sein. Die dedizierte Entwicklung von Programmen in Sprachen der 4. Generation wie etwa NATURAL wird in ca. einem Jahr einsatzreif sein. Sie verlangt allerdings mehr Rechnerleistung, als heute von MS-DOS standardmäßig unterstützt wird (Hauptspeicher > 640 KB).

2.2 Verteilte Entwicklung und Konzept von PBV

Der Gedanke einer verteilten Entwicklung stand schon 1976 Pate beim Entwurf von MAESTRO (damals "PET" = Programm-Entwicklungs-Terminal; Floyd 77, Programmentwicklungssystem):

Spezialtätigkeiten bei der Softwareerstellung werden auf einen dafür geeigneten, preiswerten Rechner ausgelagert, vor allem die CPU-intensive Textverarbeitung. Compilation und Test beläßt man auf dem PR. Damit spart man sich redundante Compiler, Laufzeit- und Datenbanksysteme und vermeidet Portierungsprobleme.

Durch dieses Konzept entsteht eine verteilte **Entwicklungsumgebung**. Die Werkzeuge sind nicht auf mehrere Rechner verteilt. Der Entwickler arbeitet am ER per Emulation auf dem PR. Programme, Jobs, Testdaten usw. überträgt er ggf. per Filetransfer auf den PR, wo sie ausgeführt, bzw. benutzt werden.

PBV realisiert das Konzept einer verteilten Entwicklung. Der Entwicklungsrechner ist ein PC-Netz wie bei MAESTRO heute auch. Hierdurch kommt eine weitere Stufe gegenüber der verteilten **Umgebung** zum Tragen: Da die Arbeitsplätze der Entwickler Workstations mit eigenem Prozessor sind, kann deren CPU für alle Arbeiten genutzt werden, die der Entwickler isoliert ausführt. Dies ist insbesondere die Textverarbeitung, aber auch jede andere Tätigkeit bei der Programmentwicklung. PBV verwaltet als verteilte Software die gemeinsam von allen Entwicklern genutzte Text-Datenbasis.

Auf dem Server sind die Projekte und Werkzeuge abgelegt. In den Workstations laufen Kopien von PBV selbst und von den Werkzeugen. Die Synchronisation der Zugriffe auf die Projekt-Datenbasis wird als Leistung des Netzbetriebssystems importiert. Wenn z.B. ein Entwickler die Bearbeitung einer Datei anfordert, wird eine entsprechende Meldung an das Netzbetriebssystem abgesetzt, das die Datei für weitere schreibende Zugriffe sperrt. Auf den Workstations wird nichts dauerhaft gespeichert, sondern bei Aufruf von PBV oder eines anderen Werkzeugs heruntergeladen. Eine mögliche Aufteilung der Entwicklung auf ER und PR sieht so aus:

PC-Netz (Entwicklungsrechner):
- Projektbibliothek (Dokumentation).

Host (Produktionsrechner und ER zur Programmentwicklung):
- Data Dictionary,
- Datenbanksystem,
- Source-Entwicklung (und -Bibliotheken),
- Test.

Die Aufteilung kann sich je nach Entwicklungsaufgabe und verfügbarem Werkzeug verschieben: So gibt es z.B. auf dem PC ablauffähige Compiler mit Laufzeitsystem für IBM-Zielsysteme, die eine VSAM-Datenbasis auf dem PC emulieren. Hiermit läßt sich COBOL-Batch- und Dialogsoftware vollständig auf der Workstation entwickeln.

Eine solche Aufgabenteilung erfordert, daß die Entwicklungsumgebung schnell gewechselt werden kann (PC-Netz <-> Host). Das muß durch die Topologie des Entwicklungsverbundes ermöglicht werden. Sie sieht folgendermaßen aus:

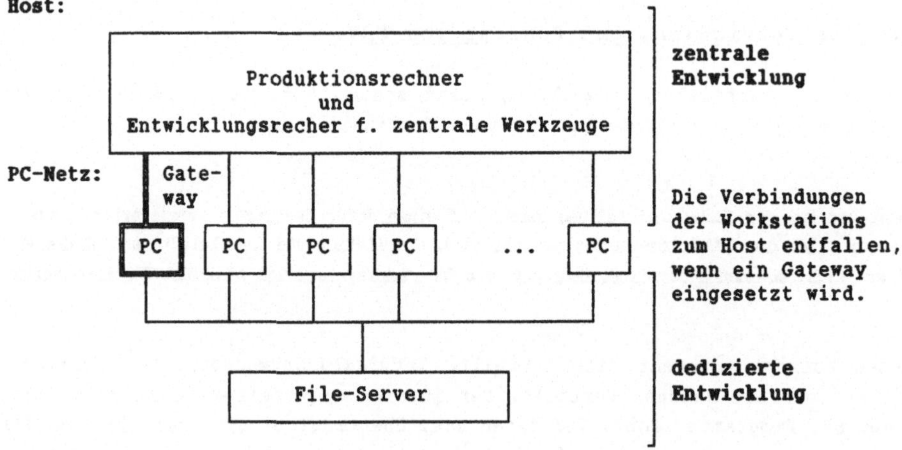

Abb. 1: Logische Topologie von PBV mit und ohne Gateway

Jeder PC, der zur Entwicklung verwendet wird, ist logisch (ggf. auch physisch) mit dem Netz und mit dem Host verbunden. Im Netz ist der PC eine Workstation, am Großrechner wird er zum Terminal. Somit kann komfortabel in beiden Systemen parallel gearbeitet werden.

Die Topologie des Netzes wird hier als Bus dargestellt. Für die weiteren Betrachtungen ist die gewählte reale Netztopologie allerdings nicht von Bedeutung.

Ein Stern oder Ring lassen sich ebenso integrieren. Wesentlich ist nur, daß die PCs des Netzes alle Zugang zu den Daten eines (fest gewählten) File-Servers haben.

Bei Verwendung eines Gateways auf einem PC können Emulationskarten entfallen. Alledings ist zu prüfen, ob das Netz die zusätzliche Belastung verkraftet. Das Gateway kann dabei nicht auf dem File-Server installiert werden, da die Gateway-Software mit der Fileserver-Software kollidiert (im Falle des hier verwendeten NOVELL-Netzbetriebssystems).

Konzeptionell ist PBV dem System MAESTRO gleich. Der Unterschied liegt im Anspruch (und damit im Preis) und im Einführungsaufwand:

- o PBV versteht sich als Werkzeugkasten, der **handelsübliche Werkzeuge** integriert.
- o PBV ist als Einplatzversion (etwa für ein Programmierbüro) und als Netzversion ab 2 Arbeitsplätzen sinnvoll einsetzbar. Die **finanzielle Einstiegsschwelle ist niedrig**.
- o PBV **integriert vorhandene Hardware** des Anwenders. Es setzt lediglich Geräte für MS-/PC-DOS als Betriebssystem nach dem sog. "alten Industriestandard" voraus.
- o PBV ist **technologisch offen**. Es wird nur vorausgesetzt, daß der Entwickler Texte bearbeitet und daß Dokumente verwaltet werden. Es gibt keine Werkzeuge mit "Vorführeffekt", wie z.B. Editoren für Pseudocodes, aus denen (nicht wartbarer!) COBOL-Code generiert wird.

Der Ansatz von PBV wurde empirisch verifiziert: PBV wurde innerhalb weniger Wochen eingeführt und produktiv eingesetzt. Mehrere Großprojekte wurden damit abgewickelt; die Software wird mit PBV gewartet.

2.3 Werkzeugverbund bei verteilter Entwicklung

Das Ziel, spezialisierte und preiswerte Hardware für die Entwicklung (dediziert oder verteilt) zu nutzen, hat seinen Preis: Die Beziehungen der unterschiedlichen Werkzeuge zueinander, insbesondere redundante oder sich überschneidende Leistungen müssen geregelt werden.

Auf einem Zentralrechner, möglichst noch mit Werkzeugen nur eines Herstellers, findet man noch am ehesten homogene und miteinander kompatible Werkzeuge vor.

Bei rein dedizierter Entwicklung müssen einige Werkzeuge redundant zum PR gehalten werden. Es ist z.B. nicht unproblematisch, die Datenbasis des PR auf einem ER mit identischem Verhalten abzubilden.

Bei verteilter Entwicklung ist das Problem des Werkzeugverbundes so lange einfach, wie man eine klare **Aufgabenteilung zwischen ER und PR** definiert. Dies wurde weiter oben dargestellt (s.2.2). Aufgabe von PBV und nur von PBV ist die Erstellung, Pflege und Verwaltung von Dokumenten, meist als Texte und (Pseudo-)Graphiken gehalten.

Alle anderen Werkzeuge können, soweit unter MS-DOS verfügbar, in PBV integriert werden, und zwar über eine universelle **Werkzeugschnittstelle.** Das verwendete Werkzeug muß per Programm parametrisiert aufrufbar sein, etwa die Textverarbeitung für die PBV-Leistungen "Dokument bearbeiten", "Dokument drucken".

Prinzipiell kann gesagt werden, daß alle Werkzeuge über die Werkzeugschnittstelle sinnvoll und einfach betrieben werden können, die Prozessorleistung, nicht aber eine verteilte Datenbasis erfordern. Wird eine verteilte Datenbasis benötigt, wird der Entwicklungsaufwand für eine Projektbibliothek und die notwendige konzeptionelle Vorarbeit beim Anwender sehr hoch. In diesem Sinne ist Werkzeugverbund als Konzept zu verstehen und nicht als Behelfslösung anstelle eines integrierten Super-Werkzeugs.

Alle Werkzeuge, die eine integrierte Datenbasis für alle Entwickler verlangen, sollten auf dem Host verbleiben und per Emulation genutzt werden. Dies ist insbesondere ein zentrales DATA DICTIONARY. Durch die zentrale Verwaltung und die automatische Verbindung mit dem Datenbanksystem kann die Integrität der Entwicklungsdaten gewährleistet werden. Eine Verteilung der Daten führt zu Problemen.

Wichtig ist, daß die zentralen Daten von den Workstations aus abgefragt werden können. Der Verkehr zwischen den Workstations und dem Host erfolgt direkt ohne Einbeziehung von PBV oder Server. Diese Topologie ist zwar nicht die billigste (Emulationskarte pro PC), hat jedoch unbestreitbare Sicherheiten: Netz oder Host können ausfallen, ohne daß der Entwickler völlig blockiert ist. Die sternförmige Host-Verkabelung hierfür braucht nicht erst hergestellt zu werden, sie ist vor einer Einführung von PBV bei praktisch jedem Anwender vorhanden (Terminals der Entwickler). Weitergehende Ausführungen zur Problematik des Werkzeugverbundes findet sich in Spitta (89, Engineering, S.4 und 77ff.).

3. Softwareentwurf von PBV

3.1 Projekt- und Dokumentenstruktur

PBV bildet zwei der drei möglichen Dimensionen eines Softwareentwicklungssystems ab (Näheres vgl. Denert 79, Project Library).

1. Dimension: Systemstruktur. Die baumartige Systemstruktur entsteht bei der Entwicklung durch die funktionale Gliederung des Systems. Sie kann über mehrere Stufen fortgesetzt werden. Dadurch entsteht ein Baum von Teilprojekten bzw. Teilsystemen. Im Idealfall ist die funktionale Gliederung gleich der softwaretechnischen Modularisierung (Näheres vgl. Spitta 89, Engineering). Jedes Teilprojekt wird bei seiner Erstellung mit einem frei wählbaren Namen benannt. PBV verwaltet die Struktur Projekte - Teilprojekte - Dokumente. Zum Projekt und zu jedem Teilprojekt wird der Zustand gespeichert (offen, abgeschlossen, gesichert).

Jedes Projekt enthält zusätzlich Informationen über das Projektteam und das Budget. Das Projektteam ist die Gruppe der Benutzer, die dieses Projekt bearbeiten. Andere Benutzer haben zu den Dokumenten dieses Projektes keinen Zugriff.

2. Dimension: Standardgliederung. Die Standardgliederung der zu jedem Knoten gehörenden Produkte umfaßt:

- o **ALL**: Allgemeines
- o **VOR**: Vorstudie
- o **IST**: Istzustand
- o **SLL**: Sollkonzept
- o **SPZ**: Spezifikation
- o **KON**: Konstruktion
- o **JOB**: Jobdokumentation
- o **NHB**: Benutzerhandbuch
- o **VER**: Versionsdokumentation
- o **NOT**: Notizen.

Dies ist eine technologisch sehr neutrale Dokumentengliederung, die flexibel genutzt werden kann. Falls nach einem Phasenmodell entwickelt wird, ist es möglich, diese Produkte einzelnen Phasen zuzuordnen. Ein zeitlicher Zwang in der Reihenfolge der Bearbeitung der einzelnen Produkte besteht nicht und erscheint auch nicht sinnvoll (vgl. Floyd 85, Große Systeme). Die Produkte können bei allen Teilprojekten gleichermaßen auftreten. Die vordefinierten Produkte werden durch die Projektbibliothek besonders unterstützt (durch Standards, automatische Eintragungen von Zuständen etc.).

Zusätzlich zu den vordefinierten Dokumenten (= Produkte) besteht die Möglichkeit, beliebige weitere Dokumente zu jedem System oder Teilsystem abzulegen, z.B. ein Dokument Datenmodell.

Auf eine **dritte Dimension (Version**, Entwicklungsstand) wurde bewußt verzichtet. Eine vollständige Versionsverwaltung ist sehr verwaltungs- und speicherplatzaufwendig und wird praktisch kaum benötigt. Allerdings kann man abgeschlossene Projekte auf externe Datenträger sichern. Zur erneuten Bearbeitung werden solche Projekte dann wieder gestartet. Somit können durchaus verschiedene Versionen eines Projekts geführt werden, etwa für die Überarbeitung eines in Produktion befindlichen Systems.

3.2 Benutzer

Die Funktionen von PBV sind auf vier Benutzertypen verteilt. Die Aufteilung sieht vereinfacht so aus:

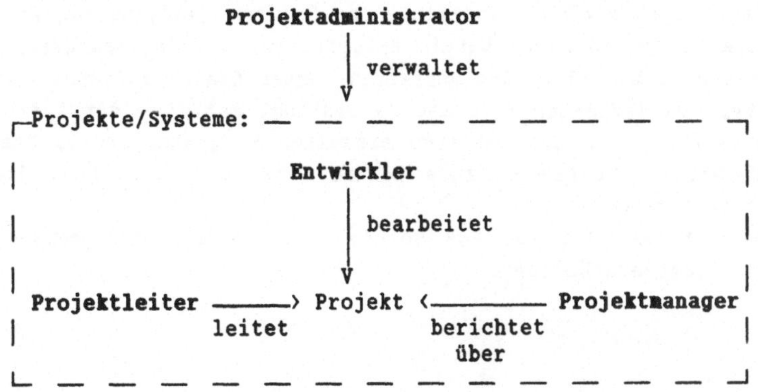

Abb. 2: Benutzerprofile

Jeder Benutzertyp operiert auf festgelegten Objekttypen:

- o Entwickler: **Dokument**,
- o Projektleiter: **Projekt/** Teilprojekt, **Projektteam**,
- o Projektmanager: **Projektübersicht**, **Budget**,
- o Administrator : **Benutzer**, **Standard**, **Werkzeug**, **Logprotokoll**.

Eine Person kann mehreren Benutzertypen angehören. Der Administrator ist gleichzeitig auch als Entwickler, Projektleiter und Projektmanager zugelassen.

3.3 Operationen

PBV stellt folgende Operationen zur Verfügung:

- o **Auswählen** von **Projekten**/Teilprojekten,
- o **Bearbeiten** von **Dokumenten**,
- o **Verwalten** von **Projekten**, Teilprojekten und Projektteams,
- o **Verwalten** von **Budgets**: Für alle Projekte und je Projekt einzeln,
- o **Berichten** über **Projekte**: Projektliste und Dokumentenliste je Projekt mit Angabe der Zustände (offen, abgeschlossen, gesichert),
- o **Verwalten** von **Benutzern**,
- o **Verwalten** von **Werkzeugen**,
- o **Verwalten** von **Standards**,
- o **Verwalten** und **Überwachen** des **Log-Protokolls**: Bei jeder Operation, die von der Projektbibliothek durchgeführt wird, kann ein Eintrag in eine Protokolldatei erfolgen (Datum, Uhrzeit, Benutzername, Meldung). Die Protokolldatei erlaubt beispielsweise Analysen der Werkzeugakzeptanz oder eine erleichterte Fehlersuche.

3.4 Einbindung von Werkzeugen

PBV arbeitet im Werkzeugverbund, führt also Standardaufgaben nicht selbst aus. Für spezielle Funktionen werden fertige Werkzeuge eingesetzt. Diese Programme werden von der Projektbibliothek über einen systeminternen Benutzer aufgerufen. Die möglichen Werkzeugaufrufe werden in einer Datei festgehalten, der Werkzeugdefinition. Zu jedem Werkzeug wird dazu der Titel des Werkzeugs (unter dem es aufgerufen werden kann), der Benutzertyp des Werkzeugs (für den es bestimmt ist) und der Aufruf definiert. Ein Werkzeugaufruf kann aus mehreren einzelnen Programmaufrufen bestehen (ähnlich einer Batch-Datei). Werkzeugaufrufe können Parameter enthalten, die vom Benutzer beim Aufruf einzugeben sind.

Es gibt Systemwerkzeuge, die von PBV selbst direkt aufgerufen werden. Ein Beispiel dafür ist die Textverarbeitung.

3.5 Modularisierung und Portabilität

Die Modularisierung von PBV erfolgte unter zwei Gesichtspunkten:

o Objektorientierung,
o Portierbarkeit.

Die **Objekttypen** (syn.: Datentypen), auf denen die definierten Benutzertypen operieren, wurden in 3.2 genannt. PBV bietet Operationen auf diesen Objekttypen als Moduln an. Daneben gibt es eine Vielzahl von Dienstmoduln für Elementaroperationen, die von allen Moduln benutzt werden, z.B. **Funktionstasten**, **Bildschirm**, **Tastaturabfrage**, **Menüaufbau** u.v.a.m.

Die **Portierbarkeit** eines Softwaresystems ist nur zu einem Teil durch eine portable Sprache gegeben, hier C. Wie durch UNIX gezeigt wurde, entscheidet die Modularisierung maßgeblich über Erfolg oder Mißerfolg von Portierungsversuchen. (Näheres vgl. Thurner 85, Portabilität). Daher wurden beim Entwurf von PBV Moduln auch nach dem Kriterium Abhängigkeit vom Basissystem gebildet.

Beispiele für betriebssystemabhängige Moduln sind **Tastaturabfrage**, **NETWARE** (Low-Level Netzwerkfunktionen), **NETZ** (zusammengesetzte Netzwerkfunktionen), **PB-ZUST** (Abbildung der Zustände von Projekten und Dokumenten im Netz) und **SCREEN** (Low-Level Bildschirmfunktionen). Es wäre z.B. unsinnig, den Bildschirmaufbau nicht so effizient wie möglich zu machen. Dieser Service für den Benutzer ist nur unter Ausnutzung systemnaher Funktionen möglich.

Beispiele für betriebssystemunabhängige Moduln sind **FKEYS** (Funktionstastendefinition), **MENU** (Maskenverwaltung), **PROTOK** (Protokollerstellung) und **SCHIRM** (High-Level Bildschirmfunktionen).

Eine Portierung in ein MS-DOS-ähnliches System (baumförmige Dateistruktur!) wie z.B. UNIX scheint nicht sehr aufwendig. Allerdings ist der geschätzte Portierungsaufwand erheblich höher, als er für UNIX als bekanntestes portierbares System berichtet wird (10%, vgl. Thurner). Dies liegt daran, daß außer den Zugriffen zu externen Einheiten (wie bei UNIX) auch das gesamte Security-System portiert werden muß. Derartiges ist u.W. in UNIX nicht enthalten. Eine Portierung von PBV würde ca. 25% des Codes betreffen. Von einem Zielsystem muß verlangt werden, daß ein ähnlich komfortables und sicheres System für Zugriffsrechte zur Verfügung steht, wie dies das NOVELL-Netzbetriebssystem für MS-DOS bietet.

Bemerkenswert ist, daß 18% des Quellcodes auf die drei systemabhängigen Moduln OS (Operating System), **NETZ** (allgemeine Netzfunktionen) und **NETWARE** (Funktionen des verwendeten NOVELL-Netzbetriebssystems) entfallen. Dies zeigt, wie mächtig die Netz- und Sicherheitsfunktionen des verwendeten Basissystems sind. Bei einer Portierung auf UNIX wird man wohl auf ein Spezialprodukt zurückgreifen müssen.

4. Entwicklung und Einsatz von PBV

4.1 Entwicklung

Es war ein wichtiges Ziel, die späteren Benutzer frühzeitig in die Entwicklung einbeziehen, um eine sofortige Akzeptanz zu erreichen. Die Benutzer hatten bisher kein Werkzeug für die Softwaredokumentation verwendet; ihr Bewußtsein für die Einführung von Softwaretechnologie war zwar geschärft, die Vorstellungen darüber aber diffus. Dies ist eine für die breite Masse kleiner und mittlerer EDV-Anwender noch heute charakteristische Situation (vgl. Sneed 85, Softwareentwicklung).

Außerdem mußte der Entwickler, ein Diplomand der Informatik, erst ein "Gefühl" für ein solches Werkzeug bekommen, da er aus eigenem Erleben weder die Situation eines industriellen Softwareentwicklers noch die Benutzung eines Softwareentwicklungssystems kannte. Im Interesse eines professionellen Ergebnisses wurde die Arbeit vom zweiten Autor dieses Berichtes intensiv betreut. Der Betreuer konnte auf 10 Jahre Erfahrungen mit Softwareentwicklungssystemen zurückgreifen. Auch die Situation des Entwicklers von PBV kommt in Softwarehäusern nicht allzu selten vor (vgl. Schröder 85, Methodenstrategie).

Um die Defizite abzubauen, wurde von vornherein die Entwicklung mittels eines Prototyps und danach eine stufenweise (syn.: evolutionäre) Entwicklung vorgesehen (vgl. Floyd 81, Process Approach).

Der **Prototyp** war als Wegwerfprodukt konzipiert und bildete die Benutzeroberfläche ab. Er wurde in Turbo-PASCAL geschrieben. Er konnte wenige Wochen nach Entwicklungsbeginn mit den Softwareentwicklern durchgesprochen werden. Auf der Basis dieser Erfahrungen (über die Dialogoberfläche und die Erstellung des Prototyps) wurden der Softwareentwurf und die Realisierung der **Einplatzversion** unter MS-DOS durchgeführt. Sie steht als einsatzreifes Produkt zur Verfügung und wird z.B. von Softwarehäusern benutzt, die keinen Zugang zum Netz haben.

Als dritte Stufe erfolgte die Erstellung einer **Netzversion** auf Basis der Einplatzversion. Zu ändern waren vor allem die Funktionen der Benutzerverwaltung, die PBV vom Netzbetriebssystem importiert, während die Einplatzversion diese enthält. Ein gegenüber dem Betriebssystem konkurrierendes Sicherheitskonzept wäre unsinnig und sogar gefährlich gewesen.

4.2 Kosten

Aus Sicherheits- und Performancegründen wurde entschieden, die Workstations mit einer 20 MB Platte auszustatten. Ein PC professioneller Qualität kostet dann (ohne Softwarewerkzeuge):

- XT, 10 MHz getaktet, 640 KB	:	3.200 DM
- Host-Karte für IBM SNA	:	1.200 DM
- Netzkarte für Ethernet	:	1.100 DM
Σ	:	**5.500 DM**

Bei 12 Netzplätzen kommen pro Gerät **anteilig 4.000 DM** hinzu für: Server, Netzsoftware, Netzdrucker, Kabel mit Verlegung, Streamer für Datensicherung, anteilige Kosten für Ersatz-Server, 8 Lizenzen für Textsoftware (maximale Zahl gleichzeitiger Benutzer, empirisch ermittelt). Damit entfallen auf einen **Arbeitsplatz 9.500 DM** statt bisher 2.500 DM für einen Bildschirm. Die **zusätzliche** Möglichkeit, Software zu dokumentieren, kostet also **7.000 DM** Kaufpreis pro **Arbeitsplatz**.

Die uns bei Redaktionsschluß des Papiers bekannten Kosten für MAESTRO als Vergleichssystem betragen **31.250 DM pro Arbeitsplatz**. Bei einem System wie MAESTRO kommen noch **Wartungskosten** von ca. **30.000 DM pro Jahr** hinzu, bei PBV höchstens 5.000 DM für neue Software-Releases.

Wir werden auf der Tagung einen aktuellen Preisvergleich auf Basis der nach der CEBIT '89 veröffentlichten Preisliste für MAESTRO II vorlegen.

Bei einem Preisvergleich muß man jedoch beachten, daß die Leistungen von PBV und MAESTRO II sehr verschieden sind. Hinter beiden Systemen stehen unterschiedliche Einführungskonzepte für Softwaretechnik:

o mit PBV bekommt der Anwender die Leistungen, die er unbedingt und sofort braucht, um Softwaretechnologie einzusetzen. **PBV** ist ein **Minimal-Werkzeugkasten.**

o mit MAESTRO bekommt der Anwender den Leistungsumfang, den er nach einem <u>längeren Einführungszeitraum</u> evtl. braucht. **MAESTRO** ist ein **Maximal-Werkzeugkasten**, falls ein Maximum überhaupt definierbar ist.

4.3 Einführung

Sofort nach Fertigstellung wurde die Einplatzversion auf fünf Einzel-PCs eingesetzt. Die Beschränkung auf die Verwaltung der Textdokumentation als wichtigste Leistung von PBV erwies sich als nützlich. In der Softwaredokumentation mit Programmeditoren sehen viele Entwickler eine so massive Beschränkung dieser Arbeit, daß sie meist völlig unterbleibt. Die Textverarbeitung und die automatische Ordnung vieler Dokumente durch PBV wurde als hilfreich empfunden.

Es wurden jedoch auf Basis der Einzel-PCs auch schnell Probleme und Gefahren offenbar: Es gab Schwierigkeiten mit einer geregelten Datensicherung und bei der Bearbeitung größerer Projekte durch mehrere Entwickler gleichzeitig.

Als das Netz mit der Netzversion installiert wurde, war der Nutzen einer durch ein Werkzeug geregelten Arbeit offenbar. Der Netzadministrator mußte allerdings lernen, welche Bedeutung eine funktionierende und gut organisierte Datensicherung hat.

Die Einführung nahm ca. ein halbes Jahr in Anspruch. Dabei wird unter Einführung verstanden, daß alle Beteiligten Werkzeug und Umgebung einigermaßen verläßlich für Routinetätigkeiten benutzen können. Die Entwickler mußten lernen: MS-DOS, Handhabung eines PC, veränderte Tastaturbelegung in der Host-Emulation, Textverarbeitung, Benutzung von Standarddokumenten, einige Netzfunktionen.

4.4 Einsatz

Da für die Textdokumentation größerer Softwareprojekte überhaupt kein Werkzeug zur Verfügung stand, wurde die Einplatzversion noch während der Entwicklung von PBV ab Anfang 1988 sofort für reale Projekte eingesetzt. Es wurden drei Großprojekte mit

PBV abgewickelt:

- o **Tourensystem:** Teilweise Nachdokumentation; online-System: 15.000 LOC NATURAL, 10.000 LOC COBOL,
- o **Prämiensystem Außendienst:** Batch-System mit online-Pflege der Parameter: 6.000 LOC NATURAL, 16.000 LOC COBOL,
- o **Job-Redesign Rechenzentrum:** Einbau eines zentralen Moduls zum Setzen eines Conditioncodes in ca. 700 Batch-COBOL-Programme; dabei Erstellung einer rechnergestützten Job-Dokumentation.

Zum ersten Mal in der Firmengeschichte stand mit Fertigstellung einer Software auch eine Dokumentation zur Verfügung. Das Investitionsvolumen aller bisher mit PBV abgewickelten Projekte übersteigt 1 Mio DM.

4.5 Softwaretechnisches Konzept

Das softwaretechnologische **Einsatzkonzept** ist bewußt offen und unbürokratisch (vgl. auch Spitta 89, Engineering):

(1) **Entwicklung.** Je nach Problemstellung und Größe eines Projektes werden zu Beginn der Arbeiten die Dokumente festgelegt, die bearbeitet werden müssen. Dies ist bei sehr kleinen Projekten manchmal nur eine Spezifikation, die bei Fertigstellung in ein knapp gehaltenes Benutzerhandbuch überführt wird.

Bei **Dialogsoftware** wird das Benutzerhandbuch bereits für die Dialogkonstruktion in Form von Interaktionsdiagrammen angelegt. Bei **Batchsoftware** wird neben der Spezifikation eine Systemkonstruktion als Minimum verlangt, die nach Fertigstellung der Software in eine Jobdokumentation für das Rechenzentrum überführt wird.

(2) **Wartung.** Man muß sich darüber klar sein, daß der Wunsch nach völlig redundanzfreier Entwicklungsdokumentation praktisch nicht einlösbar ist. Z.B. ist ein Datenmodell (in PBV als Text oder von einem Werkzeug verwaltet) mit späteren Datenbankbeschreibungen (im Host) oder eine Spezifikation mit einem Hilfetext teilweise redundant.

Daher werden bei Projektende alle Redundanzen beseitigt und redundante Dokumente gelöscht oder gesichert. Mit PBV gewartet werden dann nur wenige Dokumente je System oder Teilsystem. Bei **Batchsoftware** ist dies immer die Jobdokumentation, bei **Dialogsoftware** das Benutzerhandbuch, das vorher gegenüber den online-Hilfetexten redundanzfrei gemacht wird. Durch die Zugriffsfunktionen von PBV auf Projekte resp. Systeme werden die Dokumente vom Entwickler auch schnell gefunden.

(3) **Versionsentwicklung.** Das Standarddokument Versionsdokumentation dient dem Sammeln neuer Anforderungen oder Änderungswünsche. Für die Bearbeitung einer neuen Version eines Systems wird das gesicherte Projekt wiedereröffnet (Standardoperation von PBV!) und alle benötigten Dokumente und Entwürfe aktualisiert.

(4) **Nachdokumentation.** Im Zuge der Wartung wird für undokumentierte Softwaresysteme eine knappe Nachdokumentation erstellt. Minimum sind ein verkürztes Benutzerhandbuch bei Dialogsoftware oder eine Jobdokumentation bei Batchsoftware. Letztere wird

bei größeren Änderungen als Konstruktion dem Entwickler als Ausgangspunkt für seine Überarbeitung zur Verfügung gestellt. Eine solche Konstruktion enthält als Minimum Hinweise und Schlagworte, unter welchen Suchbegriffen und in welchen Bibliotheken Quellprogramme, Datenbeschreibungen u.ä. zu finden sind.

Wir schätzen, daß auf diese Weise mit Hilfe von PBV im Laufe von drei Jahren der Softwarebestand eines mittelgroßen Anwenders dokumentiert werden kann. Diese Nachdokumentation muß Bestandteil der Routinetätigkeit in der Wartung sein und verlangt pragmatisches Augenmaß. Wer hier zu perfektionistisch vorgeht, wird keine durchgängige Dokumentation erhalten.

4.6 Systemstruktur in Projektbibliothek und Host

In PBV entsteht eine baumförmige Struktur von Anwendungssystemen. Sie hat keine technische Verbindung zu den Programmbibliotheken des Host. Die Strukturen von PBV und Host müssen per Konvention durch Verwendung gleicher Systemnamen einander angeglichen werden. Dies wird von Zeit zu Zeit durch Abgleichprogramme überprüft.

5. Entwicklungsplanung

5.1 Datensicherung über Zentralrechner

Eine regelmäßige Datensicherung des Servers ist unabdingbar. Sie ist jedoch selbst mit einer spezialisierten und komfortablen Streamer-Software noch zu aufwendig; mit Spiegelplatten auf dem Server aber zu teuer (> 40.000 DM). Daher wird mittelfristig die Datensicherung durch automatisch anlaufende Programme über den Host abgewickelt. Hierzu müssen die zu sichernden Daten über Filetransfer auf Host-Platten überspielt werden, wo sie im Zuge der routinemäßigen Sicherung, die ohnehin zweimal täglich im Rechenzentrum abläuft, gesichert werden.

5.2 Standortübergreifend verteilte Projektbibliothek

Nach Lösung des Datentransferproblems auf den Host ist es nur noch ein kleiner Schritt bis zur echt verteilten Projektbibliothek. Vatter & Palme verfügt über ein zweites Werk in Schongau. Dort ist ebenfalls eine Entwicklungsmannschaft tätig. Es werden z.Zt. Einplatzversionen von PBV eingesetzt. Es ist technisch kein Problem, nach Installation einer Netzversion am zweiten Standort Dokumente über den Zentralrechner auszutauschen. Neben der relativ einfachen Entwicklung von verschiedenen Projekten ist sogar eine Entwicklung mit Teams in denselben Projekten möglich, die über beide Standorte verteilt sind.

Das Trägersystem für den Datentransfer kann nach wirtschaftlichen Gesichtspunkten bestimmt werden, da sowohl Datex-P /-L, als auch Teletex als auch BTX möglich sind.

Danksagung: Wir danken Prof. W.-M. Lippe, Universität Münster sowie den uns unbekannten Gutachtern der Tagung für Anregungen und Hinweise.

Literatur

Abkürzungen: CW = Coputerwoche; ICSE = International Conference on Software Engineering; IFB = Informatik-Fachberichte.

Denert 79, Project Library
Denert, E.: The Project Library - A Tool for Software Development, 4th ICSE, München 1979, pp.153-163.

Denert 80, Projektmodell
Denert, E., Hesse, W.: Projektmodell und Projektbibliothek: Grundlagen zuverlässiger Software-Entwicklung und Dokumentation, in: Informatik-Spektrum 3(1980) H.4, S.215-228.

Dolotta 76, Workbench
Dolotta, T.A., Mashey, J.R.: An Introduction to the Programmer's Workbench, in: 2nd ICSE, pp.164-168, San Francisco 1976.

Floyd 77, Programmentwicklungssystem
Floyd, Ch.: Interaktives Programmentwicklungssystem auf Kleinrechnerbasis. Forschungsbericht DV 77-02 BMFT, Bonn 1977.

Floyd 81, Process Approach
Floyd, Ch.: A Process-oriented Approach to Software Development, in: Systems Architecture, Proc. of the 6th European ACM Regional Conference, Westbury House 1981, pp.285-294.

Floyd 85, Große Systeme
Floyd, Ch., Pasch, J.: Methoden für den Entwurf großer Softwaresysteme, in: Morgenbrod, H., Remmele, W. (Hrsg.): Entwurf großer Softwaresysteme, Teubner, Stuttgart 1985, S.12-37.

Höping 88, Projektbibliothek
Höping, F.-J.: Eine einfache und kostengünstige Projektbibliothek mit Implementierung in einem PC-Netz, Diplomarbeit FB Mathematik (Informatik), Univ. Münster 1988.

Schröder 85, Methodenstrategie
Schröder, M.: Erfahrungen bei Aufbau und Etablierung einer integrierten Methoden- und Werkzeugstrategie, in: CW/CSE (Hrsg.): Software-Engineering und Informations-Management: Software-Forum '85, CW/CSE, München 1985, S.287-323.

Sneed 85, Softwareentwicklung
Sneed, H.: Zum Stand der Softwareentwicklung bei den deutschen Anwendern, in: Softwaretechnik-Trends 5(1985) H.2, S.73-89.

Spitta 85, Anforderungsprofil
Spitta, Th.: Anforderungsprofil und Topologie eines verteilten Software-Entwicklungssystems, in: Hansen,R. (Hrsg.): GI/OCG/ÖGI-Jahrestagung 1985 Wien, IFB 108, Springer, Berlin - Heidelberg - New York 1985, S.585-603.

Spitta 89, Engineering
Spitta, Th.: Software Engineering und Prototyping - Eine Konstruktionslehre für administrative Softwaresysteme, Springer, Berlin - Heidelberg - New York et.al. 1989.

Thurner 85, Portabilität
Thurner, R.: Software-Portabilität - Die Rückversicherung für Software-Investitionen, in CW/CSE 85, Software-Forum, S.85-119.

Eine umfassende Entwicklungsumgebung für große Programmsysteme

Knut Ripken
Rational
18, rue Gounod
F-92210 Saint-Cloud

Zusammenfassung

Die Hauptmerkmale einer modernen Entwicklungsumgebung, die eine modulare und abstrakte Ausdrucksweise erlaubt, werden in Beziehung zu einer erfolgreichen Vorgehensweise bei der Entwicklung großer Programmsysteme gesetzt. Die Umgebung ist Rationals R1000 Entwicklungssystem. Entwicklung wird als ein iterativer Prozeß diskutiert, der, ausgehend von sehr frühen Versionen, die möglichst die Architektur des gesamten Systems erfassen, über eine Reihe von Vervollständigungsschritten zum Erfolg des Projekts führt.

1. Einleitung

Der Fortschritt in vielen Bereichen unseres Lebens hängt heute von unserer Fähigkeit ab, große, komplexe Programmsysteme erfolgreich entwickeln und warten zu können. Nicht nur in militärischen, in Luft- und Raumfahrtanwendungen und in Nachrichtenvermittlungssystemen wachsen die Programmsysteme bekanntlich an, sondern auch im industriellen und tertiären Bereich, wo die informationsverarbeitenden Systeme heute immer mehr gesamte Organisationen erfassen und steuern, indem sie konventionelle Datenverarbeitung mit Echtzeitprozeßsteuerung verbinden. Es ist heute anerkannt, daß solche Systeme ohne geeignete Ausdrucksmittel und Werkzeuge nicht erstellt werden können, wenngleich die Praxis diese Erkenntnis in den meisten Fällen eklatant verleugnet.

Ziel dieses Vortrags ist es, zu umreißen, wie eine existierende und vielfach erprobte umfassende Programmentwicklungsumgebung die Entwicklung großer Systeme unterstützen kann. Diese Entwicklungsumgebung ist die Umgebung von Rational (Rational R1000 Entwicklungssystem oder auch *Rational Environment*, im folgenden kurz RE). Ihr Hauptausdrucksmittel ist die Programmiersprache Ada mit den Derivaten einer Programmentwurfssprache (Ada-PDL) und einer Zwischensprache (DIANA [Evans et al. 83]). Daß wir hier jedoch von einem ganz bestimmten Entwicklungssystem und einer ganz bestimmten Ausdrucksweise sprechen, hat wenig Bedeutung. Worauf es uns ankommt, ist, die Hauptmerkmale eines modernen Entwicklungssystems, das eine modulare und abstrakte Ausdrucksweise erlaubt, in Beziehung zu einer erfolgreichen Vorgehensweise bei der Entwicklung großer Programmsysteme zu setzen.

RE wurde von Rational von 1980 an in Kalifornien entwickelt und ist seit 1985 im Einsatz in großen Projekten bei mehr als 30 bedeutenden Firmen in Europa, Japan, Australien und den USA. Rationals Firmenziel ist es von Anfang an gewesen, mit RE die Entwicklung großer Programmsysteme erheblich im Vergleich zur vorhandenen Praxis zu verbessern bzw. überhaupt zu ermöglichen [Bond 87]. Wegen ihrer guten softwaretechnischen Eigenschaften wählte Rational Ada als Systemimplementierungssprache wie auch als Ziel- und Benutzersprache des RE.

RE ist aus verschiedenen Gründen zur Entwicklung großer Programmsysteme geeignet :

- RE unterstützt den individuellen Entwickler, indem es ihn produktiver macht und ihm Verfahren zur Verfügung stellt, die ihm das Verständnis seines Beitrags zum Projekt erleichtern.
- RE unterstützt das Team durch Konfigurations- und Versionsverwaltungsverfahren, die paralleles Entwickeln, unabhängiges Testen und Integrieren in effizienter Weise ermöglichen und damit die Verantwortlichkeit und Motivation erhöhen.
- RE unterstützt die Entwicklungsorganisation durch die Offenheit des RE, das Anpassungen an spezielle Projektanforderungen und das Einbeziehen fremder Werkzeuge fördert, die auch in verschiedenen Arbeitsplatz- und Dienstrechnern im Netzwerksverbund ablaufen können.

Hier werden wir viele Merkmale von RE mit Ausnahme der Konfigurations- und Versionsverwaltung nur kurz beschreiben - ausführlichere Darstellungen finden sich in [Archer und Devlin 86], [Rational 87], [Ripken 87]. Wir werden hauptsächlich diskutieren, wie große Programmsysteme mit einer umfassenden Enwicklungsumgebung wie RE angegangen werden können, so daß das Risiko eines Mißerfolgs unter Kontrolle gebracht wird.

2. Grundlegende Mittel

Der Mehrheit der Softwareentwicklungsumgebungen, die heute für die professionelle Entwicklung von Programmsystemen kommerziell angeboten werden, liegt eine recht klassische Technologie zugrunde, letztendlich dieselbe Technologie, mit der die Werkzeuge gebaut wurden, die schon vor zwanzig Jahren wenig komplexe Software schreiben halfen. Im wesentlichen nämlich bestehen diese Umgebungen aus einer Sammlung von einzelnen Werkzeugen für den Stapelbetrieb. Die ausgiebigen intra- und intermodularen semantischen Überprüfungen, die einer der Trümpfe Adas sind, werden zur Bürde. RE entspricht dem innovativen Technologieschritt Adas und ermöglicht es durch konsequente Ausbeutung von Interaktivität und Integration, die guten Richtlinien der Softwaretechnik anzuwenden und vollen Gewinn aus einer Sprache wie Ada zu ziehen, die für die Entwicklung großer und komplexer Systeme geschaffen ist. (Eine Übersicht zum Stand der Ada-Umgebungen gibt [Wehrum 88].)

RE ist ein integriertes Hard- und Softwaresystem. Die Architektur des R1000 Prozessors ist gemäß dem Laufzeitmodell eines Ada-Programms und für sehr schnelle Operationen auf großen Datenbeständen entworfen [Caruso 85, Stevenson 87]. So ist der R1000 für die Ausführung der Entwicklungsumgebung optimiert, die selbst ein Ada-Programm von mehr als einer Million Zeilen Ada-Code ist. Die Umgebung ersetzt ein konventionelles Betriebssystem. Ihre Dienste sind durch drei Mittel stark integriert: eine konsistente Benutzerschnittstelle auf der Grundlage von Mehrfenster-, Objekt-orientierten Editoren, die Sprache Ada und eine Zwischensprache zur Darstellung des semantischen und syntaktischen Gehalts von Ada-Programmen (DIANA).

RE kennt mehrere Typen von Objekten (z. B. *Ada-Einheit, Datei, Katalog, Konfiguration, Teilsystemsicht*), die auf der Grundlage eines generischen Objektverwaltungssystems verwaltet werden [Levy und Ripken 87]. Grundoperationen sind allen Editoren gemeinsam. Der Benutzer wirkt auf die Objekte im allgemeinen durch ihre interaktiven Objekteditoren. Sämtliche Dienste des RE bauen auf dem Objektverwaltungssystem, das generelle Klassen- und Teilklasseneigenschaften implementiert und grundlegende Lösungen für Synchronisations-, Unteilbarkeits- und Lebensdaueraspekte bietet. Allgemeine Objektoperationen wie die Erzeugung, Löschung, Zugriffskontrolle, Konfigurations- und Versionsbildung und die Aufzeichnung von Erzeugungsabhängigkeiten werden im Objektverwaltungssystem abgehandelt. Die Integration der konfigurations- und versionsbezogenen Operationen mit den Objektabhängigkeitsrelationen im Objektverwaltungssystem ist ein entscheidender Vorteil: die Konfigurationsverwaltung kennt den Einfluß der Erzeugung neuer Versionen auf die Abhängigkeitsrelationen und kann somit Konsistenzüberprüfungen durchführen. Ein Beispiel ist im Falle der Ada-Übersetzungsabhängigkeitsrelation die Signalisierung aller obsolet werdenden Einheiten als Folge von Änderungen.

Damit ein Benutzer des RE komplizierte semantische Beziehungen interaktiv abfragen kann, sind alle Objekte direkt adressierbar im virtuellen Speicher. Es ist typisch, daß eine Benutzerabfrage hunderte von Objekten wie auch hunderte von Speicherseiten berührt. Die Hardwareunterstützung des R1000 macht diese Operationen als interaktive Operationen möglich.

Ada ist die Kommandosprache. Ganze Ada-Programme können als Kommandosequenzen auf einen Tastendruck hin wie interpretiert ausgeführt werden. Zu sämtlichen Systemdiensten gibt es Programmschnittstellen in Ada. Jeder Katalog ist gleichermaßen eine Ada-Programmbibliothek.

Ada-Objekte werden als DIANA-Strukturen abgespeichert. Der Ada-Objekteditor greift auf die vollständige syntaktische und semantische Information zu, die diese Darstellung bietet, und erlaubt so inkrementelle Operationen.

Alle Werkzeuge, die Rational anbietet, ob sie nun Bestandteil der grundlegenden Umgebung sind, wie inkrementelle Übersetzung, interaktives, semantisches *Browsing*, automatische minimale Wiederübersetzung, Konfigurations- und Versionsverwaltung, automatische Systemintegration aus Teilsystemversionen und Projektführung, oder auf dieser aufbauen, wie die Entwurfsunterstützung, automatische

Dokumenterstellung und die Crossentwicklungswerkzeuge, sind gleichermaßen vollständig durch die drei genannten Mittel integriert.

3. Unterstützung des einzelnen Entwicklers

Der Nutzen der Interaktivität und Integration des RE für den Entwickler kann durch eine Vielfalt von vorteilhaften Handlungsweisen und Mitteln belegt werden. Letztendlich besteht der Hauptnutzen darin, daß der Benutzer derart von allen automatisierbaren sekundären Tätigkeiten befreit wird, daß er sich voll und ganz auf seine Hauptaufgabe konzentrieren kann: den Entwurf und die Entwicklung von Software höchster Qualität im Rahmen eines Projektes.

Die homogene Benutzerschnittstelle (Ada, Objekteditoren) erleichtert das anfängliche Lernen und eliminiert späteres Wiedererlernen (wie oft hat der Autor als gelegentlicher Benutzer von Unix-Ausdrucksweisen diese wiedererlernen müssen!). RE bietet reiche Möglichkeiten der persönlichen Umgebungsanpassung, z. B. Sitzungs- und Bibliotheksparameter und individuelle Bindung von Kommandos an Tasten oder Menueinträge. Da Ada die Kommandosprache ist und alle Dienste Ada-Schnittstellen haben, kann ein Benutzer sich mühelos Werkzeuge schaffen.

Die interaktiven Objekteditoren lassen rasch auf alle Informationen zugreifen. Der Ada-Editor schreibt mit Hilfe von syntaktischer und semantischer Vervollständigung von Fragmenten den größten Teil eines Programms automatisch. Bei Benutzung der Ada-PDL ist die Erzeugung der Annotationen in den Ada-Editor eingebaut. Der Editor des Konfigurationsverwaltungs- und Versionskontrollsystems (CMVC) ermöglicht komplexe Operationen in sicherer und interaktiver Weise.

Übersetzung ist weitgehend inkrementell, damit langwierige Wiederübersetzungen vermieden werden [Wilcox und Larsen 85]. Die Überprüfung von Ada-PDL-Regeln ist in den Übersetzer integriert. Der Benutzer kann nicht versehentlich Spezifikationen mit vielen abhängigen Einheiten verändern. Bibliotheken oder Teile von Bibliotheken können selbstverständlich automatisch übersetzt werden, ohne daß der Benutzer über Abhängigkeiten buchzuführen braucht. Die Debuggerschnittstelle ist identisch für Tests auf der Entwicklungsmaschine und auf der Zielmaschine.

Interaktive semantische Abfragen (*Browsing, Tracing*) führen augenblicklich zur verlangten Information. Abfragen können sich von der erzeugten Dokumentation zu Ada-PDL und hin zu Ada-Code erstrecken. Anforderungsspezifikationen können interaktiv zurückverfolgt werden.

Buchhaltungsoperationen für die Projektführung geschehen weitgehend automatisch im Hintergrund. Der individuelle Entwickler arbeitet gern in einer solchen Umgebung. Sie fördert seine Kreativität und Produktivität, selbst wenn er Mitglied eines Teams ist und als solches Projektführungs- und Produktverwaltungsverfahren unterworfen ist; denn auch diese sind weitgehend automatisiert, so daß sie keine im allgemeinen als ärgerlich empfundene Zusatzarbeit erfordern.

4. Teamunterstützung

Teamunterstützung erfolgt vor allem durch das Konfigurationsverwaltungs- und Versionskontrollsystem (CMVC) des RE. Eine ausführliche Darstellung findet sich in [Morgan 88]. Wir beschränken uns hier auf eine Aufzählung seiner Leistungen und eine kurze Darstellung der Verfahren, die unabhängiges Entwickeln und Testen und eine flexible Systemkonstruktion ermöglichen.

CMVC bietet Techniken für die Zerlegung großer Programmsysteme, die Bibliotheksverwaltung, Konfigurationsverwaltung, Quellenverwaltung und Projektführung. CMVC unterstützt die Modularitäts, Abstraktions- und Wiederbenutzungsmerkmale von Ada. Das grundlegende Konzept ist dabei das *Teilsystem* (*Rational Subsystem*™) als eine zum Ada-Paket analoge Struktur auf einer höheren Abstraktionsebene. Wie ein Ada-Paket eine Sammlung von Deklarationen ist, ist ein Teilsystem eine Sammlung von Objekten wie Ada-Einheiten, Dokumenten und Testdaten. Wie ein Ada-Paket, sozusagen als Vertrag zu den es in einer *with*-Klausel erwähnenden Ada-Einheiten, Deklarationen in seinem sichtbaren Spezifikationsteil exportiert und sie alle in seinem Rumpf implementiert, so exportiert ein Teilsystem, sozusagen als Vertrag zu anderen es importierenden Teilsystemen, einige Objekte, und zwar vornehmlich Ada-Spezifikationen, und enthält in seinem Implementierungsteil alle Objekte.

Über diese Analogie hinausgehend, existieren die Objekte in einem Teilsystem allerdings im allgemeinen in mehreren *Generationen*, die die verschiedenen Zustände eines Objekts im Laufe der Zeit widerspiegeln. Wählt man eine Generation für jedes Objekt des Teilsystems aus, so bekommt man eine *Sicht* (*view*) des Teilsystems , d. h. eine Quellkonfiguration, die im allgemeinen auch die Dokumentation und Testdaten einschließt.

Wird ein Teilsystem aufgebaut, so besteht es zunächst aus einer Implementierungssicht (*load view*), die gleichzeitig auch Ada-Programmbibliothek ist. Hat die Entwicklung in dieser Sicht einen Freigabezustand erreicht, wird die Sicht als eingefrorene *Baseline* freigegeben, und die weitere Entwicklung erfolgt vom gleichen Zustand aus in einer Arbeitssicht. Hat das Teilsystem eine Schnittstelle zu anderen Teilsystemen zu exportieren, so wird eine Spezifikationssicht (*spec view*) aus der Implementierungssicht erzeugt. Im Laufe der Zeit entwickelt sich ein Teilsystem so über eine Folge von Sichten im Spezifikationsteil wie im Implementierungsteil. Die Figur veranschaulicht dies.

Importiert ein Teilsystem T1 ein anderes Teilsystem T2 - ein Teilsystem kann selbstverständlich mehrere Teilsysteme importieren -, so heißt das, daß die Elemente der von T2 exportierten Sichten in T1 sichtbar sind. Eine gegebene Sicht von T1 kann aber nur genau eine exportierte Sicht von T2 importieren. Im

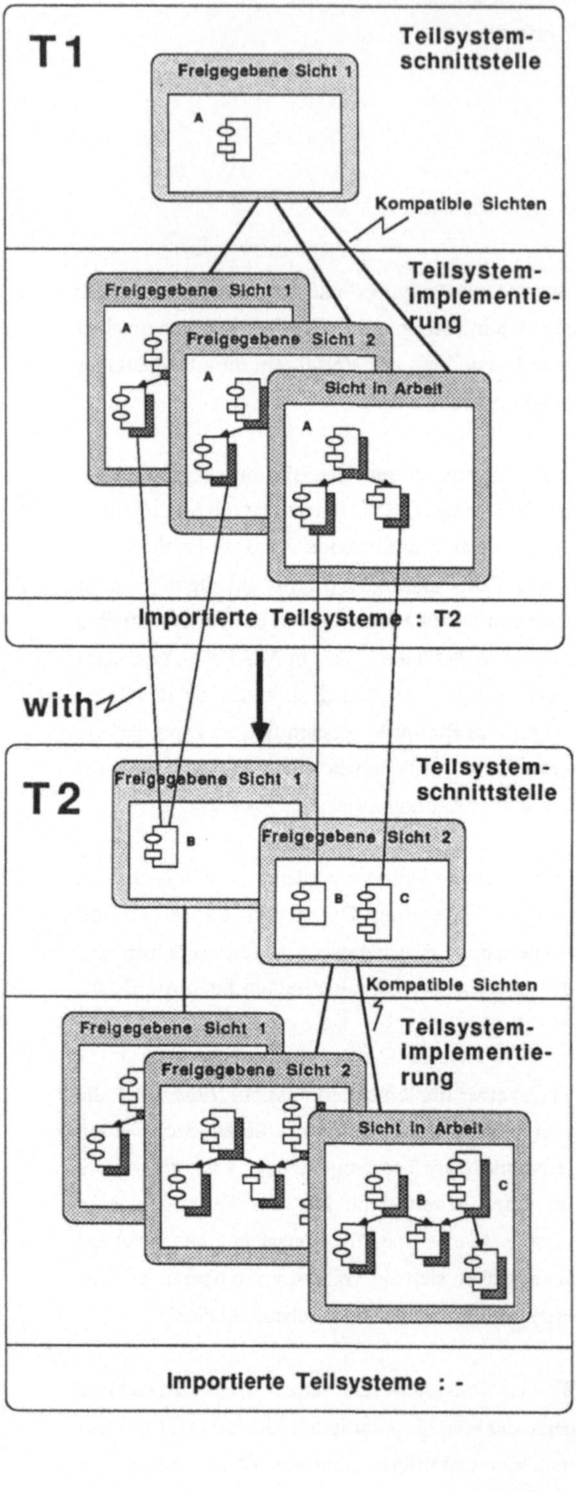

T1

Teilsystem-schnittstelle

Freigegebene Sicht 1

A

Kompatible Sichten

Teilsystem-implementierung

Freigegebene Sicht 1

Freigegebene Sicht 2

Sicht in Arbeit

Importierte Teilsysteme : T2

with

T2

Teilsystem-schnittstelle

Freigegebene Sicht 1

B

Freigegebene Sicht 2

B C

Kompatible Sichten

Teilsystem-implementierung

Freigegebene Sicht 1

Freigegebene Sicht 2

Sicht in Arbeit

B C

Importierte Teilsysteme : -

Teilsystem	Spezifikation	Implementierung
T1	Sicht 1	Sicht 2
T2	Sicht 1	Sicht 1

Aktivität 1

Teilsystem	Spezifikation	Implementierung
T1	Sicht 1	Sicht in Arbeit
T2	Sicht 2	Sicht 2

Aktivität 2

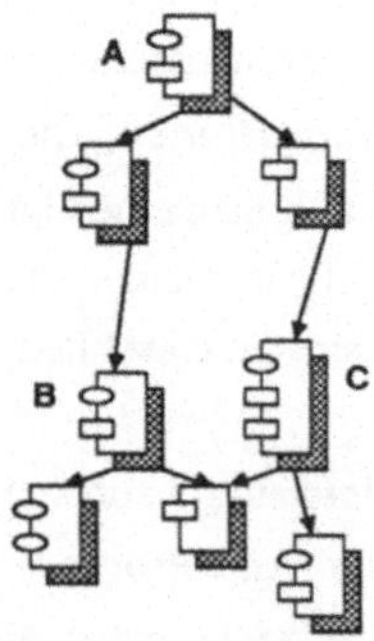

Gemäß Aktivität 2 ausgeführtes Programm

Beispiel der Figur importiert die Arbeitssicht der Implementierung von T1 die freigegebene Sicht 2 der Schnittstelle von T2. Die in der Arbeitssicht befindlichen Ada-Einheiten können damit unter der Sichtbarkeit der exportierten Ada-Spezifikationen B und C übersetzt werden.

Ein Teilsystem enthält also im allgemeinen mehrere Implementierungssichten. Jede stellt eine alternative Implementierung des Teilsystems dar. Damit ein Gesamtsystem ausgeführt werden kann, muß aus jedem Teilsystem eine Implementierungssicht ausgewählt werden. Dies geschieht mit Hilfe eines Objekts des RE, das *Aktivität* genannt wird. In der Figur sind zwei verschiedene ausführbare Systeme definiert. Binder und Lader bringen ein System mit Hilfe der Aktivität in konsistenter Weise zur Ausführung, d. h. nach Überprüfung der Kompatibilität zwischen den exportierten Sichten und den Implementierungssichten. Kompatibilität ist schwächer als Gleichheit : die Implementierungssichten müssen alle Spezifikationen in der Exportsicht implementieren, können aber zusätzliche Leistungen implementieren.

Die Vorteile des Teilsystemkonzepts und der damit verbundenen in das RE integrierten CMVC-Werkzeuge sind bedeutend:

- Der Entwurf eines großen Systems kann auf einer höheren Abstraktionsebene ausgedrückt werden als der von Ada-Einheiten.
- Schnittstellen zwischen Teilsystemen können ausgedrückt und verwaltet werden.
- Die Beschreibbarkeit von Import- und Exportbeziehungen zwischen Teilsystemen und deren Verwaltung durch CMVC erlaubt es, die Qualität eines Entwurfs zu wahren.
- Die Trennung von Spezifikation und Implementierung eines Teilsystems und dessen Fähigkeit, in verschiedenen Sichten existieren zu können, entkoppeln von Übersetzungsabhängigkeiten zwischen Teilsystemen. Teams, die verschiedene Teilsysteme eines Gesamtsystems entwickeln, können so unabhängig voneinander entwickeln.
- Teams und Integrierer können unabhängig voneinander im Systemzusammenhang testen.
- Teilsysteme können mit Hilfe von Aktivitäten frei zu einem Gesamtsystem kombiniert werden. Die vom RE durchgeführten Kompatibilitätsüberprüfungen erfordern wesentlich weniger Aufwand als die Wiederübersetzung eines gesamten Systems.

Diese Eigenschaften des RE bilden die Grundlage für eine iterative Entwicklung eines großen Systems, wie sie im Abschnitt 6 diskutiert wird. Insbesondere können verschiedene Sichten als Varianten aufgefaßt werden. Eine Variante kann z. B. Zielsystemfunktionalität auf dem Entwicklungsrechner simulieren, während eine andere Variante über *Remote Procedure Call* Code auf der Zielmaschine zur Ausführung bringt. Die Möglichkeit, mit parallelen Sichten und Integrierungssichten zu arbeiten, die Objekte gemeinsam haben können, erhöht darüberhinaus die Flexibilität. Der hier zur Verfügung stehende Raum erlaubt es leider nicht, noch näher auf den reichen Leistungsumfang von CMVC einzugehen.

5. Offener Einsatz

Große Systeme sollten mit Hilfe der bestmöglichen Werkzeuge entwickelt werden. Die Teams sind groß, die Entwicklungs- und Wartungszeiträume sind lang. Selbst ein noch so umfassendes Entwicklungssystem bedarf einer Anpassung an neue Bedürfnisse oder einer Ergänzung durch spezielle Werkzeuge im Laufe des Projekts oder ganz allgemein während seiner Lebensdauer in einer Organisation.

RE ist darauf ausgerichtet, im Netzwerkverbund Softwareentwicklungsdienste anzubieten, die mit anderen Werkzeugen, auf dem Markte erworben oder im Hause entwickelt, integriert werden können:

- TCP/IP mit FTP, *Telnet* und *Remote Procedure Call* ermöglichen die Kommunikation mit anderen Rechnern über Ethernet.
- Das *Rational X Interface* ermöglicht den Zugriff auf RE von einem Arbeitsplatzrechner wie Sun oder Vaxstation aus auf der Basis von X-Windows.
- Die *Target Build Utility* automatisiert die Codeerzeugung auf einer zweiten Entwicklungsmaschine, auf der ein Übersetzer für eine bestimmte Zielmaschine läuft, für die keine Rational Cross-Entwicklungswerkzeuge existieren.
- Alle Dienste des RE können über Ada-Schnittstellen angesprochen werden. Dies bedeutet, daß Programme geschrieben werden können, die beliebige Informationen zwischen dem RE und anderen Werkzeugen austauschen können, vorausgesetzt, letztere sind ebenso offen wie RE.
- Das RE bietet insbesondere Schnittstellen zu Ada-Programmen, die es erlauben, Werkzeuge zu entwickeln, die die Syntax und Semantik von Ada-Programmen ausnutzen, z. B. zu Zwecken der Qualitäts- und Komplexitätsanalyse, Kostenschätzung und Testumgebungserzeugung.

Mehrere Teile des RE sind anpaßbar. So können im Falle der Entwurfswerkzeuge die Ada-PDL und die automatisch zu erzeugenden Dokumente frei definiert werden [Kruchten 88]. Rational bietet z. B. volle Unterstützung für DoD 2167 und DoD 2167A durch entsprechende Definitionen der PDL und der Dokumente auf der Grundlage derselben Editor-, Übersetzungs- und Dokumenterzeugungsverfahren an [Bachman 87].

RE ist wegen seiner Offenheit der ideale Kern einer modernen firmeneigenen integrierten Softwareentwicklungsumgebung. Als solchen haben es z. B. Rockwell Commercial Avionics und Ferranti Computer Systems [IDR 88] gewählt.

6. Vorteile bei der Entwicklung großer Systeme

Nach dieser Skizzierung der wesentlichen Eigenschaften des RE umreißen wir im folgenden qualitativ ihre positiven Auswirkungen auf die Entwicklung großer, komplexer Programmsysteme. Dabei kommt Rationals Überzeugung zur Sprache, daß solche Programmsysteme am besten in einem sehr iterativen Prozeß entwickelt werden, der, ausgehend von sehr frühen Versionen, die möglichst die Architektur des gesamten Systems erfassen, über viele Vervollständigungsschritte zum Erfolg des Projekts führt.

Risiko-minderndes evolutionäres Vorgehen
Kein großes Programmsystem kann von Anfang an als endgültig und richtig entworfen angesehen werden. Komplexe Systeme durchlaufen immer mehrere Entwicklungsstadien, in denen sie grundlegend abgeändert werden oder in denen zumindest ihre Teilsysteme sich wandeln. Aber anstatt diese Wandlungen als Nachteil zu empfinden, kann man sie im Gegenteil zum Vorteil bei der Entwicklung großer Systeme wirken lassen: indem man nämlich ein risiko-minderndes evolutionäres Vorgehen wählt, das, so paradox es auch zunächst klingen mag, fortlaufende Systemänderungen zu einem Mittel des Fortschritts erhebt.

Dies ist ganz offensichtlich nur möglich, wenn Systemänderungen vollständig beherrschbar und leicht zu bewerkstelligen sind. RE selbst ist aus einem solchen evolutionären Vorgehen entstanden, und die dabei gemachten Erfahrungen haben sich in den Leistungen des RE niedergeschlagen. Daher ist RE genau dafür geeignet, Evolution zu ermöglichen, frühe Lieferversionen zu erzeugen, die Änderungen an Objekten, Teilsystemen wie auch ganzen Systemversionen zu ermöglichen und zu verwalten und dem Projektleiter, den Entwicklern und dem Endkunden Änderungen vollständig sichtbar und zurückverfolgbar zu machen.

Ein solches evolutionäres Vorgehen ist gemäß der Erfahrung, die Rational und seine Kunden teilen, sinnvoll und erfolgreich [Fors und Olsson 87]. Rational brachte sein System 1985 auf den Markt. Damals bestand es aus etwa 800 000 Zeilen Ada-Code. Dank Objekt-orientierter Softwaretechniken, einer in den Grundzügen richtigen Architektur, die schon die erste ausgelieferte Systemversion auszeichnete, der notwendigen Werkzeugunterstützung in Form des RE selbst und einer verantwortlichen Einstellung des Entwicklerteams hat Rational nicht nur das ausgelieferte System über die letzten Jahre hinweg warten können, sondern es so wesentlich anreichern können, daß sein Codeumfang und vor allem natürlich sein Leistungsumfang heute zumindest verdoppelt sind. Für Rational war es als junge, unabhängige *Start-up*-Firma lebensnotwendig, im Rahmen eines evolutionären Vorgehens Änderungen meistern und so das Risiko verringern zu können; Rationals Zukunft hing ganz von seiner Fähigkeit ab, ein komplexes Softwaresystem, wie es das RE darstellt, erfolgreich entwickeln und weiterentwickeln zu können.

Frühe Versionen stabilisieren die Architektur.
Eine erste Systemversion besteht im allgemeinen aus noch skizzenhaften Spezifikationen aller Teilsysteme und unvollständigen oder vorläufigen - aber natürlich sinnvollen und möglichst korrekten - Implementierungen dieser Spezifikationen. RE ermöglicht unvollständige Implementierungen mit Hilfe von Platzhaltern. Programme mit Platzhaltern sind ausführbar. Platzhalter können zu einem geeigneten späteren Zeitpunkt durch ihre Implementierungen ersetzt werden. Eine erste unvollständige Implemen-

tierung sollte es gestatten, wichtige Abläufe des Gesamtsystems auszuführen.

Frühes Ausführen dient dem Zwecke, die grundlegenden Entwurfskonzepte und die risikobehafteten Teile von der Gesamtsystemperspektive aus zu überprüfen. Frühes Ausführen fördert das Verständnis der statischen Abhängigkeiten und der dynamischen Wechselbeziehungen zwischen den Teilsystemen. Es kann Entwurfsfehler bezüglich der Verteilung der verschiedenen Leistungsfunktionen auf die verschiedenen Komponenten, d.h. Entwurfsfehler in der Objekt-orientierten Architektur entdecken helfen. Bei zeitkritischen Systemen können die elementaren Kommunikationsdienste zunächst auf dem Entwicklungssystem simuliert werden. Aus den Ergebnissen können Schlußfolgerungen über die zu erwartende Systemleistungsfähigkeit gezogen werden, die eine rein theoretische Analyse ergänzen oder ersetzen können.

Die Verfeinerung und Verfestigung des Entwurfs hat gestaltenden Einfluß auf die Projektorganisation. Die Entwurfskomponenten werden auf Teilsysteme abgebildet. Die Teilsysteme sind ebenfalls der Bezugsraum für alle Werkzeuge des RE, die den Entwurf, die Dokumenterzeugung, die Konfigurations- und Versionsverwaltung, Freigaben und die Projektführung unterstützen. Einem Team die Verantwortung für die Erstellung eines Teilsystems zu übertragen, heißt daher, es für alle Gesichtspunkte eines logisch zusammenhängenden Teils des Gesamtsystems verantwortlich zu machen. Das evolutionäre Vorgehen legt den Teams nahe, sich frühzeitig darauf zu konzentrieren, die Teilsystemschnittstellen auszuarbeiten, so daß das Teilsystem seine Aufgabe im Gesamtsystem erfüllt.

Systemversionsfolgen vermindern das Planungsrisiko.
Wenn der Objekt-orientierte Entwurf eine hinreichend stabile Architektur und Projektgliederung erzeugt hat, schließt sich an die frühe Version eine volle Systemversion oder vielmehr eine Reihe von Systemversionen an. Jede dieser Versionen implementiert das Gesamtsystem, jedoch mehr oder weniger vollständig und vorläufig. Die Teams arbeiten unabhängig voneinander, aber parallel, und testen ihre Teilsysteme im Zusammenhang des Gesamtsystems. Die Erfahrung hat gezeigt, daß Teams sich auf diese Art und Weise frühzeitig auf ihre Leistungen und Beiträge im Rahmen des gesamten Projekts konzentrieren. Wenn eine Systemversion mit zwar eingeschränkter, aber wohldefinierter Funktionalität gebaut worden ist, dann können die Teams sagen: "Das System leistet dies und jenes heute" anstatt "Das System wird morgen dies und jenes leisten." Teams lassen sich außerdem in ihrer Arbeit von der Fragestellung leiten, "Wie können wir zur Leistung des Gesamtsystems beitragen?", anstatt zu versuchen, sich entsprechend der Fragestellung "Welche Schnittstellen können wir von anderen Teams fordern, damit wir unser Teilsystem zum Laufen bringen können?" ihrer Projektverantwortung zu entziehen. Eine verantwortliche Teamhaltung hilft vermeiden, daß Teams untereinander über ihre Schnittstellen feilschen und die Systemarchitektur sich dadurch verschlechtert, daß Funktionen unpassenden Teilsystemen zugeteilt werden aufgrund von Verhandlungen zwischen den Teams.

Während dieses Vorgehen also eine gesunde Teamhaltung schafft, hilft das RE mit seinen interaktiven Dokumenterstellungs-, Rückverfolgungs- und semantischen Abfragediensten den Teams, über die Fortentwicklung des Gesamtsystems ständig und mühelos hinreichend informiert zu sein.

Das RE ermöglicht weiterhin, periphere Einheiten des zu entwickelnden Systems und Hardwareabhängigkeiten zu simulieren. Wenn dann die simulierten Komponenten verfügbar werden, kann die Simulationssoftware progressiv durch die echten Systemkomponenten ausgetauscht werden, indem die Netzwerkskommunikationsdienste (*Remote Procedure Call* zum Beispiel) und die integrierten Debuggerdienste zwischen Entwicklungssystem und Zielsystem ausgenutzt werden. Die CMVC-Dienste erleichtern dabei die Verwaltung der Simulationssoftware und der ersetzenden Software in Teilsystemversionen und entlang parallelen Entwicklungspfaden.

Weil es möglich ist, den zu einem bestimmten Zeitpunkt gegebenen Entwicklungsstand genau zu erfassen, wird das Risiko vermindert, den Projektplan nicht zu erfüllen. Die positive Aussage über den implementierten und funktionsfähigen Leistungsumfang tritt an die Stelle einer vagen und oft sehr subjektiven Aussage darüber, welcher prozentuale Anteil des Systems vermeintlich entwickelt worden ist.

Systemintegration

Frühe Systemversionen werden also nach und nach transformiert, indem alle noch fehlenden Komponenten ergänzt und die vorläufigen oder simulierten Implementierungen ersetzt werden. In dieser Phase intensiver Transformation tragen die Techniken der modularen Abstraktion, der Zerlegung in Teilsysteme und die Integration der Konfigurationsverwaltung mit dem Übersetzungssystem ihre Früchte. Es ist wohlbekannt, daß der Preis, der für eine Änderung eines Ada-Programms zu zahlen ist, nicht immer proportional zum Umfang des geänderten Codes ist, sondern im allgemeinen proportional zum Umfang der Programmeinheiten ist, die direkt oder indirekt von dem geänderten Code abhängen, sofern die Übersetzung nicht inkrementell ist. Bei großen, komplexen Programmsystemen können die bedeutenden Wiederübersetzungsanforderungen jeglichen Entwicklungsfortschritt geradezu unterbinden. Rational hat diese Erfahrung wahrscheinlich als eine der ersten Firmen vor einigen Jahren in vollem Umfange gemacht. Die *Turn-around*-Zeit für eine volle Integration des RE mit traditionellen Stapel-orientierten Werkzeugen dauerte drei Tage. Als Lösung zu diesem Problem entwickelte Rational die inkrementelle Übersetzung und die Teilsystem-bezogenen Konfigurationsverwaltungs- und Freigabeverfahren. Die *Turn-around*-Zeit wurde damit auf 15 Minuten gedrückt.

Aus dieser Sicht ist es eine Aufgabe, einzelne Ada-Programme zu schreiben, und eine ganz andere Aufgabe, große Programmsysteme in Ada zu entwickeln. Bei der Entwicklung großer, komplexer Systeme ist eine wirkungsvolle Unterstützung, wie sie das RE bietet, unabdingbar notwendig. Denn unerträglich lange Wartezeiten bei der Systemintegration von mehr als einer Arbeitsschicht stellen ein sehr hohes Risiko für die Systemqualität dar. Wenn die Wartezeiten Iterationen geradezu verbieten, dann wächst die Tendenz, die Spezifikationen von Ada-Programmeinheiten selbst dann schon einzufrieren, wenn sie noch nicht zufriedenstellend sind. Anstatt die langen Wartezeiten in Kauf zu nehmen, machen die Teams "patches" in den Ada-Einheiten und siedeln Leistungen dort an, wo sie nicht sein sollten. (Rational kennt zumindest ein Projekt - es benutzte das RE nicht -, in dem das entwickelte System letzlich 50 *patches* in Assembler enthielt.) Die Architektur des Systems verschlechtert sich so. Abhängigkeiten schleichen sich ein, obwohl sie im Entwurf nicht vorgesehen sind. Schließlich weist das

System dann eine Spaghettistruktur auf mit den bekannten schlechten Eigenschaften, obwohl es in Ada geschrieben ist. Wie in einem Teufelskreis ist die Folge, daß die *Turn-around*-Zeit sogar noch weiter anwächst, was mit Sicherheit zum Scheitern des Projekts führt. Das RE reduziert nicht nur die Systemintegrationsdauer zu einem Minimum, sondern verhindert auch Entwurfsverschlechterungen, indem es die Beziehungen zwischen Teilsystemen kontrolliert.

Wartung und fortlaufende Verbesserungen
Dieselben Verfahren, die die evolutionäre Entwicklung eines großen Programmsystems in einer Folge von Versionen erlauben, unterstützen ebenfalls die Wartungs- und Verbesserungstätigkeiten. Besonders in diesen Phasen tragen die interaktiven Abfragemöglichkeiten, die Dokumenterzeugung, die Änderungskontrolle und die automatischen Integrations- und Freigabefunktionen ganz drastisch dazu bei, daß Änderungen wesentlich effizienter und sicherer durchgeführt werden können, als es bisher und mit traditioneller Werkzeugunterstützung möglich gewesen ist.

Obwohl Rational sein Produkt von über einer Million Zeilen Ada an Kunden ausgeliefert hatte, die es auf echten Projekten benutzten, hat Rational das RE ständig sehr reibungslos aufwärts kompatibel und doch ganz wesentlich verbessern und anreichern können. Während der Beta-Testphase 1985 zum Beispiel stellte sich das Objektverwaltungssystem als nicht leistungsfähig genug heraus. Obgleich es in den tieferen Schichten des RE angesiedelt ist, war es möglich, eine neue verbesserte Version der relevanten Teilsysteme in das RE zu integrieren, das sich beim Kunden im Betrieb befand. Um noch ein weiteres Beispiel anzuführen: Rational hat die DIANA-Teilsysteme, auf die die meisten der Werkzeuge des RE zugreifen, fünfmal grundlegend revidiert, ohne das RE zu destabilisieren.

Danksagung

Das *Rational Environment* ist von einem begeisterten, zielgerichteten und arbeitsamen Team, Rationals gesamtem Team, entwickelt worden. Wohl alle der hier dargestellten Ideen und Erfahrungen hat Michael T. Devlin, Mitbegründer von Rational (zusammen mit Paul D. Levy) und Hauptarchitekt des RE, schon mündlich vorgetragen. Rolf-Peter Wehrum sei besonders für Kommentare und die Durchsicht des Manuskripts gedankt.

Literaturangaben

[Archer und Devlin 86] J. A. Archer, Jr. and M. T. Devlin: Rational's Experience Using Ada for Very Large Systems; Proceedings of the First International Conference on Ada Programming Language Applications for the NASA Space Station, Houston, Texas, 2-5 June 1986.

[Bachman 87] B. Bachman: Design Automation for Ada development under DoD-STD-2167 (and beyond), Proceedings of the SIGAda Conference, Boston, 8-9 Dezember 1987, ACM.

[Booch 87] E. G. Booch: Software Components with Ada, Benjamin/Cummings, Menlo Park, California, 1987.

[Bond 87] R. T. Bond: Productivity Impact of Advanced Programming Environments on Software Development Throughout the Lifecycle; in Proceedings of the Military Computer Conference in Anaheim, CA., 5-7 Mai 1987.

[Caruso 85] D. Caruso: A Speedy New Way to Write Software. Rational's five-year design effort; in Electronics, 8 July 1985, McGraw-Hill, Inc.

[Evans et al 83] A. Evans, K. Butler, G. Goos and W. Wulf: DIANA Reference Manual. TL 83-4, Tartan Laboratories, Pittsburgh, Pa., 1983.

[Fors et al 87] R. Fors, U. Olsson and G. Larsson: The Use of Ada in a Large Shipborne Weapon Control System; in S. Heilbrunner (ed.): Ada in Industry; Proceedings of the Ada-Europe International Conference, Munich, 7-9 June 1988, Ada Companion Series, Cambridge University Press, Cambridge, UK, 1988, 83-93.

[IDR 88] International Defense Review: Ferranti invests in software engineering, Volume 21, September 1988.

[Kruchten 88] P. Kruchten: Rational Design Facility : un outil flexible de conception et de documentation du logiciel; in Proceedings of the International Workshop on Software Engineering and Its Applications, Toulouse, France, Dezember 1988.

[Levy und Ripken 87] P. Levy and K. Ripken: Experience in Constructing Ada Programs from Non-Trivial Reusable Modules; in S. Tafvelin (ed.): Ada components: Libraries and Tools; Proceedings of the Ada-Europe International Conference, Stockholm 26-28 Mai 1987, Ada Companion Series, Cambridge University Press, Cambridge, UK, 1987, 100-112.

[Morgan 88] T. M. Morgan: Configuration Management and Version Control in the Rational Environment; in S. Heilbrunner (ed.): Ada in Industry; Proceedings of the Ada-Europe International Conference, Munich, 7-9 June 1988, Ada Companion Series, Cambridge University Press, Cambridge, UK, 1988, 17-28.

[Rational 87] Rational Environment Reference Documentation, Rev. 4.0 (Delta), Rational Product 8001A, Rational, Santa Clara, CA., 1987 (durch Kauf erhältlich).

[Ripken 87] K. Ripken: Rational: un outil puissant pour le développement industriel en Ada de grands systèmes, Genie Logiciel & Systèmes Experts, Nr. 9, Nov. 1987, EC2, Nanterre, 44-49.

[Stevenson 87] D. R. Stevenson: Architectural Support for Ada in the Rational Environment; in Proceedings of the Wadas Conference, Washington D.C., Mars 1987.

[Wehrum 88] R .- P. Wehrum: Ada-Entwicklungsumgebung : Stand, Entwicklung und Relevanz; in Hubert Österle (ed.): Anleitung zu einer praxis-orientierten Software-Entwicklungsumgebung, Bd. 1 Erfolgsfaktoren werkzeugunterstützter Software-Entwicklungsumgebungen, Hallbergmoos : Angewandte Informationstechnik, 1988, 165-184.

[Wilcox und Larsen 85] T. Wilcox and H. Larsen: The Interactive and Incremental Compilation of Ada Using DIANA. Rational, Mountain View, CA, 1985.

Integrationstest großer Softwaresysteme

Andreas Spillner, Reinhold Franck, Jens Herrmann
Universität Bremen - Fachbereich Mathematik/Informatik
Postfach 330 440 2800 Bremen 33

Inhaltsverzeichnis:

Zusammenfassung

Statische Analyse und Dynamische Ausführung haben sich weitgehend für den Test überschaubarer Programme durchgesetzt. Für die Entwicklung großer, modularisierter Softwaresysteme fehlen spezielle Methoden, welche die Struktur, die Zerlegung in Systemteile (Moduln) und die Kommunikation (Schnittstellen) zwischen diesen überprüfen.

Die Testmethoden, die sich beim Moduleinzeltest bewährt haben, werden im folgenden auf ihre Übertragbarkeit auf die Integrationsphase untersucht. Fehler, die erst bei der Integration des Systems auftreten bzw. nachweisbar sind, werden beschrieben und ihre Aufdeckung durch die jeweilige Methode erläutert.

Ein Konzept eines Werkzeugs für eine solche Unterstützung der Integration wird vorgestellt.

1. Einleitung

Das Testen von Programmen ist die wichtigste Qualitätssicherungsmaßnahme. Seit Beginn der 70er Jahre sind unterschiedliche Methoden für den Test kleiner Programme bzw. -teile mit einer entsprechenden Werkzeugunterstützung entwickelt worden. Jede einzelne Methode ist geeignet, eine bestimmte Klasse von Fehlern eher und umfassender nachzuweisen als andere Methoden. Bei der Anwendung mehrerer unterschiedlicher Testmethoden auf ein Testobjekt, steigt die Wahrscheinlichkeit, eine Vielzahl unterschiedlicher Fehler aufzudecken.

Zur Reduktion und Beherrschung der Komplexität großer Programmsysteme werden diese in Subsysteme und Moduln zerlegt: Die zu erbringende Funktionalität des Gesamtsystems wird in kleinere, überschaubare Teilfunktionen zergliedert; diese werden unabhängig voneinander realisiert, getestet und dann zum Gesamtsystem integriert. Voraussetzung für den Integrationstest, bei dem das korrekte Zusammenwirken der einzelnen Moduln geprüft wird, sollte der Abschluß des Moduleinzeltests sein.

Die bekannten Testmethoden sind primär für den Test kleinerer Programme erarbeitet worden und dort auch mit Erfolg anwendbar. Sie versagen dagegen bei der Anwendung auf zunehmend größer werdende Komponenten und Subsysteme während der Integrationsphase, weil sie das zunehmend größer werdende System genauso behandeln wie einen kleinen, überschaubaren Modul.

Die im folgenden vorgeschlagenen Integrationstestmethoden gehen davon aus, daß die im Rahmen der Entwurfsphase vorgenommene Zerlegung eines Systems nicht nur für die Spezifikation und Implementierung der resultierenden Moduln vorteilhaft ist, sondern auch während der Integration für die Reduktion und Beherrschung der Komplexität nutzbar gemacht werden muß.

Eine entsprechende Werkzeugunterstützung dieser Methoden wird skizziert.

2. Moduleinzeltestverfahren

In der Vergangenheit sind eine Reihe von unterschiedlichen Testmethoden entwickelt worden, von denen sich

- die **Statische Analyse** und
- die **Dynamische Ausführung**

weitgehend durchgesetzt haben. Als Grundlage für die Untersuchung ihrer Übertragbarkeit auf die Anforderungen des Integrationstests werden beide Verfahren näher erläutert.

2.1 Statische Analyse

Alle Untersuchungen, die ohne eine Ausführung des Testobjektes vorgenommen werden können, werden als Statische Analyse bezeichnet [Miller/Howden 78/81, Section 3]. Diese können von Personen (*walkthrough*, Programm-Inspektion, Schreibtischtest, ...) oder automatisch von Programmen durchgeführt werden. Bei großen Programmsystemen ist eine manuelle Überprüfung nicht mehr möglich, deshalb werden im weiteren nur programmgestützte Untersuchungen betrachtet.

Ein Teil der statischen Überprüfungen wird von manchen Übersetzern vorgenommen; andere gehen über die Aufgaben eines Übersetzers hinaus und belegen, daß es sich dabei um eigenständige Qualitätsuntersuchungen handelt.

Folgende Analysen können statisch vorgenommen werden:

- **Typgerechte Verwendung aller Datenobjekte**: In Sprachen mit striktem Typkonzept wird dies vom Übersetzer geprüft; in einigen Sprachen (z.B. PL/1 oder C) sind implizite Konvertierungen zwischen unterschiedlichen Typen vorgesehen, die möglicherweise bei der Programmierung nicht beachtet wurden. Hinweise auf ungewollte Konvertierungen können für die Fehlerfindung nützlich sein.

- **Objektverwendungsnachweise (*cross-reference-list*) und Aufrufgraphen**: Diese Dokumente werden von vielen Übersetzern angeboten, sie sind meist jedoch in recht unbefriedigender Form (lange Listen). Für das Verstehen und Ändern von Programmen, das Erkennen von Zusammenhängen sind sie aber ein unerläßliches Hilfsmittel, da die übliche Dokumentation meist nicht ausreicht.

- **Datenflußanalyse zur Aufdeckung von Lese-Schreib-Anomalien**: Die Verwendung der einzelnen Programmobjekte (Konstanten, Variablen) wird überprüft, insbesondere im Hinblick auf Abläufe, bei denen
  - Objekte vor ihrer Definition (Initialisierung) verwendet (gelesen) werden,
  - Objekte mehrfach überschrieben werden, ohne zwischendurch verwendet worden zu sein,
  - Objekte definiert werden, ohne danach verwendet zu werden.

  Solche Programmabläufe verweisen nicht immer auf Fehler im engeren Sinne, sie können aber Aufschluß über konzeptionelle Unstimmigkeiten geben und eine genauere Untersuchung der Anomaliestellen kann mögliche Fehler aufdecken [Fosdick/Osterweil 76].

- **Statisch unerreichbare Programmsequenzen**: In großen Programmsystemen sind oft unerreichbare Programmstücke enthalten.

Das folgende Beispiel soll dies verdeutlichen:

```
BEGIN
            ...
            GOTO error;
recovery:   read (...);
            write (...)
END
```

Gibt es im Programm keinen Sprung zu *recovery*, so ist das Programmstück zwischen *error* und *END* unerreichbar. Oft ist dies ein Hinweis auf unvollständig durchgeführte Programmänderungen (z.B. durch Vergessen des Sprungbefehls *GOTO recovery* an einer anderen Stelle im Programm).

- **Hinweise auf (krasse) Programmierfehler**: Einige Fehler lassen sich statisch aufdecken. Diese werden meist auch beim Schreibtischtest (dem Lesen des Programmtextes) entdeckt, können aber durch automatische Überprüfung bereits angezeigt werden.

```
WHILE x > 10 DO
BEGIN
        a := x + y;
        b := x / y
END;
```

Im Schleifenrumpf des Beispiels erfolgt keine Änderung der Schleifenvariablen – es liegt eine nicht terminierende Schleife vor.

- **Prüfung von Programmierkonventionen und Qualitätsstandards**: Eine weitere Aufgabe, die statisch durchgeführt werden kann, ist die Überprüfung der Einhaltung von Konventionen und Standards (z.B. keine Rückwärtssprünge, Schachtelungstiefe von Abfragen darf maximal drei sein, Schnittstellenoperationen müssen einen Fehlerausgang besitzen). Diese Untersuchungen geben Aufschluß über die Qualität eines Softwareproduktes. Auch die Anwendung einer Software-Metrik ist in diesem Zusammenhang möglich.

- **Informationszusammenstellung**: Die Bereitstellung und Aufbereitung von Information für nachfolgende Testmethoden ist eine weitere Aufgabe der Statischen Analyse.

Selbst wenn ein Teil dieser Untersuchungen von modernen Übersetzern durchgeführt wird, steht die gewonnene Information aber leider nicht anderen Werkzeugen (z.B. für Testzwecke) zur Verfügung. Eine Schnittstelle zwischen Übersetzer und Entwicklungsumgebung ist in der Regel nicht vorhanden, wäre aber sehr nützlich [Goos et al. 83].

2.2 Dynamische Ausführung

Die gängigste Methode ein Programm zu testen, besteht darin, es auszuführen [Miller/Howden 78/81, Section 4]. Dazu ist meist ein Testrahmen erforderlich, der

- das Testobjekt, bzw. seine einzelnen Funktionen aufruft (Treiber),
- es mit Testdaten versorgt und
- noch nicht implementierte Schnittstellen (Stellvertreter) simuliert.

Das beobachtete Programmverhalten insbesondere das resultierende Ein-/Ausgabeverhalten des Testobjektes wird protokolliert.

Ein Test eines Programms, bei dem alle möglichen Eingabewerte und -kombinationen berücksichtigt werden, wäre ein erschöpfender Test. Ein solcher ist in der Regel aber nicht möglich, da schon die Bildung aller Kombinationen einer kleinen Zahl von Eingabedaten zu einer enormen Anzahl von Testläufen führt.

Die Auswahl der Testdaten ist somit von entscheidender Bedeutung für den Erfolg der Dynamischen Ausführung. Es gibt zwei unterschiedliche Vorgehensweisen bei der Gewinnung von Testdaten:

Black-box-testing. Grundlage für die Testdatenermittlung ist die Spezifikation des Testobjektes. Die Wertebereiche der Testdaten werden in Klassen eingeteilt, wobei sich das Testobjekt beim Testlauf mit einem Repräsentaten aus einer Klasse (bezüglich des Aspekts korrekt oder unkorrekt) genauso verhalten soll, wie bei jedem anderen Repräsentanten der gleichen Klasse. Dadurch wird die Anzahl der möglichen Testläufe eingeschränkt. Problematisch ist die Festlegung der Klassen, da diese aus der Spezifikation nicht immer leicht zu ermitteln sind. Die Methode der Grenzwertanalyse untersucht die Grenzbereiche der einzelnen Klassen. Oft lassen sich durch Testdaten aus diesen Bereichen fehleranfällige Programmstellen nachweisen [Miller 77], [Goodenough/Gerhard 75].

Um die geforderte Funktionalität eines Testobjektes zu prüfen, schlägt [Howden 80, 87] vor, die Gesamtfunktionalität eines Testobjektes in kleinere Teilfunktionen zu zerlegen und diese einzeln zu testen. Danach sind die Teilfunktionen zu umfassenderen Funktionen zusammenzusetzen, diese zu testen, und das Verfahren fortzusetzen, bis die gewünschte Gesamtfunktion erreicht ist. Problematisch ist die Fixierung der Teilfunktionen, deren Zuordnung zu Systemteilen und ihr isolierter Test.

White-box-testing. Hier dient der Programmtext als Ausgangspunkt der Testdatenermittlung. Es wird versucht, alle oder möglichst viele der vorhandenen Programmabläufe auszuführen. Dabei können unterschiedliche Überdeckungen angestrebt werden (Anweisungs-, Zweig-, Pfadüberdeckung [Miller 77]), die mittels einer Instrumentierung des Testobjektes ermittelt und summarisch ausgewertet werden.

[Rapps/Weyuker 85] schlagen eine Untersuchung der Wertebereiche und Verwendung einzelner Variablen vor. Sie untersuchen ähnlich der statischen Datenflußanalyse die unterschiedliche Benutzung einzelner Variablen anhand des Kontrollflußgraphen und beziehen die Variablenverwendung bei Abfragen mit ein.

Vorteil beider Verfahren ist die Möglichkeit, Testendekriterien im voraus festlegen und deren Einhaltung überprüfen zu können.

3. Integrationstest

Nach abgeschlossenem Moduleinzeltest folgt die Integrationsphase: Das korrekte Zusammenwirken der einzelnen Moduln und deren Schnittstellen wird geprüft. Die einzelnen Moduln des Systems werden schrittweise integriert, und das erweiterte Subsystem wird getestet, bis das Gesamtsystem vollständig ist. Welche Strategie (*top down-* , *bottom up-*, ... Integration) angewendet wird, ist abhängig von der jeweiligen Systemstruktur und deren Komplexität, sowie den Rahmenbedingungen der Projektentwicklung (s.a. [Weinberg 78], [Myers 79], [Beizer 84]). Der anschließende Systemtest erfolgt meist in der konkreten Anwendungsumgebung des entwickelten Systems und unterscheidet sich dadurch von der Systemintegration.

Die Bedeutung einer eigenständigen Testphase zur Integration eines Systems weisen [Haley/Zweben 84] nach: Bei der Integration zweier Moduln kann es zu Fehlern kommen, obwohl diese ohne Beanstandung isoliert getestet wurden. Grundlage ihrer Überlegungen zum Integrationstest ist der Pfadtest, wobei sie speziell die Zusammenhänge zwischen Ein- und Ausgabeparametern berücksichtigen.

Die Übertragung anderer, vom Moduleinzeltest bekannter Methoden auf die Anforderungen des Integrationstests, stellen [Jorgensen 84] (DD-Pfade - *decision-to-decision*) und [Spillner 86] (Symbolische Ausführung [King 76]) vor. Einen anderen Ansatz verfolgt [Choopy 87]: Das Software-System wird in einer formalen, ausführbaren Notation algebraisch spezifiziert. Teile des Systems können implementiert und zusammen mit den bisher nur spezifizierten zur Ausführung gebracht werden. Die mühsame und oft fehlerträchtige Treiber- und Stellvertretererzeugung entfällt und ein ausführbares System liegt frühzeitig vor.

3.1 Integrationstestmethode

[Yourdon/Constantine 79, S.377] beschreiben folgendes Vorgehen beim Integrationstest:
"*1. Design, code, and test each module by itself (...).*
2. Throw all the moduls into a large bag.
3. Shake the bag very hard (this is commonly know as system integration and test).
4. Cross your fingers and hope that it all works (...)."

Ziel der folgenden Überlegungen ist es, von dieser Art der Integration zu einem methodischen und effektiven Verfahren zu kommen, das insbesondere ohne spirituelle Anleihen auskommt. Erste Ideen einer speziellen Testmethode werden vorgestellt.

Der Modulbegriff ist dabei an Modula-2 ausgerichtet, jedoch setzen die Überlegungen zum Integrationstest lediglich separat testbare Einheiten voraus. Ziel der Methodenentwicklung ist eine weitgehende Sprachunabhängigkeit; sprachspezifische Besonderheiten (wie Prozedurvariablen oder generische Moduln) bleiben unberücksichtigt.

Es wird folgendes Verfahren vorgeschlagen:

- Alle programmierten Moduln müssen vor ihrer Integration isoliert getestet sein. Die Ergebnisse dieser Moduleinzeltests stehen für die Integration zur Verfügung.
- Der Integrationstest wird aufgefaßt als ein Test auf einer höheren Ebene: Die durch entsprechende Tests zu überprüfenden elementaren Bausteine sind die gesamten Einzelmoduln und ihr Zusammenspiel.
- Im Vordergrund des Interesses stehen die Schnittstellenbeziehungen der integrierten Moduln untereinander: Solange ein Modul das spezifizierte Schnittstellenverhalten aufweist, wird er - im Vertrauen auf den zuvor erfolgten Einzelmodultest - als korrekt angenommen.

Die im Kapitel 2 beschriebenen zwei Testmethoden werden im folgenden darauf untersucht, ob sie sich auf die skizzierte Ebene der Modulinteraktion abstrahieren und welche neuen Ergebnisse sich ggf. aus einer solchen Untersuchung ableiten lassen.

3.1.1 Statischer Integrationstest

In der Integrationsphase ist statisch, d.h. ohne eine Ausführung des Programmsystems, eine Überprüfung der Schnittstellen möglich, die es gestattet, Aussagen über die Qualität der Strukturierung des Systems zu machen und Anomalien zu entdecken. In modernen Sprachen mit entsprechendem Modul-Konzept (ADA, Modula-2) werden derartige Überprüfungen zum Teil im Rahmen der Übersetzung vorgenommen. Modul-Struktur-Sprachen (*modul-interconnection-languages* [Prieto-Diaz/Neighbors 86]) erlauben eine direkte Dokumentation solcher Abhängigkeiten.

Folgende Schnittstellenprüfungen sind möglich:

- **Syntaxprüfung der Schnittstellen**: Syntaktisch fehlerhafte Benutzung der Schnittstellen kann nachgewiesen werden, z.B. eine falsche Anzahl von Parametern oder ein nicht übereinstimmender Typ eines Parameters.

- **Kopplungskategorisierung**: [Myers 75] definiert sechs unterschiedliche Arten der Kopplung (Beziehung) zwischen Moduln. So stehen Moduln, die über globale Daten kommunizieren in einer engeren Beziehung als solche, die hierfür Parameter verwenden. Dabei wird auch die Komplexität der Datenstrukturen berücksichtigt. Die einzelnen Kopplungsarten beeinflussen die Verständlichkeit, Änderbarkeit und Testbarkeit des Systems: Je stärker die Kopplung zwischen den Moduln, desto negativer ist ihr Einfluß auf die genannten Eigenschaften.

  Die Architektur und intermodularen Beziehungen des implementierten Systems werden deutlich und können mit den spezifizierten Entwurfsentscheidungen verglichen werden. Nichtverwendete bzw. nichtdefinierte Schnittstellen werden erkannt.

- **Anzeige verdeckter Abhängigkeiten**: Beziehungen zwischen Moduln können aufgezeigt werden, die aus dem Programmtext nicht sofort ersichtlich sind: Verwenden z.B. zwei Moduln (*Benutzer_A*, *Benutzer_B*) eine externe Variable (*overflow*), die von einem dritten Modul (*Bereitstellung*) zur Verfügung gestellt und verwaltet wird, so ist die Kopplung zwischen den beiden benutzenden Moduln nicht unmittelbar ersichtlich und somit eine mögliche Fehlerquelle bei Änderungen an einem der beiden Moduln.

```
MODUL Benutzer_A;                       MODUL Benutzer_B;
FROM Bereitstellung      <===>          FROM Bereitstellung
IMPORT overflow;                        IMPORT overflow;
   ...                                     ...
                  |                  |
                  |                  |
                  MODUL Bereitstellung;
                  EXPORT VAR overflow : CARDINAL;
                       ...
```

----- im Quelltext unmittelbar dokumentierte Abhängigkeit

<===> verdeckte Abhängigkeit

Die gewonnene Information dient der Dokumentation der Architektur des Gesamtsystems und ist zusammen mit den Kopplungskategorisierungen für die Wartungsphase sehr hilfreich: Auswirkungen von geplanten Änderungen des Systems können genauer eingeschätzt werden.

- **Intermodulare Datenflußanalyse:** Die von [Osterweil/Fosdick 78] vorgeschlagene Erweiterung der modulinternen Datenflußanalyse auf Prozedurschnittstellen und die Kategorisierung von Variablen in Ein-/Ausgabevariablen, wird auf die Überprüfung der Schnittstellen zwischen Moduln übertragen. Fehlerhaftes Datenflußverhalten der Parameter wird erkannt.

  Die Benutzung der Parameterwerte vor und nach Aufruf einer Operation wird geprüft. Wenn beispielsweise ein Parameterwert vor Aufruf einer Schnittstelle einen Wert erhält und in der aufgerufenen Funktion als erste Aktion dieser Wert überschrieben wird, so kann dies ein Hinweis auf einen Fehler sein. Das Verfahren wird als intermodulare Datenflußanalyse bezeichnet [Herrmann 88].

  Beispiel:

  Vereinbarung:

```
PROCEDURE Prämienberechnung (Dienstjahre : CARDINAL,
                             VAR Prämie : CARDINAL);
BEGIN
      Prämie := 0;
      IF Dienstjahre > 5
      THEN ...
END Prämienberechnung;
```

  Aufruf:

```
...
Dienstjahre[Müller] := anno_domini - Einstellungsjahr[Müller];
Prämie[Müller] := 100;
Prämienberechnung (Dienstjahre[Müller], Prämie[Müller]);
...
```

  Im Beispiel wird der zweite Parameter der Prozedur *Prämienberechnung* vor dem Aufruf (auf *100*) und nach dem Aufruf (auf *0*) gesetzt, ohne zwischendurch gelesen zu werden.

- **Informationszusammenstellung:** Eine weitere Aufgabe des Statischen Integrationstests ist die Bereitstellung und Aufbereitung der Information über das Testobjekt für die nachfolgenden Testmethoden.

3.1.2 Dynamischer Integrationstest

Der Dynamische Integrationstest bedingt die Ausführung des Testobjektes, d.h. des bisher integrierten Subsystems. Dabei wird das Zusammenwirken der vollständig implementierten Moduln überprüft. Die Simulation von Systemteilen durch Treiber und Stellvertreter ist nur bei den Schnittstellen vertretbar, die beim jeweiligen Testlauf nicht untersucht werden.

Der Dynamische Integrationstest wird unter drei verschiedenen Gesichtspunkten durchgeführt. Es werden Testmethoden vorgestellt, die jeweils eine bestimmte Klasse von Fehlern aufdecken, die erst in der Integrationsphase nachweisbar sind. Die Beschränkung auf jeweils einen Aspekt des Integrationstests erlaubt es, die große Informationsflut und die oft schwer nachvollziehbaren Testläufe und deren Auswirkungen in überschaubare und leichter durchführ- und kontrollierbare Abschnitte aufzuteilen. Die Komplexität des Integrationstests wird dadurch verringert.

Folgende Überprüfungen werden beim Dynamischen Integrationstest vorgenommen:

- **Ausschöpfung der Parameterbereiche**: Beim Moduleinzeltest werden die Schnittstellen des getesteten Moduls zu anderen Systemteilen durch Stellvertreter simuliert. Die Stellvertreter können in der Regel nicht die volle Funktionalität des simulierten Moduls bereitstellen. Häufig wird nur die Hauptfunktion rudimentär zur Verfügung gestellt. Randbedingungen und Ausnahmefälle werden vom Stellvertreter nicht oder nur sehr eingeschränkt behandelt.

  Beim Integrationstest, bei dem das Zusammenwirken der vollständig implementierten Moduln überprüft wird, müssen insbesondere diejenigen Teile geprüft werden, die beim Moduleinzeltest unberücksichtigt blieben. Dazu zählen Ausnahmebehandlungen und Grenzfälle, sowie das Modulverhalten bei einem Systemfehler [Parnas/Würges 76].

  Bei den Testläufen sind die jeweiligen Datenwerte der Parameter bzw. globalen Variablen zu protokollieren und auszuwerten. Es muß versucht werden, möglichst Extrem- bzw. Randwerte und deren Auswirkungen zu testen.

  Die Prüfung von Fehlerbehandlungen, die oft über Modulgrenzen hinweg realisiert sind, ist ein weiterer Schwerpunkt des datenbezogenen Integrationstests. Testdaten, die Fehler verursachen bzw. verursachen sollen, sind in die Testfälle einzubeziehen.

- **Überprüfung der Aufrufreihenfolgen**: Ist ein Testobjekt soweit integriert, daß alle Aufrufstellen und Beziehungen einer Schnittstelle real vorhanden sind, kann ein ablaufbezogener Dynamischer Integrationstest durchgeführt werden. Die Aufrufreihenfolge der einzelnen Funktionen wird überprüft und es wird versucht, möglichst solche zur Ausführung zu bringen, die nicht spezifiziert sind. Ziel ist dabei eine systemweite Überprüfung der Einhaltung bzw. Verletzung vorgeschriebener Aufrufreihenfolgen und die Reaktion des Programmsystems darauf.

Ein Beispiel zur Erläuterung: Stellt ein Modul Zugriffsoperationen (Ein-/Ausfügen) auf einen Keller zur Verfügung, so muß systemweit sichergestellt sein, daß keine Aufrufreihenfolge dieser Zugriffsoperationen möglich ist, bei der ein Element aus dem leeren Keller entnommen werden soll.

Die Aufrufreihenfolgen der einzelnen Operationen sind zu protokollieren. Zur Ermittlung weiterer Testdaten sind die bisher durchgeführten Testläufe mit ihren jeweiligen Aufrufreihenfolgen heranzuziehen. Weitere Abfolgen, die eine andere Reihenfolge bewirken, sind zu suchen.

Funktionalitätsprüfung: Eine weitere Aufgabe des Integrationstests, die nur durch Ausführung einzelner Systemteile wahrgenommen werden kann, ist die Überprüfung des korrekten Zusammenwirkens der von den einzelnen Moduln erbrachten Teilfunktionen. Daß oft eine von der Spezifikation abweichende Funktionalität realisiert wird (bis zu 46%), weisen [Basili/Pericone 84, S.46] in einer empirischen Untersuchung nach.

Auf welche Weise eine Spezifikation mißverstanden werden kann und warum dieser Fehler erst beim Integrationstest entdeckt wird, soll folgendes Beispiel verdeutlichen: Aufgabe eines Moduls ist die aufsteigende Sortierung einer übergebenen unsortierten Liste. Realisiert wurde aber eine absteigende Sortierung, die beim Moduleinzeltest nicht beanstandet wird, da Implementierung und Test häufig von der gleichen Person durchgeführt werden und somit das Mißverständnis unerkannt bleibt. Beim Test der benutzenden Moduln tritt das gleiche Problem auf: Der Sortier-Modul wird durch Stellvertreter simuliert, die von der testenden Person selbst geschrieben werden und somit die von ihr erwartete Sortierung liefern. Der Fehler - die unterschiedliche Sortierung - wird erst bei Integration der realen Moduln aufgedeckt.

Testdaten, die ausschließlich die einzelnen Funktionszusammenhänge beim Integrationstest prüfen, lassen sich selten angeben. Die Übereinstimmung zwischen geforderter und gelieferter Funktionalität ist bei allen Testläufen zu kontrollieren.

4. Konzeption eines Werkzeugs für den Integrationstest

Zur Durchführung des Statischen und Dynamischen Integrationstests ist eine Werkzeugunterstützung unabdingbar, um der testenden Person die Durchführung und Kontrolle der Integrationstestmethoden zu erleichtern und die benötigte und anfallende Informationsmenge beherrschen zu können.

Der Integrationstest wird durch das Werkzeug zu einem inkrementellen Vorgang. Die einzelnen Integrationstestverfahren werden unterstützt, sowohl in der Testdatenauswahl und Durchführung wie auch in der Auswertung der einzelnen Testläufe.

Notwendig für einen erfolgreichen Integrationstest ist die Bereitstellung der benötigten Information über das System (konkrete Schnittstellenbeschreibungen, Abhängigkeiten und Zusammenhänge, Hierarchien und die Systemarchitektur) und über die bereits durchgeführten Testfälle (die Werte der Parameter und globalen Variablen, die Aufrufreihenfolgen der Schnittstellen). Für die einzelnen Testmethoden und -phasen wird jeweils unterschiedliche Information benötigt. Ein unterstützendes Werkzeug ist so zu konzipieren, daß dem Benutzer stets die erforderliche Information in angemessener Aufbereitung zur Verfügung gestellt wird. Erfahrungsgemäß ist die spontane menschliche Aufnahmefähigkeit sehr gering.

4.1 Benutzungsschnittstelle

Für die verschiedenen Anwendungssituationen und Einsatzmöglichkeiten werden unterschiedliche Formen der Interaktion und der Informationsdarstellung zur Verfügung gestellt.

Das vorhandene Wissen über das Gesamtsystem wird in drei verschiedenen Aufbereitungsmöglichkeiten angeboten:

- in graphischer Form,
- über eine Frage-Antwort-Komponente und
- als Textdokument.

4.1.1 Graphik

Die Graphik als bewährtes Mittel zur Darstellung komplexer Systeme ist wie in anderen Ingenieurdisziplinen auch hier eine adäquate Form. Die Architektur und die Zusammenhänge des zu testenden Systems lassen sich graphisch gut darstellen. Um Übersichtlichkeit zu erreichen, sind Ausschnittsdarstellungen und eine Vergrößerungsmöglichkeit (*Zooming*), bei der ausgewählte Teile präziser dargestellt werden, nötig.

Es soll möglich sein, mehrere Abstraktionsebenen gleichzeitig darzustellen, um neben der Grobstruktur auch Detailinformation abrufen zu können. Gerade in der Integrationsphase ist es wichtig, die groben Systemzusammenhänge nicht aus den Augen zu verlieren, z.B. um bei Änderungen unbeabsichtigte Nebeneffekte zu vermeiden.

4.1.2 Frage-Antwort-Komponente

Zum Testen werden in der Regel aktuell nur ein Teil der Gesamtinformation bzw. wechselnde Informationsauszüge benötigt. Ein Hauptproblem bei der Integration liegt darin, nur die gewünschte Information - diese jedoch vollständig - zu erhalten. Die Frage-Antwort-Komponente dient diesem Ziel und ersetzt die manuelle Suche in dickleibigen Dokumenten.

Folgende Fragen sind beispielsweise möglich:

- Wo wird die globale Variable *overflow* beschrieben/gelesen?
- Welche Werte haben die Parameter der Prozedur *Prämienberechnung* bei den bisherigen Testläufen angenommen?
- Nenne die Aufrufstellen der Funktion *control_output* (in den Moduln *printer* und *terminal*) und ihre Parameter.
- Welche direkten/indirekten Abhängigkeiten gibt es zwischen den Moduln *A* und *B* ?
- Welche Kopplungsarten sind im System vorhanden?

Werden Information und Systemzusammenhänge per Hand zusammengesucht, kann es vorkommen, daß Information übersehen wird und dadurch Fehler entstehen bzw. unerkannt bleiben. Über die automatische Selektion der Information durch ein Werkzeug ist deren Vollständigkeit gesichert und die Wahrscheinlichkeit, daß Information übersehen wird, geringer.

Ein Werkzeug soll die Möglichkeit bieten, graphische Übersichten und Frage-Antwort-Dialoge parallel zu nutzen; die Graphik kann dabei die groben Zusammenhänge verdeutlichen, während Detailinformation über ergänzende Fragen abgerufen wird.

4.1.3 Dokumentation

Die Dokumentation soll nicht nur als Nachschlagewerk während der Testphase benutzt werden, sondern auch für die folgenden Phasen der Software-Entwicklung zur Verfügung stehen. Vorteilhaft ist die Verfügbarkeit mehrerer differenzierter Dokumentationen: Durch die Kombination mit der Frage-Antwort-Komponente lassen sich Dokumente entsprechend den jeweiligen Erfordernissen nach unterschiedlichen Gesichtspunkten und in verschiedenen Abstraktionsebenen zusammenstellen.

4.2 Prototyp-Entwicklung

Die beschriebenen Integrationsmethoden und Werkzeugkonzepte werden in einem von der DFG geförderten Projekt (PIT - Professional Integration Testing) in einem Prototyp realisiert. Als Testobjektsprache wurde Modula-2 gewählt.

Implementiert wird der Prototyp an einem SUN-Arbeitsplatz in den Programmiersprachen C und Prolog. Für die Parsierung des Testobjektes und den Graphikanteil wird C und für die Analyse, die Informationsverwaltung und -aufbereitung und die Frage-Antwort-Komponente Prolog eingesetzt.

Ziel des Prototyps ist es, nachzuweisen, daß die vorgestellten Integrationstestmethoden realisierbar und erfolgreich durchführbar sind und daß ein strukturiertes Vorgehen auch bei der Integration großer Systeme möglich und vorteilhaft ist.

Literatur

[Basili/Perricone 84] Basili, V.R.; Perricone, B.T.: *Software Errors and Complexity: An Empirical Investigation.* Communication of the ACM, Vol. 27, No. 1, Jan. 1984, S. 42-52

[Beizer 84] Beizer, B.: *Software System Testing and Quality Assurance.* Van Nostrand Reinhold Company, New York, 1984, 357 S.

[Choopy 87] Choopy, C.: *Formal Specifications, Prototyping and Integration Tests.* Proc. 1st European Software Engineering Conference, 9-11 Sept. 1987, Strasbourg, France, AFCET, S. 185-192

[Fosdick/Osterweil 76] Fosdick, L.D.; Osterweil, L.J.: *Data Flow Analysis in Software Reliability.* ACM Computing Surveys, Vol. 8, No. 3. Sept. 1976, S. 305-330

[Franck 86] Franck, R. (Hrsg.): *Fachgespräch Software-Testsysteme.* 23./24. Juni 1986, Universität Bremen, Softwaretechnik-Trends, Heft 6-1, Juni 1986, 122 S.

[Goodenough/Gerhart 75] Goodenough, J.B.; Gerhart, S.L.: *Toward a Theory of Test Data Selection.* IEEE Transactions on Software Engineering, Vol. SE-1, No. 2, 1975, S. 156-173

[Goos et al. 83] Goos, G.; Wulf, W.A.; Evans, E.; Butler, K.J. (Hrsg.): *DIANA - An Intermediate Language for ADA*, Lecture Notes of Computer Science No. 161, 1983, 206 S.

[Haley/Zweben 84] Haley, A.; Zweben, S.: *Development and Application of a White Box Approach to Integration Testing*. Journal of Systems and Software, 4, 1984, S. 309-315

[Herrmann 88] Herrmann, J.: *Entwicklung eines Werkzeugs für den Statischen Integrationstest*. Diplomarbeit, Fachbereich Mathematik/Informatik, Universität Bremen, 1988, 118 S.

[Howden 80] Howden, W.E.: *Functional Program Testing*. IEEE Transactions on Software Engineering, Vol. SE-6, No. 2, March 1980, S. 162-169

[Howden 87] Howden, W.E.: *Functional Program Testing & Analysis*. McGraw-Hill, New York, 1987, 175 S.

[Jorgensen 84] Jorgensen, P.C.: *MM-Paths: A White-Box Approach to Software Integration Testing*. Third Annual Phoenix Conference on Computers and Communications, 1984, Conference Proceedings, Phoenix, AZ, USA, S. 181-185

[King 76] King, J.C.: *Symbolic Execution and Program Testing*. Communications of the ACM, Vol. 19, No. 7, July 1976, S. 385-394

[Miller 77] Miller, E.: *Program Testing: Art Meets Theory*. Computer, July 1977, S. 42-51

[Miller/Howden 78/81] Miller, E.; Howden, W.E. (eds): *Tutorial: Software Testing & Validation Techniques*. 1st/2nd Edition, IEEE Cat. No. EHO-138-8/180-0, 1978/81, 425/454 S.

[Myers 75] Myers, G.J.: *Reliable Software Through Composite Design*. Petrocelli-/Charter, New York 1975, 163 S.

[Myers 79] Myers, G.J.: *The Art of Software Testing*. John Wiley & Sons, New York, 1979, 177 S.

[Osterweil/Fosdick 78] Osterweil, L.J.; Fosdick, L.D.: *DAVE - A Validation Error Detection and Documentation System for Fortran Programs*. In: [Miller/Howden 78], S. 143-156

[Parnas/Würges 76] Parnas, D.L.; Würges, H.: *Response to Undesired Events in Software Systems*. 2nd International Conference on Software Engineering, 13.-15. Oct. 1976, San Francisco, CA, S. 437-446

[Prieto-Diaz/Neighbors 86] Prieto-Diaz, R.; Neighbors, J.M.: *Module Interconnection Languages*. Journal of Systems and Software, 6, 1986, S. 307-334

[Rapps/Weyuker 85] Rapps, S.; Weyuker, E.J.: *Selecting Software Test Data Using Data Flow Information*. IEEE Transactions on Software Engineering, Vol. SE-11, No. 4, April 1985, S. 367-375

[Spillner 86] Spillner, A.: *Aufdeckung von Codesequenzen, die nach Integration dynamisch nicht mehr erreichbar sind*. in [Franck 86] S. 25-29

[Weinberg 78] Weinberg, V.: *Structured Analysis*. Prentice-Hall, Inc. Englewood Cliffs, NJ, 1978/80, 328 S.

[Yourdon/Constantine 79] Yourdon, E.; Constantine, L.: *Structured Design*. Prentice Hall, Englewood Cliffs, NJ, 1979, 493 S.

Ein prozeßorientiertes Strukturierungsprinzip für große Software-Systeme

G. Normann, G. Hornung, P. Fleischer, T. Mehner
Siemens AG, München

Zusammenfassung: Softwaretechnische Großanwendungen befinden sich in einem ständigen Spannungsfeld zwischen notwendiger Weiterentwicklung und Evolution auf der einen Seite und einem in den Systemen feststellbaren "Schnittstellen-Wildwuchs", der dieser Notwendigkeit entgegensteht, auf der anderen Seite. Durch die Aufgabe monolithischer Programmstrukturen und die Einführung offener Systeme, basierend auf eigenständigen Komponenten, soll eine ausreichende Flexibilität erreicht werden, die die Evolutionsfähigkeit der Systeme gewährleistet.

Der Beitrag beschreibt ein prozeßorientiertes Strukturierungsprinzip, das auf Prozessen mit charakteristischen Eigenschaften beruht. Eine darauf abgestimmte Ablaufumgebung und Entwicklungsmethodik wird vorgestellt.

1 Vom Monolithen zum offenen Programmsystem

Lag früher bei der Software-Erstellung der Schwerpunkt auf speziellen, abgeschlossenen Problemlösungen, wie z.B. Lohn- und Gehaltsabrechnung oder Buchhaltungssysteme, so werden heute auch softwaretechnische Großanwendungen in immer breiterem Maße für Bereiche wie Telekommunikation, Verkehrstechnik, Fertigungssteuerung und Prozeßüberwachung entwickelt. Neben der reinen Funktionserfüllung müssen diese Großanwendungen eine Vielzahl weiterer Gesichtspunkte berücksichtigen: Datenschutz und Datensicherheit, höchste Verfügbarkeit im Non-Stop-Betrieb und Realzeitverhalten ohne bemerkbare Verzögerungen werden gefordert. Die Systeme werden dadurch multi-funktional und vereinen mehrere unterschiedliche Problemdimensionen; die Komplexität des Gesamtproblems und die daraus resultierende Kompliziertheit der einzelnen Funktionsabläufe wird verstärkt.

In solchen Großanwendungen entsteht eine Vielzahl unterschiedlicher Schnittstellen, seien es nun gemeinsam verwendete Datentypen, globale Variable oder Aufrufschnittstellen. Hinter diesen Schnittstellen, die überproportional schnell mit der Größe der SW-Systeme zunehmen, verbergen sich unterschiedliche semantische Abhängigkeiten, die zu verwobenen und oft undurchschaubaren Systemstrukturen führen. Es bestehen keine klaren Beziehungen mehr zwischen Anbietern und Nutzern von Schnittstellen; das dynamische Ablaufverhalten läßt sich aus der statischen Systemstruktur kaum noch erkennen.

Um diese steigende Komplexität zu beherrschen, wird bei der SW-Erstellung seit langem eine schrittweise Zerlegung der Systeme in jeweils überschaubare und weniger komplexe Teilbereiche durchgeführt, deren Realisierung dann auf viele Entwickler verteilt werden kann. Parallel zueinander entstehen ganz spezielle Programmkomponenten (z.B. in Form von Modulen), die dann aber meist zu einem komplexen, aus ablauftechnischer Sicht abgeschlossenen Programm gebunden werden: es entsteht ein Monolith, der bei notwendigen Änderungen und Erweiterungen in seinem Systemverhalten nur schwer stabil gehalten werden kann. Die Beseitigung von Fehlern führt oft zum Auftreten neuer Fehler, Änderungen an Schnittstellen pflanzen sich unkontrolliert in den Systemen fort. Sowohl die Fehlerbehebung, als auch das Einbringen neuer Leistungsmerkmale wird dadurch erschwert und kommt oft dem Aufwand eines Redesigns gleich. Gerade bei Großanwendungen ergibt sich aber aufgrund deren langer Lebensdauer die Notwendigkeit, sie ständig an neue Gegebenheiten (z.B. verwendete Prozessoren, neue Forderungen am Markt) anzupassen und die Systeme in unterschiedlichen Versionen und Varianten bereitzustellen.

Die dazu nötige Flexibilität der Systeme kann man durch die Aufgabe der monolithischen Programmstruktur erreichen. Die erstellten Programmteile sind in einem offenen Verbund eigenständiger Komponenten (z.B. als Prozesse) zu organisieren (Bild 1). Der Informationsaustausch zwischen diesen eigenständigen Komponenten darf dabei nur auf einheitliche Art und Weise in Form weniger, standardisierter Schnittstellen über ein

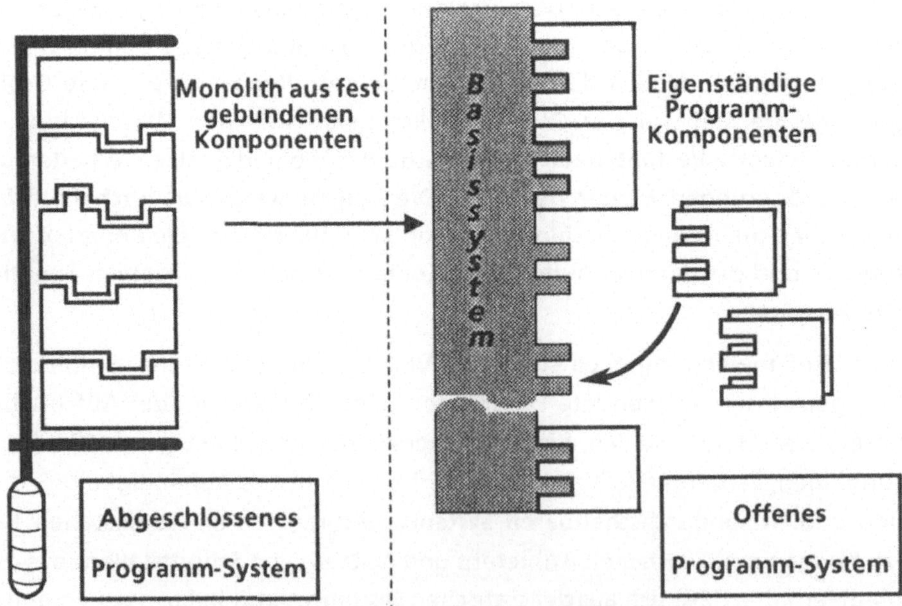

Bild 1: vom Monolithen zum offenen Programmsystem

geeignetes Medium erfolgen. Diese Schnittstellen können dann zur Laufzeit auf Einhaltung überprüft werden, wodurch der bisherige "Schnittstellen-Wildwuchs" eingedämmt und die Schnittstellenkomplexität reduziert werden kann. Die eigenständigen Programmkomponenten können frei dimensioniert und auf verschiedene Rechner verteilt werden; offene Systeme erleichtern durch diese Konfigurierbarkeit von vornherein die Bildung unterschiedlicher Systemvarianten.

Letztendlich wird durch die Definition eigenständiger Programmkomponenten ein Schritt in Richtung auf wiederverwendbare und wartungsfreundliche Programmbausteine erreicht, mit deren Hilfe eine Kostenreduktion bei der Entwicklung industrieller Software möglich wird.

Im folgenden wird für ein ausgewähltes Anwendungsspektrum ein Strukturierungsprinzip vorgestellt, dessen konsequente Einhaltung und Unterstützung durch spezifische Werkzeuge zu offenen SW-Systemen führt. Die generelle "Machbarkeit" dieses Prinzips wurde bereits experimentell am Beispiel eines Vermittlungssystems nachgewiesen.

2 Prozesse als Komponenten eines offenen Programmsystems

Das zu beschreibende Strukturierungsprinzip ist für eine bestimmte Klasse von SW-Großanwendungen geeignet, die typischerweise für Prozeßsteuerungsanlagen, Verkehrsleitsysteme oder für Vermittlungssysteme entwickelt werden. Solche Systeme können durch vier wesentliche Merkmale charakterisiert werden:

- Sie reagieren auf unterschiedliche, externe Ereignisse, d.h. sie werden von außen durch Signale und Anreize getrieben.
- Sie stellen sich in der Regel als gleichzeitiger Ablauf teils unabhängiger, teils gekoppelter Aktivitäten dar.
- Sie erfordern meist hohe Ausfallsicherheit im Non-Stop-Betrieb.
- Sie sind langlebig sowie reich an Varianten und Versionen.

In der Praxis hat sich gezeigt, daß der Begriff des "Prozesses", zusammen mit der Möglichkeit der Interprozeßkommunikation, ein hinreichendes Abstraktionsmittel darstellt, um zu problemadäquaten DV-technischen Lösungen zu gelangen. Die "externen Prozesse" der Problemstellung lassen sich auf die "internen Prozesse" der Rechenanlage abbilden /1/.

Im Gegensatz zur "monolithischen" Vorgehensweise, sollen die "internen Prozesse" jedoch nicht zu einem abgeschlossenen Programm zusammengefaßt werden, sondern sie operieren, wie in Abschnitt 1 beschrieben, als eine Menge eigenständiger SW-Komponenten, die durch den gezielten Austausch asynchroner Nachrichten miteinander kommunizieren und in Wechselwirkung treten. Die Grundlage hierfür bilden das Prozeßkonzept und der Signalmechanismus der Programmiersprache CHILL /2/ /3/ sowie ein unterstützendes, im nachfolgenden Abschnitt 2.2 näher spezifiziertes Basissystem, der sog. SW-Bus.

2.1 Charakterisierung der Komponenten

Die Komponenten eines offenen Programmsystems können durch CHILL-Prozesse beschrieben werden. Entsprechend ihrer speziellen Eigenschaften werden diese Prozesse Functional Units (FUs) genannt.

Eine Functional Unit besteht, in Anlehnung an das Konzept der abstrakten Datentypen /4/, aus einer logisch zusammengehörigen Datenmenge und sämtlichen darauf operierenden Funktionen. Die Daten einer FU sind vollständig gekapselt, d.h. weder die Dateninhalte noch die Datenstrukturen sind nach außen hin sichtbar. Innerhalb einer Functional Unit sind alle Abläufe zusammengefaßt, die auf einem gemeinsamen Datenbestand operieren. Zu einem Zeitpunkt kann nur genau einer dieser Abläufe aktiv sein, d.h. innerhalb einer FU gibt es keine Nebenläufigkeiten. Inkonsistenzen durch gleichzeitige Zugriffe auf den Datenbestand einer FU sind dadurch innerhalb der FU ausgeschlossen.

Entsprechend der Instanziierung von Prozessen in CHILL können auch Functional Units mehrfach instanziiert sein, wobei der Start bzw. das Löschen von Instanzen Aufgabe des unterliegenden Basissystems ist. Verschiedene Instanzen derselben Functional Unit teilen sich den gleichen Code, arbeiten aber auf getrennten Datenbereichen. Das Prinzip der vollständigen Datenkapselung wird also auch zwischen Instanzen einer FU beibehalten.

Functional Units kommunizieren untereinander (und mit der Außenwelt) ausschließlich über Signale. Signale sind die Träger des Informations- und Datenflusses zwischen den FUs (Bild 2). Jedes Signal, das von einer FU empfangen wird, löst die Aktivierung einer bestimmten Funktion aus. Infolge der Ausführung dieser Funktion können selbst wieder Signale von der FU nach außen (zu anderen FUs) abgegeben werden. Das Aussenden eines Signals geschieht prinzipiell asynchron, d.h. der Sender gibt das Signal an das Basissystem ab, wartet aber nicht, bis es von einer anderen FU empfangen und bearbeitet wird. Synchrone Kommunikation wird durch Senden eines Signals und entsprechender Reaktion des Empfängers realisiert, z.B. in Form von Auftrags-Quittungs-Beziehungen oder Datenabfragen mit Ergebnisübergabe.

Innerhalb einer FU können Signale nur an fest vorgegebenen Punkten im Kontrollfluß, den sog. Empfangspunkten, empfangen werden. Jede FU besitzt mindestens einen solchen Empfangspunkt. An jedem Empfangspunkt wird von der FU explizit bekanntgegeben, welche Signale sie dort akzeptiert. Besitzt sie mehrere Empfangspunkte, so können Art und Anzahl der empfangbaren Signale je Empfangspunkt verschieden sein.

Darüber hinaus ist an jedes Signal eine Priorität geknüpft, die sich beim Empfang des Signals als implizite Ablaufpriorität auf die empfangende FU überträgt. Prioritäten für Signale werden vom jeweiligen Signalsender vergeben. Das gleiche Signal kann daher für unterschiedliche Empfänger bzw. von unterschiedlichen Sendern durchaus mit unterschiedlichen Prioritäten belegt sein.

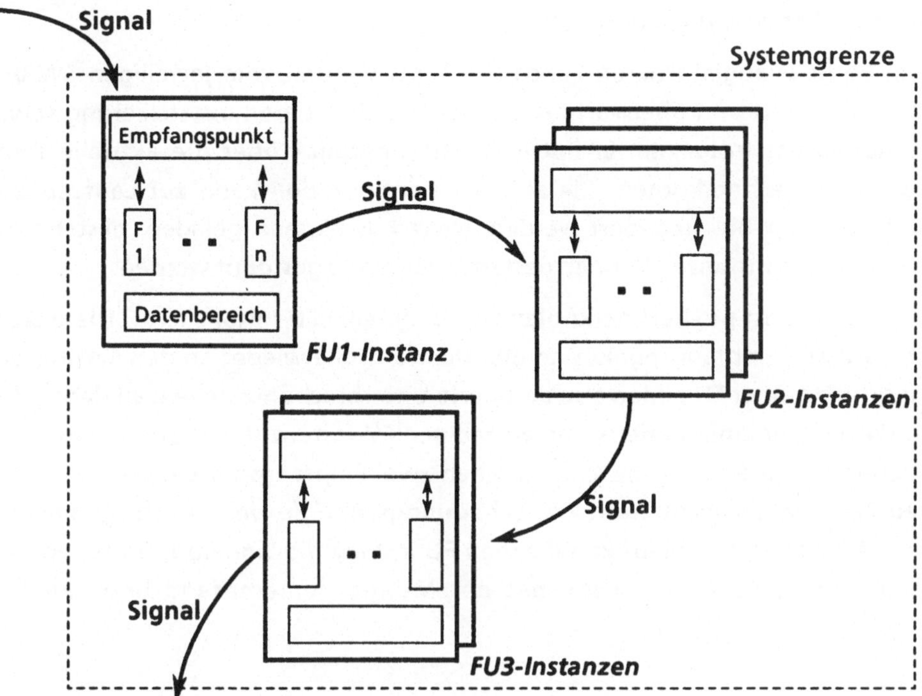

Bild 2: System aus funktionalen Einheiten

2.2 Der SW-Bus

Instanziierung von Functional Units, Datenkapselung und Signalkommunikation sind nur mit Unterstützung eines speziellen Basissystems, dem SW-Bus, zu bewerkstelligen. Die Aufgaben des SW-Busses lassen sich grob in drei Aufgabengebiete unterteilen:

1. Statische Verteilung von Instanzen:

Es wird davon ausgegangen, daß die in dem hier betrachteten Anwendungsspektrum eingesetzte Hardware in der Regel eine Mehrrechner- oder Multiprozessoranordnung sein wird. Dementsprechend unterstützt der SW-Bus die statische Verteilung von Functional Units auf die verschiedenen Knoten einer solchen Konfiguration. Die Verteilung ist statisch in dem Sinne, daß

- auf jedem Rechnerknoten ein eigener SW-Bus installiert ist,
- jede FU-Instanz bei der Instanziierung explizit einem SW-Bus und damit einem Rechnerknoten zugeordnet wird und
- die spätere Migration einer FU-Instanz zu einem neuen SW-Bus im Sinne eines prozessorübergreifenden Load-Balancing nicht möglich ist.

2. Verwaltung und Abwicklung der Functional Units:

Die einem Rechner zugeordneten Functional Units werden vom jeweiligen SW-Bus verwaltet. Er kontrolliert und überwacht das Laden von FUs, deren Instanziierung sowie Ablauf und Abbau der Instanzen. Er hat jederzeit Überblick über die aktuelle Konfiguration auf dem Rechnerknoten. Die aktuelle Konfiguration kann zur Laufzeit per Kommando an den SW-Bus geändert werden. Neue FUs können geladen, bestehende entfernt werden; neue Instanzen können gestartet, laufende gestoppt werden.

Zu jedem Zeitpunkt ist pro Rechnerknoten höchstens eine FU-Instanz aktiv. Diese läuft bis zu ihrem nächsten Empfangspunkt und gibt die Kontrolle wieder an den SW-Bus ab. Die Empfangspunkte einer FU bilden also definierte Unterbrechungsstellen, an denen der SW-Bus den Wechsel zu einer anderen, ablauffähigen FU-Instanz durchführen kann. Die vorzeitige Verdrängung einer FU-Instanz zwischen zwei Empfangspunkten findet außer in erkannten Fehlerfällen nicht statt. Die Schedulingstrategie berücksichtigt bei der Auswahl der nächsten, zum Ablauf kommenden FU-Instanz die Signalprioritäten in den Warteschlangen (s.u.) in Kombination mit der Menge der empfangsbereiten FU-Instanzen.

3. Signalkommunikation:

Der SW-Bus realisiert diejenige Schnittstelle, über die FU-Instanzen Signale senden und empfangen (Bild 3). Von FU-Instanzen ausgesendete Signale werden vom SW-Bus entgegengenommen, in internen Warteschlangen gepuffert und an die betroffenen FU-Instanzen ausgeliefert, sobald diese empfangsbereit dafür sind. Für das Aussenden von Signalen sind drei verschiedene Adressierungsmodi verfügbar:

- Direkte Adressierung: Der Empfänger des Signals wird explizit angegeben.
- Verschickung eines Signals ohne Empfängerangabe: die erste FU-Instanz, die für dieses Signal empfangsbereit ist, erhält es.
- Senden im Sinne eines Broadcast: Alle FU-Instanzen, die das Signal innerhalb einer bestimmten Zeit empfangen wollen, erhalten es.

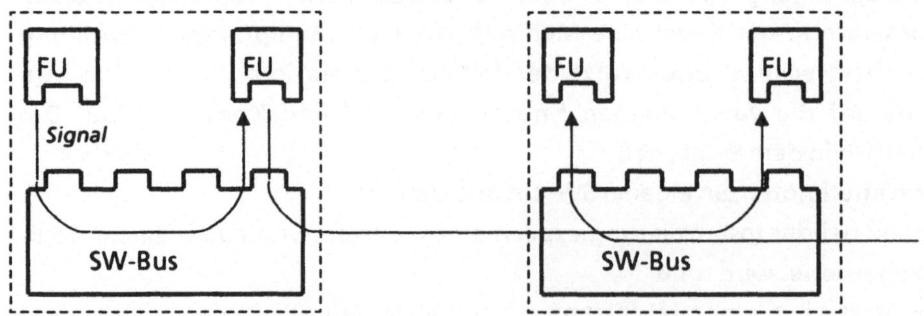

Bild 3: Signalkommunikation durch den SW-Bus

Es ist für den Sender eines Signals nicht sichtbar, ob die Empfängerinstanz lokal oder auf einem anderen Rechner angesiedelt ist. Der SW-Bus sorgt in dieser Hinsicht für Transparenz.

2.3 Eine experimentelle Umgebung

Zum Nachweis der generellen Machbarkeit und Praxistauglichkeit dieser prozeßorientierten Strukturierung mit Functional Units wurde eine experimentelle Ablaufumgebung geschaffen, die als Simulationssystem für Siemens-Großrechner unter dem Betriebssystem BS2000 realisiert wurde. Dabei werden alle programmtechnischen Prozesse (Functional Units) gemeinsam auf einen Betriebssystemprozeß abgebildet. Die Functional Units können zusätzlich auf mehrere virtuelle Prozessoren verteilt werden, wodurch auch der Aspekt der Konfigurierbarkeit offener Systeme in der experimentellen Umgebung untersucht werden kann.

Aufgabe des Simulationssystems ist es damit, logische Prozesse in Form von Functional Units und virtuelle Prozessoren in einer Betriebssystem-Task gemeinsam abzuwickeln und entsprechende Ein-/Ausgabemöglichkeiten für Functional Units anzubieten. Das Simulationssystem hat hierzu den im Bild 4 dargestellten Aufbau. Dabei werden *n* SW-Busse

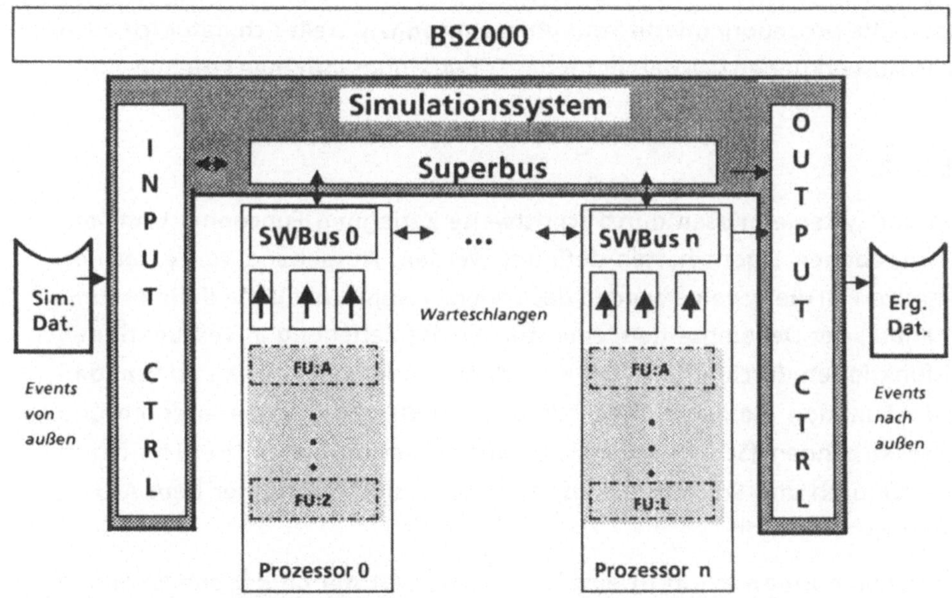

Bild 4: Simulationssystem für prozeßorientierte SW-Strukturen im Betriebssystem BS2000

(gemäß *n* virtuellen Prozessoren) mit den jeweils darauf ablaufenden Functional Units unter dem Simulationssystem zum Ablauf gebracht.

Ein sog. Superbus übernimmt die Ansteuerung der Prozessoren und die dafür notwendige Zeitverwaltung, basierend auf einem künstlichen, von außen zu triggernden Zeittakt. Die SW-Busse werden je Zeittakt sequentiell abgearbeitet, wobei jeder SW-Bus eine FU-Instanz einmal gemäß seinem Scheduling-Prinzip aktivieren kann.

Ein-/Ausgaben werden über spezielle I/O-Controller abgewickelt. Der Input-Controller erlaubt die Eingabe externer Anreize an die verschiedenen FUs, die er in der gleichen Weise wie intern entstehende Signale über die SW-Busse zustellen läßt. Der Output-Controller protokolliert die im System entstehenden Ausgaben, die ihm ebenfalls über die SW-Busse zugestellt werden, auf Datei. Input- und Output-Controller nehmen dabei eine Umsetzung zwischen externen, mnemotechnisch orientierten Datenformaten und dem internen Signalformat vor, wie es generell zur Kommunikation mit/zwischen FUs benutzt wird. Aus Sicht der einzelnen FUs ist dadurch die Schnittstelle zu anderen FUs (interne Kommunikation) und die Schnittstelle zur Peripherie (externe Kommunikation) völlig identisch: es existieren im System nur einheitliche, homogene Signalschnittstellen.

3. Der Software Engineering Aspekt

Für das vorgestellte prozeßorientierte Strukturierungsprinzip stellt sich natürlich auch die Frage, welche Auswirkungen sich daraus für das Entwicklungsvorgehen ergeben.

3.1 Design Prinzip

Beim Design der Systeme müssen durch schrittweise Zerlegung Functional Units mit den bereits beschriebenen Eigenschaften definiert werden. Ausgehend von externen, auslösenden Anreizen an die Systeme werden dazu zuerst Hauptfunktionen definiert und in einer ersten Phase, der Dekomposition, eine schrittweise Zerlegung in Teilfunktionen bis hin zu Basisfunktionen durchgeführt. Bei dieser Zerlegung ist darauf zu achten, daß neben der reinen Funktion die zugehörigen Daten (-strukturen) und die internen und externen Wechselwirkungen (Schnittstelleninformation) gleichermaßen berücksichtigt werden. Datenstrukturen und Schnittstelleninformationen sind auch unter dem Aspekt ihrer Lebensdauer zu betrachten.

Nach jedem Dekompositionsschritt ist eine Komposition/Clustering der entstehenden Einheiten nach folgenden Kriterien durchzuführen:

K1: Enge Datenbindung, d.h. Funktionen, die auf denselben Daten operieren, sollen zusammengefaßt werden (Prinzip der Datenkapselung und Vermeidung mehrfach aufgelegter Daten)

und gegebenenfalls

K2: Enge Funktionsbindung, d.h. Funktionen, die eine enge interne Wechselwirkung besitzen, sollen zur Minimierung des internen Signalaustausches zusammengefaßt werden (asynchrone Kommunikation → synchrone Kommunikation)

oder als Alternative zu K1 und K2

K3: Beibehalten der feinkörnigen Zerlegung aus systemtechnischen Gründen.

Dieser Zerlegungs- und Kompositionsprozeß ist iterativ durchzuführen, bis alle geforderten Eigenschaften der FUs erfüllt werden können. Bei der Anwendung dieser Vorgehensweise hat sich gezeigt, daß prinzipiell zwei verschiedene Arten von Functional Units unterschieden werden können:

- Handler besitzen genau einen Empfangspunkt für Signale, an welchem sie Anforderungen zur Erbringung einer Dienstleistung empfangen. Eine Anforderung wird immer komplett abgearbeitet, bevor eine neue Anforderung in Bearbeitung geht. Am Empfangspunkt nacheinander eintreffende Signale werden daher stets als unabhängige Ereignisse betrachtet.
- Controller repräsentieren und überwachen den Ablauf in sich geschlossener Funktionen. Sie können hierfür Aufträge an Handler bzw. andere Controller erteilen und die Ergebnisse dieser Aufträge entsprechend verwerten. Controller besitzen mehrere Empfangspunkte.

Die Einführung dieser Unterscheidung von FUs hinsichtlich ihrer Wechselwirkung untereinander gestattet eine verbesserte Strukturierung der Systeme. Leistungsmerkmale lassen sich im wesentlichen auf die Funktionen von Controllern abbilden, Handler stellen dagegen wiederverwendbare Basisfunktionen zur Verfügung, mit deren Hilfe unterschiedliche Leistungsmerkmale realisiert werden können.

Ziel dieses Entwurfsprozesses ist es, möglichst viele allgemeingültige Basisfunktionen zu extrahieren und, soweit möglich, daraus viele Handler und wenige Controller zu bilden.

3.2 Komponententest

Das in Abschnitt 2.3 bereits geschilderte Simulationssystem kann unverändert auch als Testumgebung eingesetzt werden. Einzelne FUs können separat einem Komponententest unterzogen werden, ohne spezielle Modultestrahmen zu benötigen. Sie werden einfach in eine ansonsten "leere" Simulationsumgebung, bestehend aus einem SW-Bus und dem Simulationssystem selbst, eingehängt. Signale an bzw. von den FUs können dabei direkt über die I/O-Controller des Simulationssystems verarbeitet werden.

Insbesondere Handler können aufgrund ihrer einfachen Kommmunikationsbeziehungen einzeln getestet werden; Aufträge an sie werden ohne weitere Wechselwirkungen zu anderen FUs sequentiell abgearbeitet, wodurch deren Einstellbarkeit und Beobachtbarkeit wesentlich erleichtert wird. Die Gesamtheit aller Handler kann vor den Controllern getestet werden. Beim Test der Controller kann dann auf bereits ausgetestete Basisfunktionen zurückgegriffen werden, wodurch die Stabilität der SW-Komponenten schneller erreicht wird.

Über die beim Test verwendeten Signale kann die erreichte Testabdeckung bezogen auf die Signalschnittstelle der jeweiligen FU gemessen werden (Signalabdeckung).

Schrittweise können nach den Einzeltests die FUs zum Gesamtsystem integriert werden, wobei nach jedem Schritt entsprechende Testabläufe möglich sind: im offenen Verbund von FUs sind alle Signalschnittstellen zu jeder Zeit von außen zugänglich.

3.3 Toolkonzept

Soll das beschriebene Designprinzip aus dem rein experimentellen Umfeld in die industrielle Praxis übernommen werden, so ist eine Unterstützung der SW-Entwicklung durch Methoden und Werkzeuge unabdingbar. Als geeignetes Werkzeug für die Programmierung wurde bereits CHILL genannt, als Werkzeug zum Komponententest das Simulationssystem. Dies deckt im wesentlichen die Phasen Implementierung und Test ab.

Auf Seiten des Entwurfs harmoniert das skizzierte Strukturierungsprinzip sehr gut mit der Konzeption von SDL /5/. SDL-Systeme werden in viele autonome Prozesse (analog zu FUs) zerlegt, die über Signale kommunizieren und ausschließlich auf ihre lokalen Daten direkt zugreifen. Ein Werkzeug, das den Entwurf mit SDL unterstützt, muß alle drei SDL-Hierarchieebenen beherrschen /6/:

- Blockinteraktionsdiagramme zur Spezifikation der Aufbaustruktur eines Systems. Der Signalverkehr zwischen den Blöcken ist zu Kanälen gebündelt.
- Sequence Charts zur Spezifikation des Signalverkehrs zwischen FUs.
- Prozeßdiagramme zur Spezifikation des lokalen Ablaufverhaltens einer FU.

Die erzeugten SDL-Beschreibungen bieten einen guten Aufsetzpunkt für weitere Werkzeuge. Auf Basis der Diagramme lassen sich statisches und dynamisches Verhalten des Gesamtentwurfs und seiner Komponenten analysieren, simulieren und diagnostizieren und es lassen sich, als nahtloser Übergang vom Design zur Implementierung, automatisch CHILL-Programmskelette für die Realisierung von FUs erzeugen.

Design und Implementierung müssen ergänzt werden durch Werkzeuge für die Dokumentation, Verwaltung und Konfiguration von Systemen. Im Mittelpunkt könnte hier eine globale Signal- und FU-Bibliothek stehen, die einerseits den gesamten Signalvorrat eines Systems sowie die Gültigkeitsbereiche von Signalen definiert und die andererseits alle Versionen und Varianten von FUs zusammen mit einer genauen Zuordnung zu Leistungsmerkmalen der Systeme enthält.

4 Ausblick

In den vorangegangenen Abschnitten wurde ein Strukturierungsprinzip vorgestellt, daß einen Schritt in Richtung wiederverwendbare SW-Zellen darstellt. Die Anwendbarkeit des Prinzips wurde mit Hilfe des skizzierten Simulationssystems experimentell nachgewiesen. Es wurde gezeigt, daß offene Programmsysteme auf der Basis konventioneller Programmiersprachen mit existierender Programmierumgebung machbar sind.

Zusätzliche Experimente in weiteren Anwendungsgebieten sowie vergleichende Betrachtungen mit anderen Strukturierungsprinzipien, z.B. Object Oriented Design sind zur Untermauerung der Einsetzbarkeit in der zukünftigen industriellen SW-Fertigung notwendig.

Referenzen

/1/ F. Pieper
Konzepte für Echtzeit-Betriebssysteme
VMEbus Workshop '88
München, Oktober 1988

/2/ *CCITT High Level Language (CHILL)*
CCITT Red Book Volume VI Fascicle VI.12.Recommendations Z.200
Torremolinos, Oct. 1984

/3/ W. Sammer, H. Schwärtzel
CHILL: Eine moderne Programmiersprache für die Systemtechnik
Springer Verlag
Berlin Heidelberg New York 1982

/4/ B.H. Liskov, S.N. Zilles
Programming with Abstract Data Types
SIGPLAN Notices 9,4 April 1974

/5/ *SDL (Functional Specification and Description Language)*
CCITT Book Volume VI Fascicle VI.10.Recommendations Z.101-Z.104 und
CCITT Book Volume VI Fascicle VI.11.Annexes to Recommendations
Torremolinos, Oct. 1984

/6/ H.G. Tempel
A Set of Tools Supporting the Software Design Based on SDL
1st European Software Engineering Conference
Straßburg 1987

Das Entwickeln und Testen von Prozeßnetzen mit dem Netzwerkprogrammierungs-Arbeitsplatz

Jens Kutscher
Forschungsinstitut für Funk und Mathematik
Abteilung RSP
Neuenahrer Str. 20
5307 Wachtberg-Werthhoven

Kurzfassung

Die Netzwerkprogrammierung (NWP) stellt als Methodik die konzeptionellen Grundlagen zur Entwicklung verteilter Systeme bereit. Dies umfaßt die auf dem Prozeßparadigma aufbauende Idee autonomer, nur über Kommunikation miteinander agierender Prozesse, die Einbindung von Kommunikationsanweisungen und somit die Bereitstellung beliebiger Kommunikationsschemata auf programmiersprachlichem Niveau und Konzepte zur Entwicklung, Konfigurierung und Optimierung sowie zum Testen von Prozeß(teil-)netzen sowohl in funktionaler Hinsicht, als auch unter Aspekten der Auslastung und des Datendurchsatzes.

Diese Konzepte wurden, bisher teilweise, in einer Vorversion eines NWP-Arbeitsplatzes realisiert. Es wird eine Programmierumgebung zur Verfügung gestellt, die es ermöglicht, Prozeßnetze auf einem Rechnernetz aus Sun-Workstations ablaufen zu lassen. Dazu wurde ein Nachrichtenvermittlungssystem entwickelt, das den Datenaustausch zwischen Prozessen, auch zwischen verschiedenen Rechnern, ermöglicht sowie Sprachschnittstellen zu mehreren Programmiersprachen bereitstellt. Ein Monitor erlaubt von einem beliebigen Rechner aus die Beobachtung des gesamten, im Ablauf befindlichen Prozeßnetzes.

Thema dieses Artikels sind die Konzepte zur Entwicklungs- und Testunterstützung des NWP-Arbeitsplatzes, der in der jetzigen Version auf Ada als Programmiersprache zum Aufbau von Prozeßnetzen ausgerichtet ist. Die realisierten Softwarewerkzeuge sind so ausgelegt, daß sie nicht die konventionellen Phasen des Software-Lifecycles, wie etwa die Anforderungsanalyse, das Systemdesign oder die Testphase sequentieller Programme, unterstützen, sondern Problemstellungen, die sich aus der Verwendung des Prozeßparadigmas ergeben, behandeln.

1 Einleitung

Der Prozeß der Schaffung von Software-Umgebungen zum Entwurf und zum Ablauf verteilter Systeme befindet sich in unterschiedlichen Entwicklungsstadien. Einerseits vereinfachen moderne Betriebssysteme durch virtuelle Filesysteme, durch Systemdienste zur Interprozeßkommunikation und RPC die Implementierung verteilter DV-Anwendungen, andererseits wird der Aspekt der Programmierung verteilter Systeme aus softwaretechnologischer Sicht bisher nur unzureichend abgedeckt.

Es existiert zwar eine Vielzahl von Programmiersprachen für verteilte Systeme, die auf den unterschiedlichsten Modularitätskonzepten und Kommunikationsmodellen aufbauen [HEI89], jedoch ist keine soweit in den normalen Software-Erstellungsvorgang integriert, daß von einer praxisnahen Verwendungsmöglichkeit, erst recht im Hinblick auf Unterstützung bei der Erstellung von Software, gesprochen werden könnte.

Die *Netzwerkprogrammierung (NWP)* [ISS83] versucht diese Lücke mit dem *NWP-Arbeitsplatz*, dessen Komponenten in Abb. 1.1 dargestellt sind, zu schließen. Die Komponenten sind drei Teilbereichen zuzuordnen, der Entwicklungsunterstützung, der Prozeßnetzoptimierung und der Ablaufanalyse.

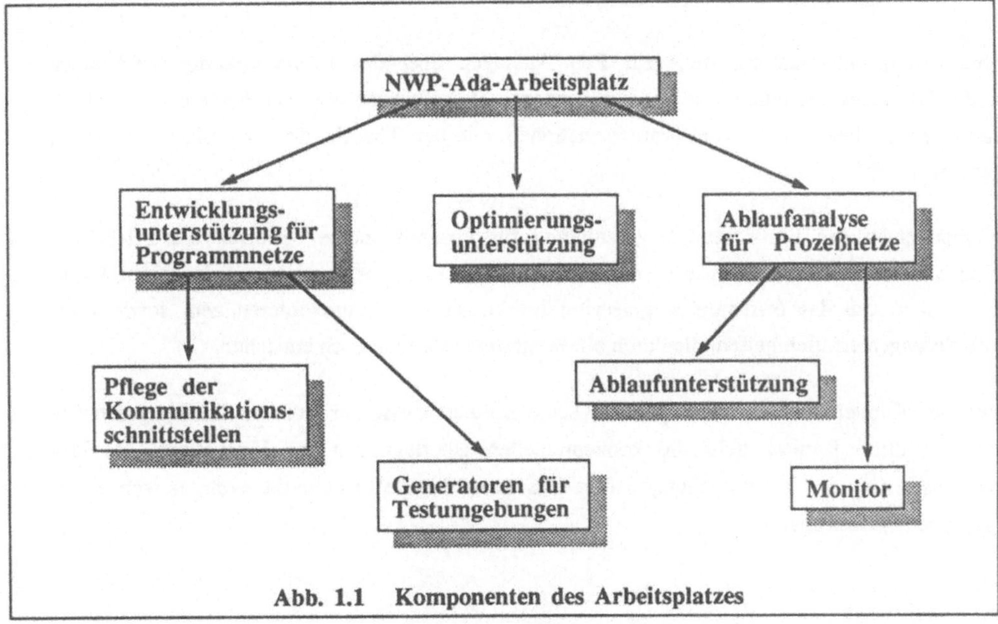

Abb. 1.1 Komponenten des Arbeitsplatzes

Durch *Nachrichtenvermittler (LCS, local communication system)* [GRÜ88] wird der Ablauf von *Prozeßnetzen* ermöglicht. Diese bieten Sprachschnittstellen zu unterschiedlichen, bekannten Programmiersprachen (zur Zeit Ada, C, Pascal und Prolog) an, so daß auch die Möglichkeit zur

Schaffung sprachlich heterogener Prozeßnetze gegeben ist. Durch *Monitore* [SLL88], die mit den Nachrichtenvermittlern in Verbindung stehen, kann der Ablauf der Prozesse überwacht werden. Abb. 1.2 zeigt ein Beispiel für ein auf drei Rechner verteiltes Prozeßnetz.

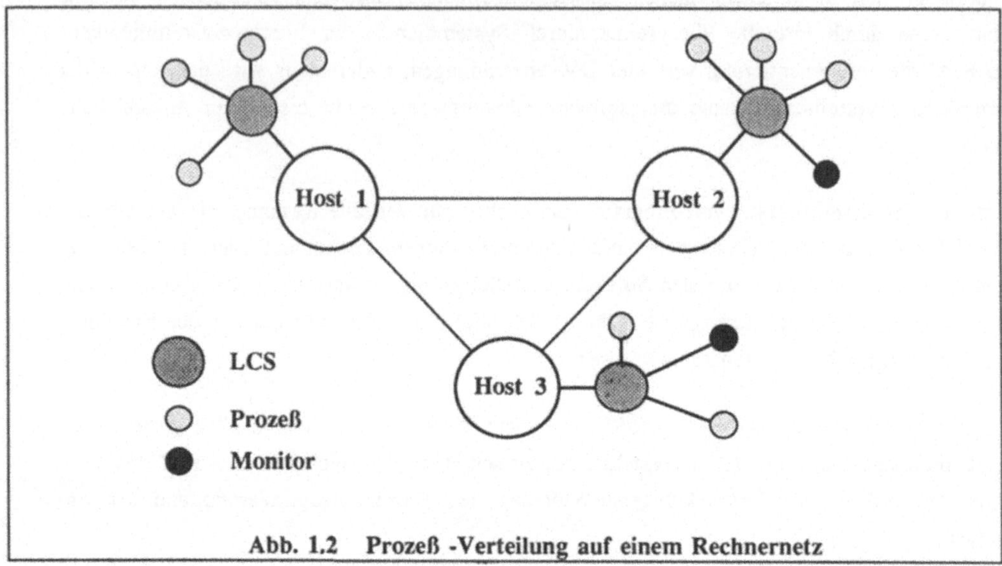

Abb. 1.2 Prozeß -Verteilung auf einem Rechnernetz

Die Optimierungsunterstützung stellt zur Zeit Aussagen über das Kommunikationsaufkommen bereit, die Hinweise bezüglich der Ladestrategie des Prozeßnetzes auf das Rechnernetz liefern. Erweiterungen in bezug auf Prozeßtransformationen mit der Theorie der Organisation [ISS88] sind geplant.

Die Komponenten der Entwicklungsunterstützung für Programmnetze betreffen die Pflege der Kommunikationsschnittstellen sowie Generatoren für Testumgebungen. Hier wurden nicht Werkzeuge realisiert, die das Software Engineering im klassischen Sinne unterstützen, sondern die die Anforderungen erfüllen helfen, die durch ein Programmnetz zusätzlich entstehen.

Im folgenden Kapitel wird das Konzept der Kanäle erläutert sowie der Kommunikationsgraph eingeführt. Das dritte Kapitel stellt die konzeptionellen Überlegungen zur Verwaltung des Programmnetzes sowie der Testumgebungen dar. Das letzte Kapitel beschreibt exemplarisch einige der realisierten Werkzeuge.

2 Die Kommunikationskonzepte

Ein *Programmnetz* stellt sich in seiner Gesamtsicht als Menge von virtuellen *Kanälen* und *Programmen* dar. Die Kanäle sind *unidirektional* und *getypt*, d.h. es werden nur Nachrichten eines

Nachrichtentyps, in der derzeitigen Ausprägung des Arbeitsplatzes Ada-Datentypen, in einer Richtung transportiert. Programme dürfen nur über Kanäle miteinander kommunizieren, direkte Verbindungen zwischen Programmen oder Kanälen sind unzulässig.

Das Programmnetz stellt somit einen gerichteten, zusammenhängenden und bipartiten Programm-Kanal-Graphen dar, der im folgenden auch als *Kommunikationsgraph* bezeichnet wird. Abb. 2.1 zeigt den Kommunikationsgraphen eines Programmnetzes.

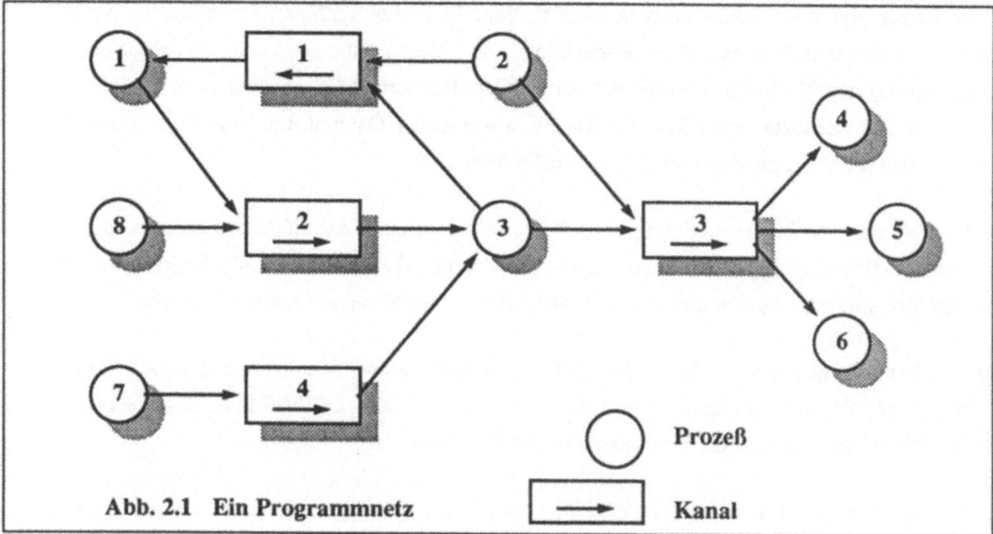

Abb. 2.1 Ein Programmnetz

2.1 Die Kommunikationsarten

Es werden mehrere Arten der Kommunikation unterschieden. Bei der *synchronen* Kommunikation müssen sowohl Sende- als auch Empfangsprozeß bei der Nachrichtenübertragung jeweils an der entsprechenden Kommunikationsanweisung angekommen sein, bei der *asynchronen* Kommunikation werden Nachrichten in einem kanalinternen *Puffer* zwischengespeichert. Der Sendeprozeß kann also, falls der Puffer nicht voll ist, ohne Zeitverlust weiterarbeiten.

Nachrichten fungieren in den eben geschilderten Fällen als einmal benutzbare Betriebsmittel, die nach dem Empfang im Kanal gelöscht werden. Eine weitere Kommunikationsform ist die des *zerstörungsfreien Lesens*. Hier behält ein Kanal eine Nachricht so lange in einem einelementigen Puffer bis sie durch die Nachricht eines Senders überschrieben wird. Die Nachricht kann beliebig oft ausgelesen werden.

Zusätzlich wird noch zwischen *privater* und *öffentlicher* Kommunikation unterschieden. Die private Kommunikation findet zwischen genau zwei Prozessen statt, an einer öffentlichen Kommunikation nehmen mehrere Sender und/oder Empfänger teil. Kanäle fungieren so neben der Benutzung als *Privat-Kanal* auch als *Nachrichtenverteiler, -konzentrator* oder *-vermittler.*

2.2 Realisierung

Kanalverwaltung und Nachrichtentransport werden vom LCS durchgeführt. Die Prozesse melden sich unter Angabe ihres Namens, ihrer Kanalmenge, den Kommunikationsmodi (synchron, asynchron, anzeigend) den Nachrichtentypen und der Puffertiefen beim LCS an. Das LCS 'knüpft' die Verbindungen und verwaltet weiterhin die Kanäle sowie deren Datenpuffer. Vor ihrer Terminierung melden sich die Prozesse dann samt ihrer Kanäle beim LCS ab.

Ein Instrument zur Deadlockvermeidung ist die Auswahlanweisung *SELECT*. Sie liefert von einer Menge von Kanälen diejenige Teilmenge zurück, die kommunikationsbereit sind. So kann vermieden werden, daß ein Prozeß einen nicht kommunikationsbereiten Kanal auszulesen versucht.

Das geschilderte Vorgehen wird durch die programmiersprachliche Schnittstelle des LCS ermöglicht. Im Fall der Programmiersprache Ada wird ein Package *LCS_INTERFACE*, das die besprochenen Funktionen realisiert, in die Programme mit eingebunden.

Aus der Sicht eines Prozesses sind die Kanäle lokal, seine Wechselwirkungen mit der Umwelt klar definiert. Dies macht es sehr leicht, ein bestehendes Programmnetz zu modifizieren, da Veränderungen nur den Prozeß selbst und seine direkte Umgebung betreffen.

3 Konzepte der Programmier- und Testunterstützung

Die klassischen Analyse- und Designmethoden, die meist streng Top-Down vorgehen, erfordern bei dem Entwurf komplexer Softwaresysteme einen nicht unerheblichen Aufwand, der neben der eigentlichen Programmierarbeit zusätzlich anfällt. Dieser resultiert daher, daß es meist unmöglich ist, ein komplexes System von Anfang an in allen Komponenten zu überschauen und zu verstehen. Der Arbeitsplatz unterstützt deshalb ein evolutionäres Vorgehen, womit gleichzeitig ein "Rapid Prototyping" ermöglicht wird [IKU88].

Das schnittstellenorientierte "Baukastensystem" aus Kanälen und Programmen erzeugt gleichzeitig ein datenflußorientiertes Modell, wie es z.B. auch bei einem Analysevorgang mit *Structured Analysis* [DEM78] auf der untersten Darstellungsebene entsteht. Umgekehrt ist solch eine Darstellung unmittelbar in ein Programmnetz umwandelbar.

Die Prozesse eines komplexen Prozeßnetzes sollten so klein sein, daß mit größtmöglicher Wahrscheinlichkeit ein fehlerfreies Verhalten angenommen werden kann. Mögliches Fehlverhalten wird somit auf das Zusammenspiel der Prozesse, das Prozeßnetz, verlagert. Hier sind jedoch wegen der durch die Kommunikationen und das Fehlen gemeinsam benutzten Speichers klar definierten Datenschnittstellen zwischen den Prozessen effiziente Kontrollen möglich.

Als Testhilfe bietet der Arbeitsplatz Definitionswerkzeuge für *Testfälle* und *Testszenarien* an. Unter einem Testfall ist ein Teilnetz eines gesamten Prozeßnetzes zu verstehen, das in seinem Kommunikationsverhalten getestet werden soll. Dazu werden automatisch Datenquellen und Datensenken erzeugt, die die durch das Herauslösen offenen Kommunikationskanäle abdecken.

Ein Testszenarium beschreibt die Ausführung eines Testfalls. Hier werden Zuordnungen zwischen Prozessen und Rechnern sowie Stubs, Rechnern und Testdatensätzen definiert, die dann im Testlauf ausgeführt werden. Außerdem können noch unterschiedliche Arbeitsmodi für Stubs festgelegt werden.

3.1 Die Verwaltung der Programmnetze

Als Beschreibungsmittel und logische Grundlage für den NWP-Ada-Arbeitsplatz werden zur Verwaltung der Programmnetze die bereits eingeführten Kommunikationsgraphen verwendet.

Die Knoten des Kommunikationsgraphen bestehen aus der Menge der Programme und der Menge der Kanäle. Die Kanten geben die Leser-/Schreiberbeziehungen der Programme bezogen auf die Kanäle an, wobei die Richtung der Kante vom Datenfluß abhängt.

Ein wichtige, nicht von vornherein gegebene Eigenschaft von K-Graphen ist die *Abgeschlossenheit*. Hier wird gefordert, daß jedem Kanal mindestens jeweils ein lesendes und ein schreibendes Programm zugeordnet sind. Diese Eigenschaft verhindert den "Überlauf" bzw. das "Austrocknen" eines Kanals.

Die Werkzeuge des Arbeitsplatzes sind dementsprechend so konzipiert, daß ihre Anwendung nur auf einem abgeschlossenen K-Graphen erfolgt und daß nach Benutzung des Werkzeugs wiederum ein abgeschlossener K-Graph vorliegt.

3.2 Testfälle und Testszenarien

Das korrekte Verhalten eines einzelnen Prozesses kann mittels eines normalen Debuggers überprüft werden. Dieser Aspekt soll hier dementsprechend nicht weiter behandelt werden. Von Interesse ist vielmehr, Aussagen über das korrekte Verhalten von Prozeßmengen bzgl. ihrer Kommunikationen zu erhalten. Dies kann zur Laufzeit mittels des Monitors erfolgen. Der Arbeitsplatz stellt im Vorfeld dazu Werkzeuge zur Verfügung, die die Bestimmung und den Abschluß einer Prozeßteilmenge erlauben.

Zur Testfalldefinition wird zunächst ein Untergraph des Kommunikationsgraphen bestimmt (Abb. 3.1). Er umfaßt alle zu testenden Prozesse und zusätzlich alle Kanäle, aus denen die Prozesse direkt lesen, oder in die sie direkt Nachrichten einspeisen. Damit wird erreicht, daß alle Dateneinund ausgänge der zu testenden Prozesse mit Daten ver- bzw. entsorgt werden können.

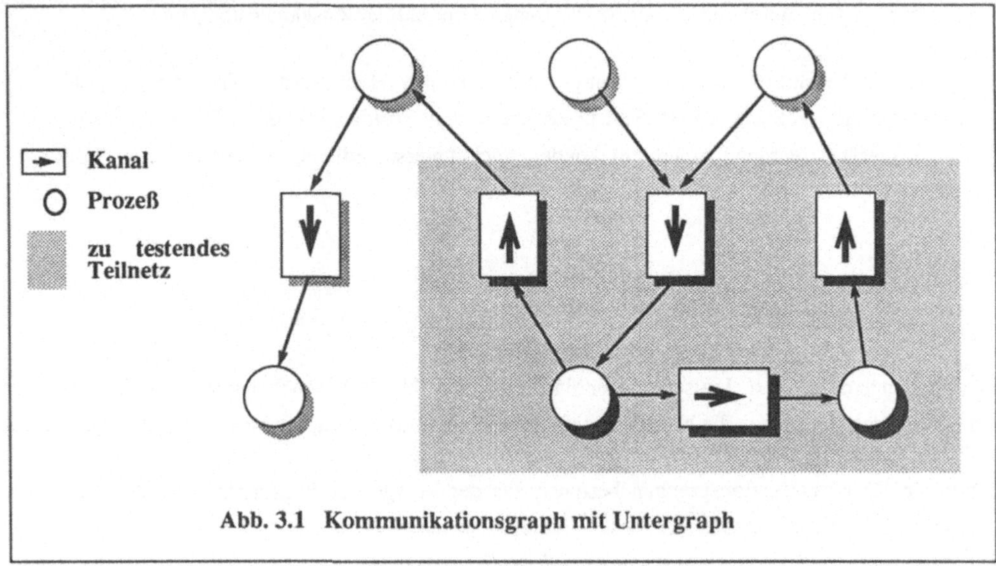

Abb. 3.1 Kommunikationsgraph mit Untergraph

Der Abschluß dieses Untergraphen legt dann den durch ihn definierten *Testfall* fest. Dazu wird der Untergraph um eine Menge von Programmknoten (die jedoch nicht zu dem gesamten Ursprungsgraphen gehören dürfen) dergestalt erweitert, daß für jeden nicht im Untergraph enthaltenen Programmknoten, der mit einem in darin enthaltenen Kanalknoten verbunden ist, eine Datenquelle oder -senke (entsprechend der ursprünglichen Kantenrichtung) geschaffen wird. Diese Datenquellen und -senken werden als *Stubs* bezeichnet. (Abb. 3.2)

Diese Definition geht über den normalen Abschluß eines K-Graphen hinaus. Dadurch wird aber erreicht, daß der Testfall die Gegebenheiten des Ursprungsgraphen weitestgehend widerspiegelt.

Zur Ausführung eines Testfalls muß noch bestimmten Randbedingungen entsprochen werden. Diese werden in *Testszenarien* festgelegt. Im wesentlichen sind die Ausführungsbedingungen eines Testfalls durch Prozeß-Rechner-Zuordnungen sowie Stub-Testdaten-Zuordnungen charakterisiert (Abb. 3.3). Weiterhin werden hier aber auch Arbeitsmodi für die am Testfall beteiligten Stubs festgelegt.

Kanal
Prozeß
zu testendes Teilnetz
Stub

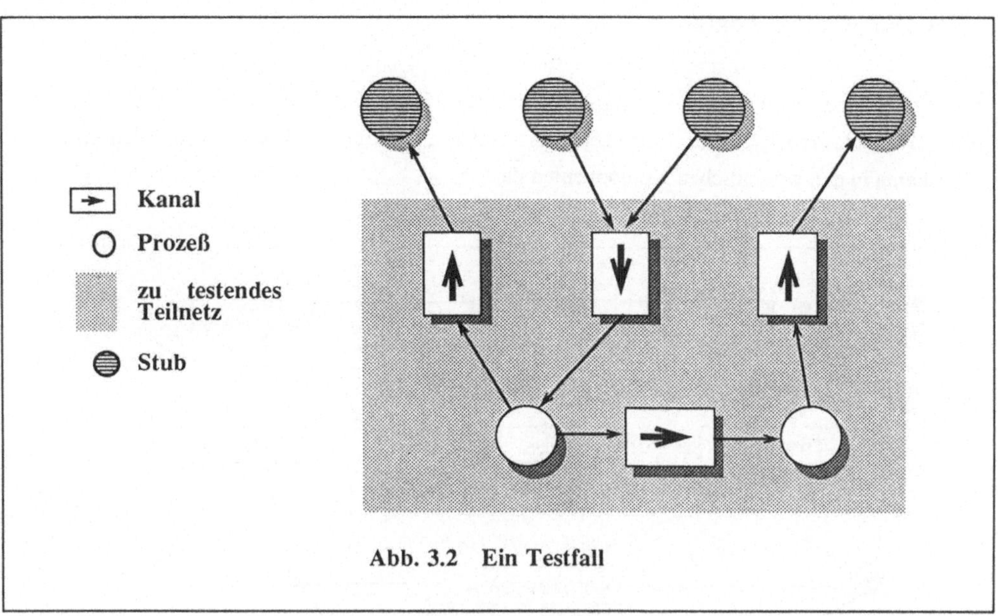

Abb. 3.2 Ein Testfall

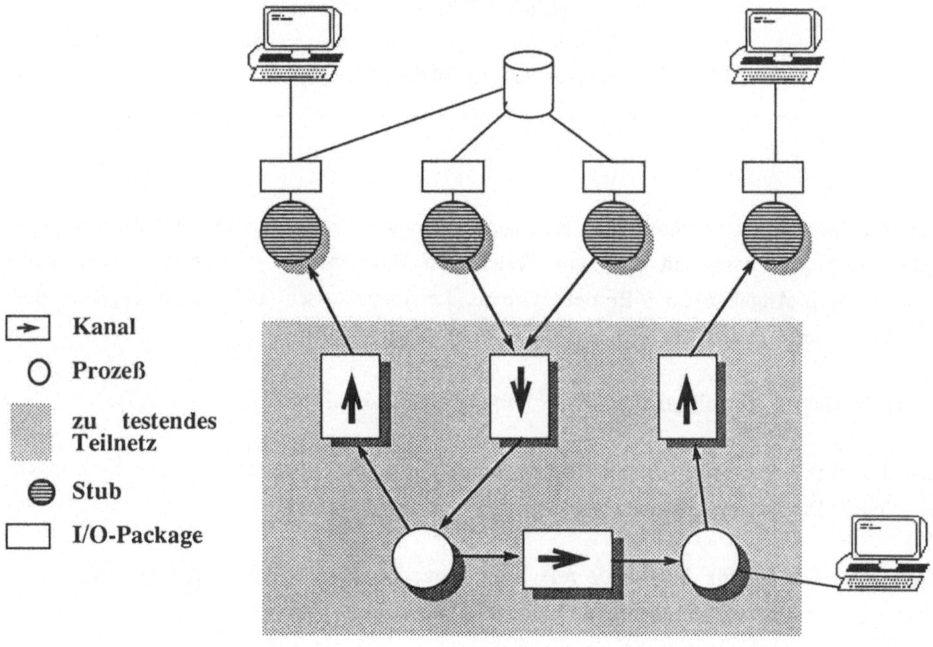

Kanal
Prozeß
zu testendes Teilnetz
Stub
I/O-Package

Abb. 3.3 Testszenarium zu einem Testfall

3.3 Das Datenbankschema

Zur Datenhaltung eines Kommunikationsgraphen wird die Unify-Datenbank, auf der alle Werkzeuge des NWP-Ada-Arbeitsplatzes aufsetzen, verwendet. Abbildung 3.4 stellt das relationale Datenbankschema in den wesentlichen Komponenten dar.

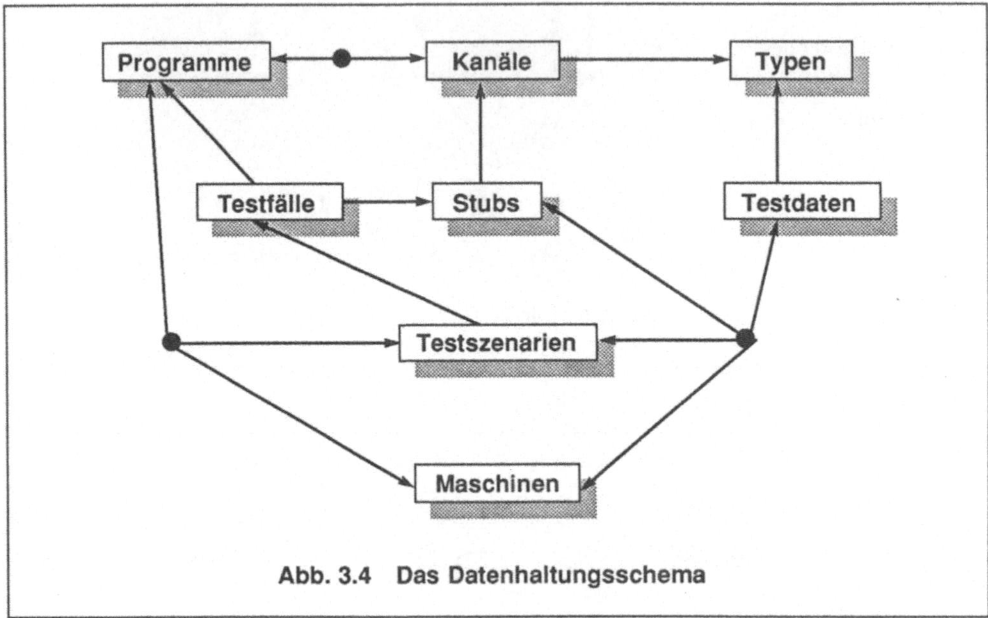

Abb. 3.4 Das Datenhaltungsschema

- Der Eintrag **Maschinen** beschreibt die Konfiguration eines Hardwarenetzes, auf dem der Arbeitsplatz eingesetzt wird und das zum Testen von Prozeßnetzen verwendet werden soll. Hier finden sich Angaben über Betriebssysteme, Leistungsklassen und Peripheriegeräte der einzelnen Rechner.

Drei der Einträge dienen der vollständigen Beschreibung von K-Graphen.

- In den Einträgen **Programme** sind Informationen über die Programme eines K-Graphen (Autor, Status, Dateiname ...) gespeichert.

- In **Kanäle** werden die für die Kanäle relevanten Angaben (Kanalart, Puffertiefe, transportierter Datentyp, lesende und schreibende Programme ...) verwaltet.

- In **Typen** wird jeder Datentyp der zentralen Typendatei mit Typnamen, Typart, Untertypen usw. erfaßt.

Vier weitere Einträge dienen der Beschreibung von Testfällen.

- Der Eintrag **Testfälle** verzeichnet die verschiedenen Testfalldefinitionen. Sie bezeichnen die Menge der an einem Testfall beteiligten Programme und

- **Stubs**, die ihrerseits im Eintrag Stubs beschrieben sind. Hier müssen die durch die Stubs bedienten Kanäle und (indirekt) die Typen der auf den Kanälen transportierten Daten verzeichnet werden.

- Unter **Testdaten** sind Files verzeichnet, die Daten eines bestimmten Datentyps zum Transport auf einem Kanal enthalten. Dies umfaßt einerseits Datensätze, die von einem schreibenden Stub in ein Testfallnetz eingespeist werden, und andererseits Protokollierungen der Daten, die von einem lesenden Stub aus einem Testfallnetz ausgelesen wurden.

- Die Einträge unter **Testszenarien** legen die Beziehungen Maschine-Stub, Maschine-Prozeß sowie Stub-Testdatenfile fest.

4 Die Werkzeuge

Der Arbeitsplatz stellt als Programmierhilfe Werkzeuge zum Verwalten eines Prozeßnetzes bereit. Dies umfaßt z.B. automatische Programmrahmengenerierung, einen syntaxgesteuerten Editor zur Deklaration von Ada-Typen und Kanaldeklarationsmasken. Auf diese Weise können sehr leicht Prozeßnetzmanipulationen vorgenommen werden, sei es um ein bestehendes Netz zu verändern, zu erweitern oder mit einem anderen Netz zu koppeln.

Als Testhilfe zur Vorbereitung von Testläufen dienen Werkzeuge zur Definition von Testfällen und Testszenarien. Dies umfaßt auch einen Generator für die von den Testfällen benötigten Stubs.

Für die Erzeugung relevanter Testdatensätze für die Datenquellen werden automatisch syntaxgesteuerte Testdateneditoren erzeugt. Diese ermöglichen es, strukturierte Ada-Typen entsprechend ihrer Struktur einzugeben. Parallel dazu wird ein Normierer erzeugt, der die Daten als ASCII-File ablegt. Ein Werkzeug zur komfortablen Erstellung von Testdatenfiles rundet den Komplex ab.

Alle Werkzeuge arbeiten direkt auf dem dargestellten Datenbankschema. Bei einigen handelt es sich naturgemäß um reine Eingabemasken, die nur dahingehend von Interesse sind, daß mit ihnen Datenbankeinträge vorgenommen werden, auf die sich andere Werkzeuge beziehen. Dies sind die Werkzeuge zur Programm- und Maschinendefinition, auf die deshalb auch nicht weiter eingegangen wird. Weiterhin ist in diesem Zusammenhang das Werkzeug zur Typdefinition zu nennen. Hier wurde ein syntaxgesteuerter Editor entwickelt, der die Eingabe von Ada-Typdeklarationen ermöglicht und diese neben strukturellen Informationen über den Datentyp in der Datenbank ablegt. Damit war es nicht erforderlich, einen Ada-Parser für Typdeklarationen zu entwickeln, da in Verbindung mit den Ada-Sprachattributen [ARM83] und den aus dem Werkzeug gewonnen Informationen der Aufbau eines eingeschränkten Syntaxbaums für spätere Werkzeuge möglich ist.[1)]

Bei den auf Datenbankeinträgen aufbauenden Werkzeugen sind zunächst die zur Kanaldefinition und Testszenarienfestlegung zu nennen. Beide bilden im wesentlichen wieder Eingabemasken, wobei jedoch diesmal das Vorhandensein eines entsprechenden Eintrags (mindestens jeweils ein lesendes und ein schreibendes Programm bei Kanaldefinitionen[2)] sowie entsprechende Einträge für Stubs, Programme und Maschinen bei der Testszenarienfestlegung) überprüft wird.

Auf der Definition des Kommunikationsgraphen setzt der Programmrahmengenerator auf. Aufbauend auf den Einträgen für Programme und ihren Verweisen auf die benutzten Kanäle wird Ada-Programmcode zur Einbindung der LCS-Schnittstelle, Prozeßanmeldung, Kanaleröffnung und zur Prozeßabmeldung generiert. Die Klammerung dieser Codestücke in *Kommentarklammern*[3)] ermöglicht eine spätere automatische Ersetzung (z.B. nach Eingabe eines weiteren Kanals) durch eine aktuelle Version auch nach dem Hinzufügen von benutzerdefiniertem Programmcode.

Mit dem Werkzeug zur Testfalldefinition wird, ausgehend von einem beliebigen Programm, zunächst die Festlegung eines K-Untergraphen ermöglicht.

Mit Kenntnis der durch Stubs abzuschließenden Kanäle und deren Datentypen wird für jeden Datentyp ein Ada-Package erzeugt, das es ermöglicht, eine kommentierte und syntaxgesteuerte Ein- und Ausgabe von Datenobjekten über den Bildschirm und die Tastatur vorzunehmen. Weiterhin werden Prozeduren zur normierten Ablage von Datenobjekten auf ASCII-Files zur Verfügung gestellt. Auf diesem Package bauen sowohl der Stubgenerator wie auch die Testdateneditoren auf.

Ausgehend von dem festgelegten Kommunikations-Untergraphen wird die Menge der benötigten Stubs berechnet und deren Programmcode automatisch generiert. Bei dem anschließenden Compiliervorgang werden die Stubs mit den entsprechenden Ein-/Ausgabe-Packages zusammengebunden.

Auch das Werkzeug zur interaktiven Testdatenerzeugung macht Gebrauch von den Ein-/Ausgabe-Packages. Die hier verfolgte Philosophie erlaubt die Definition von Datenpuffern mit dem Inhalt eines Datenelements eines Datentyps. Diese Puffer können in beliebiger Reihenfolge zur

---

1) Die in diesem Absatz verwendeten Fachausdrücke (Syntaxbaum, Parser usw.) entstammen der einschlägigen Compilerbau-Fachliteratur.

2) Somit ist auch gleichzeitig die Eigenschaft der Abgeschlossenheit des Kommunikationsgraphen sichergestellt.

3) Damit werden ausgezeichnete Ada-Kommentare bezeichnet, die jeweils direkt vor und hinter einem generierten Codestück stehen.

Erzeugung eines Testdatenfiles kombiniert, ausgelesen und abgespeichert werden. Weiterhin können die Inhalte bestehender Datenfiles mit diesem Werkzeug visualisiert werden.

Den Werkzeugen übergelagert ist der Projektzugriffsrahmen. Hier sind die Möglichkeit zur Verwaltung mehrerer Projekte sowie rudimentäre Schutzmechanismen für die Projektverwaltung und die Benutzerzugriffsrechte realisiert. Von hier ist der zentralisierte Aufruf aller bisher dargestellten Werkzeuge bezüglich eines Projekts möglich.

Alle Werkzeuge des NWP-Ada-Arbeitsplatzes wurden auf einem und für ein Netz von Sun-Workstations entwickelt. Die Benutzerschnittstellen sind mittels SunView realisiert, so daß mausunterstützte Bedienung und menügesteuerte Anwahl von Subfunktionen durchgängig möglich ist.

Literatur

[ARM83] *Reference Manual for the Ada Programming Language*

[DEM78] DeMarco, Tom: *Structured Analysis and System Specification*. Yourdon Inc., New York 1978

[GRÜ88] Grünewald, Wolf-Jochen: *Ein Nachrichtenvermittler für verteilte DV-Anwendungen*. Technischer Bericht FFM/RSP/1/88, 1.Auflage 1988

[HEI89] Heite, Reinhard: *Darstellung einiger Programmiersprachen für verteilte Systeme mit besonderer Berücksichtigung des Actorenmodells*. Diplomarbeit (in Vorbereitung), Uni Bonn 1989

[IKU88] Itzigehl, Paul R. und Kutscher, Jens: *Die Methoden der Netzwerkprogrammierung anhand eines Beispiels*. Interner Bericht FGAN Nr. 377, Januar 1988

[ISS83] v. Issendorff, Hermann: *Dezentrale Software-Erstellung durch Netzwerkprogrammierung*. GI-Jahrestagung, Hamburg, Informatik-Fachbericht 73, Springer Verlag 1983, pp. 146-160

[ISS88] v. Issendorff, Hermann: *The Theory of Organization: An Approach to the Mathematical Treatment of Processing Structures*. Vortrag zum European Workshop on Industrial Computer Systems (EWICS), Freiburg, 7.-10. Sept. 1988, IEE Computing Series 12, 1988

[SLL88] Schell, Thomas: *Handbuch zum Monitor*. Technischer Bericht FFM/RSP/3/88, 1. Auflage 1988

Übersetzer für imperative, funktionale und logische Programmiersprachen: Ein Vergleich

Reinhard Wilhelm

FB 10 - Informatik
Universität des Saarlandes
6600 Saarbrücken

Zusammenfassung

Bei der Übersetzung von imperativen, funktionalen und logischen Programmiersprachen exitstieren verwandte Zielsetzungen auf, zB. platz- und zeiteffiziente Speicherverwaltung, möglichst direkte Adressierung von Variabeln und schneller Zielcode für die Kommunikation zwischen Aufrufer und Aufgerufenem und die Abwicklung von Rekursion. Die spezifischen Probleme bei der Übersetzung der drei Sprachklassen werden geschildert und Lösungen vorgestellt.

Abstract:

Similar goals govern the compilation of imperative, functional and logic programming languages in particular space and time efficient storage management, an addressing scheme for variables using static direct addresses as much as possible, and fast code for the communication between callers and callees and for implementing recursion. The specific problems in translating each of these language classes are presented and solutions to these problems are described.

1 Einführung

Die Implementierung einer Programmiersprache durch einen Übersetzer lohnt sich im wesentlichen dann, wenn für genügend Programme die Summe aus dem Aufwand für die Übersetzung und dem Aufwand für die Ausführungen des Zielprogramms kleiner ist als die Summe der Aufwendungen für die Interpretation der Programme. Man spekuliert also darauf, daß der Übersetzungszeitaufwand sich über die Ausführungen amortisiert.

Von einem Übersetzer erwartet man, daß er **statische** Informationen über das Programm ausnutzt, das sind Informationen, die sich nur aus der Analyse des Programmtextes ergeben, um den **dynamischen** Ablauf, die Ausführung des erzeugten Zielprogramms, effizient in Platz und Zeit zu machen. Dazu gehören

- eine **Speicherverwaltung**, die zu jedem Zeitpunkt der Ausführung des Zielprogramms möglichst wenig Speicher belegt und dieses Ziel mit wenig Verwaltungsaufwand erreicht,
- ein möglichst direkter Zugriff auf Programmvariable, mittels statisch vergebener Adressen bzw. Relativadressen, und
- effizienter Maschinencode für den Kontrollfluß (, wenn in der Sprache vorhanden), für die Kommunikation zwischen aktivierenden und aktivierten Programmkomponenten und die Auswertung von Ausdrücken,
- gute Ausnutzung der Maschinenresourcen und
- die Vermeidung von redundanten Berechnungen.

Als **imperative** Programmiersprachen betrachten wir Algol–ähnliche Sprachen mit (rekursiven) Prozeduren, lokalen Variablen und statischen Sichtbarkeitsregeln für nichtlokale Variablen. Beispiele sind Algol60, Pascal, C, Ada etc.

Als **funktionale** Programmiersprachen betrachten wir solche mit call–by–need–Semantik, d.h. verzögerter Auswertung von Argumenten, höheren Funktionen, das sind Funktionen, die Funktionen als Argumente und als Ergebnisse haben können, und statischen Sichtbarkeitsregeln. Funktionen sind curryfiziert, d.h. eine n–stellige Funktion $f : D_1 \times \ldots \times D_n \rightarrow D$ wird betrachtet mit der Funktionalität $D_1 \rightarrow D_2 \rightarrow \ldots \rightarrow D_n \rightarrow D$. Dadurch werden auch partielle Anwendungen von Funktionen $f\ e_1 \ldots e_k$ $(k < n)$ möglich, deren Ergebnis die Funktionalität $D_{k+1} \rightarrow \ldots \rightarrow D_n \rightarrow D$ haben. Die partiellen — auch unterversorgt genannten — Anwendungen bringen für die Implementierung einige Schwierigkeiten mit sich. Überversorgung $f\ e_1 \ldots e_m$ $(m > n)$ ist ebenfalls möglich, wenn der Ergebnisbereich D ein Funktionenbereich ist. Dann wird das Ergebnis der Anwendung $f\ e_1 \ldots e_n$ auf die restlichen Argumente $e_{n+1}, \ldots, e_m$ angewendet. Beispielsprachen sind Miranda und Haskell.

Eine Modifikation der geschilderten Übersetzungsprinzipien für Sprachen mit call–by–value–Semantik ist leicht möglich.

Logische Programmiersprachen kann man mit konventionellen (sprich prozeduralen/imperativen) Augen ansehen, worauf sie einige unkonventionelle Eigenschaften zeigen.

Ein logisches Programm kann man als eine Menge von Prozedurdefinitionen auffassen. Allerdings besteht die Definition einer Prozedur p i.a. aus mehreren Alternativen (Klauseln), die die Form $p(t_1, \ldots, t_n) \leftarrow p_1(s_1^1, \ldots s_{n_1}^1), \ldots, p_k(s_1^k, \ldots s_{n_k}^k)$ haben. Die Bestandteile, $p_i(\ldots)$, der rechten Seite sind Prozeduraufrufe. Die linke Seite, der Kopf $p(t_1, \ldots, t_n)$, beschreibt, wie die aktuellen Parameter aussehen müssen, wenn diese Alternative für einen Prozeduraufruf ausgewählt werden soll. Die Kommunikation zwischen Aufrufer und aufgerufener Klausel geschieht über Unifikation zwischen den korrespondierenden Termen in Aufruf und Kopf. Die verschiedenen Alternativen werden in der Reihenfolge der Aufschreibung ausprobiert.

2 Speicherverwaltung

2.1 Variablenkonzepte

Jede der Sprachenklassen kennt ein **Variablenkonzept.** Allerdings steht in imperativen Programmiersprachen eine Variable für eine oder mehrere Speicherzellen, deren Inhalt i.a. durch die Ausführung von Anweisungen veränderbar ist. In funktionalen Programmiersprachen wird eine Variable gemäß einer Deklaration oder durch eine Funktionsanwendung an einen Ausdruck gebunden, welchen man durch eine Folge von Transformationen auf seine Normalform, seinen Wert, reduziert. Logische Variablen schließlich werden bei Anwendung einer Klausel durch Unifikation an einen Term (evtl. mit Variablen) gebunden. Dieser Term kann durch Bindung seiner Variablen evtl. weiter instantiiert werden. Daß, im Gegensatz zu Variablen in funktionalen Sprachen, eine logische Variable an einen Term mit (anderen) logischen Variablen gebunden werden kann, macht einen Teil der Mächtigkeit aus, hat aber auch einige Auswirkungen auf die Implementierung.

Neben diesen Unterschieden interessieren uns aber auch die Gemeinsamkeiten, insbesondere diejenigen, welche die Speicherverwaltung beeinflussen.

Alle drei Sprachklassen haben Konstrukte, die **lokale Namensräume** begrenzen, — wir nennen sie hier **scope–Konstrukte** —, das statische Konzept der **Sichtbarkeit** und das dynamische Konzept der **Lebensdauer** von Variablen (–inkarnationen). Tabelle 1 stellt Scopekonstrukte in den drei Sprachklassen vor.

Tabelle 1: Scope–Konstrukte

imp.	Programmeinheiten (Blöcke, Prozeduren,...)	Sichtbarkeit in enthaltene PE hinein*
funkt.	Funktionsabstraktionen $\lambda x_1 \ldots x_n.e$ lokale Definitionen **let** $x == e_1$ **in** e_2 simultan rekursive Definitionen **letrec** $x_1 == e_1$ $\vdots$ $x_n == e_n$ **in** e_0	 Sichtb. der $x_i : e$ * Sichtb. von $x : e_2$ * Sichtb. der $x_i : e_0, e_1, e_2, \ldots, e_n$ *
log.	Klausel	Sichtbarkeit der Klauselvariablen auf die Klausel begrenzt

* Verdeckung durch neue Namen jeweils möglich.

Diese Programmkonstrukte sind i.a. rekursiv aktivierbar. Bei jeder Aktivierung entsteht eine neue Inkarnation des Konstrukts und mit ihm seiner Variablen. Diese Variableninkarnationen haben eine von der Semantik der Sprache bestimmte **Lebensdauer.** Während ihrer Lebensdauer belegen sie Speicher. Ist sichergestellt, daß kein Zugriff mehr auf sie möglich ist, so kann der von ihnen belegte Speicher schon vor Ende der Lebensdauer wieder freigegeben werden. Eine effiziente Implementierung einer Programmiersprache wird dies soweit wie möglich tun. Andererseits kann eine Variablenbindung auch die Inkarnation ihres Konstrukts überleben. Dann muß eine korrekte und effiziente Implementierung dafür sorgen, daß eine solche Variablenbindung getrennt von der sie kreierenden Inkarnation eines Konstrukts weiterlebt.

2.2 Keller und Halde

Die beiden wesentlichen Speicherorganisationen in der Implementierung von Programmiersprachen sind Keller und Halde.

Keller korrespondieren zum rekursiven Aktivieren und Verlassen von Konstrukten. Die Lebensdauer einer später auf einem Keller angelegten Variablen endet i.a. früher als die von früher auf dem Keller angelegten Variablen (LIFO–Prinzip). Die Speicherverwaltung ist einfach. Es werden (nur am oberen Kellerende) Gruppen von konsekutiven Speicherzellen belegt und freigegeben. Ein Bestreben des Sprachimplementierers ist es, möglichst viele Programmobjekte kellerartig zu verwalten.

Die Abspeicherung von Objekten auf einer **Halde** ist notwendig, wenn die Lebenszeit der Objekte nicht dem LIFO–Prinzip entspricht. Die Speicherverwaltung ist hier aufwendiger. Gruppen konsekutiver Speicherzellen werden aus einer Freiliste nach einer vorbestimmten Strategie zugeteilt; nicht mehr erreichbare Speicherblöcke werden bei Speichermangel oder, sobald sie unerreichbar werden, wieder freigegeben. Es droht dabei die Gefahr der Speicherfragmentierung.

2.3 Speicherverwaltung in imperativen Sprachen

Algol–ähnliche imperative Sprachen kennen lokale Variablen in Blöcken, Prozeduren und weiteren Arten von Programmeinheiten. Diese können zusätzlich als own (Algol60) oder STATIC (PL/I, C) spezifiziert sein. In diesem Fall benutzen verschiedene Inkarnationen von Programmeinheiten dieselbe Inkarnation solcher Variablen. Im anderen, nichtstatischen Fall werden mit jeder kreierten Inkarnation einer Programmeinheit Inkarnationen der lokalen Variablen kreiert und mit der Aufgabe der Inkarnation der Progammeinheit wieder aufgegeben. Diese Inkarnationen lokaler Variablen werden auf einem Keller abgelegt.

Außerdem erlauben einige imperative Sprachen die dynamische Kreation von anonymen Objekten, auf die nur durch Zeiger zugegriffen werden kann. Die Lebensdauer dieser Objekte erstreckt sich, sofern sie überhaupt durch eine Semantikspezifikation präzise definiert ist, von der Kreation des Objekts durch eine Anweisung wie new (Pascal), malloc (Unix, C) bis zum Ende des Programmlaufs. Eine Speicherbereinigung vorzeitig unerreichbar gewordener Objekte durch das Laufzeitsystem ist i.a. nicht implementiert. Um zu großen Speicherverbrauch zu verhindern, werden dem Programmierer mit den Funktionen dispose (Pascal), free (Unix, C) höchst unsichere Werkzeuge an die Hand gegeben.

Die Semantik von dispose und free (, soweit sie klar ist,) ist die folgende: Der Operand, ein Zeiger, wird auf nil gesetzt und das vorher von ihm bezeigte Objekt an die Freispeicherverwaltung zurückgegeben. Existieren weitere Zeiger auf das Objekt, so resultieren bei späterer Wiederverwendung des betroffenen Speichers Überraschungen, wie im Beipiel 2.1 zu sehen ist.

Beispiel 2.1 (Sh. Sagiv)

```
program nrp (input, output);
var a, b, c: ^ integer;
begin writeln('a=', ord(a):8, '     b=', ord(b):8, '     c=', ord(c):8;
      new(a)
      writeln('a=', ord(a):8, '     b=', ord(b):8, '     c=', ord(c):8;
      b := a;
      writeln('a=', ord(a):8, '     b=', ord(b):8, '     c=', ord(c):8;
      dispose(a);
      writeln('a=', ord(a):8, '     b=', ord(b):8, '     c=', ord(c):8;
      new(c);
      writeln('a=', ord(a):8, '     b=', ord(b):8, '     c=', ord(c):8;
end.
```

Produzierte Ausgabe bei einem Programmlauf:

```
a=      0     b=      0     c=      0
a= 148868     b=      0     c=      0
a= 148868     b= 148868     c=      0
a=      0     b= 148868     c=      0
a=      0     b= 148868     c= 148868
```

2.4 Speicherverwaltung in funktionalen Sprachen

Die Scope–Konstrukte in den hier betrachteten funktionalen Sprachen (mit statischer Sichtbarkeit und verzögerter Auswertung) sind Funktionsdefinitionen — sie führen gebundene Variablen (formale Parameter) ein — und lokale (rekursive wie nicht rekursive) Definitionen. Ein (rekursiver) Aufruf einer Funktion kreiert eine neue Inkarnation der Funktion und neue dazugehörige Inkarnationen dieser lokalen Größen. Ihre Lebensdauer beginnt mit dem Aufruf der Funktion, endet aber nicht notwendigerweise mit dem Verlassen der Funktion. Ähnlich verhält es sich mit dem Betreten und Verlassen eines let– oder letrec–Ausdrucks.

Beispiel 2.2

$$\begin{array}{ll} \textbf{let} & f\ z == \\ & \quad \textbf{let}\ x == e_1 \\ & \quad \textbf{in}\ \lambda y.x + y + z \\ \textbf{in} & f\ e_2 \end{array}$$

Das Ergebnis der Anwendung von f auf e_2 ist eine Funktion in y. Die Variablen x und z in ihrem definierenden Ausdruck $x + y + z$ sind wegen der vorgeschriebenen statischen Sichtbarkeitsregel gebunden an (Abschlüsse für) die Ausdrücke e_1 bzw. e_2. Diese Bindungen müssen die Anwendung von f überleben, da die sich ergebende Funktion weiterlebt. Damit muß das funktionale Objekt, das sich aus der Anwendung von f ergibt, auf die Halde gelegt werden. Dieses funktionale Objekt ist ein **Abschluß**, ein Paar bestehend aus dem Ausdruck $\lambda y.x+y+z$ zusammen mit den Bindungen von x und z an Abschlüsse für e_1 bzw. e_2. □

Die Festlegung auf eine call–by–need–(operationale)–Semantik hat weitere Konsequenzen für die Speicherverwaltung. Sie bestimmt, daß Objekte nicht durch Kopieren sondern durch Übergabe eines Verweises auf das Objekt weitergegeben werden. Deshalb werden im Keller für formale Parameter und lokale Variablen lediglich Verweise auf Abschlüsse bzw. Werte abgespeichert und nicht die Abschlüsse bzw. Werte selbst.

Für die Speicherverwaltung auf der Halde wird ein Speicherbereinigungsmechanismus implementiert, der entweder parallel zur Ausführung Buch über die Erreichbarkeit von Objekten führt (Referenzzähler) oder bei Speichermangel den Speicher erreichbarer Objekte markiert und den nicht erreichbaren Teil des Speichers reklamiert (mark and sweep).

2.5 Speicherverwaltung in logischen Programmiersprachen (Prolog)

In logischen Programmiersprachen werden lokale Namensräume durch Klauseln eingeführt. Klauseln werden rekursiv/iterativ angewendet, bis die Ableitbarkeit der Anfrage mittels einer oder mehrerer Variablensubstitutionen gezeigt wurde. Klauselvariablen sind nur innerhalb der Klausel sichtbar. Jede Klauselanwendung kreiert neue Inkarnationen der Klauselvariablen. Ihre Lebensdauer beginnt also mit der Klauselanwendung. Das Ende der Lebensdauer ist schwieriger zu bestimmen.

Eine Inkarnation einer logischen Variablen muß über die Abarbeitung der zugehörigen Klauselanwendung hinaus weiterleben, wenn es eine Möglichkeit gibt, über eine andere lebende Variable auf sie zuzugreifen. Ihre Lebensdauer ist bestimmt beendet, sobald ein Zurücksetzen auf eine vor der zugehörigen Klauselanwendung kreierte Klauselinkarnation erfolgt ist. Dies entspricht nämlich einem Zurücksetzen auf einen Stand der Berechnung, zu dem die betrachteten Variableninkarnation noch gar nicht lebte. Zurückgesetzt wird immer zu einem sogenannten Rücksetzpunkt, das ist die Anwendung einer Klausel, zu der es eine noch nicht versuchte Alternative gibt.

Da Rücksetzpunkte in einer LIFO–Disziplin angelegt und freigegeben werden, bietet sich wieder eine Kellerimplementierung an. Bei Anwendung einer Klausel wird eine Gruppe konsekutiver Zellen für die Inkarnationen der Klauselvariabeln auf einem **Umgebungskeller** angelegt, beim Zurücksetzen werden evtl. mehrere solcher Gruppen von Inkarnationen wieder vom Keller entfernt.

Ignoriert haben wir für den Augenblick die folgende Anforderung: Beim Zurücksetzen über ein odere mehrere Klauselanwendungen müssen alle („globalen") Bindungen wieder rückgängig gemacht werden, die durch sie in Umgebungen zu früheren Klauselanwendungen vorgenommen wurden. Über die vorgenommenen Bindungen könnte man in demselben oben erwähnten Keller buchführen. Denn die gebundenen Variablen werden ebenfalls bei Unifikation mit dem Klauselkopf angelegt und beim Zurücksetzen nach ihrer Benutzung wieder entfernt. In der Praxis speichert man aus gutem Grund die „global" gebundenen Variablen auf einem gesonderten Keller, dem **Rücksetzkeller** ab. Damit hat man mehr Möglichkeiten, den Umgebungskeller effizient zu implementieren.

Eine Verbesserung, die zu Platzeinsparung führt und weitere Verbesserungen ermöglicht, sei jetzt vorgestellt. Sie betrifft die vorzeitige Freigabe der Kellerrahmen von Klauselanwendungen. Eine statische Analyse des Prolog–Programms kann feststellen[1], welche Variablen einer Klausel überlebend sein können. Damit weiß der Übersetzer, daß nach der Abarbeitung einer Klausel auf alle anderen Klauselvariablen nicht mehr zugegriffen werden kann. Gibt man deren Speicherplatz frei, können keine hängenden Zeiger entstehen. Man trennt deshalb die Rahmen zu Klauselanwendungen in zwei Teile auf, einen für Organisatorisches und nicht überlebende Variablen, den anderen für die (poteniell) überlebenden Variablen. Die Rahmen der ersten Art versucht man nach Abarbeitung der Klausel freizugeben. Das ist dann möglich, wenn man nicht durch Zurücksetzen zu einer Klauselanwendung zurückkehren kann, die nach der Anwendung der aktuellen Klausel erfolgte. Dazu müssen alle „dazwischen liegenden" Klauselanwendungen vollständig abgearbeitet sein und jeweils Anwendungen der letzten Alternative ihrer Prozedur. Prolog–Implementierungen haben einen effizienten Test auf diese Eigenschaft. Mit seiner Hilfe läßt sich feststellen, ob der Kellerrahmen einer abgearbeiteten Klauselanwendung freigegeben werden kann. Details hierzu finden sich in [WiMa89], [MaWa88], [Bruy82].

3 Adressierung von Variablen

Die Zeiteffizienz eines für ein Quellprogramm erzeugten Zielprogramms hängt ganz entscheidend davon ab, wie schnell man auf die Werte von Variablen zugreifen kann. Deshalb sollte dieser Zugriff ohne Suche erfolgen, sondern über statisch vergebene direkte, indizierte oder gegebenenfalls zusätzlich indirekte Adressen. Diese Adressen wird ein Überssetzer aufgrund statischer Eigenschaften der im letzten Abschnitt erwähnten lokalen Namensräume vergeben.

Wie wir schon gesehen haben, führt die Anlage einer Inkarnation eines Scope–Konstrukts zur Schaffung von Inkarnationen der lokalen Variablen. I.a. werden diese nicht einzeln im Speicher

[1] zumindest in Implementierungen mit structure sharing

abgelegt, sondern zu einem **Rahmen** zusammengefaßt und gleichzeitig kreiert. Solche Rahmen enthalten aber meist noch organisatorische Zellen für die Speicherverwaltung und, falls notwendig, Zellen für die Kommunikation zwischen dem Aktivator (Aufrufer) des Konstrukts und der kreierten Inkarnation. Will man ein Schema für die statische Vergabe von Adressen in Rahmen entwickeln, so muß man diese drei Arten von Objekten betrachten. Dabei stellen sich die organisatorischen Zellen als harmlos heraus; meist wird eine konstante von dem aktuellen Scope–Konstrukt unabhängige Zahl von Zellen reserviert.

Damit bleibt die Aufgabe, für die lokalen Variablen und die Aufrufschnittstelle statische Relativadressen in Rahmen zu vergeben. Dazu unterscheiden wir zwei Arten des Wissens um den Speicherplatzbedarf einer Variablen oder eines Parameters. Der Platzbedarf ist **statisch**, wenn er aus dem Programm ersichtlich ist. Er ist **lebenszeitfest**, wenn er mit Beginn der Lebensdauer jeder Inkarnation der Variablen feststeht und sich während der Lebensdauer nicht ändert.

Es ist klar, daß man alle Parameter und Variablen so umordnen kann, daß die mit statischem Platzbedarf zusammenkommen. Sie versieht man mit statischen Relativadressen zu einem geeigneten Bezugspunkt im Kellerrahmen. Für die Variablen und Parameter mit lebenszeitfestem Platzbedarf sieht man Platzhalter mit statischem Platzbedarf vor, über welche die Variablen selbst indirekt adressiert werden.

Ein Übersetzer muß sowohl für ein Scope–Konstrukt als auch für alle Aufrufe des Konstrukts Code erzeugen. Er legt dabei ein **Protokoll** für die Komunikation zwischen Aufrufer und Aufgerufenem zugrunde, d.h. er erzeugt beim Aufruf Code für die Übergabe von Argumenten/Parametern so, wie der Aufgerufene es erwartet.

In **imperativen Sprachen** (z.B. in Pascal) herrscht i.a. ein **perfektes Protokoll**. Der Übersetzer kennt die Anzahl, die Art (value, reference) und den Typ der Parameter. Er überprüft, ob jeder Aufruf mit der **Prozedurdeklaration** konsistent ist. Bis auf konforme value Feldparameter haben die Parameter einen statisch bekannten Platzbedarf. Bisherige C–Compiler gingen genauso von einem perfekten Protokoll aus, und erzeugen dementsprechenden Code überprüften allerdings nicht die Einhaltung des Protokolls durch den Programmierer. Da die Existenz des Protokolls für die Zuteilung statischer Adressen ausreicht, interessiert weiter nicht, ob es sich bei dieser C–Konvention um Flexibilität oder gefährliche Unsicherheit handelt.

Die Relativadressierung von Parametern und lokalen Variablen in Prozeduren ist wohlbekannt. Alle solchen Größen mit statischem Speicherbedarf werden an den Anfang des Kellerrahmens gelegt und relativ zu diesem adressiert. Größen mit dynamischem, aber bei Eintritt in die Prozedur festem Speicherbedarf werden an das Ende der Kellerrahmen gelegt und indirekt über Deskriptoren statischer Größe und statischer Relativadresse adressiert.

In den von uns betrachteten **funktionalen Sprachen** zerstören höhere Fuktionen und partielle Anwendungen das perfekte Protokoll zwischen Aufrufer und aufgerufener Funktion.

Sei eine höhere Funktion

$$f\ g\ x_1 \ldots x_n == \ldots (g\ e_1 \ldots e_m) \ldots$$

gegeben. Da g ein formaler Parameter ist, steht seine Funktionalität bei der Übersetzung der Anwendung $(g\ e_1 \ldots e_m)$ noch nicht fest. Deshalb muß der zu erzeugende Code vor Ausführung der Anwendung dynamisch auf Unterversorgung und nach der Anwendung auf Überversorgung testen. Für unser Ziel der statischen Adressierung von Argumenten und lokalen Variablen ergibt sich als Komplikation, daß der für den Aufruf erzeugte Code die (Verweise auf) Argumente an den Anfang des Rahmens für die Funktionsanwendung ablegt und der für die Funktion erzeugte Code ihre Argumente und lokale Variablen richtig adressieren muß, ohne die (dynamische) Zahl der abgelegten Argumente zu kennen. Ein Kellerrahmen sieht dann aus, wie in Abbildung 1

Als Adressierungsschema für die im Kellerrahmen abgelegten Objekte bietet sich das fogende an:

Abbildung 1: Kellerrahmen

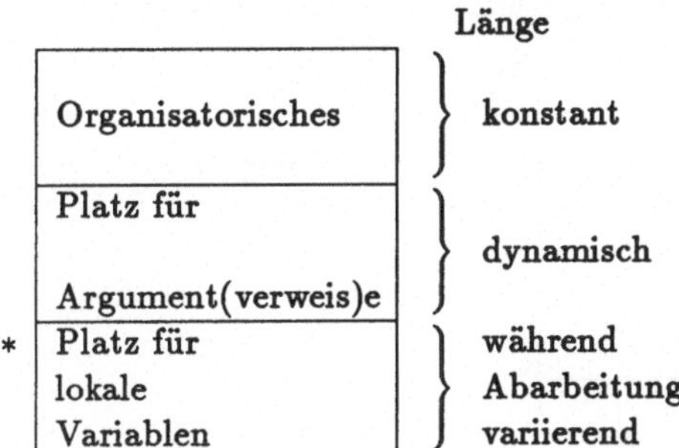

- Die organisatorischen Zellen werden relativ zum Rahmenanfang adressiert, auf den ein spezielles Register zeigt.

- Argumente und lokale Variablen werden mithilfe des TopOfStack-Registers adressiert, welches jeweils auf die letzte im Keller belegte Zelle verweist. Dazu vergibt man zur Übersetzungszeit Adressen relativ zu der mit * markierten Zelle und simuliert ebenfalls zur Übersetzungszeit die Bewegungen des TopOfStack-Registers, siehe [MaWi89].

Hier ist noch eine Ergänzung über Kellerrahmen in der Implementierung von imperativen und funktionalen Sprachen angebracht. Bisher hatten wir gesagt, daß für jede Aktivierung eines Scope-Konstrukts ein Rahmen angelegt wird. Dies ist nicht ganz richtig. Einerseits lassen sich manchmal mehrere Rahmen zu einem zusammenfassen. Andererseits gibt es noch weiteren Bedarf für Kellerrahmen.

Kellerrahmen von ineinandergeschachtelten Scope-Konstrukten können zusammengefaßt werden, wenn sie alle in der gleichen globalen Umgebung ablaufen, und wenn ihr jeweiliger Platzbedarf statisch ist. Dies ist z.B. bei lokalen Definitionen (let, letrec) in Funktionsdefinitionen der Fall. Deshalb legt man für eine Funktionsanwendung nur einen Rahmen für die formalen Parameter und die lokal definierten Variablen an. Es wäre auch in Algol60 möglich (gewesen), für eine Prozedur und mehrere in ihr geschachtelte Blöcke einen Kellerrahmen anzulegen, wenn die Platzbedürfnisse aller Beteiligten statisch wären. Abbildung 2 zeigt ein Beispiel.

Neben dem Aktivieren von Scope-Konstrukten erfordert auch das Auswerten von Ausdrücken in einer anderen als der aktuellen Umgebung die Anlage eines Kellerrahmens. Dies ist der fall, wenn etwa ein aktueller name-Parameter in einem Algol60 Programm oder ein Abschluß in einem funktionalen Programm ausgewertet werden.

Ein Abschluß, der für ein Funktionsargument kreiert wurde, kann beliebig weit „transportiert" werden, bis er ausgewertet wird. Die Stelle, an der er ausgewertet werden wird, ist für den Übersetzer i.a. nicht statisch zu erkennen. Werden bei der Auswertung des Abschlusses lokale Variablen angelegt, so kann er diese deshalb nicht relativ zum Rahmen der Umgebung adressieren, in der diese Auswertung geschieht. Deshalb wird für die Auswertung eines Abschlusses ein Rahmen angelegt. Alle während der Auswertung kreierten lokalen Variablen können dann mit statischen Relativadressen adressiert werden.

In **logischen Sprachen**, hier speziell Prolog, haben wir einerseits einfache Verhältnisse. Es gibt keine höheren Funktionen/Relationen. Aus jedem Aufruf läßt sich statisch eindeutig durch Prozedurname und Stelligkeit die aufgerufene Prozedur erkennen. Die Menge der Variablen einer Klausel ist statisch aus dem Programm abzulesen. Da für jede Variable je nach Implementierung eine oder zwei Zellen zugeteilt werden, ist die Größe der Umgebung für eine Klausel statisch bekannt.

Abbildung 2: Parallel und rekursiv geschachtelte Scope–Konstrukte mit statischem Speicherbedarf; unterschiedliche Ausdehnungen des Kellerrahmens zu unterschiedlichen Programmpunkten; alle Variablen sind rahmenrelativ adressiert.

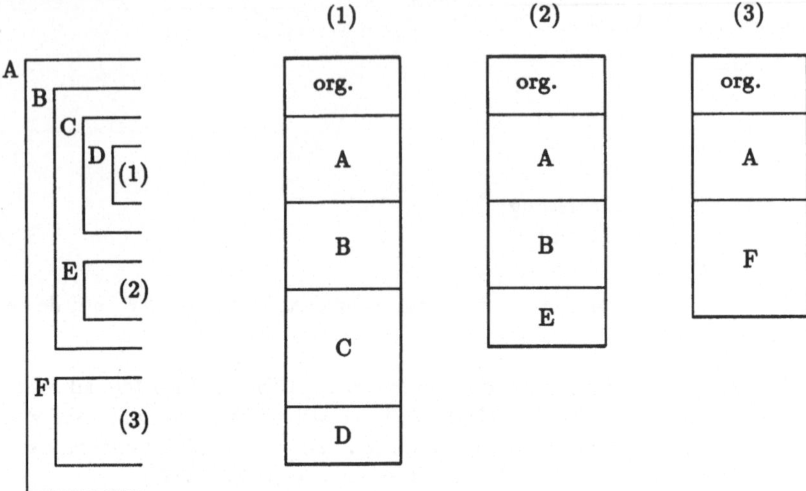

Fazit: Kellerrahmen werden für Berechnungen angelegt, die in einer globalen Umgebung ablaufen, und die statisch bestimmbare Mengen von Variableninkarnationen mit statischem bzw. laufzeitfestem Platzbedarf kreieren.

Prolog–Implementierungen versuchen, den Platz von Variableninkarnationen schon vor Ende ihrer Lebensdauer wieder freizugeben, wenn zu diesem Zeitpunkt kein Zugriff mehr möglich ist. Die Aufrufe in der rechten Seite werden sequentiell abgearbeitet. Eine Variable, die in einem der noch zu bearbeitenden Aufrufe nicht mehr vorkommt, kann unter gewissen günstigen Umständen nicht mehr benutzt werden. Deshalb ordnet man die Variablen im Kellerrahmen der Klausel in der Reihenfolge ihres letzten Auftretens an und verkürzt schrittweise je nach Stand der Verarbeitung der Aufrufe den Kellerrahmen.

Verglichen mit imperativen und funktionalen Sprachen gibt es allerdings in logischen Programmiersprachen ein Schwierigkeit, die Konsequnzen auf die Speicherorganisation hat. Prozeduren bzw. Funktionen haben i.a. voll spezifizierte Parameterschnittstellen. Die Richtung der Übergabe geht von Aufrufer zu Aufgerufenem. Selbst ein Ergebnisparameter einer Prozedur wird dadurch implementiert, daß der Aufrufer die Adresse des aktuellen Parameters an die aufgerufene Prozedur übergibt und dadurch ihr die Ablieferung des Resultats durch die Verursachung eines Seiteneffekts ermöglicht. Logische Programmiersprachen bieten Relationen als Konzept an. Die Parameterübergaberichtung ist statisch nicht bekannt. Die Übergabe wird durch Unifikation bewirkt. Eine erfolgreiche Unifikation hat deshalb i.a. Auswirkung auf die Variablen von aufrufender und aufgerufener Klausel (und indirekt evtl. noch auf weitere). Deshalb gibt es bei der Ausführung eines logischen Programms immer zwei aktive Klauselanwendungen und damit zwei Variablenumgebungen, die gleichzeitig effizient zugreifbar sein müssen. Dazu werden die (abstrakten) Maschinenregister zum Zugriff auf aktuelle Rahmen doppelt ausgelegt, siehe Abbildung 3.

Abbildung 3: Aktive Kellerrahmen in imperativen, funktionalen und logischen Programmiersprachen

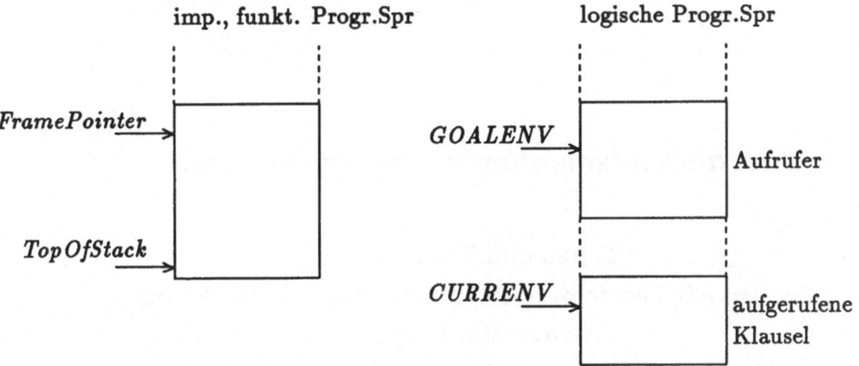

Zusammenfassung

Einige Probleme bei der Übersetzung von imperativen, funktionalen und logischen Programmiersprachen wurden vorgestellt. Aus syntaktischen und semantischen Konzepten, wie Sichtbarkeit und Lebensdauer von Variablen, wurden Speicherverwaltungsmethoden und Adressierungsschemata für Variableninkarnationen abgeleitet. Insbesondere wurden Keller– und Haldenverwaltung von Objekten diskutiert. Weitere Analogien ergeben sich, wenn man übliche effizienzsteigernde Programmtransformationen betrachtet, die auf imperative, funktionale und logische Programme angewendet werden, wie etwa die effiziente Implementierung von Endrekursion, das Herausschieben von invarianten Berechnungen aus repetitiven oder rekursiven Kontexten und das Ersetzen von teuren Berechnungen durch äquivalente billigere.

Mein herzlicher Dank für stete Diskussionsbereitschaft gilt allen jetzigen und früheren Mitgliedern der Forschungsgruppen Architektur für funktionale Programmierssprachen (SFB 124 der DFG) und Program Development by Specification and Transformation (ESPRIT).

Literatur

[BaWö81] Bauer F.L., Wössner H., *Algorithmische Sprache und Programmentwicklung*, Springer Verlag, 1981

[Bruy82] Bruynooghe M., *The Memory Management of Prolog Implementations*, in Clark, K.L. and Tarnlund, S.-A. (eds.), Logic Programming, Academic Press, London, 1982

[MaWa88] Maier D., Warren D.S. *Computing with Logic, Logic Programming with Prolog*, Benjamin/Cummings Publ. Comp., 1988

[MaWi89] Maurer D., Wilhelm R., *MaMa — eine abstrakte Maschine zur Implementierung funktionaler Programmiersprachen*, Informatik: Forschung und Entwicklung, Springer-Verlag 1989

[PeJo87] Peyton Jones, S., *Implementation of Functional Programming Languages*, Prentice Hall, 1987

[WiMa89] Wilhelm R., Maurer D., *Übersetzer für imperative, funktionale und logische Programmiersprachen*, Springer-Verlag, erscheint demnächst

Über die Implementierung von Typen in Ada

C. Rau und P. Wehrum
Siemens AG, Zentralbereich Forschung und Entwicklung
Otto-Hahn-Ring 6
D-8000 München 83

Abstract

In diesem Papier werden einige der sich aus der Implementierung von Typen und Untertypen ergebenden Probleme und deren Lösungsmöglichkeiten betrachtet. Im Siemens-Ada-Compiler-Projekt sind viele Anforderungen aus dem Kapitel 13 der Sprachdefinition, das im wesentlichen Darstellungsklauseln (representation clauses) beschreibt, berücksichtigt worden. Die Diskussion konzentriert sich auf den schwierigsten Fall, die Implementierung von Verbundtypen, und behandelt die Speicherbelegung unter Berücksichtigung von Darstellungsklauseln und das Problem der Deskriptoren für Typen mit dynamischen Einschränkungen.

Während die Eigenschaften von Basistypen im wesentlichen zur Übersetzungszeit bestimmbar sind, können Untertypen und abgeleitete Typen *dynamische* Einschränkungen haben. Diese und die Existenz sog. *uneingeschränkter* Objekte führen dazu, daß der Übersetzer eine Vielzahl unterschiedlicher *Deskriptoren* anlegen muß. Darüberhinaus *generiert* der Übersetzer *typspezifische* Unterprogramme, die Eigenschaften für komplexe Verbundtypen zur Laufzeit des Objektprogrammes berechnen.

Portabilitätsüberlegungen und Fragen der semantischen Analyse führen zu einer Dreiteilung der Speicherbelegung von Objekten in: *Typimplementierung, Datenallokation* und *endgültige Adressierung.*

1. Einleitung: Typimplementierung und Compilerstruktur

Die Programmiersprache Ada [DIN 88, IBF 86] wirft nicht nur in *den* Feldern interessante Implementierungsfragen auf, die durch die Begriffe *Namensidentifizierung, Auflösung von Namensüberladung, getrennte Übersetzbarkeit (separate compilation), generische Einheiten, code sharing, parallele Prozesse* und *Ausnahmebehandlung* gekennzeichnet sind [GaM 89], sondern auch auf dem Gebiet der *Implementierung von Typen* (vgl. z.B. [KaS 84]), insbesondere im Zusammenhang mit *Darstellungsklauseln* (*representation clauses)*.

In der traditionellen Vorgehensweise wird die Behandlung von Typen und Objekten, d.h. die Größenbestimmung von Typen sowie die Festlegung von Speicherplatz und die endgültige Adressierung von Objekten, in einem Schritt durchgeführt. Da es sich hierbei teilweise um maschinenabhängige Aufgaben handelt, wird dieser Schritt meist zusammen mit der Codegenerierung erledigt. Diese Art der Behandlung ist aber nur möglich, solange in der zu implementierenden Sprache keine Abhängigkeiten zwischen den auf diese Weise ermittelten Werten und semantischen Überprüfungen entstehen. In Ada gibt es Spracheigenschaften, die solche Abhängigkeiten bedingen. Man kann mit Hilfe von bestimmten Attributen (wie z.B. SIZE und STORAGE_SIZE) implementierungsabhängige Eigenschaften abfragen. Diese Attribute können Bestandteil statischer Ausdrücke sein. In einem solchen Fall muß eine Auswertung des Ausdrucks vorgenommen werden, und das Ergebnis muß in die semantische Überprüfung, die Feststellung der Legalität oder Illegalität des Programms, eingehen.

Beispiel für Attribut SIZE:

```
type MY_INT1  is range 0 .. 500;
type MY_INT2  is range 1 .. 500_000;

type IMPLEM(D: NATURAL) is record
  case D is
      when 1 .. 20      => VALUE:               INTEGER;
      when others       => NB_OF_ELEMENTS:      MY_INT1;
                           CONTAINER:           STRING(1 .. D);
  end case;
end record;

OBJ: IMPLEM := (D => MY_INT2'SIZE, VALUE => 1);          -- Fall 1
for MY_INT1'SIZE use 9;                                  -- Fall 2
```

Da die Diskriminante D im Fall 1 eine Variante steuert, ist der Wert der Diskriminante maßgebend für die weitere Überprüfung des Aggregats. Die Existenz der Komponente VALUE und damit die Legalität des Aggregats hängen vom Wert der Diskriminante ab. Dieser läßt sich jedoch erst nach der Berechnung der Größe des Typs MY_INT2 feststellen. Damit ist es zumindest für die *statischen* Typen zwingend notwendig, die Typimplementierung Hand in Hand mit der semantischen Analyse durchzuführen.

Aber auch für die anderen Typen erscheint es sinnvoll, die Implementierung während der semantischen Analyse durchzuführen. In Ada ist genau festgelegt, zu welchen Zeitpunkten das Layout eines Typs feststehen muß. Die Festlegung erfolgt spätestens am Ende des unmittelbar einschließenden Vereinbarungsteils oder aber durch ein *erzwingendes Auftreten (forcing occurrence)*. Ein erzwingendes Auftreten ist z.B. das Auftreten des Typnamens in einem Ausdruck oder eine Objektdeklaration mit dem Typ. Danach ist keine Angabe einer Darstellungsklausel mehr erlaubt. Die Legalität von Darstellungsklauseln kann also nur dann überprüft werden, wenn man weiß, ob eine Standardfestlegung bereits erfolgt ist, und wenn man die minimale Größe des Typs kennt und dieser Wert mit dem vom Benutzer angegebenen Wert verglichen werden kann.

Im obigen Beispiel ist die Darstellungsklausel (Fall 2) illegal, weil mit der Objektdeklaration OBJ ein erzwingendes Auftreten sowohl für den Typ IMPLEM als auch für den Typ MY_INT1 vorliegt.

Ein weiterer Aspekt ist die Trennung von maschinenunabhängigen und maschinenabhängigen Teilen. Dann muß nur noch die endgültige Adressierung zusammen mit der Codegenerierung durchgeführt werden. Bei der Generierung eines Compilers für eine andere Zielmaschine ist dann bloß noch eine Neucodierung des maschinenabhängigen Teils erforderlich. Aus diesen Überlegungen ergibt sich für unseren Compiler eine *Dreiteilung* in *Typimplementierung* (die Abbildung von Ada-Typen auf Maschinentypen und virtuelle Maschinentypen [Cat 80] in der Analyse), *Datenallokation* (die Implementierung von Objekten, die Festlegung von Speicherklassen am Anfang des maschinenunabhängigen Teils der Synthese) und *endgültiger Adressierung* (das Allozieren von Objekten im Codegenerator).

2. Aufgabenstellung für Typimplementierung und Datenallokation

Aufgabe der Typimplementierung ist die Abbildung aller in Ada möglichen Typen auf die Datentypen der Zielmaschine. Dabei sind auch die Vorgaben zu berücksichtigen, die der Benutzer durch Darstellungsklauseln und Pragmas (Übersetzeroptionen) macht. Die Typimplementierung legt das Layout von Objekten eines Typs fest, bestimmt die Größe und die Ausrichtung des Typs und berechnet auch alle übrigen zur Übersetzungszeit berechenbaren Attribute. Vor allem für die Festpunkt- und Gleitpunkttypen ist eine Vielzahl von Werten zu berechnen. LARGE, SMALL, SAFE_LARGE, SAFE_SMALL, SAFE_EMAX sind nur einige davon. Nicht alle Attribute können zur Übersetzungszeit bestimmt werden, die Attribute FORE und MANTISSA sind hierfür ein Beispiel. Für diese Attribute existieren im Laufzeitsystem Routinen, die bei Bedarf angesprungen werden, um den Wert zu berechnen. Zur Größenbestimmung wird zunächst die *logische Größe* bestimmt. Das ist die minimale Anzahl von Bits, die benötigt wird, um alle Werte eines (Unter)Typs darstellen zu können. Bei Verbundtypen berechnet sich die *logische Größe* aus der Summe der Größen der einzelnen Komponenten unter Berücksichtigung der Ausrichtung. Dann wird ein für die Zielmaschine passender Behälter ausgewählt. Dieser ist immer der kleinstmögliche. Folglich können Untertypen auf Behälter abgebildet werden, die kleiner als der des zugehörigen Grundtyps sind. Damit wird der Speicherplatzbedarf gering gehalten.

Beispiele:

```
type MY_INT is new INTEGER;                        --Behältergröße 32 Bits
subtype S_MY_INT is MY_INT range 1 .. 2000;        --Behältergröße 16 Bits
subtype SS_MY_INT is MY_INT range 1 .. 100;        --Behältergröße  8 Bits
```

Zur Übersetzungszeit läßt sich die Größe eines Typs nicht in allen Fällen exakt bestimmen. Teilweise kann nur eine Obergrenze angegeben werden. Für Typen, deren Größe von einer Variablen abhängt, wird versucht, den Wert zu bestimmen, den die Variable maximal annehmen kann. Anhand dieses Wertes wird dann der benötigte Speicherplatz geschätzt.

```
type MY_INT is new INTEGER range 1 .. 20;
OBJ: MY_INT : = 5;
type ARR is array (1 .. OBJ) of INTEGER;
```

Hier kann die Größe des Typs ARR nur festgestellt werden, wenn die Anzahl der Elemente bekannt ist. Da die Variable OBJ Werte von 1 bis 20 annehmen kann, wird der Maximalwert angenommen und als Reihungsgröße der Wert 20 * INTEGER'SIZE angesetzt.

Eine Aufgabe der Datenallokation ist das Festlegen der Speicherklassen für jedes vorkommende Objekt. Dabei werden mehrere Fälle unterschieden:

- Das Objekt ist außerhalb der aktuellen Einheit deklariert.

- Das Objekt ist innerhalb der aktuellen Einheit deklariert, die Größe ist zur Übersetzungszeit bestimmbar und ist kleiner als 4 KBytes (eine Seite im Zielsystem).
- Das Objekt ist innerhalb der aktuellen Einheit deklariert, und die Größe des Objekts ist nicht bestimmbar oder größer als 4 KBytes.

Die Speicherklasse wird in Abhängigkeit von der Art des Objekts gewählt. Es stehen u.a. folgende Speicherklassen zur Verfügung:

GLOBAL: Bereich für global deklarierte Objekte (Objekte aus *library unit packages*)

IN_STACK: Bereich für lokal deklarierte Objekte, deren Größe zur Übersetzungszeit bestimmbar ist und 4 KBytes nicht übersteigt

HEAP: Bereich für lokal deklarierte Objekte, deren Größe nicht zur Übersetzungszeit bestimmbar ist oder 4 KBytes übersteigt

Daß Objekte ab einer bestimmten Größe nicht mehr auf dem Stack abgelegt werden, liegt an der Adressierung. Da zur Adressierung ein Basisregister benötigt wird und von da aus nur 4 KBytes adressiert werden können, muß bei größeren Objekten die Adressierung mehrstufig aufgebaut werden. Dies wird durch das Ablegen größerer Objekte auf dem HEAP vermieden.

Ein weiteres Aufgabengebiet der Datenallokation ist das Anlegen von zur Übersetzungszeit generierten Objekten. Diese Objekte dienen zur Abspeicherung von Werten, die erst zur Laufzeit bekannt sind. Einige Beispiele dafür sind:

- Diskriminanten von Verbundtypen
- Grenzen von Schleifen

Die Implementierung von Ada-Typen erfordert auch das Generieren von *Typdeskriptoren*, die für Operationen auf Typen und Untertypen gebraucht werden. Es gibt zwei Arten von Informationen, die in den Typdeskriptoren gehalten werden müssen:

- Die erste bezieht sich auf Indexgrenzen von Reihungen und Einschränkungen von Diskriminanten, wenn die Werte erst zur Laufzeit bestimmt werden können.
- Die zweite ist implementierungsabhängig. Durch sie kann die Ausführung von Operationen vereinfacht werden. So kann die Größe von Objekten mit dynamischen Einschränkungen im Deskriptor gehalten werden, um Zuweisungen oder Vergleiche effizienter zu gestalten.

Das Layout dieser Deskriptoren wird von der Datenallokation bestimmt. Soweit möglich sollten Deskriptoren von allen Objekten eines Typs gemeinsam verwendet werden. Wenn die Grenzen des Typs von Variablen abhängen, ist dies möglich. Es geht aber nicht, wenn der Untertyp eines Reihungsobjektes durch einen Allokator definiert ist, in dem eine dynamische Indexeinschränkung explizit aufgeführt ist. In diesem Fall muß jedes Objekt einen eigenen Deskriptor bekommen, der - wie das Objekt selbst - auf der Halde alloziert wird. Uneingeschränkte Verbundvariable können ihren Untertyp durch Zuweisungen verändern. Die Verwaltung solcher Objekte erfolgt über die Diskriminantenwerte und über eine zusätzliche, vom Übersetzer generierte Verbundkomponente, die die aktuelle Länge des Objektes registriert.

Die Datenallokation läuft als eigenständige Übersetzerphase direkt nach der semantischen Analyse ab und ist wie die Typimplementierung maschinenunabhängig (in dem im nächsten Abschnitt erklärten Sinne).

3. Sicherstellung der Implementierungsunabhängigkeit

Von den zuvor angesprochenen Aufgaben der Typimplementierung sind nur die Algorithmen zur Berechnung der numerischen Attribute implementierungsunabhängig. Die Bestimmung der Größe und der passenden Behälter ist abhängig von der Zielmaschine. Um die Typimplementierung möglichst unabhängig von der jeweiligen Implementierung zu machen, wird eine Parametrierung eingeführt. Alle charakteristischen Parameter der Zielmaschine und alle Einschränkungen der Wirtsmaschine werden zusammen mit implementierungsabhängigen Routinen in zwei Ada-Paketen zur Verfügung gestellt. So ist die Typimplementierung selbst maschinenunabhängig und kann leicht von den Paketen aus gesteuert werden. Eines der Pakete enthält Informationen über die Größe der Behälter und Ausrichtungen, die auf der Zielmaschine zur Verfügung stehen, und Routinen zur Bestimmung des Behälters und der Ausrichtung. Das andere Paket enthält Informationen über die Verarbeitungskapazität der Wirtsmaschine, wie z.B. die maximale Größe der Typen, die Anzahl der Komponenten von Verbundtypen und die maximale Anzahl der Reihungselemente.

Ausschnitt aus den beiden Paketen:

```
package HOST_SYSTEM is
   -- Beschreibung des Wirtssystems
   type SIZE_TYPE is new NATURAL;
   MAX_COMPONENTS_PER_VARIANT:  constant            := 64;
   MAX_RECORD_VARIANTS:         NATURAL             := 255;
   MAX_ARRAY_ELEMENTS:          NATURAL             := NATURAL'LAST;
   VARIANT_INDEX_SIZE:          constant            := 16;
   MAX_SIZE:                    constant NATURAL    := NATURAL'LAST;
   MIN_SIZE:                    constant NATURAL    := NATURAL'FIRST;
   ...
end HOST_SYSTEM;
```

```
package TARGET_SYSTEM is
  --Beschreibung der Zielmaschine
  type ALIGNMENT_ENUM_TYPE is  (BIT,  HALF_BYTE,  BYTE,  HALF_WORD,
                                WORD, DOUBLE_WORD);
  subtype ALIGNMENT_TYPE is NATURAL range 1 .. 64;
  WORD_ALIGN :        constant : = 4;
  ...
  BIT_SIZE      :     constant : = 1;
  BYTE_SIZE     :     constant : = 8;
  ...
  function IS_CORRECT_SPECIFIED_ALIGNMENT (
                     ALIGNMENT: ALIGNMENT_TYPE;
                     T:         VCMA . HLST_ACCESS)
                     return BOOLEAN; -- VCMA = Virtual Collection Manager für die Analyse
  function SIGNED_SIZE  (LOWER_BOUND: INTEGER;
                     UPPER_BOUND:     INTEGER)
                     return HOST_SYSTEM . SIZE_TYPE;
  function CONTAINER  (SIGNED_SIZE: HOST_SYSTEM . SIZE_TYPE)
                     return HOST_SYSTEM.SIZE_TYPE;
end TARGET_SYSTEM;
```

4. *Implementierung von Verbundtypen*

Im folgenden wollen wir auf den speziellen Fall der Implementierung von Verbundtypen eingehen. Um die Möglichkeiten zur Implementierung von Verbundtypen besser verstehen zu können, sollte man sich die Struktur eines Verbundtyps klar machen. Ein Verbundtyp definiert einen Wurzelbaum. Jeder Knoten des Baums entspricht einer Variante des Verbundtyps und ist mit einer Liste von Komponenten verbunden, die für alle in dem zugehörigen Unterbaum existierenden Varianten vorhanden sind. Parallele Varianten können denselben Speicherplatz benutzen, da die mit ihnen verbundenen Komponenten nie gleichzeitig existieren können.

Bei den Verbundtypen müssen noch einige Besonderheiten beachtet werden:

- Die Untertypen der Komponenten können dynamische Einschränkungen besitzen. Die Einschränkungen können von einer Variablen abhängen oder von der Diskriminante des umschließenden Verbundtyps. Damit sind die aktuellen Längen während der Übersetzungszeit nicht bekannt.

- Es gibt uneingeschränkte Verbundobjekte, deren Längen sich während des Programmablaufs verändern können.

Auf die Auswirkungen dieser Besonderheiten auf die Typimplementierung wird in Kapitel 6 eingegangen.

Während der Typimplementierung wird jeder Komponente ein Platz zugewiesen, der aus einem Versatz (offset) relativ zum Beginn des Verbundtyps und der Länge dieser Komponente besteht. Die Typimplementierung ist allerdings nicht gänzlich frei in der Entscheidung über die Lage der Komponenten; denn in Kapitel 13 der Sprachbeschreibung werden dem Anwender Möglichkeiten zur Verfügung gestellt, Einfluß auf die Arbeit der Typimplementierung zu nehmen. Dies kann die Angabe einer Größenspezifikation (SIZE) oder einer Verbunddarstellungsklausel sein oder die Angabe von Pragma PACK. Durch die Angabe einer Verbunddarstellungsklausel kann der Anwender die Lage von Komponenten festlegen. Bei der Größenspezifikation wird ein Maximalwert für die Größe eines Objekts dieses Typs festgelegt. Hat die Typimplementierung die minimale Anzahl von Bits für ein Objekt ermittelt und ist der vom Benutzer angegebene Wert kleiner als diese, könnte die Anforderung vielleicht mit Hilfe einer anderen Darstellungsart erfüllt werden. Möglicherweise wird dies bei zusammengesetzten Typen bereits dadurch erreicht, daß die Angabe einer Größenspezifikation implizit ein Pragma PACK bewirkt. So wird die Ausrichtung vernachlässigt, und die einzelnen Komponenten werden näher zusammengeschoben.

So ergeben sich für die Arbeit der Typimplementierung folgende Bedingungen:

- Der Versatz sollte die Ausrichtung der Komponenten berücksichtigen.
  Diese Vorgabe verliert allerdings an Bedeutung, wenn für den Verbundtyp ein Pragma PACK gegeben wurde, da dieses das Zusammenschieben der einzelnen Komponenten bewirken soll.
- Die Gesamtbelegung sollte möglichst wenige Lücken enthalten.
- Die Vorgaben des Anwenders müssen berücksichtigt werden.

Als weiterer Punkt ist auch die Beibehaltung der textuellen Reihenfolge denkbar. Allerdings würden durch die Einhaltung dieser Bedingung Lücken entstehen, die durch Umsortieren der Komponenten nach ihrer Ausrichtung vermieden werden könnten. Es gäbe also einen Konflikt mit der Forderung nach Minimierung der Lücken.

Beispiel:

```
type PERSON is record
    NAME : STRING (1 .. 9) ;
    ALTER : NATURAL ;
end record;
```

Mit Berücksichtigung der Reihenfolge besteht im Verbundtyp von Bit 72 bis Bit 95 eine Lücke, und die Gesamtgröße des Verbundtyps beläuft sich auf 128 Bits. Ohne Berücksichtigung der Reihenfolge werden die Komponenten umsortiert. Der Verbundtyp enthält keine Lücke mehr und ist nur 104 Bits groß:

mit Beachtung der Reihenfolge:

```
for PERSON use
  record
    NAME  at 0 range 0 .. 71;
    ALTER at 0 range 96 .. 127;
  end record;
```

ohne Beachtung der Reihenfolge:

```
for PERSON use
  record
    NAME   at 0 range 32.. 103;
    ALTER  at 0 range 0 .. 31;
  end record;
```

Im Prinzip gibt es drei Möglichkeiten, einen Verbundtyp zu implementieren.

- Die Komponenten werden in der Reihenfolge der Deklaration angelegt, wobei sich Varianten überlappen können. Dies hat den Nachteil, daß auf Grund der Ausrichtung der Komponenten innerhalb des Verbundtyps und auch innerhalb der einzelnen Varianten Löcher entstehen können.
- Die Komponenten werden in Abhängigkeit von ihrer Ausrichtung, innerhalb der einzelnen Varianten sortiert. Hier können bei den Übergängen zu den einzelnen Varianten Lücken entstehen. Innerhalb der einzelnen Varianten können aber keine Lücken entstehen, eine entsprechende Wahl der Ausrichtungen vorausgesetzt, d.h., sie müssen ein Vielfaches voneinander sein. Bei diesem Verfahren haben bei jedem Untertyp gleiche Komponenten auch dieselbe Lage relativ zum Anfang des Verbundtyps.
- Die Komponenten werden für jede Variante nach ihrer Ausrichtung absteigend sortiert. Folglich können bei jedem Untertyp gleiche Komponenten an unterschiedlichen Stellen liegen. Zuweisungen von Variablen verschiedener Untertypen können daher kompliziert werden, da unterschiedliche Zugriffswege für die einzelnen Komponenten generiert werden müssen. Anhand des folgenden Beispiels sollen die Auswirkungen der einzelnen Verfahren dargestellt werden.

```
type REC(D: BOOLEAN) is
  record
    B : INTEGER ;
    case D is
        when TRUE  = >  E: FLOAT;
        when FALSE = >  F: INTEGER;
                        G: BOOLEAN;
                        H: FLOAT;
    end case;
  end record;
```

Layout des Verbundtyps nach Anwendung von *Verfahren 1*:

Hier entstehen Lücken in den Bereichen der Bits 8 - 31, Bits 80 - 95 und Bits 135 - 191.
Die Bedeutung der Komponente VARIANT_INDEX wird später noch erläutert.

```
for REC use
  record at mod 64;            -- record maximum size: 256 Bits
     D        at 0 range  0.. 7;
     B        at 0 range  32.. 63;
     REC'VARIANT_INDEX at 0 range 64.. 79;
     E        at 0 range 96.. 159;
     F        at 0 range 96 ..127;
     G        at 0 range 128.. 135;
     H        at 0 range 192.. 255;
  end record ;
```

Layout des Verbundtyps nach Anwendung von *Verfahren 2*:

```
for REC use
  record at mod 64; -- record maximum size: 168 Bits
     D        at 0 range 48   ..   55;
     B        at 0 range 0    ..   31;
     REC'VARIANT_INDEX at 0 range 32.. 47;
     E        at 0 range 64   ..   127;
     F        at 0 range 128  ..   159;
     G        at 0 range 160  ..   167;
     H        at 0 range 64   ..   127;
end record;
```

Layout des Verbundtyps nach Anwendung von *Verfahren 3*:

```
Diskriminantenwert TRUE:                -- Diskriminantenwert FALSE:
for REC use  --record maximum size: 160 Bits
  record at mod 64;
     D        at 0 range 112..119;      -- at 0 range 144..151;
     B        at 0 range 64.. 95;       -- at 0 range 64.. 95;
     REC'VARIANT_INDEX at 0 range 96..111; -- at 0 range 128..143;
     E        at 0 range 0.. 63;
     F        at 0 range 96..127;
     G        at 0 range 152..159;
     H        at 0 range 0.. 63;
  end record;
```

Man sieht sehr deutlich, wie unterschiedlich die Komponenten angeordnet sind.

Eines der Ziele unserer Implementierung ist ein möglichst geringer Speicherplatzbedarf. Dieses Ziel ist erreicht, wenn man jede Variante für sich betrachtet und für jede Variante die optimale Speicherplatzbelegung berechnet. Dies führt aber u.U. zu einer Verschlechterung der Ablaufzeit des Programms. Objekte eines Typs können unterschiedliche Diskriminantenwerte haben, trotzdem können beide gleiche Komponenten besitzen. Diese Komponenten können an unterschiedlichen Stellen liegen. Hier muß eine Datenstruktur bereit gestellt werden, die für jeden Diskriminantenwert die Lage der Komponente angibt. Bei jedem Zugriff auf die Komponenten muß zuerst der Diskriminantenwert abgefragt werden, bevor die Lage bestimmt werden kann. Da auch die Diskriminante an verschiedenen Stellen liegen kann, müßte entweder ein Verweis auf die jeweilige Lage der Diskriminante erzeugt werden, oder die Diskriminante müßte außerhalb des Verbunds gespeichert werden. Um diesen zusätzlichen Aufwand zu vermeiden, wurde entschieden, die den Varianten gemeinsamen Komponenten immer an derselben Stelle anzulegen. Dieses Vorgehen entspricht der zweiten Möglichkeit.

5. *Besonderheiten bei den Darstellungsklauseln*

Wie bereits gesagt, kann die Entscheidungsfreiheit der Typimplementierung über die Lage der Komponenten eines Typs vom Benutzer durch die Angabe einer Verbunddarstellungsklausel eingeschränkt werden. Diese muß nicht vollständig sein, sondern kann sich auf einen Teil der Komponenten beziehen. Dadurch sind bei der Typimplementierung zwei Durchläufe erforderlich. Zunächst müssen sämtliche vom Benutzer festgelegten Speicherplätze aufgesammelt werden. In einem zweiten Schritt muß für jede einzelne Komponente der Speicherplatz bestimmt werden. Für die in der Darstellungsklausel genannten Objekte wird die Größe und Ausrichtung des vom Benutzer zugewiesenen Speicherplatzes überprüft. Die anderen Komponenten werden auf den noch freien Speicherplatz verteilt. Man hat also zwei Listen zu verwalten, eine Liste mit den vom Benutzer festgelegten Speicherplätzen und eine Liste mit den von den bereits implementierten Komponenten belegten Speicherplätzen. Während des Implementierungsvorgangs schrumpft die erste Liste, und die zweite Liste wächst.

Die Darstellungsklauseln bieten auch die Möglichkeit, den Komponenten Speicherplatz zuzuweisen, der nicht der Ausrichtung entspricht, die für den zugehörigen Typ vorgesehen ist. Dadurch können zum einen Löcher entstehen, die nicht aufgefüllt werden können, zum anderen wird der Zugriff auf solche Komponenten erschwert. Daher werden bei unserem Compiler derartige Komponentenklauseln nur für einige Typen unterstützt. Dies sind :

1. skalare Typen
2. Reihungen und Verbundtypen, deren Elemente und Komponenten nur aus skalaren Typen bestehen.
3. Reihungen und Verbundtypen, deren Komponenten den Punkten 1 und 2 entsprechen.

6. Deskriptoren und andere vom Compiler generierte Komponenten und Objekte

In einigen Fällen reicht es nicht aus, nur die Lage der Komponenten zu bestimmen. Um die Behandlung zur Laufzeit zu vereinfachen (im Hinblick auf die Vergleichsoperation, falls kein Blockvergleich ausgeführt wird, auf Laufzeitüberprüfungen, auf die SIZE-Berechnung, auf die Initialisierung und generell auf die Berücksichtigung dynamischer Komponenten), müssen zusätzliche Informationen geliefert werden. Dabei handelt es sich im wesentlichen um Verbundtypen mit Varianten, um Komponenten mit Einschränkungen des Typs und um Verbundtypen mit initialisierter Diskriminante. Solche Fälle werden im folgenden genauer untersucht.

Falls in einem Verbundtyp Varianten vorhanden sind, muß bei jedem Zugriff auf eine Komponente überprüft werden, ob die Komponente überhaupt vorhanden ist. Um diesen DISCRIMINANT_CHECK zu vereinfachen, wird eine zusätzliche implizite Komponente eingeführt, der sog. VARIANT_INDEX [Int 81]. Jeder Variante wird ein Bereich von Werten, der sog. Variantenindexbereich, zugeordnet. Die innersten Varianten erhalten nur einen Wert. Die äußeren erhalten alle Werte der eingeschlossenen Varianten. Zur Laufzeit bestimmen die Werte der Diskriminanten die Komponenten und Varianten. Der Wert der innersten Variante wird den Diskriminanten zugeordnet. Die Überprüfung auf Existenz einer Komponente erfolgt durch das Prüfen, ob der Indexwert der Diskriminante in dem Wertebereich der die Komponenten umschließenden Variante liegt.

```
type REC(D: BOOLEAN) is record
  case D is
    when TRUE  = > A: INTEGER;
    when FALSE = > B: INTEGER;
  end case ;
end record ;
```

```
for REC use record
  REC'VARIANT_INDEX at 0 range 0 .. 15;
  D             at 0 range 16 .. 23 ;
  A             at 0 range 32 .. 63 ;
  B             at 0 range 32 .. 63 ;
end record ;
```

Nicht für alle Verbundkomponenten kann die Größe zum Übersetzungszeitpunkt festgelegt werden. Derartige Komponenten lassen sich durch mindestens eine der folgenden beiden Eigenschaften beschreiben:

- Die Einschränkung des Typs einer Komponenten hängt von einer Variablen ab.
- Die Einschränkung des Typs einer Komponenten hängt von einer Diskriminante ab.

Derartige Komponenten werden im folgenden als dynamische Komponenten bezeichnet. Für dynamische Komponenten wäre es unsinnig, in jedem Fall die maximal mögliche Größe bereitzustellen. Wir haben daher ein ausgeklügeltes System von Dopes und Deskriptoren verwendet, um die aktuelle Länge zu bestimmen. Ein Dope ist in unserem Sprachgebrauch eine vom Compiler angelegte Komponente, die zur Laufzeit initialisiert wird und dann den Versatz der dynamischen Komponente relativ zum Beginn des Verbundtyps enthält. Ein Verbundtyp besteht also aus zwei Teilen, einem statischen Teil und einem dynamischen Teil. Der statische Teil enthält alle Komponenten, deren Größe zur Übersetzungszeit festlegbar ist, sowie die vom Compiler angelegten Komponenten. Der dynamische Teil enthält die dynamischen Komponenten und liegt hinter dem statischen Teil. Bei der Gesamtgröße des Verbundtyps wird die dynamische Größe mit berücksichtigt. Jede Komponente, die mindestens eine der oben genannten Eigenschaften erfüllt, erhält einen Dope.

```
M : INTEGER : = 5;
N : INTEGER : = 9;

type REC is record
     INT:INTEGER ;
     S1: STRING (1..M) ;
     S2: STRING (1..N) ;
end record;

for REC use record
  INT          at 0 range 0 .. 31;
  S1'DOPE      at 0 range 32.. 47;
  S2'DOPE      at 0 range 48.. 63;
```

```
  -- nur für Dokumentationszwecke, kein legales Ada
  -- S1 at S1'DOPE range 0 .. M * CHARACTER'SIZE - 1;
  -- S2 at S2'DOPE range 0 .. N * CHARACTER'SIZE - 1;
end record ;
```

Der Deskriptor enthält zur Laufzeit Informationen über die aktuellen Grenzen und die Länge der Komponente. Bei mehrdimensionalen Reihungen wird ab der zweiten Dimension zusätzlich noch Information über die Anzahl der Elemente pro Dimension abgelegt, um die Größenberechnung zu vereinfachen. Für Verbundtypkomponenten, die von einer Diskriminante abhängen, wird ein solcher Deskriptor als zusätzliche Komponente in den Verbundtyp eingefügt. Je nachdem, ob der Typ der Komponente eine Reihung oder ein Verbundtyp ist, wird ein ARRAY_DESCRIPTOR oder ein RECORD_DESCRIPTOR verwendet.

```
type MY_INT is range 1 .. 20;
type ARR is array (MY_INT range < >, MY_INT range < >) of BOOLEAN;
type ACC is access STRING;
type REC(D: NATURAL) is record
   S: ACC (1 .. D);
   T: ARR (1 .. D, 1 .. D);
end record;

for REC use record
  D                    at 0 range   0 .. 31;
  S'ARRAY_DESCRIPTOR   at 0 range  32 .. 63;
  T'ARRAY_DESCRIPTOR   at 0 range  64 .. 127;
  T'DOPE               at 0 range 128 .. 143;
  -- nur für Dokumentationszwecke, kein legales Ada
  -- T           at T'DOPE range 0 .. D * D * BOOLEAN'SIZE - 1;
end record;
```

Die nötige Information zur Berechnung der Länge von T ist erreichbar. Sie berechnet sich aus D * D * BOOLEAN ' SIZE. Da Operationen wie Zuweisung und Vergleich relativ häufig vorkommen, muß die Längenberechnung dementsprechend oft durchgeführt werden. Es lohnt sich also, den Wert fertig ausgerechnet parat zu haben und einen Deskriptor anzulegen.

Im Fall der Komponenten S sieht man eine weitere Besonderheit. Die Komponente eines Zugriffstyps kann normalerweise als eine Komponente statischer Länge angesehen werden. Die bei der Komponentendeklaration angegebene Einschränkung bezieht sich auf den Zieltyp und nicht auf den Zugriffstyp. Da die Einschränkung von der Diskriminante des Verbundtyps abhängt, kann sie für jeden Untertyp des Verbundtyps variieren. Also wird auch hier ein Deskriptor angelegt, um Informationen über den Zieluntertyp zu erhalten. Im Gegensatz zu einer Reihung gibt es aber keinen dynamischen Teil.

Nun gibt es auch Fälle, in denen die Einschränkung eines Typs sowohl von einer Variablen als auch von einer Diskriminante abhängig ist. Der Wert der Variablen ist für alle Objekte des Verbundtyps gleich. Es reicht also ein Deskriptor für alle Objekte dieses Typs aus. Dies ist bei der Abhängigkeit von der Diskriminanten anders. Deshalb führen wir geteilte Deskriptoren ein. Nur der Teil, der die Diskriminante betrifft, wird ein Teil des Verbundtyps, und so hat jedes Objekt einen eigenen Deskriptor. Der Teil, der die Variable betrifft, liegt außerhalb des Verbundtyps und wird von der Datenallokation angelegt.

Es gibt in Ada auch die Möglichkeit, bei der Typdeklaration eines Verbundtyps die Diskriminanten zu initialisieren. Dann kann ein Objekt während der Laufzeit unterschiedliche Diskriminantenwerte annehmen. Damit ändert sich u.U. auch die Länge des Objekts. In diesen Fällen wird im Verbundtyp die Komponente RECORD_SIZE angelegt, die zur Laufzeit Informationen über die aktuelle Länge des Objekts enthält.

```
type REC(D: NATURAL : = 5) is record
    S: STRING(1 .. D);
end record ;

for REC use record
  D                        at 0 range  0 .. 31;
  S'DOPE                   at 0 range 96 .. 111;
  S'ARRAY_DESCRIPTOR       at 0 range 32 .. 63;
  REC'RECORD_SIZE          at 0 range 64 .. 95;
 -- nur für Dokumentationszwecke, kein legales Ada
  -- S        at S'DOPE range 0 .. D * CHARACTER'SIZE - 1;
end record ;
```

Der Compiler fügt also aus den oben genannten Gründen Komponenten in den Verbundtyp ein und bestimmt auch deren Lage. Damit der Anwender die Lage dieser Komponenten beeinflussen kann, kann er sie innerhalb der Darstellungsklauseln mittels implementierungsabhängiger Attribute ansprechen. Diese heißen VARIANT_INDEX, RECORD_SIZE, DOPE, ARRAY_DESCRIPTOR und RECORD_DESCRIPTOR. Die Größe und Ausrichtung dieser Komponenten sind festgelegt und können nicht geändert werden.

Die zuvor angesprochenen impliziten Komponenten werden zur Laufzeit initialisiert. Dies sind aber nicht die einzigen Objekte, die zur Laufzeit mit den aktuellen Werten versorgt werden müssen. Typische Fälle sind die Berechnung von Vorbesetzungsausdrücken für Diskriminanten und Initialisierungsausdrücken für Komponenten von Verbundtypen, sowie die Berechnung der aktuellen Größe und aktuellen Grenzen von Objekten. Die Typimplementierung markiert diejenigen Verbundtypen, bei denen Initialisierungen zur Laufzeit erforderlich sind. Die notwendigen Berechnungen werden nicht durch Laufzeitroutinen durchgeführt, da für jeden Verbundtyp eine andere Berechnung erforderlich ist. Es werden vom Compiler Unterprogramme generiert, die auf den einzelnen Verbundtyp zugeschnitten sind.

7. Schluß

Darstellungsklauseln sind Sprachmittel, die vor allem für die Realisierung von rechnerintegrierten Echtzeitsystemen und generell für die Systemprogrammierung von Bedeutung sind. Bis vor kurzem haben die meisten Ada-Übersetzer Darstellungsklauseln vernachlässigt, weil diese einerseits die Komplexität der Sprache erhöhen und andererseits als optional galten und in der offiziellen Normkonformitätsprüfung nicht kontrolliert wurden. Dieser Umstand wird seit langem beklagt [Fri 84]. Mittlerweile dürfen Darstellungsklauseln nicht mehr in jedem Falle als optional angesehen werden, und die aktuelle, seit Mitte 1988 bis Ende 1989 gültige ACVC-Testsuite (Version 1.10) überprüft die Implementierung von Darstellungsklauseln mit zahlreichen Testprogrammen.

Die Mächtigkeit des Typkonzepts von Ada zeigt, daß selbst auf dem „klassischen" Gebiet der Datenallokation viele interessante Implementierungsfragen zu lösen sind. Es ist nicht leicht, durchgängige, uniforme Verfahren zu entwickeln, die die Vielzahl der zu unterscheidenden Fälle abdecken und zugleich effizient sind.

Danksagung

Die Autoren danken Herrn A. Büchler herzlich für die sorgfältige Durchsicht des Manuskripts.

Literaturverzeichnis

[Cat 80] Cattell, R. G. G.: "Automatic Derivation of Code Generators from Machine Descriptions". ACM Transactions Programming Languages and Systems 2,2(1980)

[DIN 88] DIN 66 268, Programmiersprache Ada, Beuth-Verlag, Berlin, Mai 1988

[Fri 84] Fritz, R. E.: Ada Letters III,6 (1984)5-7; Communications of the ACM 27,4 (1984)282-283

[GaM 89] Ganapathi, M. und Mendal, G. O.: "Issues in Ada Compiler Technology". IEEE-COMPUTER (1989) 22,2 : 52-60

[IBF 86] Ichbiah, J. D.; Barnes, J. G. P.; Firth, R. J.; Woodger, M.:: "Rationale for the Design of the Ada Programming Language". Honeywell Systems and Research Center, Minneapolis, MN. U.S. Department of Commerce, NTIS, 1986

[Int 81] Intermetrics Inc: "Ada Integrated Environment, Computer Program Development Specification for Ada Compiler Phases", Cambridge, March 1981

[KaS 84] van Katwijk,J. und van Someren, J. : "The Doublet Model", SIGPLAN Notices, $V19_1$, January 1984
van Katwijk,J. und van Someren, J. : "Descriptors for DAS", Report 2-20, Department of Mathematics and Informatics, Delft University of Technology

Programmieren des Programmierens

Ein Ansatz zur Automatisierung der Software-Entwicklung

Dr. Friedrich Sösemann

Softlab GmbH
Zamdorfer Straße 120
8000 München 80

Die Software-Krise hält an ! Nicht als stimulierende Differenz zwischen Wunsch und Realität, sondern als wachsende Kluft zwischen Anforderungen und Fähigkeiten, zwischen Versprechungen und deren Einhaltung, zwischen dem Stand der Theorie und der täglichen Praxis. Mit wachsendem Unbehagen wird der Ruf nach grundlegend neuen Ansätzen oder Paradigmen lauter.

Vorhandene und erfolgversprechende Ansätze, wie Programmtransformation, objekt- oder regelorientierte Programmierung, Metaprogrammierung oder evolutionäres Entwickeln, sind aber voneinander noch relativ isoliert.

Der vorgestellte Ansatz will
- hoffnungsvolle, aber isolierte Ansätze organisch miteinander verbinden,
- theoretisch anspruchsvolle Konzepte nutzen, sie aber vor dem Anwender verstecken,
- klären, was automatisierbar ist und was nicht und dann maximale Automatisierung anstreben,
- die erforderliche Vielfalt multiplikativ statt additiv erzeugen und so Angemessenheit und Beherrschbarkeit zugleich ermöglichen,
- das anspruchsvolle Fernziel maximaler Automatisierung in kleinen, mach- und nutzbaren Schritten und lernend erreichen,
- eine Einheit von Prinzipien, Methoden, Darstellungsmitteln und Werkzeugen anstreben.

Es werden Anforderungen und Lösungsvorschläge einer automatisierbaren Software-Entwicklungsumgebung beschrieben.

1. Automatisieren

Betrachtungsweisen sind nicht richtig oder falsch, sondern einem Ziel mehr oder weniger angemessen. Die folgende Sicht zielt auf weitestgehende Automatisierung der Programmierung. Sie trennt streng jene Tätigkeiten, die vom Menschen ausgeführt werden müssen, von solchen, die auch von der Maschine ausgeführt werden können.

1.1. Ansatz

- **Software** ist die **Beschreibung** von Informationssystemen für Menschen ("Dokumentation") und Maschinen ("Programme").

- **Software-Entwicklung** ("Programmieren") ist das **Beschreiben** des vom Menschen gewünschten Inhaltes und **Umformen** in eine der Maschine gemäße Form (Bild 1).

- Beschreiben **muß** der Mensch, Umformen **kann** die Maschine.

1.2. Angemessenheit

Maximales Automatisieren erfordert dem Menschen angemessene Beschreibungsformen.

Beschreiben ist **Formalisieren** (Darstellen von Inhalten durch definierte Formen) und **Präzisieren** (Auswahl des gewünschten aus der Menge möglicher Inhalte).

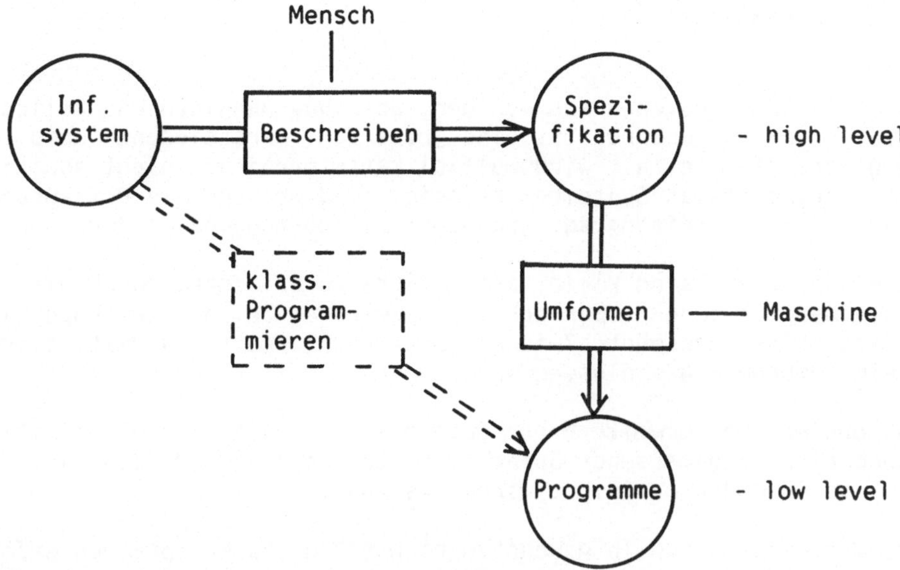

Bild 1: Programmieren = Beschreiben + Umformen

Die Maschine benötigt formale Beschreibungen, kann dann aber beim Präzisieren helfen (Widersprüche und Unvollständigkeiten aufzeigen, prototypisches Validieren).

Maximales Automatisieren erfordert die Möglichkeit formaler, aber unpräziser (unvollständiger) Beschreibung.

Menschengemäße Darstellungen müssen aber nicht nur einfach und übersichtlich (z.B. durch Grafik) sein, sondern auch

- benutzergemäß,
  d.h. an die Gewohnheiten spezieller Benutzergruppen angepaßt,
- problemgemäß,
  d.h. an die Konventionen spezieller Problemgebiete angepaßt, und
- situationsgemäß,
  d.h. an die Anforderungen der jeweiligen Entwicklungsphase angepaßt.

Diese Angemessenheit erfordert Vielfalt. Der scheinbare Widerspruch der Vielfalt zur Einfachheit und Übersichtlichkeit wird durch Orthogonalität, Erweiterbarkeit und Selbstanwendung gelöst.

1.3. Orthogonalität

Orthogonale Systeme bestehen aus wenigen, aber unabhängigen und beliebig kombinierbaren Teilen. Dadurch ist eine große Zahl verschiedener Kombinationen möglich; die Vielfalt wird multiplikativ erreicht, nicht additiv, wie bei nichtorthogonalen Systemen. Beispiel sind orthogonale Ortsangaben durch Längen- und Breitengrad gegenüber nichtorthogonalen durch Ortsnamen.
Orthogonale Sprachen sind klein, also leicht zu erlernen, durch umfangreiche Einzelbeschreibungen aber schwer anzuwenden; bei nichtorthogonalen Sprachen ist dies umgekehrt. Zwischen Beherrschbarkeit und Umständlichkeit muß ein Kompromiß geschlossen werden.

Ein **orthogonaler und erweiterbarer Sprachkern** ermöglicht die Definition nichtorthogonaler angemessener Sprachelemente. So kann der Gesamtaufwand von Lernen und Anwenden optimiert werden (siehe 2.1.).

Die Programmtransformation in gewohnten nichtorthogonalen Sprachen erfordert eine nur schwer beherrschbare Fülle von Transformationsregeln. Die wenigen Elemente orthogonaler Sprachen halten die Zahl verschiedener Umformungsregeln gering; dafür müssen diese öfter angewendet werden. Viele Schritte aus einer geringen Anzahl ist aber **maschinengemäß**.

Wie bei den Sprachelementen, können komplexe, menschengemäße Umformungen ("Sätze") durch wenige Kernregeln ("Axiome") definiert werden (siehe 3.2.).
Selbst bei den Darstellungsmitteln ermöglicht Orthogonalität zugleich Vielfalt und Ubersichtlichkeit (siehe 2.2.).

Um die Fülle der Formen mit geringstem Aufwand ineinander umwandeln zu können, ist die **Sternstruktur** angemessen; die Zahl der Verbindungen zwischen allen Elementen sinkt von N*(N-1)/2 auf N (siehe 4.2.).

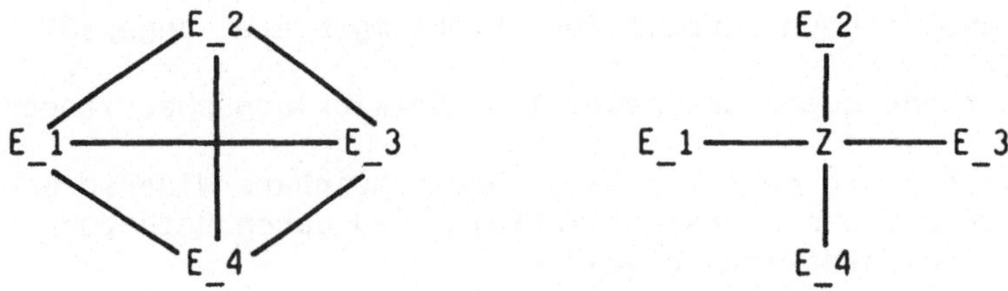

Bild 2: Netz- oder Sternstruktur

Die Anwendung dieses Gedankens auf allen Ebenen ermöglicht Effizienz der Maschine und Beherrschbarkeit bei angemessener Vielfalt beim Menschen:

Ebene	Kern	Kranz
Regeln	Axiome	Sätze
Sprache	Sprachkern	Erweiterungen
Darstellung	intern	extern
Realisierung	Datenbank	Tools

Tabelle 1: Anwendungen der Sternstruktur

1.4. Selbstanwendung

Informationssysteme überführen Ein- in Ausgabedaten (E==V=>A). Software, als Beschreibung, überführt Unbekanntes in Bekanntes. Software-Entwicklung überführt Anforderungsbeschreibungen in Lösungsbeschreibungen. Software-Entwicklung und Software sind also selbst Informationssysteme.

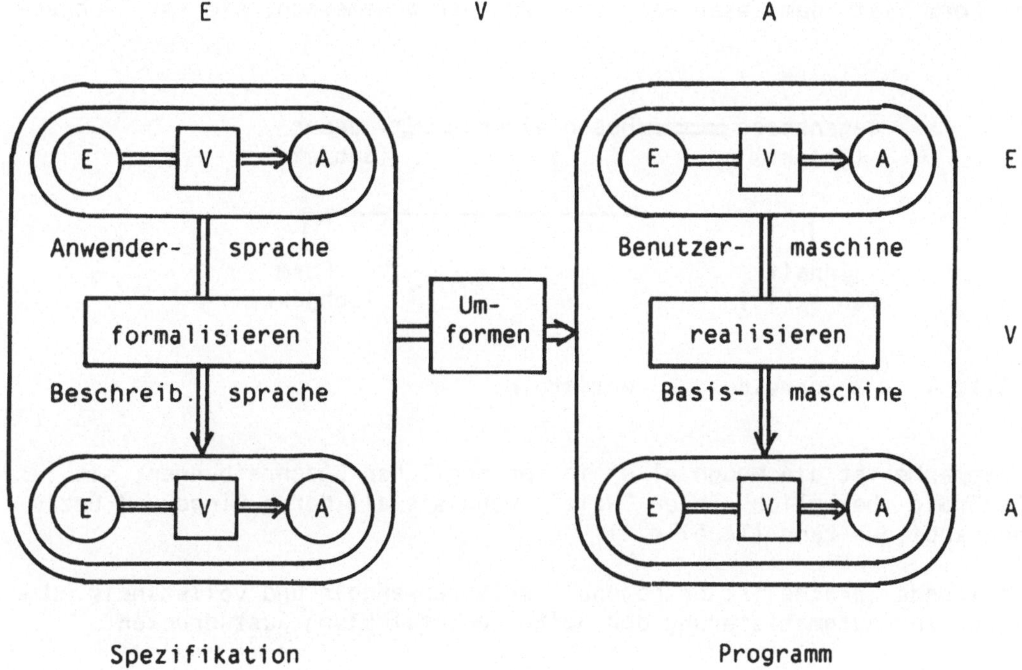

Bild 3: Software-Entwicklung als System auf drei Ebenen

Eine Sprache, die für Informationssysteme vollständig ist, kann Umformungen eigener Beschreibungen darstellen, ist **selbstanwendbar**, erlaubt Metaprogrammierung von Programmen in der gleichen Sprache.

Die Möglichkeit der Definition neuer Elemente durch vorhandene macht eine solche Sprache zugleich **erweiterbar**.

Durch Wiederverwendung gespeicherter Entwicklungsabläufe (Metaprogramme) wird die Entwicklung **schrittweise automatisiert**, das Programmieren programmiert.

Ein überschaubarer Kern von Möglichkeiten wird durch Orthogonalität "multipliziert", durch Selbstanwendung "potenziert".

2. Software

2.1. Sprache

Software ist die Beschreibung von Informationssystemen.

Beschreibungen vermitteln zwischen Gegenstand und Leser; ihr **Inhalt** ist die richtige oder falsche Abbildung des Gegenstandes, er ist "objektiv", ihre **Form** ist dem Leser mehr oder weniger angemessen, sie ist "subjektiv".

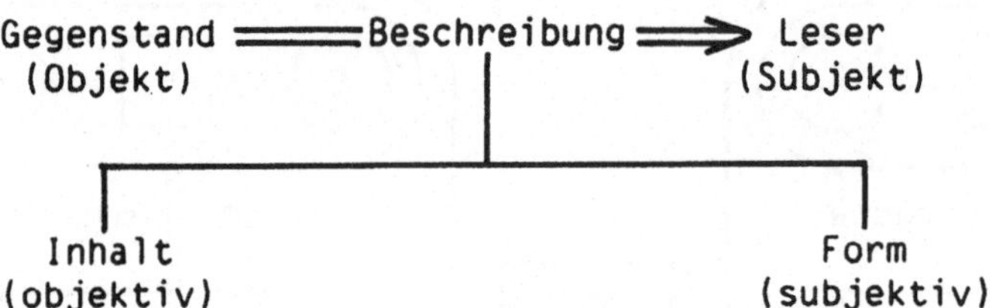

Bild 4: Beschreibungen vermitteln

Eine **Sprache** ist die Menge aller in ihr möglichen Beschreibungen; sie ist **vollständig** bezüglich ihrer "Welt", wenn sie all deren Dinge und Beziehungen abbilden kann (Tabelle 2).

Die folgende Sprache ist orthogonal, selbstanwendbar und vollständig, die Gedanken zur Automatisierung der Software-Entwicklung auszudrücken.

"Welt"	Sprache
Ding	Objekt
Identifikation	Name
Eigenschaften	Wert
Beziehung	Relation
Unterordnung	Hierarchie
aufzählend	Menge
abkürzend	Wiederholung
Anordnung	Struktur
logisch	logisch
Möglichkeiten	Auswahl
Aspekte	Konjunktion
physisch	physisch
Raum	Parallelität
Zeit	Folge
Zuordnung	Funktion
passiv	Zuordnung
aktiv	Zuweisung

Tabelle 2: Sprache als Abbild

```
beschreibung    ::=    element [ beziehung element ] ...

element         ::=    ( beschreibung )
                     | name
                     | wert

beziehung       ::=    oder  | und  | ohne
                     | neben | nach | ist
```

Namen identifizieren oder verweisen auf andere Beschreibungen; Werte sind Bedeutungselemente. Die Bedeutung der Beziehungen ist informal durch deren sprechenden Namen gegeben. Formal, d.h. auch für die Maschine verständlich, kann die Bedeutung durch Umformungsregeln (verschiedene Form bei gleichem Inhalt) definiert werden (algebraische Spezifikation). Beispiele solcher axiomatischen Regeln sind:

```
a neben a    =    a ,

a vor ( b oder c )    =    ( a vor b ) oder ( a vor c ) ,

( a ist b ) vor ( c ist d )    =    ( a vor c ) ist ( b vor d ) .
```

Die Bedeutung von **Erweiterungen** wird durch bereits definierte Elemente (syntaktische Erweiterung) oder/und durch zusätzliche Gleichungen (semantische Erweiterung) beschrieben. Bsp.:

```
zuweisung:

        ( a wird b )  ist  (      ( a ist 1 ) neben ( b ist c )
                               vor ( a ist c ) neben ( b ist c ) )
menge:

          { a , b }   ist  (     ( a oder b )
                             oder ( a und b )
                             oder ( a vor b ) oder ( b vor a )
                             oder ( a neben b )
                             oder ( a ist b ) oder ( b ist a ) )
wiederholung:

        ( n mal a )  ist  (      { a , (n-1) mal a }
                              und ( { a , 0 mal a } ist a ) )
```

2.2. Darstellungen

Darstellungen realisieren Beschreibungsformen. Sie sollten dem Gegenstand und Leser der Beschreibung angemessen sein. Dazu ist eine Vielfalt von Formen erforderlich:

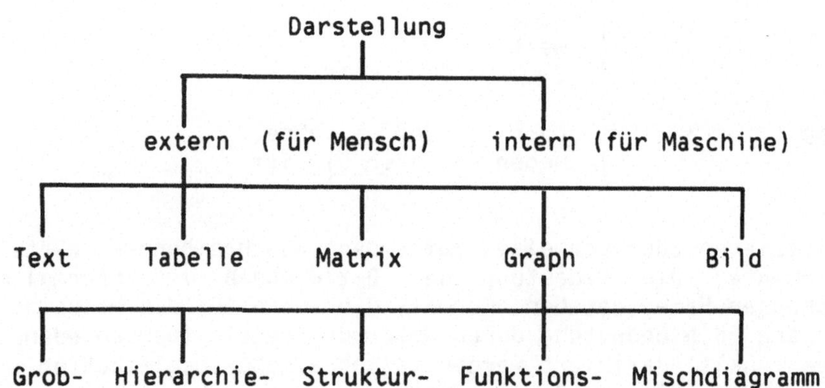

Bild 5: Darstellungshierarchie (= Hierarchiediagramm)

Grobdiagramme sind unpräzise, aber formale Darstellungen; die Hierarchie-, Struktur- und Funktionsdiagramme stellen jeweils den Beziehungstyp Unterordnung, Anordnung bzw. Zuordnung dar.

Um die erforderliche Vielfalt leichter beherrschen zu können, sollten die Darstellungsformen und -elemente bei minimaler Zahl beliebig kombiniert werden können, also orthogonal sein. Mischdiagramme, Bilder mit Texten oder Tabellen mit Bildern sind Beispiele solcher Kombination.

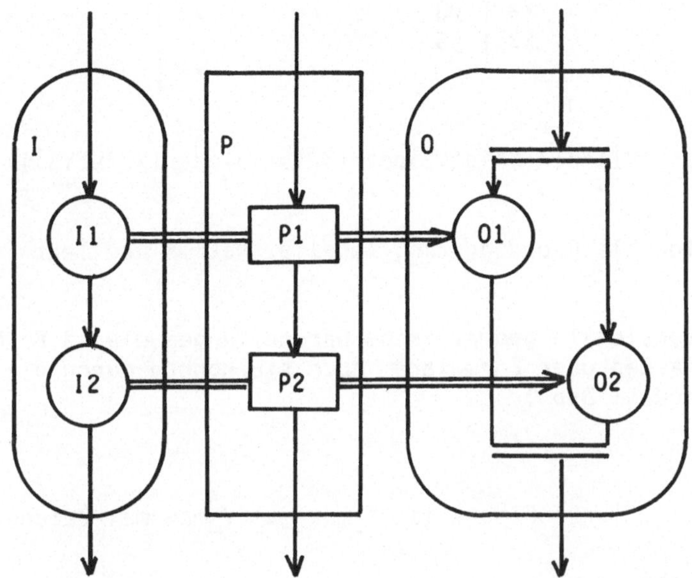

Hierarchie und **Struktur** und Funktion

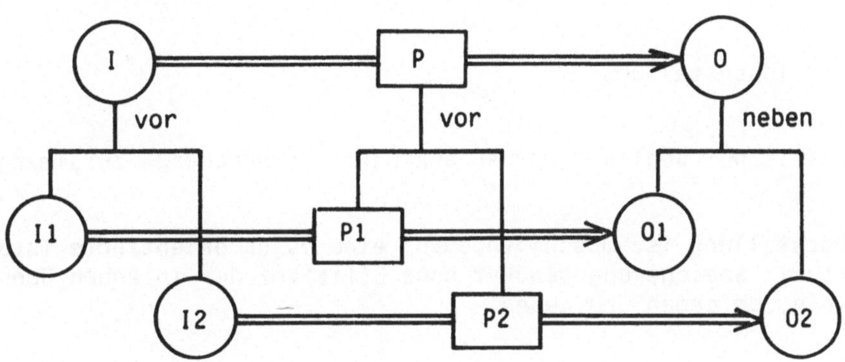

Hierarchie und Struktur und Funktion

Bild 6: Mischdiagramme unterschiedlicher Betonung

Alle Darstellungsformen entsprechen inhaltlich weitestgehend der Textform der Kernsprache (Orthogonalität von Form und Inhalt). So sind sie leicht ineinander übersetzbar.

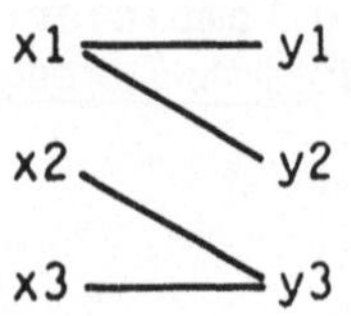

x1 — y1, x1 — y2, x2 — y3, x3 — y3 ⟺

x	y
x1	y1
x1	y2
x2	y3
x3	y3

⟺

	y1	y2	y3
x1	+	+	-
x2	-	-	+
x3	-	-	+

(XistY) ist ((X1istY1)oder(X1istY2)oder(X2istY3)oder(X3istY3))

Bild 7: Funktion als Grobdiagramm, Tabelle, Matrix und Text

Bilder sind zweidimensionale geometrische Darstellungen wie z.B. Drucklisten, Bildschirmmasken oder Formulare. Auch sie können durch die Kernsprache definiert werden; Bsp.:

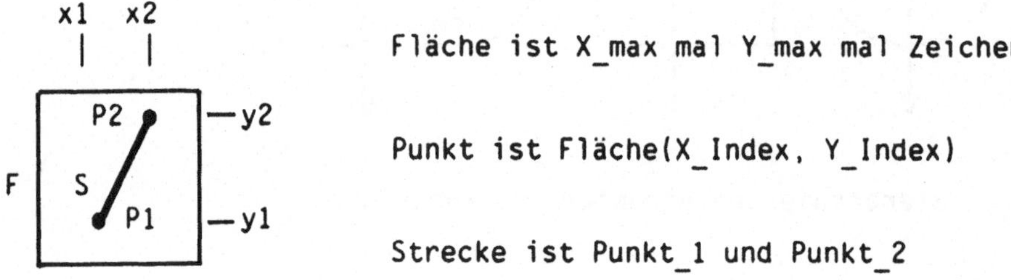

Bild 8: Bilddarstellung

Komplexere grafische Gebilde werden analog aus einfacheren zusammengesetzt.

Die **interne Darstellung** ist maschinengemäß; eine objektorientierte (statt satzorientierter) Speicherung gewährt hohe Effizienz der internen Operationen Schreiben, Umformen und Lesen.

3. Software-Entwicklung

Auch automatisierte Software-Entwicklung läuft zyklisch ab; jedoch verringern Prototyping und evolutionäres Entwickeln die Validierungskosten. Menschengemäßes Beschreiben ersetzt das Spezifizieren; Umformen ersetzt Entwerfen und Implementieren; Transformationen durch den Entwickler können durch vorhandene Umformungsregeln verifiziert werden. Die Wiederverwendung von Metaprogrammen erleichtert die Wartung und ermöglicht die schrittweise Automatisierung der Software-Entwicklung.

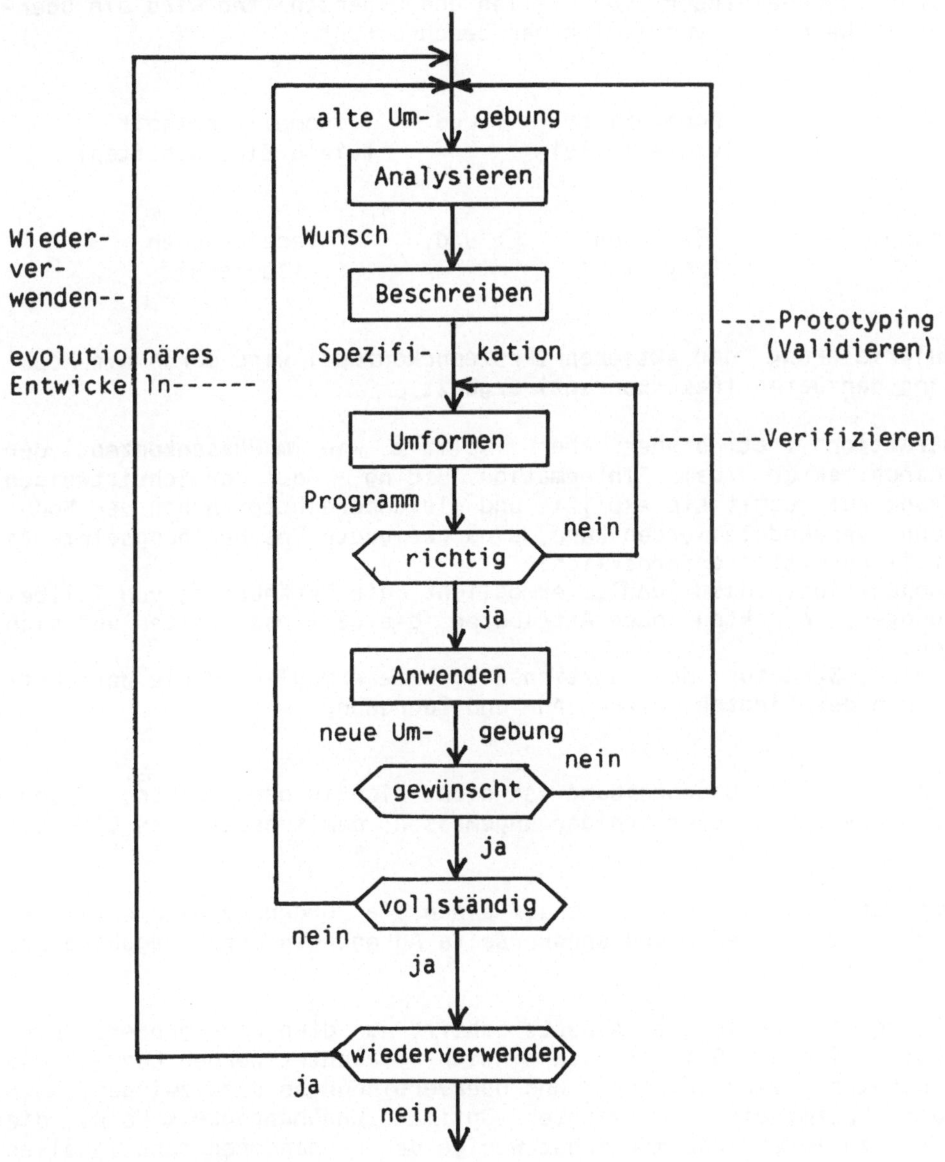

Bild 9: Zyklische Software-Entwicklung

3.1. Menschliches Beschreiben

Hauptproblem der Software-Entwicklung ist die menschliche Begrenztheit. Die zu beschreibenden Informationssysteme sind meist sehr komplex, d.h. sie bestehen aus vielen Teilen, und auch sehr kompliziert, d.h. sie besitzen viele Eigenschaften. Lösung des Problems ist das bewährte "Teile und Herrsche".
Die Komplexität wird durch Zerlegen (Modularisieren, Dekomponieren), die Kompliziertheit durch Vereinfachen (Abstrahieren) bewältigt; aus dem unübersehbaren Nebeneinander von Teilen und Eigenschaften wird ein überschaubares Nacheinander von Teilen der Beschreibung

Problem:	Komplexität (viele Teile)	und	Kompliziertheit (viele Eigenschaften)
Lösung:	Zerlegen (physisch)	und	Vereinfachen (logisch)

Die **Modularisierung** der Aktionen (Prozedurkonzept) wird durch die Modularisierung der Daten (Paketkonzept) ergänzt.

Die **Abstraktion** trat bisher eher implizit, wie im Phasenkonzept, der Schichtenarchitektur, dem "Information Hiding" oder der Schrittweisen Verfeinerung auf Damit sie explizit und gleichberechtigt neben der Modularisierung verwendet werden kann, sind geeignete Beschreibungselemente und Darstellungsmittel erforderlich:

- Die Konjunktion, das **"und"**, ermöglicht die Verknüpfung von Teilbeschreibungen, Aspekten oder Attributen, die gemeinsam gelten und sich ergänzen.
- Hierarchie-, Struktur- und Funktionsdiagramme ermöglichen die getrennte Darstellung der **Sichten** Unter-, An- und Zuordnung.

Die Gliederung einer Beschreibung ist nicht richtig oder falsch, sondern Problem und Leser mehr oder weniger angemessen; damit bedarf das Gliedern aber einer Orientierung:

Orientierungen beim Gliedern sind zum einen die Forderung nach optimaler Unabhängigkeit der Glieder und andererseits Anregungen durch gegebene und bewährte Einteilungen.

Das Zerlegen in Teile oder Aspekte schafft nur dann eine größere Uberschaubarkeit, wenn die Glieder auch einzeln betrachtet werden können, und nicht zahlreiche Verknüpfungen und Querverbindungen dazu zwingen, doch wieder die Gesamtheit zu beachten. Optimale **Unabhängigkeit** heißt, die Grenzen so zu legen, daß möglichst wenige der vorhandenen funktionellen Abhängigkeiten diese Grenzen überschreiten.

Bewährte Gliederungen dienen der **Anregung**: so geben Rahmengliederungen zumeist fachspezifische Einteilungen vor; bei der Datenorientierten Entwurfsmethodik (z.B. nach M.Jackson) ist die Datenstruktur Anregung für die Algorithmenstruktur; Objektorientierte Strukturen überwinden die unnatürliche und starke zusätzliche Abhängigkeiten schaffende Trennung zusammengehöriger Daten und Aktionen.

Die vorgeschlagene Sprache und deren Darstellungsformen unterstützen die Modularisierung und Abstraktion und ermöglichen beliebige, also angemessene Vorgehensweisen (z.B. Prototyping, evolutionäre Entwicklung) oder Programmierstile (z.B. objekt- oder regelorientiert).

3.2. Maschinelles Umformen

Äquivalenzbeziehungen klassifizieren. Die Umformungsregeln (Abschnitt 2.1.) verändern die Form bei konstanter Bedeutung. So teilen sie die Menge möglicher Beschreibungen einer Sprache in Klassen gleicher Bedeutung ein.

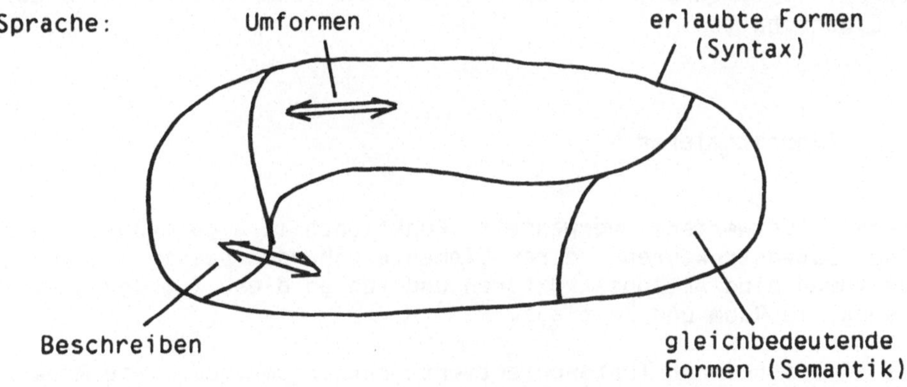

Bild 10: Klassenbildung durch Äquivalenz

Komplexe Umformungen können aus den semantikdefinierenden Regeln abgeleitet werden; ihre Richtigkeit muß dann nicht immer wieder verifiziert werden. Ziel ist eine "Beschreibungsalgebra", in der beliebige Umformungen automatisiert und stets richtig durchgeführt werden können.
Im folgenden wird die komplexe Umformung "Programmieren" informal und an Beispielen auf einfachere Umformungen zurückgeführt.

3.2.1. Spezifikation oder Programm

Eine vollständige Spezifikation und das dazugehörende Programm beschreiben den gleichen Inhalt; sie unterscheiden sich nur in ihrer Form: Spezifikationen müssen verständlich, Programme effizient sein. "verständlich" und "effizient" ergeben sich aus elementareren Eigenschaften:

Spezifikation (verständlich)	Programm (effizient)
funktionell	algorithmisch
modular	monolithisch
nichtorthog.	orthogonal
logisch	physisch
extern	intern

Tabelle 3: Eigenschaften von Spezifikationen und Programmen

Algorithmieren, Optimieren, Implementieren und Dokumentieren verändern eben diese Eigenschaften:

3.2.2. Algorithmieren

Algorithmieren (Entwerfen) verwandelt Funktionen in Algorithmen. Funktionen sind Datenstrukturen, deren Elemente einander passiv zugeordnet sind; Algorithmen sind Aktionsstrukturen und führen diese Zuordnung aktiv (als Zuweisung) in Raum und Zeit aus.

Natürliches Algorithmieren (Datenorientierte Entwurfsmethode, wie M.Jackson) übernimmt die Struktur der Daten für die Aktionen: sequentielle Daten werden nacheinander, parallele Daten gleichzeitig, alternative Daten alternativ, modularisierte Daten modular verarbeitet.

Sind die einander zugeordneten Datenstrukturen (z.B. In- und Output) verschieden, so können sie nicht zugleich mit der Aktionsstruktur identisch sein (Strukturkonflikt); die Datenstrukturen müssen durch Umformungen einander angeglichen werden. Da Folgen nicht umgeordnet werden dürfen, verbleiben häufig Sortierkonflikte; diese werden gelöst durch Warten, bis alle erforderlichen Daten vorhanden sind (denn man kann nicht in die Zukunft schauen) und Speichern inzwischen vergangener Daten (um die Vergangenheit gegenwärtig zu halten):

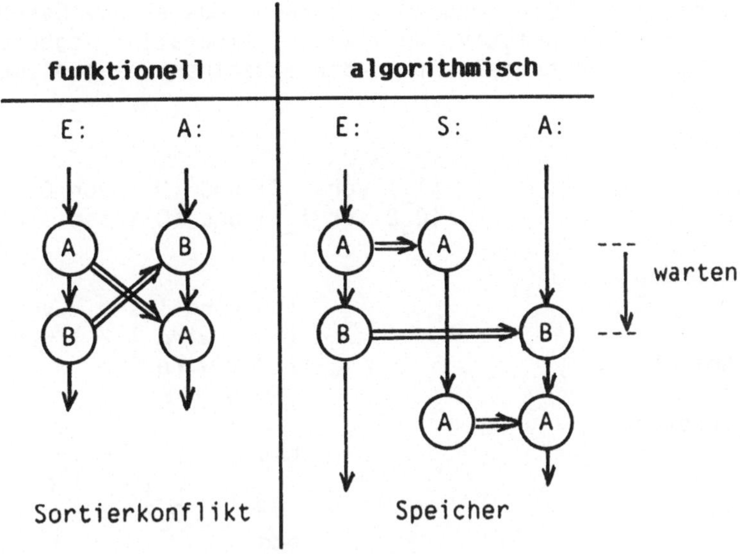

Tabelle 4: Sortierkonflikt und seine Lösung

3.2.3. **Optimieren**

Optimieren erhöht die Effizienz (d.h. verringert die Abarbeitungszeit und /oder den Speicherbedarf) durch Umformungen wie das "Ausklammern" redundanter Elemente oder/und das Verwandeln modularer in monolithische Beschreibungen, z.B.:

(A vor B) oder (A vor C) ===> A vor (B oder C),

(A vor B) und
(A ist X) und ===> (A ist X) vor (B ist Y).
(B ist Y)

Durch Modularisierung entstandene parallele und serielle Algorithmen können zu einem monolithischen Algorithmus **vereinigt** werden. Strukturkonflikte zwischen den Algorithmen werden, wie beim Algorithmieren zwischen den Daten, durch Umformen beseitigt (Idee des datenorientierten Entwurfs auf die Optimierung von Algorithmen angewendet).

3.2.4. **Implementieren**

Implementieren übersetzt Beschreibungen in die gewünschte Basismaschinensprache (z.B. Programmiersprache).

Vor dem Übersetzen in die Programmiersprache müssen die Beschreibungen deren Sprachtyp (wie deskriptiv, applikativ, imperativ) angepaßt werden; dann können Übersetzungsregeln für die einzelnen Sprachelemente angewendet werden. Bsp.:

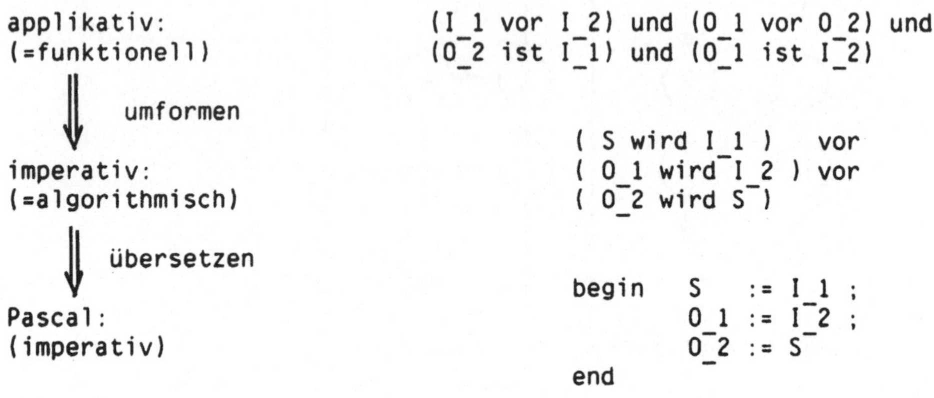

Bild 11: Beispiel zu Implementieren

3.2.5. Dokumentieren

Dokumentieren heißt angemessene externe Darstellung der vorhandenen internen Beschreibungen.

Für verschiedene Verwendungszwecke sind verschiedene Gliederungsformen angemessen:

- **logisch** gegliedert sind Prinzipgliederungen von Modulgliederungen (Aufgabe, Funktion, Algorithmus und Programm besitzen in der Regel verschiedene, ihrem Anliegen gemäße Modulgliederungen) , es überwiegt die Abstraktion;

- **physisch** gegliedert sind Modulgliederungen von Prinzipgliederungen (jedes Moduldokument enthält Aufgabe, Funktion, Algorithmus und Programm), es überwiegt die Modularisierung.

Verschachtelte Strukturen heißen logisch, wenn die äußeren Strukturen logisch ("oder" oder "und"), die inneren physisch ("vor" oder "neben") sind und umgekehrt. Sie sind ineinander umzuformen, z.B.:

(A vor B) oder (A vor C) <==> A vor (B oder C),

(A vor C) und (B vor D) <==> (A und B) vor (C und D).

4. Software-Entwicklungsumgebung

4.1. Funktion

Software-Entwicklungsumgebungen realisieren eine Sprache: sie helfen beim **Schreiben** (Editieren) und **Lesen** (Darstellen), **speichern** Inhalte (Datenbank) und **transformieren** Formen (Tools). Alle internen Umformungen können durch das Anwenden von Transformationsregeln realisiert werden; die Regeln sind mit den umzuformenden Beschreibungen in der Datenbank gespeichert.

Die vorgeschlagene Beschreibungssprache ist keine Programmiersprache. Sie kann aber für Prototyping interpretiert und in eine Programmiersprache umgeformt und dann abgearbeitet werden.

4.2. Struktur

Der vorn vorgeschlagenen **Sternstruktur** entspricht das Einfügen einer internen Darstellungsschicht zum gegenseitigem Austausch aller beteiligten "Front-end-" und "Back-end-Tools". Editoren erzeugen eine Fülle externer Darstellungsformen. Eine spezielle Klasse externer Darstellungen ist der gewünschte Zielcode. Komplexe Umformungen werden effizient an den internen Darstellungen durchgeführt.

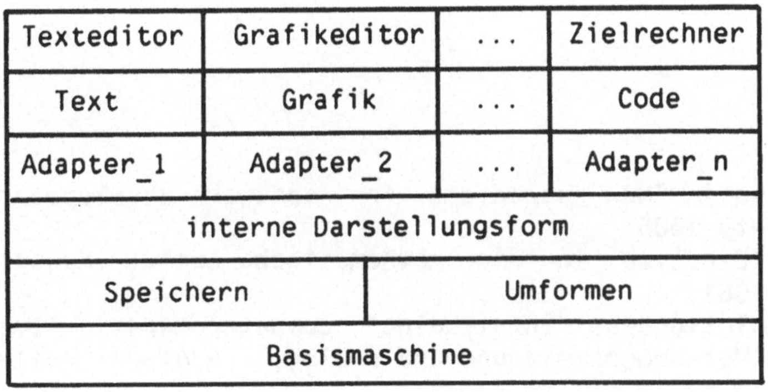

Texteditor	Grafikeditor	...	Zielrechner
Text	Grafik	...	Code
Adapter_1	Adapter_2	...	Adapter_n
interne Darstellungsform			
Speichern		Umformen	
Basismaschine			

Bild 12: Struktur der Software-Entwicklungsumgebung

Die Gedanken der syntaktischen Integration durch eine zentrale Entwicklungsdatenbank und der semantischen Integration durch ein gemeinsames Austauschdatenmodell finden in der Softlab Software-Produktionsumgebung **MAESTRO** ihren Niederschlag.

4.3. Realisierung

Wegen seiner Nähe zur hier vorgestellten Denkwelt eignet sich **Prolog** gut als Basismaschine:

- Die Operatoren der Beschreibungssprache sind als Infix-Operatoren definierbar.
- Beschreibungen und Umformungsregeln werden als Prolog-Fakten und -Regeln realisiert.
- Vergleiche und Ausdrücke werden vom Prolog-Interpreter direkt behandelt.
- Eine effiziente interne Darstellungsform liegt bereits vor.
- Der regelorientierte allgemeine Umformer ist leicht realisierbar, da Pattern-Matching, Unifizierung und Backtracking schon realisiert sind.

Die Praktikabilität des Ansatzes und seiner Realisierung in Prolog wird gegenwärtig untersucht. Parallel dazu wird versucht, die semantikdefinierenden Umformungsregeln in einer "Beschreibungsalgebra" zu formalisieren.

Die Ergebnisse werden auch im Projekt **ESF-PEBA** (Eureka Software Factory, Production Environment for Business Application) genutzt.

5. Literatur

[1] Agresti, W. (ed.): "New paradigms for software development," IEEE Computer Society 1986.

[2] Böhme, G.: "Einstieg in die mathematische Logik," Hanser Verlag München Wien 1981.

[3] Gilb, T.: "Evolutionäres Entwickeln," computer magazin 1,2 1987.

[4] Neumann, G.: "Metaprogrammierung und Prolog," Addison Wesley Bonn 1988.

[5] Jackson, M.A.: "Principles of Program Design," Academic Press London 1975.

[6] Partsch, H., Möller, B.: "Konstruktion korrekter Programme durch Transformation," Informatik-Spektrum 10 1987.

[7] Schnupp, P.: "Prolog - Einführung in die Programmierpraxis," Hanser Verlag München Wien 1986.

[8] Sösemann. F.: "Technisches Konzept für MAESTRO - Werkzeugverbund," Internes Papier der Softlab GmbH 1986.

[9] Sösemann, F.: "Definition der MAESTRO-Referenzsprache," Internes Papier der Softlab GmbH 1989.

ALGEBRAIC CONCEPTS FOR SOFTWARE DEVELOPMENT IN ACT ONE, ACT TWO, AND LOTOS

H. Ehrig, I. Claßen, P. Boehm,
W. Fey, M. Korff, M. Löwe

Institut für Software und Theoretische Informatik
Technische Universität Berlin

ABSTRACT

Starting from general concepts for software development the role of formal methods in the software development process is discussed and basic algebraic specification concepts are introduced. Moreover some main ideas of the algebraic specification languages ACT ONE and ACT TWO and the specification language LOTOS for concurrent and distributed systems are presented and an overview of the tools in the ACT-System is given.

INTRODUCTION

In this paper we want to give an overview of algebraic specification concepts, languages and tools developed at the Technical University of Berlin within the last decade. Moreover, it is an aim of this paper to discuss the role of formal methods within the software development process, especially that of our algebraic specification techniques.

1 On the Role of Formal Methods for Software Specification and Development

Speaking of formal methods, we mean methods with a well-defined syntactical and semantical level where both of them are based on mathematical theories, like formal languages, set theory, logic and algebra. Formal methods in this sense have been advocated and used since about two decades in programming (see e.g. [SS 71]) and about one decade in specification of software systems (see e.g. [GTW 76/78], [BJ 78]). Industrial software production, however, seems to be almost untouched by formal methods during that period, because from the commercial point of view they have been of little interest up to now. This lack of interest has changed within the last few years when the software engineering community - including some software companies - has realized that their (almost nonformal) techniques and methods are not sufficient to solve the growing problems concerning integration of different software and hardware systems, reusability of software and the construction of powerful software development environments and software factories. Especially it seems to be necessary to have not only syntactically but also semantically integrated interfaces between software systems and tools in order to solve these problems. The know-how about formal methods and their practical application is rapidly growing on the research level. For example, there were several R & D (research and development) projects in the first phase of the ESPRIT program where formal methods play a fundamental role. But unfortunately, cooperation between universities and industry is very difficult and technology transfer very slow. There are two major reasons for this situation. First, there is still a great need for basic research and second there is a lack in commercially applicable tools which provide the necessary software support for formal methods. Progress in these two fields can be expected by the ESPRIT Basic Research Actions starting this year, the second phase of ESPRIT and some RACE and EURECA projects, especially the EURECA SOFTWARE FACTORY (ESF) project.

General aspects of software development and future trends are being discussed in sections 2 and 5 of this paper.

1.2 Aims of Algebraic Specification Methods

Algebraic specification methods for data types were first proposed by S. Zilles [Zi 74], J. Guttag [Gu 75], U. Montanari [GGM 76] and the ADJ-group [GTW 76/78]. Within the last decade algebraic specification techniques and languages have been developed by various groups in the U.S.A. and Europe with main emphasis to support software specification and development by suitable foundations and formal techniques. Roughly speaking there have been two different views how to develop algebraic specification techniques:

1. In the application oriented view, mainly followed by J. Guttag, J. Horning and the CIP-group in Munich for example, the main aim was to solve practical problems in program, data type and software development by introducing suitable algebraic notions and techniques. The LARCH shared language [GH 83], the wide spectrum language CIP-L [CIP 85] and the transformation system CIP-S [CIP 87] are most promising results in this direction.

2. In the foundation oriented view, mainly followed by the ADJ-group, R. Burstall, J. Goguen and our ACT-group in Berlin for example, the main aim was to study fundamental concepts of algebraic specification for data type and software systems. The pioneering papers [GTW 76/78], [TWW 78/82], [BG 77], [BG 80], and [GB 84] on data types with initial semantics, parameterized data types, the specification language CLEAR and the concept of institutions as well as our joint contributions [EKTWW 81/84], [EM 81], [EKMP 82], [EK 83], and [EW 85] on parameter passing, implementation and module specifications leading to our EATCS-volumes [EM 85] and [EM 89] are typical contributions within the foundation oriented approach.

Within the ESPRIT working group COMPASS, including research groups from Barcelona, Berlin,

Braunschweig, Bremen, Dortmund, Edinburgh, Genova, Nancy, Nijmegen, Paris, and Passau, these two main views and several other aspects are combined in order to develop a compound approach to algebraic specification of software systems and software development.

1.3 The Main Concepts of Our Approach

As mentioned above our approach follows mainly the foundation oriented view. The main concepts can be summarized as follows:

- basic specification units on different levels (algebraic specifications, parameterized specifications, module specifications)
- suitable notions of semantics and correctness for each basic specification unit
- "horizontal" operations on specifications which are correctness preserving, compositional w.r.t. the semantics, and compatible with each other
- "vertical" development steps between specifications which are compatible with the semantics and with "horizontal" operations
- languages and tools to support these concepts (ACT ONE, LOTOS, ACT TWO, ACT SYSTEM).

A more detailed discussion of these concepts, languages and tools is given in sections 3 and 4 of this paper.

1.4 Acknowledgements

The authors of this paper are only part of our group at TU Berlin working on algebraic specification concepts and languages. We are most grateful to all other members of our group, including Horst Hansen, Gabriele Taentzer, Catharina Rieckhoff, Cristian Dimitrovici, Martin Große-Rhode and Dietmar Wolz for fruitful cooperation within our projects. Special thanks also to Hans-Jörg Kreowski, Bernd Mahr, Peter Padawitz, Anno Langen, Fritz Nürnberg, Jürgen Buntrock and Klaus Peter Hasler as former members of our group for their significant contributions within our group. For excellent typing we are most grateful to H. Barnewitz.

2. GENERAL ASPECTS OF SOFTWARE DEVELOPMENT

In this section we give a short review of requirements for software systems, try to summarize the main conceptual stages and steps of the software development process, and discuss the role of formal methods for both of these topics.

2.1 Requirements for Software Systems

Instead of a detailed discussion of requirements for software systems which may be found in text books on software engineering like [KKST 79] we try to summarize the main aspects with the keywords "adequacy", "quality", "modifiability", and "reusability":

- **ADEQUACY**
  First of all the software system should be an adequate solution of the given problem. Adequate in the sense that it supports human beings to solve their (industrial, administrative, etc.) task, that the development costs are reasonable, and that the system is well-documented.

- **QUALITY**
  The quality of a software system is mainly determined by its reliability, efficiency, security and error tolerance. The reliability has to be assured by validation, a combination of testing and correctness proofs, or by general correctness results (induced correctness). Efficiency is meant w.r.t. time and space, mainly concerning computations and storage respectively. Security comprises data protection and authority control. Error tolerance means stability w.r.t. unexpected inputs and failures of hardware or software.

- **MODIFIABILITY / VERSION UPDATE**
  Software system modifications resp. update of versions should be possible with reasonable effort in order to adapt the system to new requirements or to improve adequacy or quality. On one hand there should be a service for maintenance, on the other hand the design of the system should support locality of modifications, i.e. local changes of requirements should imply local changes of specification and code only.

- **REUSABILITY**
  It is most desirable to be able to reuse the architectural design of the system, and the specification or code of suitable components of the system for the development of other software systems.

2.2 Conceptual Software Development Process

We are aware that there is no commonly accepted model for the software development process from a given problem via specification and design to an efficient version of the software system. But we would like to summarize in figure 1 those conceptual stages and steps which we consider to be mainly important in order to discuss the role of formal aspects of software development below (for this reason we disregard, for example, all the aspects of software management).

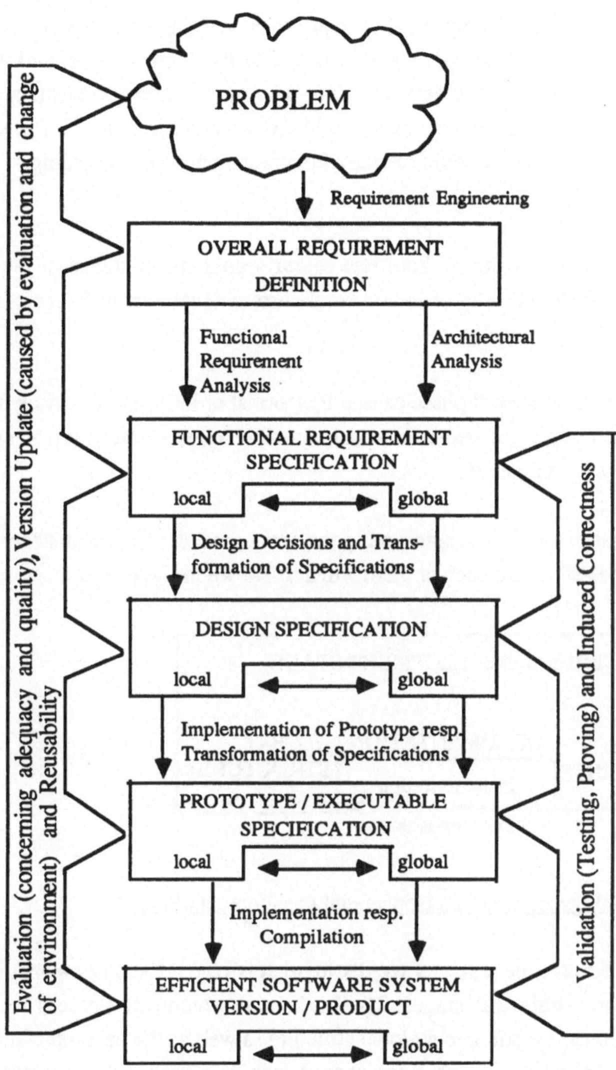

Fig. 1: Main Conceptual Stages and Steps in the Software Development Process

The stages in figure 1 are indicated by a cloud for the given problem and by boxes for later conceptual stages in the development. The development steps are indicated by horizontal and vertical edges and the big clamps left and right. The stages and steps are "conceptual" in the sense that not all of them have to be taken within the actual development process, parts of the system may actually be in different stages and different steps may be performed concurrently.

The left clamp represents all kinds of mainly informal evaluations concerning adequacy and quality (see 2.1), version update caused by such evaluations and changes of the environment, and aspects of reusability concerning different stages of the development. The right clamp represents all kinds of formal comparison between different stages, especially validation (including tests and formal proofs) and correctness which is induced by the specific choice of development steps according to a general mathematical result.

Both clamps together represent the feedback from late to early conceptual stages in the software development process and also the possibility of incremental system development (some components may be added in later cycles of the process).

With the reentry into a specific development phase caused by (formal or informal) feedback it is highly desirable that small changes on stages (boxes) lead to only small changes on steps (arrows) and vice versa (see 2.1 modifiability / version update).

The bone-like structure of most of the boxes representing the conceptual development stages indicates the "horizontal structuring process" within each of them which is shown in figure 2 in more detail:

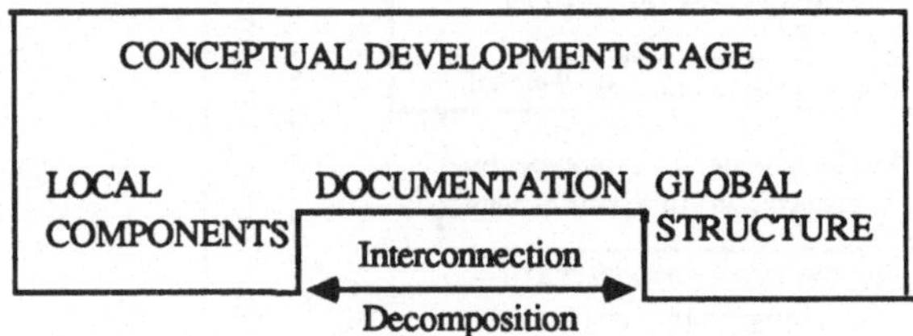

Fig. 2: Horizontal Structuring of a Conceptual Development Stage

In each of these conceptual development stages we distinguish between local components and the global structure of the system within this stage. The horizontal structuring process includes the interconnection of local components leading to a global structure as well as the decomposition of large components into small ones. Moreover, each stage should include a proper documentation of the history of the local components and the corresponding global structure, especially of the current versions including pro and contra decisions concerning earlier versions.

The complexity of the overall development process increases by the fact that horizontal structuring steps and vertical development steps can be mixed, i.e. an arbitrary path of vertical and horizontal edges in figure 1 may be used to proceed from the problem to the product. Of course, it is highly desirable that horizontal structuring steps are compatible with vertical development steps, which means that the corresponding squares in figure 1 should commute although the horizontal structuring of the system may change between different stages.

2.3 Role of Stages and Steps and Support by Formal Methods

In this subsection we want to discuss briefly the role of the conceptual stages and steps within the software development process and to continue the discussion on the role of formal methods for software specification and development started in the introduction (see 1.1).

1. Support for Requirements of Software Systems

Formal methods are essential to support quality, mainly concerning reliability and efficiency aspects, as well as modifiability and reusability by formal concepts for data abstraction and modularity. Suitable notions of semantics and correctness for both of them should lead to semantically integrated interfaces between the components of the system on all conceptual development stages.

2. Conceptual Development Stages

The first conceptual stage following the given problem is the overall requirement definition for the software system to be developed. It is usually written in natural language in order to be understandable for the user and the software engineer.

In the functional requirement specification the functionality of the operations of the entire system and - as far as possible - of suitable subsystems should be given together with the main properties which are required for these operations. Conceptually this corresponds to an algebraic or logical specification including equational, first or higher order axioms and constraints, which can be considered as requirements for the operations and their domains. The semantics should be the class of all algebras or structures satisfying the given axioms and constraints.

The design specification is intended to be an abstract model of the intended software system. It should be independent of any particular representation. Conceptually this corresponds to an algebraic specification with tight semantics, like initial or final semantics. This means that the semantics is given by one abstract data type, i.e. an isomorphism class of data types.

If the design specification is already executable it can be used as an early prototype of the system. Otherwise it might be transformed to become an executable specification. Executability means that the operations of the corresponding abstract data type can be correctly simulated by interpretation or compilation of the term rewriting system which can be automatically derived from the axioms of the specification.

Finally an efficient version of the software system, especially the software system product to be delivered, should be implemented in a suitable programming language. This language should have a formal semantics in order to be able to prove correctness w.r.t. the system specifications in previous development stages.

3. Conceptual Development Steps

The main idea of the conceptual development steps is to describe the development process within one stage and between different conceptual stages of development. The process within one stage, also called "horizontal development", essentially means to interconnect local components to global structures or to decompose large components into smaller ones. These horizontal development steps should be supported by a suitable formal notion of components (or modules) and semantically well-defined interconnection mechanisms, which can be considered as operations on these components (not to be confused with the operations in these components defined by the corresponding data types).

The conceptual development steps between different stages are called "vertical development steps". Similar to the horizontal steps they are mainly governed by design decisions. But the vertical steps should be supported by suitable transformation concepts and tools, which in most cases will be interactive to allow design decisions and in some cases automatic, e.g. the compilation of an executable specification into some programming language. For all these development steps formal methods are highly desirable in order to obtain semantical compatibility within one stage and to allow interactive or automatic correctness proofs between different stages which eventually should lead to correctness of the software product w.r.t. the specifications in all conceptual development stages. In addition to these formal correctness proofs adequacy and quality of the system (see 2.1) have to be checked by suitable evaluations leading to updated versions of the system in different conceptual development stages.

3. BASIC ALGEBRAIC SPECIFICATION CONCEPTS AND RESULTS

In this section we introduce basic concepts and results of algebraic specifications, parameterized specifications, module specifications and transformations of specifications. At the end of this section we give a short overview of other algebraic specification concepts and references to the literature for a more detailed discussion of these topics.

3.1 Algebraic Specifications

A data type in a programming language consists of a data structure together with operations that create and modify this structure, where the operation are given by programming language constructs, like functions and procedures. The basic idea of an algebraic specification is to specify data types independent of any specific representation or programming language.

1. Constituent Parts of Algebraic Specifications

An algebraic specification

$$\text{SPEC} = (S, OP, E)$$

consists of a set S of sorts, a set OP of constant and operation symbols, and a set E of equations or axioms. Each sort represents a domain of a data structure, and each operation symbol represents an operation. More precisely an operation symbol declaration

$$N{:}s1 \ldots sn \rightarrow s \qquad (n \geq 0),$$

consists of an operation name N, a list of argument sorts s1,...,sn and a range (result) sort s.
So far we only have names for domains of data structures and declarations for operations but no description of what the operations should do. The third component of SPEC, the set E of equations or axioms, provides this description in an "axiomatic" or in a "constructive" way.

A typical example of an axiomatic description is the associativity law for concatenation of strings or lists

$$(x1 \circ x2) \circ x3 = x1 \circ (x2 \circ x3)$$

while an example of a constructive description are the recursive equations for addition ADD on natural numbers with zero 0 and successor SUCC:

$$ADD(n, 0) = n$$
$$ADD(n, SUCC(m)) = SUCC(ADD(n, m)).$$

2. <u>SPEC-Algebras, Data Types and Semantics</u>

Given an algebraic specification SPEC = (S, OP, E) a <u>SPEC-algebra</u> A is a model of the specification SPEC which consists of domains A_s for each $s \in S$ (defining the data structure)

- constants $N_A \in A_s$ for each $N: \to s$ in OP
- operations $N_A: A_{s1} \times ... \times A_{sn} \to A_s$ for each $N: s1 ... sn \to s$ in OP($n \geq 1$)

such that all equations or axioms in E are satisfied.

A SPEC-algebra A can be considered as a <u>data type over SPEC</u> if it is termgenerated, i.e. each $a \in A_s$ ($s \in S$) can be constructed by a term of constants and operations of A.
The <u>initial semantics</u> of a specification SPEC is represented by the quotient term algebra T_{SPEC} defined as quotient of the termalgebra T_{SIG} of all terms over the signature SIG = (S, OP) by the congruence generated by all the equations in E.
A similar construction is possible for positive conditional equations and universal Horn axioms but not for general first order axioms.
In some cases it is also useful to consider the <u>classical or loose semantics</u> of a specification SPEC which is given by the class of all SPEC-algebras or - as preferred by some other authors - the class of data types over SPEC.
Main constructions and results for equational algebraic specifications are existence and uniqueness (up to isomorphism) of initial and free algebras, the Birkhoff-Characterization of equational classes, the equational calculus and term rewriting, and correctness and extension criteria of specifications as given in chapters 1 to 6 of [EM 85].

3. <u>Algebraic Specifications with Constraints</u>

The restriction of all algebras to termgenerated algebras (i.e. data types) corresponds to the fact that we have a "termgenerating constraint". Constraints C on a specification SPEC in general are some first or higher order logical conditions for SPEC-algebras A leading to the notion of an <u>algebraic specification with constraints</u>, written

$$SPECC = (SPEC, C),$$

and all SPEC-algebras A satisfying the constraints C are called <u>SPECC-algebras</u>. Other interesting examples of constraints are "initial", "generating", and "free generating" constraints meaning that algebras satisfying these constraints must have certain subalgebras which are initial, or they are generated (resp. free generated) algebras over some data elements. Also first order logical axioms can be used as constraints.

Although most of the results for equational algebraic specifications mentioned above are no longer valid for specifications with constraints these more general specifications are most important for all kinds of applications in the software development process. See chapter 7 of [EM 89] for more details and some basic results concerning algebraic specifications with constraints.

3.2 Parameterized Specifications

In software development often data structures are needed that share a common principle. For example, lists of natural numbers, lists of characters and lists of records are instances of lists of arbitrary data elements. To exploit such a polymorphism, a parameterization and an instantiation mechanism is necessary. In the algebraic specification context parameterization is given by parameterized specifications and instantiation by actualization.

A parameterized specification PSPEC consists of a pair (PAR, BOD) of algebraic specifications, where the formal parameter PAR is a subspecification of the body specification BOD.

PSPEC: | PAR | BOD |

In a parameterized specification for lists over arbitrary data elements the formal parameter contains a specification of data elements and the construction of lists over these data elements is given in the body (see type list in 4.1).

The initial semantics of a parameterized specification PSPEC = (PAR, BOD) is a "free construction" F which defines for each PAR-algebra A a BOD-algebra F(A) freely constructed over A. In our example A is an arbitrary set of data elements and F(A) is the set of all lists over A.

A parameterized specification PSPEC1 = (PAR1, BOD1) can be actualized by an algebraic specification BOD2 or by another parameterized specification PSPEC1 = (PAR2, BOD2). These actualization mechanisms are called standard and parameterized parameter passing respectively. Both of them are using a "parameter passing morphism" h:PAR1 → BOD2 which defines the replacement of formal sorts and operation symbols by actual ones.

Standard Parameter Passing

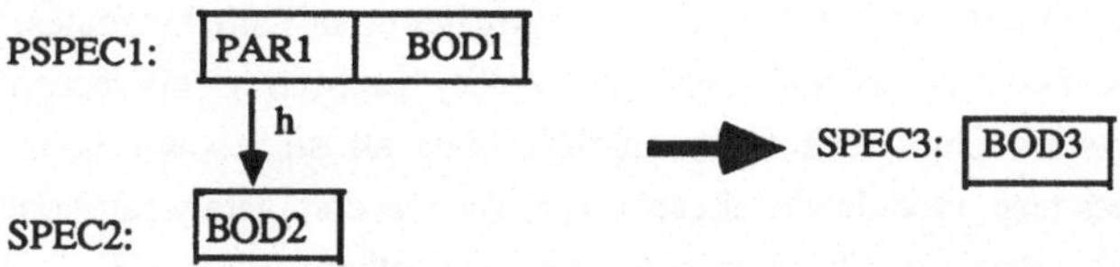

Example: The actualization of lists over (arbitrary) data (elements) by natural numbers leads to lists over natural numbers.

Parameterized Parameter Passing

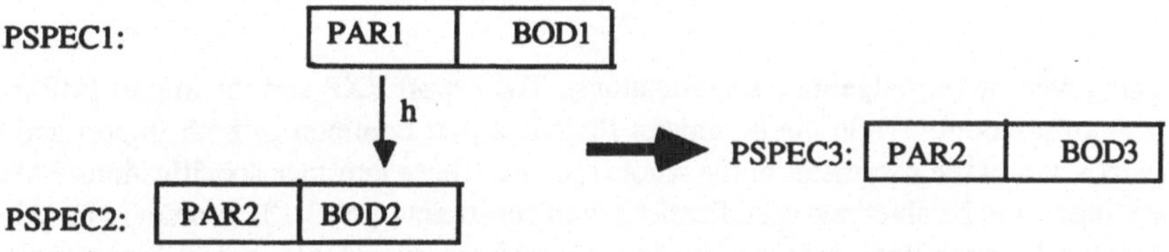

Example: The actualization of "lists of data" by "lists over data" leads to "lists of lists over data".

In both cases the body specification BOD3 can be constructed by textual substitution of PAR1 in BOD1 by BOD2. More formally BOD3 is a "pushout" constructed from BOD1 and BOD2 via PAR1 and h, written BOD3 = BOD1 $+_{PAR1}$ BOD2, represented by the diagram:

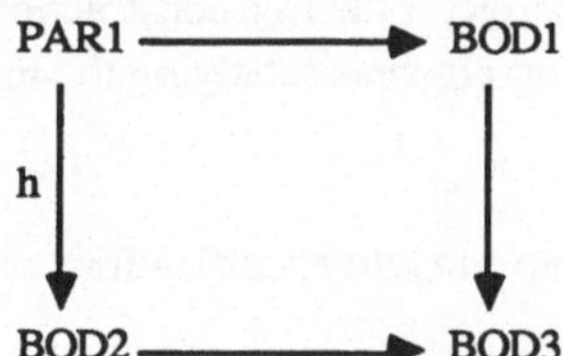

Main constructions and results for parameterized specifications are existence and uniqueness (up to isomorphism) of free constructions, correctness and compositionality of standard and parameterized parameter passing, associativity in the parameterized case, and several results concerning induced correctness w.r.t. suitable model algebras resp. model algebra constructions (see chapters 7 and 8 of [EM 85] for more detail). For practical applications it is most important to consider also parameterized specifications with constraints (see chapter 7 in [EM 89]) where the formal parameter part is an algebraic specification with constraints (see 3.1.3).

3.3 Module Specifications

The importance of decomposing large software systems into smaller units, called modules, to improve their clarity, facilitate proofs of correctness, and support reusability has been widely recognized within the programming and software engineering community. For all stages within the software development process modules resp. module specifications are seen as completely self-contained units which can be developed independently and interconnected with each other.

An algebraic module specification MOD consists of four components

MOD:

PAR	EXP
IMP	BOD

which are given by four algebraic specifications. The export EXP and the import IMP represent the interfaces of a module while the parameter PAR is a part common to both import and export and represents a part of the parameter of the whole system. These interface specifications PAR, EXP, and IMP are allowed to be algebraic specifications with constraints (see 3.13) in order to be able to express requirements for operations and domains in the interfaces by suitable logical formalisms. The body BOD, which makes use of the resources provided by the import and offers the resources provided by the export, represents the constructive part of a module.

The semantics of a module specification MOD as above is given by the loose semantics with constraints of the interface specifications PAR, EXP, and IMP, a "free construction" from import to body algebras, and a "behavior construction" from import to export algebras given by restriction of the free construction to the export part.

A module specification is called (internally) correct if the free construction "protects" import algebras and the behavior construction transforms import algebras satisfying the import constraints into export algebras satisfying the export constraints.

Basic interconnection mechanisms to built up module specifications are composition, union, and actualization:

Composition

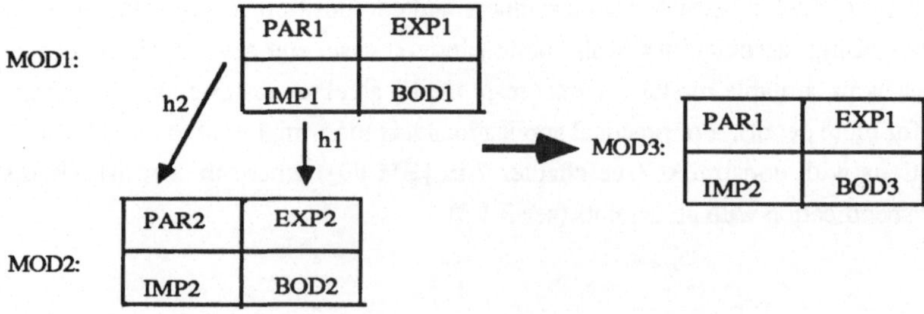

where h1 and h2 are passing morphisms and BOD3 = BOD1 $+_{IMP1}$ BOD2 is a pushout construction (see 3.2).

Union

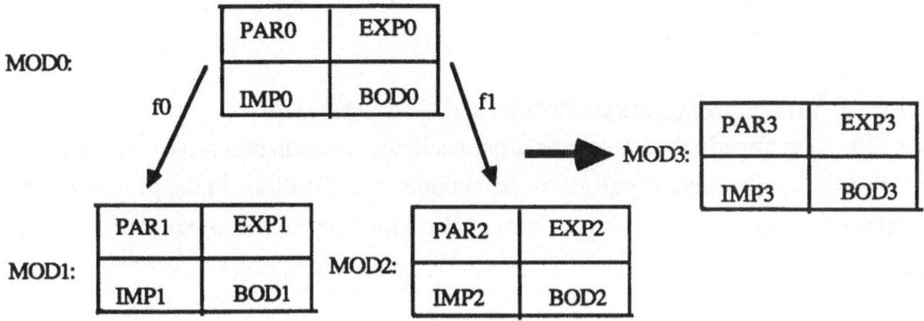

where f0 and f1 are "module specification morphisms" and SPEC3 = SPEC1 $+_{SPEC0}$ SPEC2 for SPEC = PAR, EXP, IMP, BOD are pushout constructions (see 3.2).

Actualization

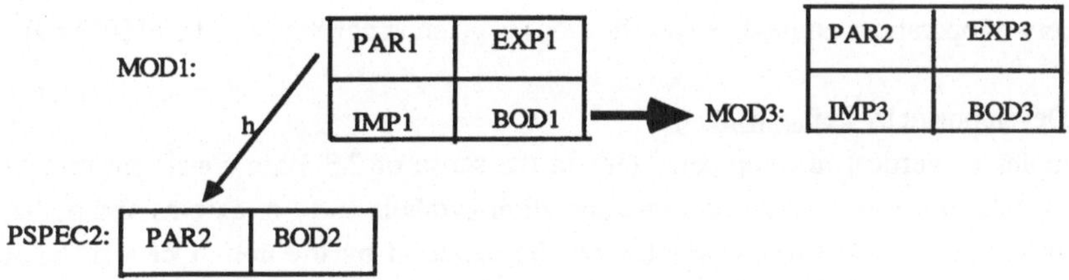

where h is a parameter passing morphism and SPEC3 = SPEC1 $+_{PAR1}$ BOD2 for SPEC = EXP, IMP, BOD are pushout constructions (see 3.2).
As main results for module specifications we can show that the basic interconnection mechanisms are operations on module specifications which are preserving correctness and which are compositional w.r.t. the semantics. This means that correctness of modular system specification can be deduced from correctness of its parts and its semantics can be composed from that of its components. Moreover, there are nice compatibility results between these operations which can be expressed by associativity, commutativity and distributivity results (see [BEP 87], [EW 85], [WE 86], and chapters 2, 3, 4, and 8 of [EM 89]).

Extensions of the module specification concept concerning concurrent execution and distributed systems are discussed in [WE 88].

3.4 Transformation of Specifications

According to our discussion in section 2 conceptual development steps play a fundamental role in the software development process. Several of these development steps can be supported by formal notions for transformations of specifications. Within the algebraic framework we distinguish four different kinds of transformations:

1. Horizontal Structuring by Interconnection and Decomposition

We have discussed already the interconnection mechanism actualization for parameterized specifications and composition, union, and actualization for module specifications in the previous subsections. From a more general point of view these interconnection mechanisms can be considered as operations on specifications

$$OP:\underline{SPEC1} \times ... \times \underline{SPECn} \times \underline{D} \rightarrow \underline{SPEC0}$$

where $\underline{SPECi}$ for i = 0,...,n are classes of specifications, like unparameterized, parameterized or module specifications, and $\underline{D}$ is a class of diagrams including the corresponding parameter passing resp. specification morphisms. Given suitable SPECi$\in\underline{SPECi}$ for i = 1,...,n and D$\in\underline{D}$ we have a transformation of the specification SPEC1,...,SPECn leading to SPEC0 = OP(SPEC1,...,SPECn, D). Vice versa SPEC1,...,SPECn can be considered to be a decomposition of SPEC0. An outline for such a general theory of operations on module specifications is given in chapters 4 and 6 of [EM 89].

2. Vertical Development by Refinement

Simple examples of vertical development steps in the sense of 2.3.3 are consistent renamings of specifications, addition and deletion of sorts, operation symbols and / or axioms and perhaps also suitable identifications. All these examples can be captured by the notion of a refinement of specifications, written

$$ref:SPEC1 \rightarrow SPEC2,$$

for specifications SPEC1, SPEC2 within a class $\underline{SPEC}$ of specifications. In most cases a refinement is given by specification morphisms mapping sorts and operation symbols of SPEC1 into those of SPEC2 in a way which is compatible also with the axioms of SPEC1 and SPEC2. If $\underline{SPEC}$ is the class of module specifications a refinement ref:MOD1 $\rightarrow$ MOD2 is a triplet ref = (ref_{PAR}, ref_{EXP}, ref_{IMP}) of specification morphisms between the corresponding interface specifications - but not necessarily the body parts - of MOD1 and MOD2. Refinements of module specifications and their compatibility with horizontal structuring is discussed in chapter 5 of [EM 89].

3. Vertical Development by Implementation

More complex examples of vertical development steps in the sense of 2.3.3 are implementations of specifications, written

$$IMPL:SPEC1 \rightarrow SPEC2,$$

which means for initial semantics that the corresponding initial data types T_{SPEC1} and T_{SPEC2} are in a certain semantical relationship. A typical example is the implementation of sets by lists or hashtables. A general theory of such implementations is given in [EKMP 82] and compatibility of implementation with actualization of parameterized specifications in [EK 83]. For implementation concepts in the sense of loose semantics see [ST 87].

4. Structural and Semantical Invariant Transformations

Finally there are interesting examples of transformations of specifications which do not change the structure nor the semantics of the specification which mainly concern the set E of equations or axioms, e.g. derivation of theorems from given axioms, replacement of axioms by theorems, and also Knuth-Bendix-Completion leading to a confluent term rewriting system (see e.g. [KB 70], [Gan 87], [Pad 88]).

3.5 Overview of General Algebraic Specification Concepts

In addition to the concepts mentioned in the previous subsections there are several other algebraic specification concepts studied in the literature. In the following we give a short overview of general algebraic specification concepts in keywords. For a discussion of most of these concepts we refer to [COMPASS 88]:

1. Structuring Concepts
   a) structure of basic specification units, like unparameterized, parameterized and module specifications (see 3.1 - 3.3)
   b) operations on specifications (see 3.4.1).

2. Signatures and Models
   a) kind of signatures, like equational, first order logic, order sorted, and higher order signatures
   b) kind of models, like total, partial, continuous, and order sorted algebras, or first order logical structures.

3. Semantics and Constraints
   a) kind of semantics, like initial, final, loose, observable, and behavioral semantics
   b) kind of constraints, like initial restrictions, and hierarchy, generating and free generating or data constraints.

4. Logical Components and Calculi
   a) logical components, like axioms, theorems and theories
   b) calculi, like equational, Horn, first and second order calculus.

4. ALGEBRAIC SPECIFICATION LANGUAGES AND TOOLS AT TU-BERLIN

This section briefly sketches the specification languages and their dedicated tools that have been developed at the Technical University of Berlin in order to provide software support for the concepts introduced in the previous sections.

4.1 ACT ONE

The algebraic specification language ACT ONE was developed at the Technical University of Berlin in 1983 [EFH 83], implemented and published in a first version using equational axioms only in 1985 [EM 85] and in a revised version using conditional equations and initiality constraints in 1988 [Cla 88]. ACT ONE is based on the concept of parameterized specifications (see 3.2) which includes usual algebraic specifications with initial and loose semantics (see 3.1) as special cases. The structuring mechanisms to build up larger specifications from smaller pieces are "extension", "union", "renaming", "actualization", and "modularization".

1. Basic Types

The parameterized specification **List** mentioned in 3.2 is a basic type given in ACT ONE by

```
Type list is
   Parameter
      Sorts  Data
      ...
   Body
      Sorts  List(Data)
      Opns   λ : → List(Data)                           {empty list}
             [_] : Data → List(Data)                    {construction of lists of length 1}
             ∘ : List(Data), List(Data) → List(Data)    {concatenation of lists}
      ...
      Eqns   for all s1, s2, s3:List(Data)
      (s1 ∘ s2) ∘ s3 = s1 ∘ (s2 ∘ s3)                   {associativity}
      ...
Endtype
```

This means that the formal parameter of **list** consists of a sort Data and in the body lists are constructed in the sort List(Data) using an empty list, one element lists and associative concatenation of lists. The dots in the parameter and body part of list indicate that the parameter can be extended by further sorts, like Bool, operation symbols, like a less-equal predicate considered as an operation symbol with range sort Bool, and equations specifying an order relation of data elements, and that the body part can be extended to specify a lexicographical order on lists of arbitrary elements and other operations on lists.

2. Extension

The extension concept allows to add sorts, operation symbols and equations to a given specification. If the list specification above without dots is called **List0** then **List** is the result of an extension of **List0** by the sorts, operation symbols and equations indicated by the dots.

3. Union

The union concept allows to construct the union of given specifications with shared subspecifications. If we need a length function and an equality predicate for lists then we take the union of the parameterized specification **List** with a specification **Nat** for natural numbers and shared subspecification **Bool** for boolean values and extend this union by operation symbols for the length function, the equality predicate on lists and suitable axioms.

4. Renaming

The renaming concept allows to have a bijective renaming of sorts and operation symbols of a specification such that the semantics is preserved up to isomorphism.

5. Actualization

Actualization is the language concept of ACT ONE which corresponds to standard and parameterized parameter passing as discussed in 3.2. it is often used in connection with renaming.

The following example shows how to use **List** to obtain lists of lists of data (first actualization) and lists of lists of characters (second actualization) leading to a specification **Text** where the sorts List(Char) and List(List(Char)) have been renamed by Line and Text respectively:

```
Type Text is (List actualized by List using
                 Sortnames List(Data) for Data
                 actualized by Char using
                 Sortnames Char for Data
                 renaming
                 Sortnames Line for List(Char)
                           Text for List(List(Char))
Endtype
```

The parameter passing morphisms (see 3.2) map the sort "Data" to "List(Data)" and "Data" in the first actualization to "Char" in the second actualization.

6. Modularization

The modularization concept of ACT ONE allows to build up a software specification (ACT Text) from a number of types defined explicitly by concepts 1 - 5 above or using types from a library of specifications.

For the formal syntax, semantics, context conditions and compositionality properties of the semantics of ACT ONE we refer to [EM 85] and [Cla 88].

4.2 ACT TWO

The algebraic module specification and interconnection language ACT TWO was developed at the Technical University of Berlin in 1988 [Fey 88] and is going to be implemented within the next years. ACT TWO is mainly based on algebraic module specifications (see 3.3), but includes also basic units for algebraic specifications with constraints and loose semantics (see 3.1), called requirements specifications in ACT TWO, and for parameterized specifications with initial semantics (see 3.2).

The structuring mechanisms to build up larger specifications from smaller pieces in ACT TWO are similar to those of ACT ONE (see 4.1), but in ACT TWO they are defined for all three basic units mentioned above.
For module specifications we especially have composition and union (see 3.3), where composition is called import actualization in ACT TWO. Parameter actualization in ACT TWO is a slight modification of actualization of module specifications as given in 3.3.

1. Example of a Sorting Module Specification in ACT TWO
An example of a module specification **Sorting** in ACT TWO for sorting of lists using the parameterized list specification **List** (see 4.1) with suitable formal parameter **Data** is given below. The keyword initspec indicates that **List** has to be considered with initial semantics and the other keywords correspond to the four components of module specifications (see 3.3). The sorting operation SORT for lists is realized in the body part using "quick-sort" expressed in a functional way. The two auxiliary operations LESS and GEQ take as arguments a list and a data value and result the list of all data values in the input list which are smaller or, respectively, greater or equal to the argument data value. For more details see example 1.18 in [EM 89]:

```
Modspec Sorting is
      Modexport initspec List
         Opns SORT:List(Data) → List(Data)
      Modparam Data
      Modimport initspec List
      Modbody
         Opns LESS, GEQ:List(Data), Data → List(Data)
         Eqns for all d:Data; l:List(Data)
                SORT(λ) = λ
                SORT(d) = d
                SORT(d ∘ l) = SORT(LESS(l, d)) ∘ (d ∘ SORT(GEQ(l, d))
                ... {equations for LESS and GEQ}
EndMod
```

The parameter part is a specification **Data** declaring a sort data together with equality and total order relation expressed by some requirements (not explicitly given above). The import part is an extension of the parameter part by declaration of lists with suitable list operations (see 4.1). The export part is an extension of the import by declaration of a sorting function SORT. Finally the body part is an extension of the export using hidden functions LESS and GEQ and a specification of the sorting function SORT explained above.

2. Specification Logic of ACT TWO
In ACT TWO positive conditional equations are used for defining operations in the body of module

specifications and parameterized specifications, sentences of first order logic with equality are used for properties of operations in interfaces of module specifications, in parameters of parameterized specifications, and in requirements specifications. Algebraic constraints (of second order logics) for generating properties of semantical subdomains are induced by the structure and interconnection mechanisms.

3. Syntax, Semantics and Correctness of ACT TWO

Similar to ACT ONE the syntax of ACT TWO is given by an extended BNF-grammar, the formal semantics is totally defined on two levels - the first is that of specifications, and the second is that of algebras and functors -, and context conditions extract the context sensitive desired sublanguage. Under suitable semantical context conditions the semantics of ACT TWO is compositional and global correctness is implied by local correctness. See [Fey 88] for more details.

4.3 LOTOS

LOTOS (Language of Temporal Ordering Specification) [Br 88] is a formal specification language for the design of distributed and concurrent systems. The language was developed by FDT experts from the ISO/TC97/SC21/WG1/FDT/Subgroup C during the years 1981-1988.
The basic idea of LOTOS is, that systems can be described by temporal orderings of events of their externally observable behaviour.

During 1988 the language has achieved the status of an international standard Formal Description Technique.
LOTOS specifications allow the preparation of precise, implementation independent, specifications capable of being checked rigorously for correctness. They are applicable to the entire software system design and implementation trajectory.
The language can support a variety of specification styles of different abstraction levels, e.g. object oriented, constraint oriented, etc., and is a basis of high-quality software engineering of concurrent and distributed systems.
LOTOS is based on two formal methods, a process calculus derived from CCS (Calculus of Communicating Systems) and a modification of ACT ONE for the structured specification of abstract (parameterized) data types.
The process calculus allows the precise description of individual and networks of processes and this interactions. Some features are: recursive definition of processes, dynamic configuration, sequential and parallel composition, nondeterministic choice, hiding of events, synchronous communication via gates, three types of interaction (value passing, value generation, value matching). The semantics is defined in terms of labelled transition systems and observational congruence.
ACT ONE is used only for the abstract definition of data values and their functions. Modifications to ACT ONE are:

- introduction of scopes,
- common subtypes,

- fixed ADT library,
- modification of the 1. level semantics,
- syntactical changes.

One of the main fields of application of LOTOS are communication protocols. LOTOS has been applied to several OSI standards to provide full and abstract Formal Descriptions (FDs). Some of these FDs in LOTOS, are concurrently being progressed to become Technical Reports. Furthermore LOTOS has been applied to protocols and services within other projects, e.g. satellite protocols by Intelsa, OSI Application Layer Service by the FORMAP project.
The language itself, a software environment and applications have been the main topics of the ESPRIT/SEDOS project.
Within the planned ESPRIT/LOTOSPHERE project it is intended to convert LOTOS into a viable, fully tool supported design and development methodology.

4.4 Tools developed at TUB

At the Technical University Berlin a set of tools was developed supporting the creation, verification and execution of algebraic specifications [Ha 87]. The tools are used within a specification project for students and are partially incorporated in the LOTOS tool set produced by the ESPRIT/SEDOS project.

In fig. 3 the overall structure of the ACT ONE software environment is given. The software was implemented on SUN Workstations under UNIX.

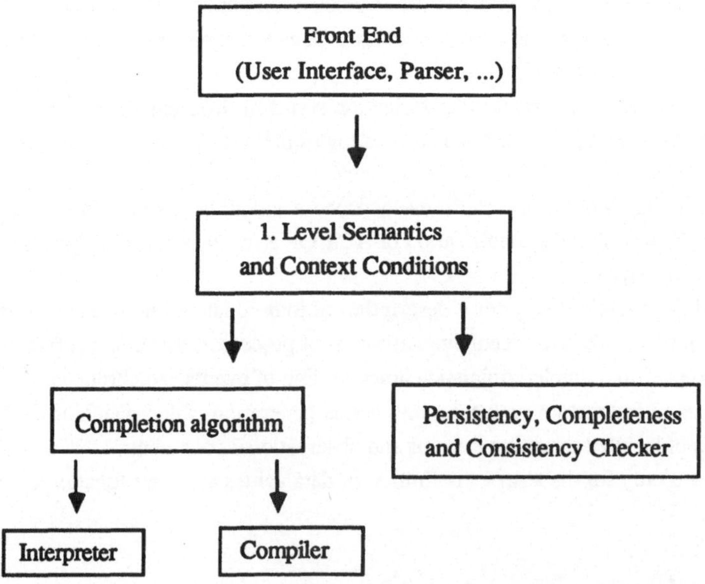

Fig. 3: ACT ONE software environment

The Front End consists of a window environment, a parser, listing generator, etc. and translates ACT ONE specifications into abstract syntax trees for further processing.

The 1. Level Semantics and Context Conditions module evaluates all ACT ONE constructors like Union, Renaming, Actualization and generates a flattened (unstructured) equational specification. All context conditions up to persistency are verified.

The Persistency program is based on sufficient syntactical criteria for completeness and consistency of specifications and incorporates some results of [Pad 88].
Interpreter and Compiler both execute flattened specifications directly or via term rewrite rules produced by a Completion module, which implements Knuth-Bendix Completion.
The Compiler uses a 'lazy'-evaluation strategy and compiles the specification into executable, efficient machine code.

It has to be stated, that the set of tools is of an experimental nature and is only the first step towards an integrated, industrial applicable, tool set. One of the major goal of the ESPRIT/LOTOSPHERE project is the production of an advanced LOTOS development environment, that will allow effective human computer interaction.

5. CONCLUSION

In this paper we gave an overview over the main algebraic concepts for software specification and development having been developed since the last years. Especially we focussed on the concepts, languages, and tools which have been jointly developed by members of the Technical University of Berlin and international experts. The role that these formal methods can play in practical software engineering has been outlined from our point of view.
Although there is now a solid theoretical basis for algebraic specifications and some very interesting and efficient software support for writing and evaluating specifications (almost at universities), we are absolutely aware of the fact that making algebraic specification happen as a development method in industry needs further work in order to adapt our concepts in different application areas (as we did in the concurrent and distributed computing field with LOTOS). This task needs close cooperation of theoretically and practically oriented groups at universities as well as close cooperation of universities and industry.
For this cooperation to become useful for both, universities and industry, joint work on languages and products, as for example within the ESPRIT projects, should be accompanied by joint work on concepts and methods dissemination of which is, to our opinion, a necessary prerequisite for algebraic specification techniques to become suitable and efficient in the commercial software production process.

6. REFERENCES

[BEP 87] Blum, E.K.; Ehrig, H.; Parisi-Presicce, F.: Algebraic Specification of Modules and Their Basic Interconnections, JCSS 34,2/3 (1987), 293-339

[BG 77] Burstall, R.M.; Goguen, J.A.: Putting theories together to make specifications. Proc. Int. Conf. Artificial Intelligence, 1977

[BG 80] Burstall, R.M.; Goguen, J.A.: Semantics of CLEAR, a specification language. Abstract Software Specifications, D. Bjömer (ed) Proc. 1979 Copenhagen Winter School, Springer Lect. Notes in Comp. Sci. 86, 1980, 292-332

[BJ 78] Bjömer, D.; Jones, C.B.: The Vienna development method: The Meta-Language. Springer Verlag, LNCS 61, 1978

[Br 88] Brinksma, E. (ed.): Information processing systems - open systems interconnection - LOTOS -. A formal description technique based on the temporal ordering of observational behaviour, International Standard, ISO 8807

[CIP 85] CIP Language Group: The Munich Project CIP, Vol. 1: The Wide Spectrum language CIP-L, LNCS 183, Springer (1985)

[CIP 87] CIP Language Group: The Munich Project CIP. Vol. 2: The transformation System CIP-S. LNCS 292, Springer (1987)

[Cla 88a] Claßen, I.: Semantik der revidierten Version der algebraischen Spezifikationssprache ACT ONE, Diplomarbeit TU Berlin, FB 20, 1988

[Cla 88b] Claßen, I.: Revised ACT ONE: Categorical Constructions for an Algebraic Specification Language, Proc. Workshop on Categorical Methods in Computer Science, Berlin 1988, to appear in Springer LNCS

[COMPASS 88] COMPASS Working Group: A Comprehensive Algebraic Approach to System Specification and Development, ESPRIT BRA-Proposal 1988

[EF 81] Ehrig, H.; Fey, W.: Methodology for the specification of software systems: from formal requirements to algebraic design specifications. 11. GI-Jahrestagung (1981), Springer Informatik Fachberichte 50, 255-269

[EFH 83] Ehrig, H.; Fey, W.; Hansen, H.: ACT ONE - an algebraic specification language with two levels of semantics. TU Berlin, FB 20, Techn. Report No. 83-03

[EK 83] Ehrig, H.; Kreowski, H.-J.: Compatibility of Parameter Passing and Implementation of Parameterized Data Types. TCS Vol 27 No 3, (1983), 255-286

[EKMP 82] Ehrig, H.; Kreowski, H.-J.; Mahr, B.; Padawitz, P.: Algebraic implementation of abstract data types. Theoret. Comp. Sci. 20 (1982), 209-263. (Prelim. Version: TU Berlin, FB 20, Techn. Report No. 80-32, 1980)

[EKTWW 81/84] Ehrig, H.; Kreowski, H.-J.; Thatcher, J.W.; Wagner, E.G.; Wright, J.B.: Parameter passing in algebraic specification languages. Workshop on Program Specification, Aarhus 1981, Springer LNCS 134, 322-369, also appeared in TCS 28 (1984), 45-81

[EM 81] Ehrig, H.; Mahr, B.: Complexity of algebraic implementations for abstract data types. J. Comp. and Syst. Sci. 23 (1981), 223-253

[EM 85] Ehrig, H.; Mahr, B.: Fundamentals of Algebraic Specification 1. Equations and Initial Semantics. EATCS Monographs on Theoretical Computer Science, Vol. 6, Springer (1985)

[EM 89] Ehrig, H.; Mahr, B.: Fundamentals of Algebraic Specification 2. Module Specifications and Constraints. To appear in EATCS Monographs on Theoretical Computer Science, Springer

[EW 85] Ehrig, H.; Weber, H.: Algebraic Specifications of Modules. Proc. IFIP Work Conf. 85: The Role of Abstract Models in Programming, Wien 1985. Also as Techn. Report No. 190 (1985), FB Informatik, Univ. Dortmund

[Fey 88] Fey, W.: Pragmatics, Concepts, Syntax, Semantics, and Correctness Notions of ACT TWO: An Algebraic Module Specification and Interconnection Language, Diss. TU Berlin, 1988

[Gan 87] Ganzinger, H.: A completion procedure for conditional equations. Proc. 1st Int. Workshop on conditional Term Rewriting, Orsay (1987), also to appear in Journ. of Symb. Computation

[GB 84] Goguen, J.A.; Burstall, R.M.: Introducing institutions. Proc. Logics of Programming Workshop, Carnegie-Mellon. LNCS 164, Springer (1984), 221-256

[GGM 76] Giarratana, V.; Gimona, F.; Montanari, U.: Observability concepts in abstract data type specifications. 5th Symp. Math. Foundations of Comp. Sci. (1976), Springer LNCS 45, 576-587

[GH 83] Guttag, J.V.; Horning, J.J.: Preliminary Report on the Larch Shared Language. Techn. Report CSL 83-6, Xerox, Palo Alto 1983

[Gu 75] Guttag, J.V.: The specification and application to programming of abstract data types. Ph.D. Thesis, University of Toronto, 1975

[GTW 76] Goguen, J.A.; Thatcher, J.W.; Wagner, E.G.: An initial algebra approach to the specification, correctness and implementation of abstract data types. IBM Research Report RC 6487, 1976. Also: Current Trends in Programming Methodology IV: Data Structuring (R. Yeh, ed.), Prentice Hall (1978), 80-144

[Ha 87] Hansen, H.: The ACT-System-Experiences and Future Enhancements, Recent Trends in Data Type Specifications (D. Sannella, A. Tarlecki (eds.)), LNCS 332

[KB 70] Knuth, D.E.; Bendix, P.B.: Simple word problems in universal algebra. In Leech, ed., Computational Problems in Abstract Algebra, Pergamon Press, Oxford, 1970, 263-297

[KKST 79] Kimm, R.; Koch, W.; Simonsmeier, W.; Tontsch, F.: Einführung in Software Engineering, de Gryuter, 1979

[Pad 88] Padawitz, P.: Computing in Horn Clause Theories, Springer Verlag 1988

[SS 71] Scott, D.; Strachey, C.: Towards a mathematical semantics for computer languages. Computers and Automata, Wiley, New York, 1971, 19-46

[ST 87] Sannella, D.T.; Tarlecki, A.: Toward formal development of programs from algebraic specifications: implementations revisited. Extended abstract in: Proc. Joint Conf. on Theory and Practice of Software Development, Pisa, LNCS 249, Springer (1987), 96-110; full version to appear in Acta Informatica

[TWW 78] Thatcher, J.W.; Wagner, E.G.; Wright, J.B.: Data type specification: parameterization and the power of specification techniques. 10th Symp. Theory of Computing (1978), 119-132. Trans. Prog. Languages and Systems 4 (1982), 711-732

[WE 86] Weber, H.; Ehrig, H.: Specification of modular systems, IEEE Transaction on Software Engineering, Vol. SE-12, no 7, 1986, 784-798

[WE 88] Weber, H.; Ehrig, H.: Specification of Concurrently Executable Modules and Distributed Modular Systems; Proc. IEEE Workshop on Future Trends of Distrib. Comp. Systems in the 1990s, HongKong 1988, 202-215

[Zi 74] Zilles, S.N.: Algebraic specification of data types. Project MAC Progress Report 11, MIT 1974, 28-52

Spezifikation, Prototyping und Implementierung von interaktiven Systemen unter Verwendung von attributierten Grammatiken

Günther Krönert, Georg Lauber, Hans-G. Mannes
Siemens AG, Bereich Kommunikationssysteme,
Anwenderprogramme, Bürosysteme, München

Workstations und Personal Computer verfügen heute oft schon über grafikfähige Bildschirme. Dieser Trend wird in Zukunft zunehmen und bald werden interaktive Systeme praktisch immer über graphische Benutzeroberflächen den Dialog mit dem Menschen abwickeln. Für den Benutzer bedeutet dies zweifellos eine wesentliche Verbesserung der Mensch-Maschine-Schnittstelle. Für den System-Designer und Entwickler bedeutet dies, daß neben der Implementierung der eigentlichen Applikation auch ein erheblicher Aufwand für die Realisierung der Benutzerschnittstelle nötig ist.

Um die Entwicklungskosten für komplexe interaktive Systeme in Grenzen zu halten, sind systematische Ansätze und Methoden durchgehend vom Design über Prototyping bis zur Implementierung einzusetzen. Die Applikationsmodule sind - vom dynamischen Ablauf und daher auch von der Software-Architektur - den Modulen der Benutzerschnittstelle nachgeordnet. Methoden müssen deshalb bereits bei der Beschreibung der Benutzerschnittstelle einsetzen. Ein solches Verfahren wird im folgenden vorgestellt und es wird gezeigt, wie es durchgängig bis zur Implementierung einsetzbar ist.

1. Einleitung

Die Mensch-Maschine-Schnittstelle eines interaktiven Systems ist durch folgende zwei Aspekte gekennzeichnet:

1. Die Beschreibung des statischen Teils der Benutzeroberfläche. Bei heutigen graphischen Benutzeroberflächen ist das die Beschreibung von Windows, Icons, Menüs, Dialogboxen usw., deren Lage, Gestaltung und Inhalt. Dafür gibt es Hilfsmittel, wie z.B. in /BOY 88, SCH 88/ beschrieben.
2. Die Beschreibung der Benutzeraktionen. Hierin wird festgelegt, welche Eingabefolgen zulässig sind, welche Informationen von Schritt zu Schritt übergeben werden usw. Eine Methode zur durchgängigen Behandlung dieses Komplexes von der Spezifikation bis zur Implementierung wird in diesem Papier beschrieben.

Ein typisches Beispiel für ein interaktives System ist ein Dokumenteditor. Der Benutzer selektiert Teile des Dokuments, Positionen im Dokument, Tools zur Bearbeitung des Dokuments, Funktionen in Menüs usw. Das System führt die gewünschte(n) Operation(en) aus und zeigt das Ergebnis am Bildschirm. Teile dieses Ergebnisses können vom System automatisch als selektiert für die nächste Operation angezeigt werden, um dem Benutzer die Arbeit zu erleichtern. Am Beispiel eines interaktiv formatierenden Dokumenten-Editors wird im folgenden der Einsatz attributierter Grammatiken zum Design der Benutzeraktionen beschrieben. Bild 1 zeigt die grobe Gliederung des Gesamtsystems in Softwareschichten, auf die im folgenden Bezug genommen wird.

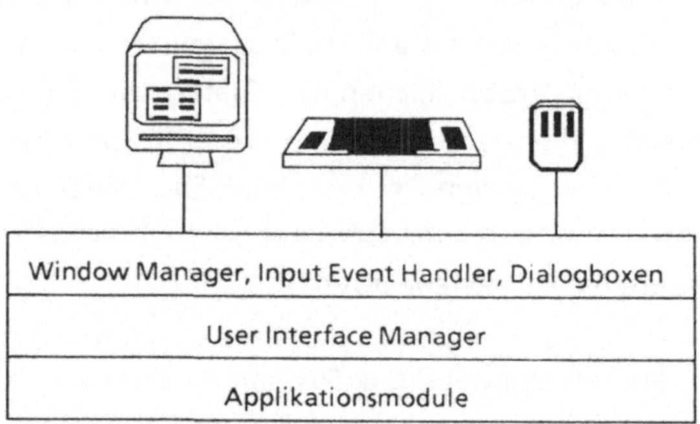

Bild 1: Softwareschichten eines interaktiven Systems

2. Benutzeraktionen

2.1 Klassifizierung

Die Eingaben des Benutzers lassen sich in drei Kategorien klassifizieren:

- Es gibt viele Aktionen, die mehr als eine Eingabe benötigen. Zum Beispiel, der Benutzer selektiert zuerst einen Anfangspunkt eines Textbereiches, dann selektiert er den Endpunkt des Bereiches, korrigiert diesen nochmals und gibt dann den Befehl "Löschen". Für diese Art der Eingabe ist die Reihenfolge der einzelnen Eingaben relevant, deshalb nennen wir diese Kategorie Structured Input. Durch sie wird im allgemeinen die von der Applikation bearbeitete Datenstruktur, in unserem Beispiel das Dokument, verändert.
- Während eine Operation ausgeführt wird, können Situationen auftreten, in denen die Applikation weitere Informationen vom Benutzer benötigt, z.B. die Bestätigung, daß ein Bild wirklich gelöscht werden soll. In diesem Fall erzeugt die Applikation eine Dialogbox auf dem Bildschirm und wechselt in einen Zustand, in dem nur noch Eingaben in diese Dialogbox akzeptiert werden. Die einzige Möglichkeit für den

Benutzer in diesem Zustand die Eingaben fortzusetzen ist, auf die Anforderungen der Dialogbox zu reagieren.
Die dritte Kategorie sind Eingaben, die situationsunabhängig. Wir nennen sie anytime Input. Dazu gehören im allgemeinen Kommandos, welche die Darstellung am Bildschirm verändern, z.B. An-/Abschalten der Darstellung von Steuerzeichen oder Seitenwechsel. Die von der Applikation bearbeitete Datenstruktur wird dadurch im allgemeinen nicht verändert.

Bild 2 zeigt ein Beispiel für die zeitliche Folge von Eingaben unterschiedlicher Kategorien.

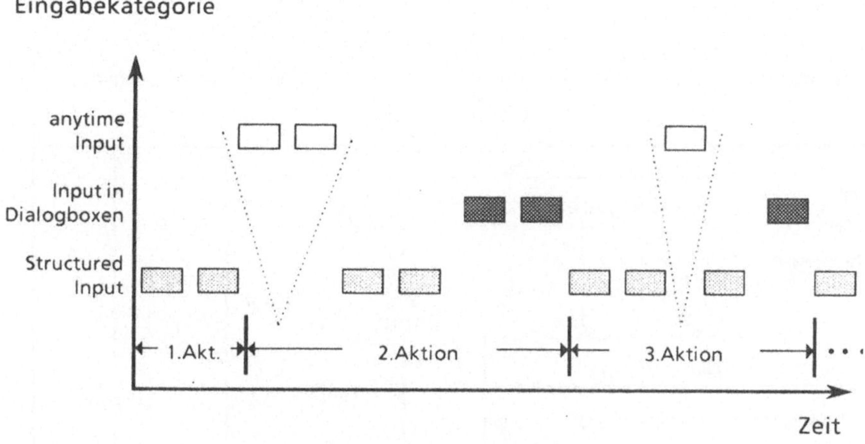

Bild 2: Klassifizierung von Eingaben

Der Dialog über Dialogboxen wird allein von den Applikationsmodulen, d.h. ohne Mitwirkung des User Interface Managers durchgeführt. Eingaben der beiden anderen Kategorien gehen zunächst stets an den User Interface Manager. Der Structured Input läßt sich durch eine kontextfreie Grammatik beschreiben, die wir im folgenden User Action Grammar nennen. Darauf wird im nächsten Kapitel näher eingegangen. Für alpha-numerische Eingabe ist dieser Ansatz ähnlich wie die Eingabe einer Programmiersprache in einen Compiler und in /COA 87/ beschrieben.

2.2 Beschreibung durch kontextfreie Grammatiken

Bei heutigen Workstations oder Personal Computern hat der Benutzer verschiedene Eingabemöglichkeiten, z.B. Eingabe über Tastatur, Drücken von Maustasten, Mausbewegungen, usw. Ein Input Event Handler, der oft zusammen mit dem Betriebs- und Windowsytem angeboten wird, speichert alle diese Input Events in einer Warteschlange ab, aus welcher der User Interface Manager die ihn selbst betreffenden liest. Ereignisse aus der

Menge Structured Input werden von der lexikalischen Eingabeanalyse des User Interface Managers in Token umgewandelt (Bild 3). Diese Token werden dann von der Syntaxanalyse angefordert und verarbeitet. Dadurch wird der Eingabestrom des Structured Input auf syntaktische Korrektheit überprüft. Zur Implementierung der Syntaxanalyse empfiehlt es sich, einen Parser-Generator zu verwenden. Bei unseren Projekten haben wir den Parser-

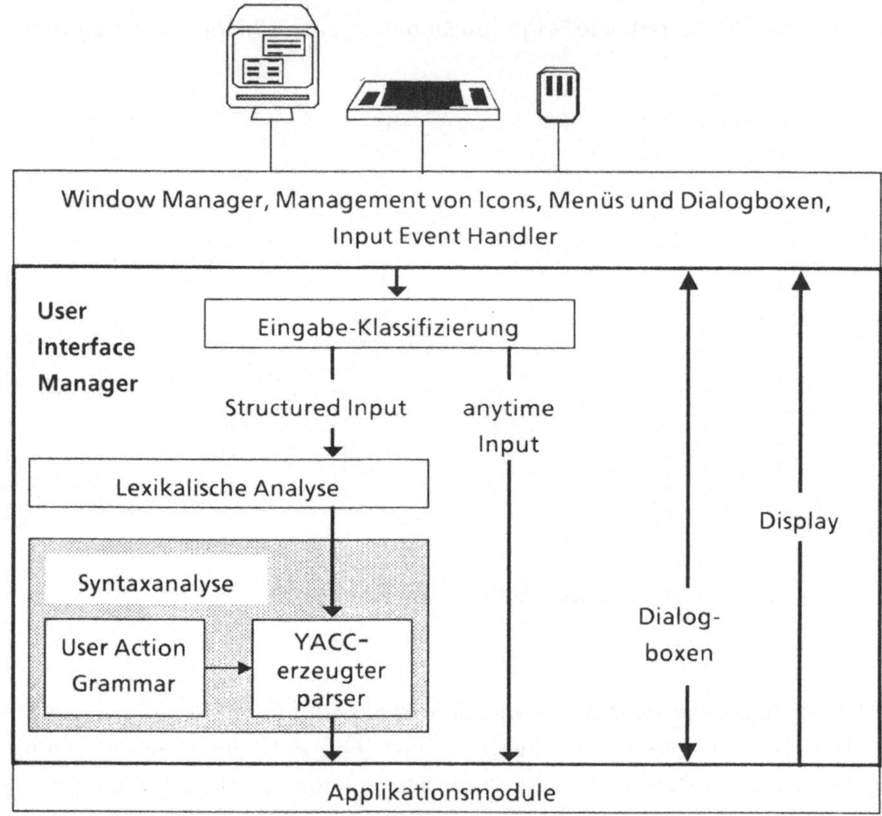

Bild 3: User Interface Manager

Generator YACC eingesetzt. Dadurch reduziert sich die Implementierung der Syntaxanalyse auf die Spezifikation der Grammatik. Ereignisse, die dem anytime Input zuzurechnen sind, werden vom User Interface Manager direkt in eine entsprechende Nachricht an die Applikation umgesetzt. Anytime Input könnte in einer Grammatik ebenfalls mitbehandelt werden, würde diese aber dann aufblähen und unübersichtlich machen. Deshalb wird anytime input vom User Interface Manager gewissermaßen ausgefiltert und direkt an die Applikation weitergeleitet.

Das folgende Beispiel soll verdeutlichen, wie zulässige Folgen von Eingaben des Structured Input durch eine Grammatik beschrieben werden können.

2.3 Beispiel

Das Beispiel ist eine kleine Teilmenge aus den Benutzeraktionen, die ein einfacher Dokumenteditor akzeptiert. Die Grammatik für diese Benutzeraktionen sieht folgendermaßen aus (terminale Symbole in Großbuchstaben):

```
(1)   session          ::=  resultselection;
(2)   resultselection  ::=  operand operator;
(3)   operand          ::=  resultselection
(4)                         | selsequence1
(5)                         | resultselection selsequence1
(6)   selsequence1     ::=  selection
(7)                         | selsequence1 selection
(8)   selection        ::=  LEFTMOUSE RIGHTMOUSE
(9)   operator         ::=  CHANGE.FONT
(10)                        | UNDERLINE
(11)                        | DELETE
```

Es sollen lediglich drei Operationen zur Verfügung stehen, nämlich Löschen (DELETE), Unterstreichen (UNDERLINE) und Ändern des Schrifttyps (CHANGE.FONT) [Zeile 9-11]. Eine Selektion ist das Markieren eines Bereichs und besteht aus zwei Benutzereingaben, dem Markieren des Anfangs mit dem linken Mausknopf (LEFTMOUSE) und dem Markieren des Endes (RIGHTMOUSE) [Zeile 8]. Als Ergebnis einer Aktion liefert die Applikation wieder eine Selektion [Zeile 2], die der Benutzer sofort in der nächsten Aktion verwenden kann [Zeile 3]. Existiert bereits eine Selektion und wird trotzdem ein Bereich selektiert, dann wird die alte Selektion vergessen [Zeile 4-7].

Bild 4 zeigt den entsprechenden Syntaxbaum für ein Beispiel einer zulässigen Eingabesequenz.

3. Informationsfluß

An diesem Bild kann man gleichzeitig erkennen, daß zwischen den Knoten des Syntaxbaumes Informationen fließen müssen. Zum Beispiel muß die Position der Anfangsselektion (LEFTMOUSE) weitergereicht werden, um beim Knoten RIGHTMOUSE, d.h. wenn der Benutzer das Bereichsende selektiert hat, für den Bereich ein schnelles Highlight (physikalische Selektion) durchzuführen, oder im Fall von Grafik ein Rubberband zu zeichnen.

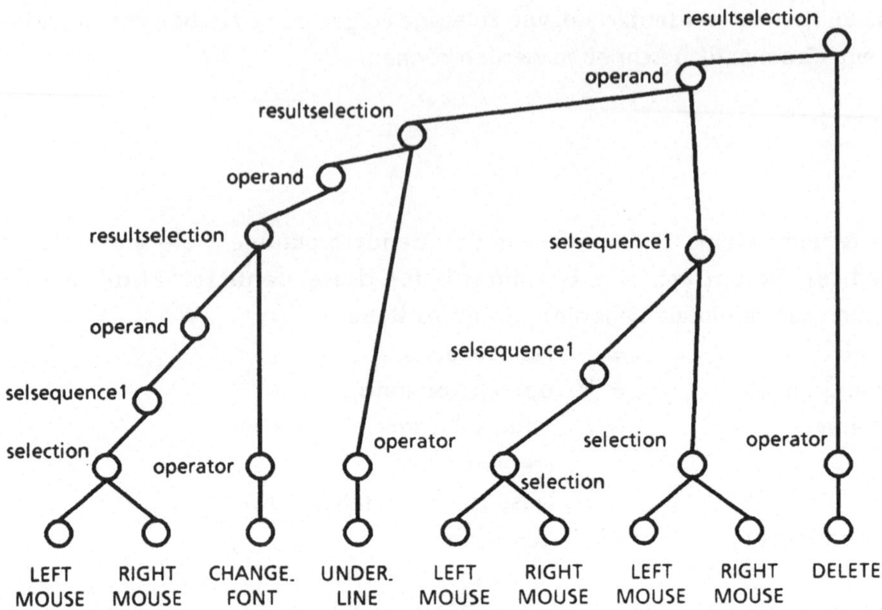

Bild 4: Beispiel eines Syntaxbaumes für Benutzer-Eingabe

Werden beide Positionen zum Vater-Knoten selection weitergereicht, dann können an die Applikation die beiden Positionen geschickt werden, um die tatsächliche Selektion zu berechnen (logische Selektion). Ein weiteres Beipiel: Die resultselection ist auf dem Bildschirm - wie jede andere Selektion - durch Highlight hervorgehoben. Wird ein neuer Bereich durch den Benutzer selektiert, dann ist dieses Highlight wegzunehmen, und der neue Bereich hervorzuheben. Dazu muß die Information über die alte Selektion weitergereicht werden an den Knoten LEFTMOUSE. Dieser Knoten wird von der Syntaxanalyse erzeugt, wenn der Benutzer eine neue Selektion beginnt. Deshalb ist auch an dieser Stelle das Highlight der alten Selektion wegzunehmen.

Eine weitere, trivial erscheinende, im folgenden jedoch wichtige Eigenschaft des Informationsflusses ist: Die Semantik einer Benutzeraktion ist unabhängig von den nachfolgenden Eingaben. Das heißt, der Informationsfluß im Syntaxbaum für Benutzer-Eingabe ist grundsätzlich von links nach rechts gerichtet.

Diese Beispiele zeigen, daß der Syntaxbaum ein sehr gut geeignetes Gerüst ist, um den Informationsfluß zu veranschaulichen. Im folgenden wird gezeigt, wie er durch die Attributierung der Grammatik /WIL 79/ beschrieben werden kann.

3.1 Beschreibung durch attributierte Grammatiken

3.1.1 Definition

Auch im Compilerbau treten Informationsflüsse dieser Art auf. Um sie zu beschreiben, werden den Knoten eines Syntaxbaumes Attribute zugeordnet, die beliebige Informationen enthalten können. Attributwerte können durch sogenannte semantische Aktionen weitergereicht, verändert oder mit anderen Attributwerten verknüpft werden.

Prinzipiell unterscheidet man zwei verschiedene Typen von Attributen:

- Ererbte Attribute (Eingangsattribute, inherited attributes) errechnen ihre Werte aus ererbten Attributen des übergeordneten Knotens (Vater) und/oder abgeleiteten Attributen von benachbarten Knoten (Brüdern). Bei graphischer Darstellung werden diese Attribute im allgemeinen links vom Knoten gezeichnet.
- Abgeleitete Attribute (Ausgangsattribute, synthesized attributes) errechnen ihre Werte aus den Attributen untergeordneter Knoten (Söhne) und/oder den ererbten Attributen des gleichen Knotens. Bei graphischer Darstellung werden diese Attribute im allgemeinen rechts vom Knoten gezeichnet.

Bei jeder Produktionsregel einer attributierten Grammatik läßt sich angegeben, wie sich Attributwerte aus anderen Attributwerten berechnen, d.h. mit welchen Eingangswerten semantische Aktionen aufgerufen werden und in welchem Attribut das Ergebnis abzuspeichern ist.

3.1.2 Verwendung zur Beschreibung des Structured Input

Die Verarbeitung uneingeschränkter attributierter Grammatiken in einem Generator ist eine sehr aufwendige Sache. So können zum Beispiel mehrere Durchläufe des Syntaxbaumes nötig sein, d.h. daß ein Knoten mehrmals besucht werden muß, bevor seine Attribute berechnet sind. Generell ist exponentieller Aufwand nötig.

Deshalb wurden Einschränkungen untersucht, die effizientere Implementierungen erlauben. Eine Solche Einschränkung ist, nur abgeleitete (synthesized) Attribute zu erlauben. Grammatiken, die diese Einschränkung berücksichtigen, heißen deshalb S-attributiert. Ihre Auswertung kann zum Beispiel durch einen bottom-up-Parser gesteuert werden. Die Berechnung der Attribute ist während der bottom-up-Syntaxanalyse möglich und es ist nicht nötig, einen Syntaxbaum aufzubauen. Wird eine Produktionsregel reduziert, so wird die Attributauswertung angestoßen und das Ergebnis kann zusammen mit der linken Seite der Produktionsregel auf dem Keller abgespeichert werden.

Bei der Beschreibung von Structured Input durch attributierte Grammatiken entspricht die Reduktion einer Produktionsregel dem Erzeugen eines bestimmten Ergebnisses, z.B. aus den Koordinaten des Anfangspunktes und des Endpunktes einer Selektion wird die "logische" Selektion berechnet. Dieser Vorgang läßt sich mit abgeleiteten Attributen beschreiben. Betrachten wir jedoch das Beispiel, daß bei einer neuen Selektion das Highlight der alten Selektion wegzunehmen ist, dann sehen wir, daß wir zur Beschreibung des Informationsflusses auch ererbte Attribute benötigen, d.h. eine S-attributierte Grammatik ist zu schwach zur Beschreibung des Structured Input eines interaktiven Systems.

Weil die Information im Syntaxbaum grundsätzlich von links nach rechts "fließt", ist eine Einschränkung von attributierten Grammatiken mit ererbten Attributen interessant, die sog. L-attributierten Grammatiken (left attributed) /LEW 74/. Eine Grammatik heißt L-attributiert, wenn für jede ihrer Regeln $Y \rightarrow X_1 \ldots X_n$ gilt: Ein ererbtes Attribut von X_k hängt nur von den ererbten Attributen von Y und von den abgeleiteten Attributen der X_1 bis X_{k-1} ab. Die Attribute einer solchen Grammatik lassen sich in einem Durchlauf durch den Syntaxbaum von links nach rechts berechnen. Im Gegensatz zu S-attributierten Grammatiken, muß jedoch bei bottom-up-Syntaxanalyse der Syntaxbaum explizit aufgebaut werden.

Für die Beschreibung des Structured Input kann man jedoch die L-attributierten Grammatiken wiederum so einschränken, daß die Attributberechnung auch ohne Aufbau eines expliziten Syntaxbaumes möglich ist. Dies wird im nächsten Kapitel zusammen mit der Verwendung des Parser-Generators YACC beschrieben.

3.1.3 Einsatz des Parser-Generators YACC

Steht ein Parser-Generator für attributierte Grammatiken zur Verfügung, so ist der Schritt von der Spezifikation zur Implementierung wesentlich einfacher. Ein weit verbreiteter Parser-Generator ist der 1975 von Stephen C. Johnson bei Bell Laboratories entwickelte YACC (Yet Another Compiler-Compiler) /JOH 75/. Er unterstützt eigentlich S-attributierte Grammatiken, d.h. abgeleitete Attribute und ihre Auswertungsregeln können als solche bei den Produktionsregeln spezifiert werden. Um auch ererbte Attribute auswerten zu können, darf jedes ererbte Attribut nur direkt von Attributen von Symbolen abhängen, die bei der bisherigen bottom-up-Analyse schon betrachtet wurden. Eine "direkte" Abhängigkeit bedeutet, daß die semantischen Regeln, die die Attributabhängigkeit definieren, nur Zuweisungsoperationen sein dürfen. Oder anders ausgedrückt, der Weg ist direkt, vom Besetzen zur Verwendung als ererbtes Attribut.

Erfüllen die ererbten Attribute einer attributierten Grammatik die obige Bedingung, dann können sie in der YACC-gemäßen Grammatikspezifikation als globale Variable definiert werden.

Es hat sich gezeigt, daß so eingeschränkte attributierte Grammatiken mächtig genug sind zur Beschreibung des Structured Input von interaktiven Systemen. Im nachfolgenden Beispiel wird auch verdeutlicht, wie ererbte Attribute direkt weitergereicht werden, bedingt durch die Verwendung YACC-globaler Variabler.

3.2 Beispiel

Am bereits gezeigten Beispiel wird nun demonstriert, wie Informationen zwischen den Knoten des Syntaxbaumes fließen (Bild 5). Die attributierte Grammatik ist eingeschränkt wie oben beschrieben.Die Implementierung der Editier-Operationen ist in den Applikationsmodulen angesiedelt. Die Aufrufe der semantischen Aktionen bilden genau die Schnittstelle zwischen der Syntaxanalyse und den Applikationsmodulen.

Nach der Selektion des ersten Startpunktes (LEFTMOUSE) wird z.B. die selektierte Position am Knoten LEFTMOUSE in einem Attribut gehalten und gleichzeitig am Bildschirm durch

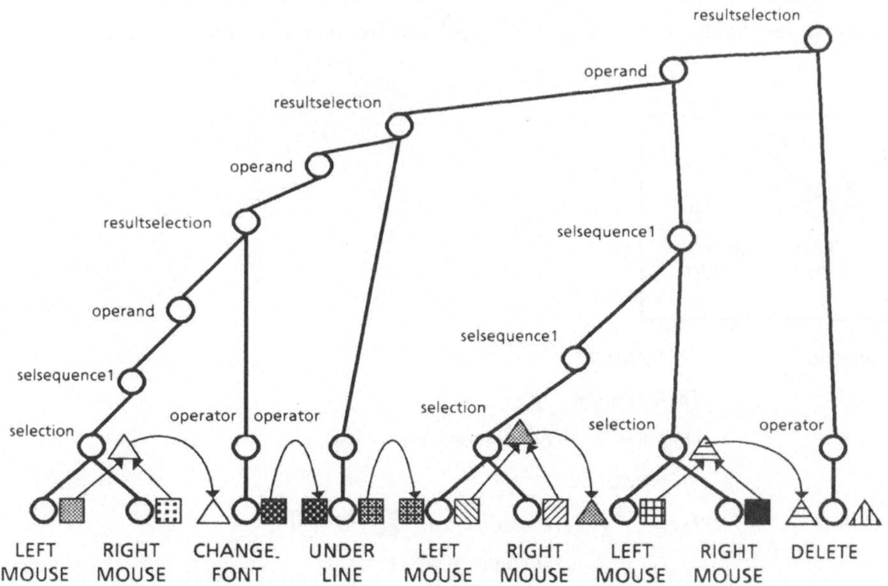

Bild 5: Beispiel für Informationsfluß im Syntaxbaum

Highlight hervorgehoben. Dann wird das Ende des Bereichs selektiert: Am Knoten RIGHTMOUSE wird die selektierte Position als Attribut gemerkt. Weil die Folge (LEFTMOUSE RIGHTMOUSE) ohne Lookahead reduziert werden kann, geschieht dies sofort. Bei der Reduktion wird an die Applikationsmodule eine Aufforderung geschickt (mit den Positionen als Parametern), die tatsächliche Selektion zu berechnen. Das Ergebnis wird dem Attribut am Knoten selection zugewiesen und gleichzeitig in einer YACC-globalen Variable gehalten, weil nachfolgende Reduktionen diese Selektion als ererbtes Attribut benötigen können. Selection kann dann ohne Lookahead zu selsequence1 reduziert werden. Selsequence1 kann zunächst nicht weiter reduziert werden, es ist erst das nächste Token nötig. Da sein Ergebnis CHANGE_FONT ist, kann selsequence zu operand reduziert werden. Beim Einlesen von CHANGE_FONT wird die YACC-globale Variable, die die aktuelle Selektion enthält, als ererbtes Attribut verwendet, um durch Aufruf des entsprechenden Applikationsmodules die Operation auszuführen. Das Ergebnis ist das abgeleitete Attribut von CHANGE_FONT, das gleichzeitig als die nun gültige Selektion in einer YACC-globalen Variablen gehalten wird. CHANGE_FONT wird zu operator reduziert und die Sequenz (operand operator) kann reduziert werden zu resultselection. Das nächste Token (UNDERLINE) zeigt, daß resultselection reduziert werden kann zu operand. Die Reduktion zur nächsten resultselection läuft nach dem gleichen Schema ab, wie bereits beschrieben.

Das nächste Token (LEFTMOUSE) zeigt, daß resultselection nicht zu operand reduziert werden kann, sondern gekellert werden muß. Stattdessen wird wird die rechte Seite der Produktion selection abgearbeitet. Die semantischen Aktionen dabei sind, wie auch aus Bild 6 ersichtlich: von der alten Selektion wird das Highlight weggenommen und der Startpunkt der neuen Selektion wird durch Highlight hervorgehoben. An dieser Stelle sei

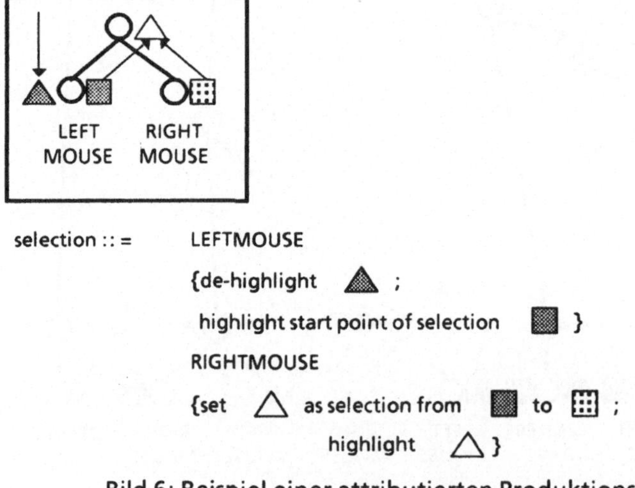

Bild 6: Beispiel einer attributierten Produktionsregel

nochmals auf die Einschränkung bezüglich globaler Variabler hingewiesen. Zu diesem Zeitpunkt steht im Keller des YACC-Syntaxanalysators resultselection, und LEFTMOUSE wurde eingelesen. Würde man eine (L-attributierte) Grammatik verwenden, dann würde das Ergebnis von UNDERLINE über operator zur resultselection hochgereicht und müßte dann auf dem Pfad "operand - selsequence1 - selsequence1 - selection" zu LEFTMOUSE als ererbtes Attribut heruntergereicht werden. Die Einhaltung dieses Weges wäre dann erforderlich, wenn das Attribut durch dortige semantische Aktionen verändert würden müßte. Zur Auswertung wäre aber dann mindestens der Teil des Syntaxbaumes nötig, der erst nach Eingabe des im Beispiel letzten RIGHTMOUSE aufgebaut werden kann. Wie man leicht sieht, können solche Anforderungen an den Informationsfluß in interaktiven Systemen nicht auftreten. Deshalb ist auch die in Bild 5 gezeigte "Abkürzung" von UNDERLINE zu LEFTMOUSE möglich. Formal heißt das, daß in einer L-attributierten Grammatik in einer Produktionsregel $Y \rightarrow X_1 \ldots X_n$ gilt: Ein ererbtes Attribut von X_k darf nur der unveränderte Wert des ererbten Attributes von Y oder eines der abgeleiteten Attribute der X_1 bis X_{k-1} sein.

Der weitere Ablauf bis zur Reduktion von selsequence1 geschieht nach dem gleichen Schema wie bei der ersten Operation. Das nächste Token bringt das Ereignis LEFTMOUSE auf den Keller. Auch hierbei wird wieder von der alten Selektion (beschrieben in einer YACC-globalen Variablen) das Highlight weggenommen. Der Rest des Beispiels läuft gemäß den bereits beschriebenen Vorgängen ab und ist aus Bild 5 ersichtlich.

In diesem einfachen Beispiel erscheint der Informationsfluß trivial, so daß man sagen könnte, daß das mächtige Instrument der attributierten Grammatiken zur Beschreibung des Structured Input nicht nötig ist. In der Praxis treten aber auch andere Fälle auf. Zum Beispiel wird in einem Dokumenteditor ein Teil des Dokumentes selektiert. Auf diese Selektion wird das Zeilenlineal angewendet, d.h. es wird zunächst angezeigt, dann anschließend wird im Zeilenlineal ein Tabulator selektiert und an eine andere Position im Zeilenlineal kopiert. Gleichzeitig soll diese Änderung der Tabulatoren auf die erste Selektion im Dokument angewendet werden. Bei diesem Beispiel ginge der Informationsfluß tiefer in den Syntaxbaum als im Bild 5 dargestellten Beispiel.

4. Anwendung

4.1 Spezifikation

Neben der systematischen formalen Spezifikation mit Hilfe attributierter Grammatiken, hat man den Vorteil, entsprechende Generatoren, wie den YACC einsetzen zu können. Ein solcher Generator überprüft natürlich auch die eingegebene Grammatik. Dadurch sind viele Fehler sehr schnell erkennbar, die sonst eventuell erst zur Zeit der Implementierung oder beim Test auftreten würden. Ein typisches Beispiel ist ein shift/reduce Konflikt, der z.B. bei Produktionsregeln der folgenden Form (wegen der Kompaktheit hier in EBNF niedergeschrieben) auftreten würde:

result :: = {operand}* [operand operator | operand operator operand]
operand :: = [selection | result]

Bei einer solchen Grammatik meldet der YACC einen shift/reduce Konflikt, und tatsächlich ist nicht klar, wann eine einstellige Operation auszuführen ist und wann auf den zweiten Operand zu warten ist. Man erkennt so sehr schnell, wie man das Design der Benutzeraktionen ändern muß, um Eindeutigkeit zu erreichen. In unserem Beispiel könnte man statt operator zwischen one-op-operator und two-op-operator unterscheiden, um den Konflikt zu lösen.

4.2 Prototyping

Ein Generator erlaubt auch das schnelle Prototyping des User Interface Managers. Anstelle der späteren semantischen Aktionen werden z.B. einfache Ein-/Ausgabeprozeduren eingebunden. Mit einem solchen Prototyp können Designfehler, die zur Zeit des Generierens nicht erkennbar sind, schnell aufgedeckt werden, wie z.B. das Warten auf eine weitere Eingabe (Lookahead), um die Analyse eindeutig zu machen, an einer Stelle, wo der Benutzer gerade auf eine Reaktion des Systems wartet.

Betrachten wir nochmals das Beispiel von Bild 5 und 6 und nehmen an,es würde noch eine weitere Produktion

resultselection :: = LEFTMOUSE operator

existieren, dann wäre beim Einlesen von LEFTMOUSE noch nicht klar, ob es später mit RIGHTMOUSE zusammen zu selection reduziert wird oder mit operator zu resultselection. In diesem Fall wäre also erst das nächste Token nötig bevor entscheidbar ist, welche semantischen Aktionen bei LEFTMOUSE auszuführen sind, d.h. also auf die LEFTMOUSE-Aktion des Benutzers würde weder von der alten Selektion das Highlight genommen noch der Startpunkt der neuen Selektion durch Highlight hervorgehoben, weil dies erst bei der nächsten Benutzereingabe entscheidbar wäre. Dies ist jedoch keine Schwäche des vorgestellten Verfahrens und keine Schwäche des YACC, sondern dies wäre eine Fehler im Design der Benutzeraktionen, weil tatsächlich nicht früher entscheidbar ist, was bei LEFTMOUSE passieren soll.

4.3 Implementierung

Um vom Prototyping zur Implementierung überzugehen, werden lediglich die in den semantischen Aktionen angestoßenen provisorischen Ein-/Ausgabefunktionen durch die endgültigen Implementierungen der Editorfunktionen ersetzt, während die Grammatik unverändert bleibt.

Die saubere Schnittstelle zwischen User Interface Manager und den Applikationsmodulen, und die Generierbarkeit des regelabhängigen Teils des User Interface Managers gewährleisten:

- wohlstrukturierte Software-Architektur
- Wartungsfreundlichkeit und
- falls nötig, einfache Änderbarkeit der Benutzeroberfläche, ohne tief in die Applikationsmodule eindringen zu müssen. Im wesentlich bedeutet eine Änderung nur die Änderung der attributierten Grammatik und anschließendes Generieren des regelabhängigen Teils des User Interface Managers.

Literatur

/BOY 88/ Boyce, E.: DIALOGEDITOR - Ein Werkzeug zum interaktiven Entwurf von Bedienoberflächen auf grafikfähigen UNIX-Workstations. unix/mail 6 (1988) 3, 63-68

/COA 87/ Coats, R.B.; Vlaeminke, I.: Man-Computer Interfaces: An Introduction to Software Design and Implementation. Blackwell Scientific Publications, Oxford London Edinburgh Boston Palo Alto Melbourne, 1987. ISBN 0-632-01542-X

/JOH 75/ Johnson, S.C.: YACC - Yet Another Compiler-Compiler. Tech. Rep. Nr. 32, Bell Laboratories, July 1975

/LEW 74/ Lews, P.M.; Rosenkrantz, D.J.; Stearns, R.E.: Attributed Translations, Journal of Computer and System Sciences 9, 279-307 (1974)

/SCH 88/ Schumann, H.-J.: DIALOGMONITOR - Ein Werkzeug zur Steuerung von Bedienoberflächen auf grafikfähigen UNIX-Workstations. unix/mail 6 (1988) 2, 16-21

/WIL 79/ Wilhelm, R.: Attributierte Grammatiken. Informatik Spektrum 2, 1979, S. 123-130

Konzepte einer Software-Architektur-Beschreibungssprache

Jürgen Ebert
EWH Koblenz, Informatik
Rheinau 3-4
D-5400 Koblenz

Gregor Engels
TU Braunschweig, Informatik
Gaußstr. 12
D-3300 Braunschweig

Kurzfassung

Bei der Entwicklung komplexer Softwaresysteme ist die Festlegung einer Software-Architektur, d.h. eine Zerlegung des Gesamtsystems in eine Menge von untereinander in Beziehung stehenden Software-Bausteinen, unumgänglich. Wir geben in dieser Arbeit eine Sprache zur textuellen Beschreibung derartiger Software-Architekturen an, die von der (lokalen) Beschreibung der Semantik der Software-Bausteine unabhängig ist. Hierzu präzisieren wir den Begriff des Software-Bausteins, erläutern Operatoren zur Konstruktion von Bausteinen aus bereits definierten und legen fest, welche Beziehungen zwischen Software-Bausteinen existieren können. Weiterhin geben wir einen Parametrisierungsmechanismus für Software-Bausteine an, der an Abstraktionskonzepten des λ-Kalküls orientiert ist. Dieses Vorgehen ermöglicht es, dieselbe Architekturbeschreibungssprache während des gesamten Softwareentwurfsvorgangs zu benutzen. Ferner geben wir zusätzlich zur textuellen auch eine graphische Darstellung der beschriebenen Architekturen in Form von Architekturgraphen an.

1 Einleitung

Um die ständig steigenden Anforderungen an Softwaresysteme in den Griff zu bekommen, ist ein methodisches, ingenieurmäßiges Vorgehen bei der Softwareentwicklung unumgänglich. Dies gilt nicht nur für die Implementierungs- und Testphase, das sogenannte Programmieren-im-Kleinen, sondern auch für alle früheren Phasen des Softwareentwicklungsprozesses. Hierzu zählt insbesondere das Programmieren-im-Großen, die Phase, in der das zu entwickelnde Softwaresystem in miteinander in Beziehung stehende Teilsysteme, sogenannte Software-Bausteine, zerlegt wird. Die dabei entstehende Software-Architektur ist dann die Vorgabe für die anschließende Implementierung in einer konkreten Programmiersprache.

Bevor über Entwurfskonzepte und -methoden für Software-Architekturen diskutiert werden kann, ist zunächst eine Sprache bzw. ein Konzept zu deren Beschreibung festzulegen. Letzteres ist Ziel dieser Arbeit. Wir fassen zusammen, welche Arten von Software-Bausteinen grundsätzlich existieren und welche Beziehungen es zwischen diesen Bausteinen geben kann, und wir geben eine Sprache an, die es erlaubt, Software-Architekturen textuell zu beschreiben. Zusätzlich ist hieraus eine graphische Darstellung in Form von Architekturgraphen herleitbar. Die Sprache selbst stellt nur eine Kernsprache dar, die als Grundlage für eine Architekturbeschreibungssprache dienen kann, in der dann auch pragmatische Gesichtspunkte berücksichtigt werden. Es war unser Ziel, mit möglichst wenig Sprachkonstrukten die wesentlichen Eigenschaften von Architekturen zu erfassen.

Das Thema der Modularisierung von Softwaresystemen wurde vor allem in den letzten Jahren intensiver bearbeitet. Eine Reihe von Arbeiten hierzu existieren vor allem auf dem Gebiet der algebraischen Spezifikationen (/EM 85/). Hier wird vorgeschlagen, parametrisierte algebraische Spezifikationen als Software-Bausteine zu wählen (z.B. /Li 83/). Die grundlegende Idee hierbei ist, einen Software-Baustein in verschiedene Komponenten, wie z.B. Parameter, Import, Export und Rumpf (/EW 86/), zu zerlegen. Eine andere Form der Parametrisierung wird z.B. in den Arbeiten von /Wi 85/ und /BHK 87/ vorgeschlagen, in denen auf programmiersprachen-ähnliche Parametrisierungsmechanismen zurückgegriffen wird. Die grundlegende Idee hierbei ist, Parameter und Rumpf eines parametrisierten Bausteins als selbständige Bausteine aufzufassen. Weitere Arbeiten existieren auch zu mehr konzeptionellen Betrachtungen über Modularisierungsaspekte (z.B. /Al 78/, /Ke 85/, /LN 85/, /PCW 85/) bzw. zu bereits realisierten Architektureditoren (z.B. /Le 86/, /Le 89/).

Auch unser Ansatz sieht die Möglichkeit einer Parametrisierung von Software-Bausteinen vor. Konsequenter als /Wi 85/ und /BHK 87/ benutzen wir eine Art λ-Abstraktion, um Software-Bausteine zu parametrisieren. Dadurch ist unser Ansatz nicht mehr beschränkt auf einen konkreten Ansatz zur Beschreibung der Semantik eines Software-Bausteins; denn unser Ziel ist es, eine Sprache zur Beschreibung von Software-Architekturen zu entwickeln, die unabhängig von einem konkreten Semantikbeschreibungsansatz ist. Es soll strikt unterschieden werden zwischen der Zerlegung eines Softwaresystems in Bausteine und die Beziehungen zwischen ihnen auf der einen Seite und der Beschreibung der Semantik eines Bausteins auf der anderen Seite. Im Einzelfall kann dann diese Semantikbeschreibung z.B. durch Angabe algebraischer Gleichungen im Sinne einer algebraischen Spezifikation (/EM 85/), durch konstruktive Spezifikation mit Vor-/Nachbedingungen (/Jo 86/) oder auch durch Ausprogrammierung in einer konkreten Programmiersprache geschehen. Durch diese Entkopplung der Architekturbeschreibung von der Semantikbeschreibung wird die Verwendung eines einheitlichen Ansatzes zur Beschreibung der Architektur über den gesamten Zeitraum der Softwareentwicklung, von der Spezifikation bis zur Implementierung, unterstützt.

Es ist unser Ziel, durch die genaue Untersuchung und begriffliche Klärung der Bestandteile einer Software-Architektur dem Softwaretechniker Sprachmittel zur Verfügung zu stellen, die es erlauben, Software-Architekturen unmißverständlich zu beschreiben. Dadurch wird dann auch die Bedeutung von Architekturbildern klarer werden, die häufig als Grundlage der Kommunikation zwischen Software-Entwicklern dienen. Aus diesem Grunde werden alle betrachteten Relationen zwischen Software-Bausteinen möglichst formal eingeführt. Dies geschieht auch mit dem Ziel, eine zweifelsfrei eindeutige Basis für die geplante Implementation eines Architektureditors zu haben.

Im nächsten Kapitel präzisieren wir einige grundlegende Begriffe und erläutern ein komplexeres, im weiteren Verlauf dieses Papieres wiederholt benutztes Beispiel. In den Kapiteln 3 und 4 stellen wir dann die Architektur-Beschreibungssprache vor. Zunächst definieren wir im Kapitel 3, was wir unter einem Software-Baustein verstehen und wie durch Umbenennung und Einschränkung der Schnittstelle eines Bausteins neue Bausteine konstruiert werden können. Durch die explizite Festlegung von Sichtbarkeiten von Bausteinen innerhalb anderer Bausteine entstehen Benutzt-Beziehungen zwischen Bausteinen. Diese Relationen zwischen Software-Bausteinen auf syntaktischer und semantischer Beschreibungsebene werden definiert. Im vierten Kapitel stellen wir dann unser Parametrisierungskonzept vor und erläutern an einem Beispiel, wie die Konstrukte der vorgestellten Sprache eingesetzt werden können. Im Kapitel 5 skizzieren wir, wie die definierten Relationen zwischen Software-Bausteinen als Basis für verfeinerte Relationen benutzt werden können. Schließlich schlagen wir auch eine graphische Darstellung für Architekturen vor und erläutern erste Überlegungen zu einem geplanten Architektureditor.

2 Grundlegende Begriffe

In den ersten Phasen des Softwareentwickungsprozesses hat der Entwickler (bzw. das Entwicklerteam) die Aufgabe, die von einem Anwender oft in sehr informaler Weise gegebene Problembeschreibung in eine möglichst präzise Beschreibung eines Softwaresystems umzusetzen. Zu dieser kann dann im Rahmen der Implementierung ein lauffähiges, das Problem lösendes Softwaresystem erstellt werden. Ein bewährtes, oft angewandtes Prinzip während dieses Vorgangs ist die schrittweise Zerlegung der zu Beginn vorliegenden Gesamtbeschreibung in eine Menge von Teilbeschreibungen, die miteinander in Beziehung stehen können. Dieser Vorgang läuft über mehrere Abstraktionsebenen, beginnend auf der Problemebene bis hin zur Programmiersprachenebene, in der die endgültige Zerlegung des zu implementierenden Softwaresystems festgelegt ist. Die einzelnen während des Zerlegungsprozesses entstehenden Teilbeschreibungen nennen wir **Software-Bausteine** oder auch Module. Eine Menge von Software-Bausteinen einer Abstraktionsebene zusammen mit den zwischen ihnen bestehenden Beziehungen stellt die **Software-Architektur** eines Softwaresystems zu einem bestimmten Zeitpunkt während des Entwicklungsprozesses dar.

Die schrittweise Zerlegung von Software-Bausteinen ist jedoch in der Regel kein reiner top-down Vorgang. Um die Softwareentwicklungskosten gering zu halten, ist man natürlich daran interessiert, bereits vorhandene, implementierte und getestete Software-Bausteine wiederzuverwenden. Dies kann bedeuten, daß einzelne Software-Bausteine nicht weiter zerlegt werden müssen, sondern unmittelbar übernommen werden können. Insgesamt zeigt dies, daß im Rahmen der Software-Entwicklung der Begriff des Software-Bausteins und die zwischen Software-Bausteinen möglichen Beziehungen eine wesentliche Bedeutung haben. Diese Begriffe sollten deshalb präzise festgelegt sein.

Es ist mittlerweile allgemein akzeptiert, daß eine datenstrukturorientierte Zerlegung einer funktions- oder ablauforientierten Zerlegung eines Softwaresystems vorzuziehen ist. Die dabei entstehenden Software-Bausteine stellen dann sogenannte **abstrakte Datentypen** dar, durch die eine bestimmte Datenstruktur und alle Zugriffsoperationen auf Objekte dieser Datenstruktur verkapselt werden. Diese Zugriffsoperationen stellen die Schnittstelle des Bausteins dar. Die Realisierung der Datenstruktur und die Festlegung der Bedeutung der Zugriffsoperationen ist im Rumpf des Bausteins verborgen. Es existieren sehr unterschiedliche Vorgehensweisen, die Semantik eines Bausteins festzulegen. Da sie für unsere Überlegungen nicht relevant sind, wollen wir hier auf sie nicht weiter eingehen.

Ein Spezialfall eines abstrakten Datentypen liegt vor, wenn in einem Baustein keine neue Datenstruktur eingeführt wird, sondern nur komplexere Zugriffsoperationen auf Datenstrukturen festgelegt werden, die an anderer Stelle definiert werden. Derartige Bausteine werden in der Literatur zuweilen auch **Funktionsmodul** genannt (z.B. /Le 86/).

Abstrakte Datentypen haben kein lokales Gedächtnis. Sie bieten Operationen an, mit denen Objekte dieses Datentyps instanziiert werden können. Software-Bausteine mit einem lokalen Gedächtnis stellen **Datenobjekt-Bausteine** dar. Derartige Bausteine sind angelehnt an den Variablenbegriff, der aus Programmiersprachen bekannt ist. Im Rahmen dieser Arbeit gehen wir auf solche Software-Bausteine nicht näher ein.

Als durchgehendes Beispiel für dieses Papier haben wir die Beschreibung der Architektur eines Ausschnitts eines **anwendungsbezogenen Fenstersystems** ausgewählt. Eine derartige Komponente ist heutzutage in jedem dialogorientierten Softwaresystem enthalten, das auf einem workstation-ähnlichen Rechner mit hochauflösendem Bildschirm implementiert ist (z.B. /ES 85/). In dem Ausschnitt, den wir hier beschreiben wollen, gehen wir davon aus, daß auf einem Bildschirm mehrere Fenster angezeigt werden können. In jedem Fenster ist dabei entweder ein Ausschnitt aus einem textuellen Dokument oder eine Systemnachricht nach Auftreten eines Fehlers dargestellt. Zu einem derartigen Fenstersystem gehören deshalb im wesentlichen die folgenden Software-Bausteine:

- die Darstellung des gesamten auszugebenden textuellen Dokuments (TEXT) bzw. von Systemnachrichten (MESSAGE)
- Textfenster (TEXT-W) bzw. Nachrichtenfenster (MESSAGE-W) zur Ausgabe von textuellen Dokumenten bzw. Nachrichten auf dem Bildschirm
- eine Verwaltung aller auf dem Bildschirm auszugebenden Fenster durch einen zentralen, koordinierenden Software-Baustein (WINDOW-MANAGER)

3 Elementare Software-Bausteine

Die Beschreibung eines **elementaren Software-Bausteins** unterteilen wir in zwei Teile:

1. In der **Schnittstelle** eines Bausteins werden die Bezeichner festgelegt, die in einem Baustein neu eingeführt werden. Diese Beschreibung des syntaktischen Anteils eines Bausteins nennen wir seine **Signatur.**
2. Im **Rumpf** des Bausteins wird dann die Bedeutung dieser Bezeichner und damit die Semantik des Bausteins festgelegt.

Eine Signatur $\Sigma = (\mathbf{S}, \mathbf{B}, \mathbf{c})$ besteht aus einer endlichen Menge **S** von **gebundenen Sorten**(bezeichnern) und einer hierzu disjunkten, endlichen Menge **B** von **Operationen**(bezeichnern). Durch **c** wird jedem $f \in \mathbf{B}$ eine **Charakteristik** über einer Menge **T** von **Sorten**(bezeichnern) mit $\mathbf{S} \subset \mathbf{T}$ und $\mathbf{T} \cap \mathbf{B} = \emptyset$ zugeordnet.

Hierbei ist die Menge **C(T)** der **Charakteristiken** über **T** induktiv definiert gemäß:

a) $s \in T \Rightarrow s \in \mathbf{C(T)}$

b) $a_1, \ldots, a_m \in \mathbf{C(T)} \Rightarrow (a_1 \times \ldots \times a_m) \in \mathbf{C(T)}$

c) $a, b \in \mathbf{C(T)} \Rightarrow (a \rightarrow b) \in \mathbf{C(T)}$

Zur Einsparung von Klammern erhält "×" eine höhere Priorität als "→".

Wir notieren Signaturen in naheliegender Weise in einer programmiersprachlichen Notation. Eine textuelle Darstellung einer derartigen Signatur hat dann in der Architekturbeschreibungssprache für das bekannte Beispiel der natürlichen Zahlen die folgenden Gestalt:

```
NAT := module
        sorts nat;
        opns  0 : nat;
              succ : nat → nat;
              add  : nat × nat → nat;
              equal : nat × nat → bool;
      end;
```

Für eine Charakteristik k ∊ **C(T)** werden die darin enthaltenen Sorten **sort** (k) induktiv wie folgt definiert:

a) k == s ⇒ **sort** (k) = {s}

b) k == $(a_1 \times \ldots \times a_m)$ ⇒ **sort** (k) = **sort** (a_1) ∪ ... ∪ **sort** (a_m)

c) k == (a → b) ⇒ **sort** (k) = **sort** (a) ∪ **sort** (b)

Alle in einer Signatur auftretenden Sorten sind damit durch

$$\textbf{sort}\ (\mathbf{c}) = \bigcup_{f \in B} \textbf{sort}\ (\ \mathbf{c}(f)\ )$$

gegeben. Hierbei ist es durchaus erlaubt, daß in den Charakteristiken der Operationenbezeichner zusätzlich zu den gebundenen Sortenbezeichnern aus **S** sogenannte **freie Sorten**(bezeichner) aus **sort(c)****S** vorkommen. Im obigen Beispiel ist "bool" ein freier und "nat" ein gebundener Sortenbezeichner.

Aus einer Signatur können durch konsistente Umbenennung der Bezeichner oder Einschränkung der Bezeichnermenge neue Signaturen und damit neue Bausteine festgelegt werden.

Zu einer Signatur Σ = (**S**, **B**, **c**) und einer (i.a. eingeschränkten) Menge von Bezeichnern **D** ⊂ **S** ∪ **B** ist Σ' = (**S'**, **B'**, **c**) mit **S'** = **S** ∩ **D**, **B'** = **B** ∩ **D** und **c'** = $\mathbf{c}_{|\mathbf{B} \cap \mathbf{D}}$ eine Signatur, die wir eine **Einschränkung** der Ausgangssignatur nennen, falls **sort** (**c'**) ∩ **S** ⊂ **S'**. Letztere Bedingung garantiert, daß in Σ' kein Sortenbezeichner frei ist, der nicht auch in Σ frei ist.
Als Beispiel betrachten wir den eingeschränkten Baustein der natürlichen Zahlen ohne Addition:

NAT-REST := NAT **restricted to** nat, 0, succ, equal **end**

Zu einer Signatur Σ = (**S**, **B**, **c**) und einer bijektiven Funktion h : (**S** ∪ **B** ∪ **sort** (**c**)) → **K** ist Σ' = (**S'**, **B'**, **c'**) mit **S'** = h (**S**), **B'** = h (**B**) und **c'** (h (f)) = $h^{\sim}$ (**c** (f)) eine Signatur, die wir eine **Umbenennung** der Ausgangssignatur nennen. Hierbei ist $h^{\sim}$ die Fortsetzung von h auf Charakteristiken.

Als Beispiel betrachten wir eine weitere Veränderung des Bausteins der natürlichen Zahlen, in dem nun der Sortenbezeichner umbenannt wird:

WINDOW-HEIGHT := NAT-REST **rename** nat → window-height **end**

In der **rename**-Klausel müssen hierbei nur die Bezeichner angegeben werden, die tatsächlich umbenannt werden sollen.

Durch die Einschränkungs- bzw. Umbenennungsklauseln werden Relationen zwischen Bausteinen festgelegt: Für zwei Bausteine X und Y gilt X ***restricted-to*** Y (bzw. X ***renamed-to*** Y), falls Y durch eine **restricted to**- (bzw. **rename**-) Klausel aus X entsteht.
Im Beispiel gilt also: NAT ***restricted-to*** NAT-REST und NAT-REST ***renamed-to*** WINDOW-HEIGHT.

In den Charakteristiken einer Signatur eines Bausteins können freie Sortenbezeichner auftauchen, die nicht in diesem Baustein definiert werden und deshalb auch nicht in der **sorts**-Klausel stehen. Derartige **freie Sortenbezeichner** müssen dann in einem anderen Baustein definiert werden, und bei der Beschreibung der Gesamtarchitektur muß festgelegt werden, in welchem Baustein ein derartiger freier Sortenbezeichner zu finden ist. Eine Beschreibung einer Gesamtarchitektur ist erst dann **vollständig**, wenn für alle freien Sortenbezeichner festgelegt ist, wo sie definiert werden.

Diese Festlegung geschieht durch eine **knows**-Klausel innerhalb der Schnittstellenbeschreibung eines Bausteins, wie das folgende Beispiel zeigt:

```
TEXT := module
        knows LINE, NAT;
        sorts text;
        opns  new-text : text;
              insert-line : text × nat × line → text;
              delete-line : text × nat → text;
    end;
```

Dieser Textbaustein basiert auf zwei weiteren Bausteinen, den natürlichen Zahlen NAT und Textzeilen LINE, und stellt Operationen zur Verfügung, um in einen Text an einer bestimmten Position eine Zeile einzufügen oder eine Zeile zu löschen.

Durch die **knows**-Klausel in der Schnittstellenbeschreibung eines Bausteins wird eine weitere Relation zwischen Bausteinen festgelegt: Ein Baustein X ist in einem Baustein Y **(syntaktisch) sichtbar**, geschrieben X ***syn-known-in*** Y, falls X = Y ist oder falls X in der **knows**-Klausel der Schnittstellenbeschreibung von Y aufgeführt wird.
Im Beispiel gilt also: NAT ***syn-known-in*** TEXT und LINE ***syn-known-in*** TEXT.

Sichtbarkeit bedeutet allerdings noch nicht, daß importierte Bezeichner auch tatsächlich benutzt werden. Aus diesem Grunde führen wir eine weitere Relation auf der Menge der Bausteine ein: Ein Baustein X wird **direkt syntaktisch** in einem Baustein Y **benutzt**, geschrieben X ***syn-used-by*** Y, falls X = Y ist oder falls X in Y (syntaktisch) sichtbar ist und mindestens ein Sortenbezeichner aus der Signatur von X in der Charakteristik eines Operationenbezeichners aus Y vorkommt.

Zur Erläuterung dieser Relation zwischen Bausteinen kommen wir nun auf unser Beispiel eines Fenstersystems zurück (siehe Kapitel 2). Ein wesentlicher Baustein dieses Softwaresystems ist der WINDOW-MANAGER, der Operationen zum Öffnen und Schließen von Fenstern (so z.B. Textfenstern) zur Verfügung stellt:

```
WINDOW-MANAGER := module
                  knows WINDOW-TAB, TEXT-W, TEXT, WINDOW-ATTRIB;
                  opns  open-textw : window-tab × text × position
                                             → window-tab × text-w;
                        close-textw : window-tab × text-w → window-tab;
                        ...
                  end;
```

Dieser Baustein benutzt (direkt syntaktisch) verschiedene andere Bausteine, nämlich

- den Baustein WINDOW-TAB, in dem der aktuelle Aufbau des Bildschirms in Form einer Tabelle verkapselt ist,

- den Baustein TEXT-W, der ein Textfenster verkapselt,
- den Baustein TEXT, in dem der darzustellende Text abgelegt ist,
- den Baustein WINDOW-ATTRIB, in dem alle Attribute eines Fensters verkapselt sind.

Für das Beispiel gilt also z.B. TEXT ***syn-used-by*** WINDOW-MANAGER. Man beachte, daß in dem Baustein WINDOW-MANAGER keine neue Sorten eingeführt werden. Es ist ein reiner Funktionsbaustein zur Koordinierung der Verwaltung verschiedener Fenster auf einem Bildschirm.

Die bisher eingeführten Relationen auf Bausteinen bezogen sich ausschließlich auf den ersten Teil der Beschreibung eines Bausteins, auf die Festlegung der Schnittstelle eines Bausteins durch eine Signatur. Im Rumpf des Bausteins befindet sich dann die Beschreibung der Bedeutung der in der Signatur definierten Bezeichner, z.B. durch algebraische Spezifikationen (/EM 85/), durch konstruktive Spezifikationen (/Jo 86/) oder auch durch konkrete Ausprogrammierung in irgendeiner Programmiersprache. Bei dieser Beschreibung der Semantik kann es durchaus sein, daß die Beschreibung Bezug auf andere bereits definierte Bausteine nimmt, indem im Sinne einer Implementierung die Semantik eines Bausteins mit Hilfe der Semantik anderer Bausteine definiert wird.

Ein derartiger Zugriff auf andere Bausteine muß dann ebenfalls durch entsprechende Sichtbarkeitsregelungen ermöglicht werden. In der Sprache benutzen wir hierzu eine weitere **knows**-Klausel im Rumpf der Bausteinbeschreibung, durch die dann Bezeichner für die Verwendung innerhalb der Semantikbeschreibung sichtbar gemacht werden. Dadurch wird eine weitere Relation auf der Menge der Bausteine definiert: Ein Baustein X ist in einem Baustein Y **(semantisch) sichtbar**, geschrieben X ***sem-known-in*** Y, falls X = Y ist oder falls X in der **knows**-Klausel im Rumpf der Bausteinbeschreibung von Y aufgeführt wird.

Analog zur syntaktischen Benutzt-Beziehung kann dann auch hier eine weitere Relation definiert werden: Ein Baustein X wird **direkt semantisch** in einem Baustein Y **benutzt**, geschrieben X ***sem-used-by*** Y, wenn X in Y (semantisch) sichtbar ist und mindestens ein Bezeichner aus der Signatur von X in der Semantikbeschreibung von Y vorkommt.

Aufgrund unseres multiparadigmatischen Ansatzes zur Beschreibung der Semantik geben wir für diesen Teil der Beschreibung eines Bausteins keine feste Syntax für die hier vorgestellte Architekturbeschreibungssprache vor. In Abhängigkeit von dem jeweils gewählten Semantikbeschreibungsansatz ist die Sprache jeweils geeignet zu erweitern.

Aufbauend auf dem Begriff der Signatur kann nun auch die Vergleichbarkeit von Bausteinen definiert werden: Ein Baustein X ist **syntaktisch kompatibel** zu einem Baustein Y, falls die Signatur von Y eine Einschränkung der Signatur von X ist. Das heißt, daß die Signatur von X die Signatur von Y umfaßt, so daß an jeder Anwendungsstelle von Y auch X verwendet werden könnte. Dies betrifft jedoch nur die syntaktische Vergleichbarkeit von Bausteinen. Dann definieren wir für zwei Bausteine X und Y mit der gleichen Signatur, daß X **semantisch kompatibel** zu Y ist, falls jedes Modell zu X auch ein Modell zu Y ist. Bei einem hinreichend allgemeinen Semantikbeschreibungsmodell ist eine derartige semantische Kompatibilität zweier Bausteine im allgemeinen nicht entscheidbar. Aus diesem Grunde wird man sich in der Praxis beim Einsatz von Analysewerkzeugen auf die Überprüfung der syntaktischen Kompatibilität beschränken und die Überprüfung einer semantischen Kompatibilität dem "geschulten Auge" des Entwerfers überlassen.

4 Parametrisierte Software-Bausteine

Um die Softwareentwicklungskosten so gering wie möglich zu halten, ist es wünschenswert, daß eine wiederholte Neuentwicklung ähnlicher Bausteine vermieden wird. Aus diesem Grunde ist bereits auf der Architekturbeschreibungsebene ein möglichst leistungsfähiger Abstraktionsmechanismus im Sinne einer Parametrisierung von Bausteinen erforderlich. Wir führen hier einen Parametrisierungsmechanismus ein, der am Lambda-Kalkül (/Ba 81/) orientiert ist.

Ein **parametrisierter Software-Baustein** setzt sich aus zwei Teilbausteinen zusammen:

- dem (formalen) **Parameterbaustein**, der ein elementarer Software-Baustein ist, und
- dem **Rumpfbaustein**, der ein elementarer oder wiederum parametrisierter Software-Baustein ist.

Für unser Beispiel des Fenstersystems ist es z.B. denkbar, daß neben dem Textfenster-Baustein ein weiterer Baustein für Nachrichtenfenster existiert, der analoge Operationen zur Verfügung stellt. Die beiden Bausteinen unterscheiden sich nur in dem Inhalt ihrer Fenster und in den dafür vorgesehenen Operationen, so daß ein parametrisierter Baustein WINDOW wie folgt aussehen könnte:

```
WINDOW := parms
              CONTENTS = module
                              sorts  contents;
                         end;
          body
              module
                  knows WINDOW-ATTRIB;
                  sorts window;
                  opns  create : name × window-width × window-height × title → window;
                        set-cont : window × contents → window;
                        get-cont : window → contents;
              end;
```

Durch die Parametrisierung werden zusätzliche Relationen zwischen Software-Bausteinen festgelegt: Es gilt X ***parm-of*** Z und Y ***body-of*** Z genau dann, wenn X der Parameterbaustein und Y der Rumpfbaustein eines parametrisierten Bausteins Z ist. Außerdem gilt stets, daß alle Bezeichner aus der Signatur des Parameterbausteins X, die im Rumpfbaustein Y als freie Bezeichner auftauchen, an X gebunden sind. Das heißt, X ist stets sichtbar in Y, also X ***syn-known-in*** Y.

Die im letzten Kapitel eingeführten Operatoren der Einschränkung bzw. der Umbenennung der Signatur eines elementaren Software-Bausteins erweitern wir für parametrisierte Software-Bausteine wie folgt: Eine Einschränkung bezieht sich nur auf die Signatur des Rumpfbausteins innerhalb eines parametrisierten Software-Bausteins. Bei einer Umbenennung können nur die Bezeichner aus der Signatur des Parameterbausteins und ihre Auftreten im Rumpfbaustein umbenannt werden.

Die Konkretisierung eines parametrisierten Software-Bausteins durch einen aktuellen Software-Baustein entspricht dann der β-Reduktion im Lambda-Kalkül. Das heißt, der konkretisierte Baustein entspricht einer Instanz des Rumpfbausteins, bei der der symbolische formale Parameterbaustein durch einen konkreten Baustein ersetzt wird. Analog zur Funktionsanwendung in einem typisierten Lambda-Kalkül ist auch bei der Konkretisierung von Software-Bausteinen Voraussetzung, daß der aktuelle Baustein zum formalen paßt. Dies bedeutet streng genommen, daß diese Bausteine syntaktisch und semantisch miteinander kompatibel sind. Wie bereits erwähnt, ist eine Überprüfung der semantischen Kompatibiliät im allgemeinen Fall unentscheidbar und im konkreten Fall zumindest sehr aufwendig. Aus diesem Grunde beschränken wir uns an dieser Stelle auf die Forderung nach syntaktischer Kompatibilität. Dies ermöglicht dann insbesondere auch den Einsatz rechnergestützter Analysewerkzeuge, die einen Software-Entwickler bei der Beschreibung von Software-Architekturen unterstützen können. Um eine syntaktische Kompatiblität zwischen einem formalen Parameterbaustein und einem konkreten Baustein zu erreichen, ist es in der Regel notwendig, zunächst die Signaturen aneinander anzupassen, was durch eine **rename**-Klausel erreicht werden kann.

Ein durch einen Software-Baustein A **konkretisierter** parametrisierter Softwarebaustein Z, geschrieben Z(A), mit Z := **parms** X **body** Y; entspricht dann dem Baustein, das aus Y entstünde, wenn man A mit einer auf die Signatur von X eingeschränkten Schnittstelle in der **knows**-Klausel von Y aufgeführt hätte.
Auch die an einer Konkretisierung beteiligten Bausteine stehen zueinander in Relation: Es gilt Z ***operator-of*** B und A ***operand-of*** B genau dann, wenn B die Konkretisierung von Z durch A ist.

Ein für Textfenster konkretisierter WINDOW-Baustein würde dann wie folgt beschrieben:

```
TEXT-W := ( WINDOW
                rename contents → text end  ( TEXT ) )
            rename window → text-w end ;
```

Hierbei wird im Anschluß an die Konkretisierung noch der Sortenbezeichner "window" in den Sortenbezeichner "text-w" umbenannt, da dieser an den Anwendungsstellen von TEXT-W benutzt wird.

Der nach Ausführung der Konkretisierung entstehende Software-Baustein hätte dann die folgende Gestalt:

```
TEXT-W' :=  module
                knows TEXT restricted-to text end,
                      WINDOW-ATTRIB;
                sorts text-w;
                opns  create : name × window-width × window-height × title → text-w;
                      set-cont : text-w  × text  → text-w;
                      get-cont : text-w   → text;
            end;
```

Durch die Verwendung dieser Art der Konkretisierung von Bausteinen, deren Zulässigkeit durch die syntaktische Kompatibilität geregelt wird, basiert die Behandlung von Architekturen auf einem reinen Ersetzungskalkül. Dies erlaubt es, vom konkreten Semantikbeschreibungsparadigma unabhängig zu sein. Dadurch erhält man über alle Abstraktionsebenen hinweg während der Softwareentwicklung eine durchgängige Beschreibung. Erst für die durch die Reduktion entstehenden Normalformen ist dann eine konkrete Semantikbeschreibung zu betrachten, die z.B. algebraisch, konstruktiv oder programmiersprachlich sein kann. Die Architekturbeschreibung ist somit also von der Semantikbeschreibung der Bausteine entkoppelt.

5 Software-Architekturen

Beschreibungen von Software-Architekturen bestehen aus der Beschreibung einer Menge von Software-Bausteinen und der Festlegung der Beziehungen zwischen diesen Software-Bausteinen. In den letzten beiden Kapiteln haben wir verschiedene Bausteintypen und grundlegende Beziehungen zwischen derartigen Software-Bausteinen dargestellt. Sie bilden eine präzise Grundlage für die Beschreibung und Analyse von Software-Architekturen.

In der Literatur bzw. im Sprachgebrauch von Software-Entwicklern findet man viele Varianten der **Benutzt-Beziehung** zwischen Software-Bausteinen (ohne daß in der Regel gesagt wird, welche Variante im einzelnen gemeint ist). Durch die oben eingeführten Basis-Relationen auf Software-Bausteinen können diese unterschiedliche Typen von Benutzt-Beziehungen eindeutig präzisiert werden. Denkbare Formen der Benutzt-Beziehung werden z.B. durch die folgenden Ausdrücke über den Basisrelationen beschrieben: (***syn-known-in***), (***syn-used-by***), (***syn-known-in***)* , (***syn-used-by*** $\cup$ ***renamed-to***)* oder (***syn-used-by***)*.

Weiterhin ist es möglich, **Konsistenzbedingungen** für eine Software-Architektur, also kontextsensitive Regeln für eine konkrete Architekturbeschreibungssprache zu formalisieren. Da wir im Rahmen dieser Arbeit nur eine Kernsprache für eine Architekturbeschreibungssprache angeben, haben wir bisher auf derartige zusätzliche Konsistenzbedingungen verzichtet. Beispiele für solche Bedingungen, die wir für sinnvoll erachten, sind:

- (***restricted-to*** $\cup$ ***renamed-to***) ist azyklisch
- (***operator-of*** $\cup$ ***operand-of***) ist baumartig
- (***syn-used-by***) $\cdot$ (***syn-known-in***) $\subset$ (***syn-known-in***),

wobei die letzte Bedingung sicherstellen soll, daß in Anwendungsumgebungen von Bausteinen der notwendige Anteil der Definitionsumgebung ebenfalls zur Verfügung steht.

Schließlich ist es nun möglich, auch **Diagrammen** zur Darstellung von Software-Architekturen eine präzise Semantik zu geben. Hierzu werden Software-Bausteine durch rechteckige Kästchen und Beziehungen zwischen Software-Bausteinen (in der Regel) durch Kanten zwischen diesen Kästchen dargestellt. Die unterschiedlichen Beziehungen werden dabei durch unterschiedliche Kantenarten symbolisiert. Als Beispiel betrachte man in Abbildung 1 den Ausschnitt aus einer derartigen Darstellung einer Software-Architektur. Die Legende im INFO-Fenster gibt an, wie die verschiedenen Beziehungen zwischen Software-Bausteinen durch unterschiedliche Kantendarstellungen symbolisiert werden.

Diese Abbildung 1 soll auch zeigen, wie die bisherigen Erläuterungen als Basis für (geplante) **Software-Werkzeuge** zur rechnergestützten Entwicklung von Software-Architekturen dienen können. Denkbar sind z.B.

- ein syntaxgestützter, graphischer Editor zur Erstellung der Diagrammdarstellung einer Software-Architektur
- ein syntaxgestützter Texteditor zur Beschreibung der Schnittstelle eines Software-Bausteins
- zum jeweiligen Semantikbeschreibungsansatz passende syntaxgestützte Editoren zur Festlegung der Semantikbeschreibung eines Software-Bausteins.

Alle diese Editoren arbeiten eng verzahnt in einer integrierten Umgebung und kommunizieren über eine einheitliche, fensterorientierte Benutzerschnittstelle mit dem Software-Entwickler.

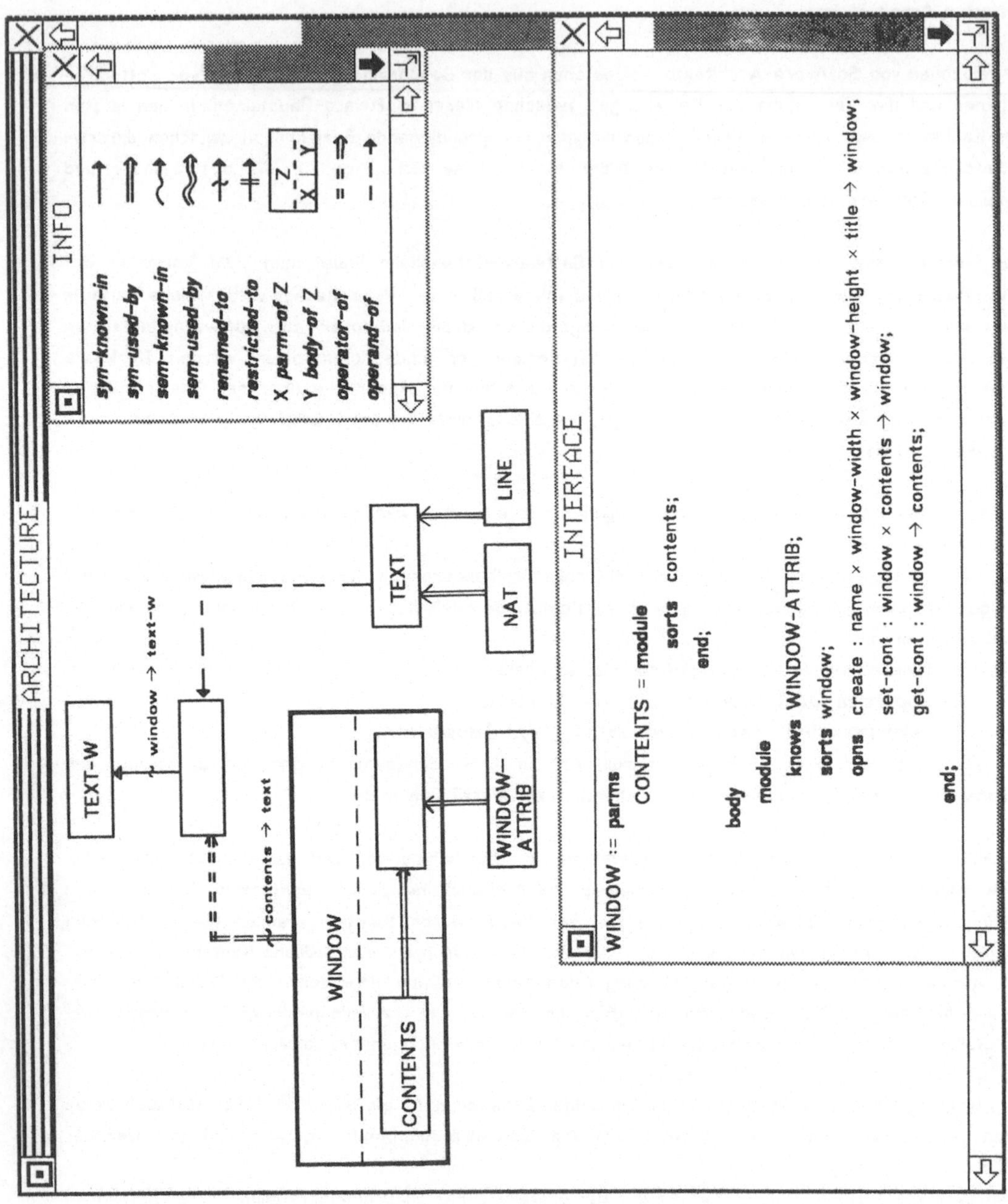

Abb. 1: (Fiktiver) Bildschirmausschnitt einer Arbeitssitzung mit Architektureditoren

Danksagung

Für Hinweise und Bemerkungen zur Langfassung dieses Papiers (/EE 88/) danken wir J. Cramer (STZ Dortmund) und G. Saake (TU Braunschweig).

Literatur

/Al 78/ Altmann, W.: A new module concept for the design of reliable software, in P. Raulefs (Hrsg.): Workshop on Reliable Software, München: Hanser, 1978, 155-165

/Ba 81/ Barendregt, H.P.: The Lamda Calculus : Its Syntax and Semantics, Amsterdam: North Holland, 1981

/BHK 87/ Bergstra, J.A./ Heering, J./ Klint, P.: ASF - An algebraic specification formalism, Report CS-R8705, CWI Amsterdam

/EE 88/ Ebert, J./ Engels, G.: Ein Konzept zur Beschreibung von Software-Architekturen, Fachberichte Informatik Nr. 11/88, EWH Koblenz

/EM 85/ Ehrig, H., Mahr, B.: Fundamentals of Algebraic Specification 1, Berlin: Springer, 1985

/ES 85/ Engels, G./ Schäfer, W.: The Design of an Adaptive and Portable Programming Support Environment, in Valle, G./Bucci, G. (Hrsg.): Proc. of the Intern. Computing Symposium 1985, Florenz, Amsterdam: North-Holland

/EW 86/ Ehrig, H./ Weber, H.: Programming in the Large with Algebraic Module Specifications, Proc. IFIP Congress 86, Dublin, Sept. 86

/GE 87/ Gimnich, R./ Ebert, J.: Constructive Formal Specifications and Rapid Prototyping, in Bullinger, H.-J., Shackel, B. (eds.): Human-Computer Interaction - Interact '87, Amsterdam: Elsevier Science 1987, 1047-1052

/Jo 86/ Jones, C.B.: Systematic Software Development Using VDM, Englewood Cliffs, N.J.: Prentice Hall, 1986

/Ke 85/ Kelter, U.: Modularisierungen und Entwürfe von Programmen, Softwaretechnik-Trends 5, Bd. 1, 1985, 11-27

/Le 86/ Lewerentz, C.: Entwurf und Implementierung eines syntaxgesteuerten Editors für Software-Architekturen, in H.-W. Wippermann (Hrsg.): Software-Architekturen und modulare Programmierung, Stuttgart: Teubner 1986

/Le 89/ Lewerentz, C.: Extended Programming-in-the-Large in a Software Development Environment, in P. Henderson (Hrsg.): Prof. of the ACM SIGSOFT/SIGPLAN Software Engineering Symposium on Practical Software Development Environments, SIGPLAN Notices, Vol. 24, No. 2, Febr. 89

/Li 83/ Lipeck, U.: Ein algebraischer Kalkül für einen strukturierten Entwurf von Datenabstraktionen. Dissertation, Technischer Bericht Nr. 148, Abt. Informatik, Universität Dortmund

/LN 85/ Lewerentz, C./ Nagl, M.: Incremental Programming in the Large: Syntay-Aided Specification Editing, Integration, and Maintenance, in Proc. of the 18th Hawaii International Conference on System Sciences, Vol. 2, 638-649, 1985

/PCW 85/ Parnas, D.L./ Clements, P.C./ Weiss, D.M.: The modular structure of complex systems, IEEE Transactions on Software Engineering, Vol. 10, No. 3, 1985, 259-266

/Wi 85/ Wirsing, M.: Structured Algebraic Specifications: A Kernel Language, MIP-8511, Universität Passau

Bessere Benutzer-Manuale

Søren Lauesen

Copenhagen Business School
Julius Thomsens Plads 10, DK-1925 Frederiksberg C

Auszug

Benutzer haben mit Lehrbüchern und Manualen Probleme. Die Benutzer müssen zu viel lesen, sie bekommen kein tieferes Verständnis für das System und sie suchen vergebens nach Einzelheiten. Der Artikel demonstriert wie der Benutzer nach wenigen Seiten anfangen kann und wie das Verständnis durch ein explizites Modell des Systems geregelt werden kann.

Die Benutzer müssen zu viel lesen

Der typische, neue Benutzer eines Systems ist dazu bereit höchstens 2 bis 6 Seiten zu lesen, um das System für etwas Nützliches zu verwenden. Gelingt es ihm, wird er dazu bereit sein, noch ein paar Seiten zu lesen zwecks zu lernen wie er andere nützliche Arbeiten ausführen kann. Hiernach wird er nur lesen, wenn es für ihn zweckmässig ist.

Ein Lehrbuch einer typischen Software Package hat im Unterschied hierzu zuerst 60 Seiten mit "sales talk", wie das System installiert wird und wie das System gestartet wird. Bis jetzt hat der Leser nichts gelernt, was für ihn nützlich ist, und meistens gibt er weiteres Lesen auf.

Für typische firma-eigene EDV-Anwendungen gibt es weiter kein Lehrbuch. Der Benutzer muss einen Kurs besuchen oder von Arbeitskollegen lernen oder fast das ganze Manual selbst lesen.

Wir werden später sehen, dass es möglich ist, den Benutzer schon nach 2 bis 6 Seiten in Gang zu setzen. Er ist nun dazu motiviert weiter zu lesen.

Benutzer bekommen kein gutes Verständnis für das System

Wenn ein Benutzer beginnt ein System zu benutzen, wird er sich sehr schnell sein eigenes, *mentales Modell* des Systems bilden. Das mentale Modell ist das Verständnis des Benutzers dafür wie das System fungiert.

Ab jetzt leitet das mentale Modell den Benutzer. Durch das Modell ratet er was das System machen kann und wie er es kontrollieren kann. Er versteht Zurückmeldungen von dem System und Manuale durch Hilfe seines Modells und bemerkt nur selten Abweichungen von seinem eigenen Modell.

Manuale erklären nur selten wie das System fungiert, sondern konzentrieren sich darauf, was der Benutzer machen soll. Das Ergebnis ist, dass der Benutzer sich sein eigenes, mentales Modell allein bilden muss.

Es ist nur zu bedauern, dass das mentale Modell nur sehr selten in Übereinstimmung mit dem wircklichen Benehmen des Systems ist. Das führt mit sich, dass der Benutzer Zurückmeldungen von dem System missversteht, dass er meint, dass das System sich merkwürdig benimmt, und dass er das System nur teilweise benutzt.

Wie wir später sehen sollen, können wir dem Benutzer ein explizites Model geben, das zeigt, wie das System fungiert. Dieses Modell gibt irgendwie ein korrekteres, mentales Modell, und das Ergebnis ist, dass der Benutzer danach das System viel besser meistert.

Dieses explizites Modell handelt von den Daten des Systems, und die Funktionen treten also in dieser Verbindung in den Hintergrund. In der Literatur finden wir Versuche mit anderen Formen von Modellen (z.B. Mayer, 1981; Kieras und Bovair, 1984; Frese et.al., 1988). Der Erfolg von denen ist aber anscheinend wesentlich kleiner.

Benutzer suchen vergebens

Meistens werden Benutzer nur dann Manuale lesen wenn es notwendig ist. Es ist überraschend, dass das Inhaltsverzeichnis oder der Index nur selten verwendet werden. Benutzer durchblättern Seiten um zu finden, was sie zu wissen brauchen.

Zum Beispiel konnte er sich erinnern, dass die Auskünfte irgendwo auf dem oberen rechten Teil einer Seite waren. Oder er glaubt vielleicht, dass die Auskünfte irgendwo in diesem Kapitel zu finden waren. Es ist nicht zu vermuten, dass wir Benutzer-Benehmen ändern können. Statt dessen können wir dem Benutzer bei dem Durchblätterungs-Vorgang helfen. Hier sind mehrere kleine Hinweise wie wir helfen können:

- Abschnitt-Überschriften, die sagen wovon der Abschnitt handelt. (Zum Beispiel "File Save" anstatt "FS-Funktion".)
- Seiten-Überschriften, die das Kapitel und Abschnitt-Überschriften wiederholen.
- Seiten-Layouts, die an Figuren, Tabellen usw. kenntlich sind. Druck auf beiden Seiten des Papieres.
- Abschnitte mit Arbeitsaufgaben (Lehrbuch-Teil) getrennt von Abschnitten mit Funktionsangaben (Referenz-Teil).
- Alphabetisch geordnete Abschnitte in dem Referenz-Teil.

Mit etwas Nützlichem anfangen

Wie können wir den Benutzer dazu bringen im Laufe von 2 bis 6 Seiten etwas Nützliches zu machen? Der Trick ist eine Übung zu machen, die nicht nur eine sehr einfache sondern auch eine komplette und sinnvolle Aufgabe ist. Der Benutzer führt nun diese Aufgabe durch. Dies ist das *Schnell-Anfang-Prinzip.*

Stellen wir uns zum Beispiel ein Textverarbeitungs-System vor. Was wäre dann eine erste, sinnvolle Aufgabe? Hier folgt eine Möglichkeit:

> Tippen Sie einen kurzen Brief und schreiben Sie ihn aus.

Falls wir einen typischen Computer-Spezialisten fragen, wird er eine Aufgabe wie folgt vorschlagen:

> Starten Sie das System, gründen Sie ein Dokument und setzen Sie die Ränder.

Dies ist aber nicht eine sinnvolle Aufgabe für einen neuen Benutzer. Die Aufgabe wird erst komplett und sinnvoll sein, wenn der Brief (das Dokument) auf dem Papier ist. (In vielen Textverarbeitungs-Manualen finden Sie die Schreib-Funktion erst auf Seite 150 oder vielleicht noch später im Manual).

Sollten Sie daran zweifeln, dass die erste sinnvolle Aufgabe in 2 Seiten erklärt werden kann, dann sollten Sie die erste Übung in WordPerfect lesen. Sie werden sehen, dass da genau das gemacht wird, was hier erwähnt ist. Sie müssen aber leider erst ungefähr 70 Seiten überschlagen.

Können wir wirklich mit solch einer Übung starten? Wie sieht es mit dem Installieren aus? Faktisch installieren nur ganz wenige Benutzer auch das System. Die angestellten Spezialisten haben dies schon gemacht. Deshalb - alles von dem Installieren sollen in einem Anhang sein.

Wie sieht es mit der allgemeinen Einführung sowie den Vorteilen des Systems aus? Dies sollen in einem Prospekt zusammen mit der Verkaufswerbung stehen.

Hier sind andere Beispiele für eine komplette, sinnvoll erste Aufgabe:

Elektronische Post:
> Schreiben Sie eine Mitteilung und senden Sie sie ab.

Buchhaltung:
> Tragen Sie Buchungsbelege ein und stimmen Sie ab.

Carroll et. al. (1986) beschreiben ein "Minimal-Manual" und die Theorie dahinter, die irgendwie dem Schnell-Anfang entsprechen.

Formen eines korrekten mentalen Modells

Wenn Benutzer ein neues System in Gebrauch nehmen, versuchen sie anscheinend das System für eine Aufgabe zu verwenden. Fragen wir nun die Benutzer, zeigt es sich, dass sie eher versuchen herauszufinden wie das System fungiert, d.h. was befindet sich im Inneren des Systems? Mit anderen Worten, sie versuchen sich ein mentales Modell zu formen.

Wie können wir den Benutzern dabei helfen ein korrektes, mentales Modell zu formen? Ich habe mit einem Typ von *explizitem Modell* eksperimentiert, das in einer anschaulichen Weise den Benutzern die Daten im Inneren des Systems zeigt.

Figur 1 zeigt ein Beispiel für ein solches explizites Modell eines Textverarbeitungs-Systems. Der erklärende Text sagt, dass ein Dokument sich auf dem Disk befinden kann. Es kann auch ein Arbeits-Dokument sein, das (teilweise) auf dem Schirm zu sehen ist. Die Hol-Operation macht ein Arbeits-Dokument, das eine Kopie des Disk-Dokumentes ist. (Die Ablege-Operation und andere Operationen

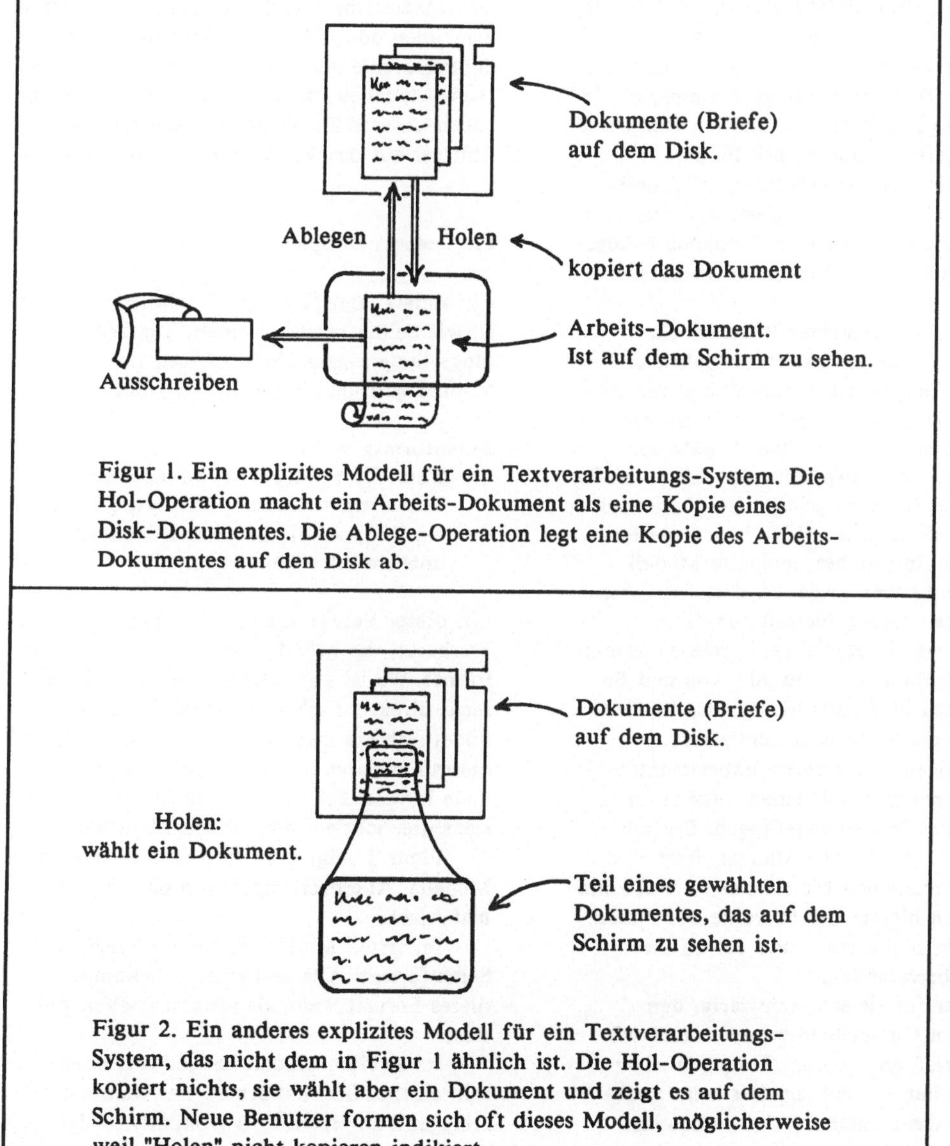

Figur 1. Ein explizites Modell für ein Textverarbeitungs-System. Die Hol-Operation macht ein Arbeits-Dokument als eine Kopie eines Disk-Dokumentes. Die Ablege-Operation legt eine Kopie des Arbeits-Dokumentes auf den Disk ab.

Figur 2. Ein anderes explizites Modell für ein Textverarbeitungs-System, das nicht dem in Figur 1 ähnlich ist. Die Hol-Operation kopiert nichts, sie wählt aber ein Dokument und zeigt es auf dem Schirm. Neue Benutzer formen sich oft dieses Modell, möglicherweise weil "Holen" nicht kopieren indikiert.

sind in einer gleichen Weise erklärt).

Dieses Modell ist für die meisten technischen Verfasser so einleuchtend, dass sie es überflüssig finden, das Modell zu erklären. In dem WordPerfect-Manual zum Beispiel ist eine solche Erklärung nicht gegeben.

Aber ohne ein solches explizites Modell weiss der Benutzer nicht wie das System fungiert. Ohne Hilfe scheint es als ob neue Benutzer sich ein mentales Modell wie das in Figur 2 bilden.

In Figur 2 ist kein Arbeits-Dokument und die Hol-Operation wählt ein Disk-Dokument, das auf dem Schirm gezeigt wird.

Der Benutzer bildet sich vielleicht dieses Modell auf Grund des Wortes "Holen", weil dabei mehr wählen als kopieren zu verstehen ist. Es gibt Textverarbeitungs-Systeme, die in dieser Weise fungieren, die meisten fungieren aber in Übereinstimmung mit Figur 1.

Wenn die Textverarbeitung in Übereinstimmung mit Figur 1 fungiert, wird der neue Benutzer früher oder später Probleme bekommen und er kann das System nicht effektiv ausnützen.

Kann ein allgemeiner Benutzer ein Modell wie Figur 1 wirklich verstehen und das System in Übereinstimmung hiermit kontrollieren? Die Antwort scheint Ja zu sein.

Zusammen mit Jan Clausen habe ich Experimente mit entsprechenden Modellen für Verwaltungs-Systeme geleitet (Registrierung von Arbeitszeit). Ohne Hilfe haben die Benutzer sich ein falsches, mentales Modell gebildet und haben geglaubt, dass das System in Übereinstimmung hiermit fungierte.

Wenn sie ein explizites, korrektes Modell sehr früh bekamen, waren 90% von den Benutzern dazu im Stande hieraus das korrekte Benehmen des Systems zu schliessen.

In einigen von unseren Experimenten haben die Benutzer mit einem Manual ohne ein explizites Modell angefangen. Danach bekamen sie das gleiche Manual, jetzt aber mit einem expliziten Modell darin. Nun konnten sie auch hieraus das korrekte Benehmen des Systems schliessen - und das zu ihren grossen Überraschung.

Es war für sie sehr schwierig, den eigentlichen Unterschied zu sehen und wir mussten erklären, dass der Unterschied in dem expliziten Modell lag. Das zeigt nochmals, dass das mentale Modell unbewusst durch Hilfe von vorhandenen Erklärungen und Tatsachen entsteht.

Das explizite Modell für ein ganzes System enthält mehrere Teile und Niveaus von Einzelheiten. Für Textverarbeitung zum Beispiel erklärt das ganze Modell auch wie Abschnitte, Seitenformat, Überschrifte usw. aufbewahrt werden.

Für den Anfang ist es nicht notwendig all dies zu erklären, das Modell kann aber stufenweise eingeführt werden.

In der Literatur finden wir einige Versuche mit Modellen in dem Manual, der Erfolg ist aber klein. Eines der Probleme ist wahrscheinlich, dass die Modelle nur Syntax-Prinzipien oder Übersicht über die Kommando-Hierarchie geben (z.B. Frese et. al., 1988). Diese Modellen, die nicht von Daten handeln, haben unseren Erfahrungen nach nur wenig Einfluss auf das Verständnis der Benutzer.

Ein anderes Beispiel

Ein anderes Beispiel für ein explizites Modell ist wie Seitenformat in einem Textverarbeitungs-System gemacht wird. Das traditionelle Manual wird den Vorgang wie folgt erklären:

Seitenformat-Wahl:

> Wenn Sie F3 drücken, können Sie das Seitenformat wählen. Das System zeigt ein Bild, wo Sie den Rand oben und unten wählen können, ...

Mit dieser Beschreibung denkt man an etwas Fassbares, das geändert wird - das Seitenformat. Wo ist aber dieses Fassbares? Es ist nicht direkt zu sehen, und der Benutzer bildet sich ein mentales Modell, das sagt, wo dieses Fassbares ist. Hier gibt es aber so viele Möglichkeiten, dass der Benutzer meistens die richtige Möglichkeit nicht wählt.

Figur 3 zeigt drei verschiedene explizite Modelle. Alle drei zeigen wie das Seitenformat wirkt.

Im ersten Modell ist nur ein einziges Seitenformat. Alle Dokumente bekommen dieses Format wenn sie ausgeschrieben werden.

Im zweiten Modell hat jedes Dokument sein eigenes Seiten-Format, das während Ablegen und Holen dem Dokument folgt.

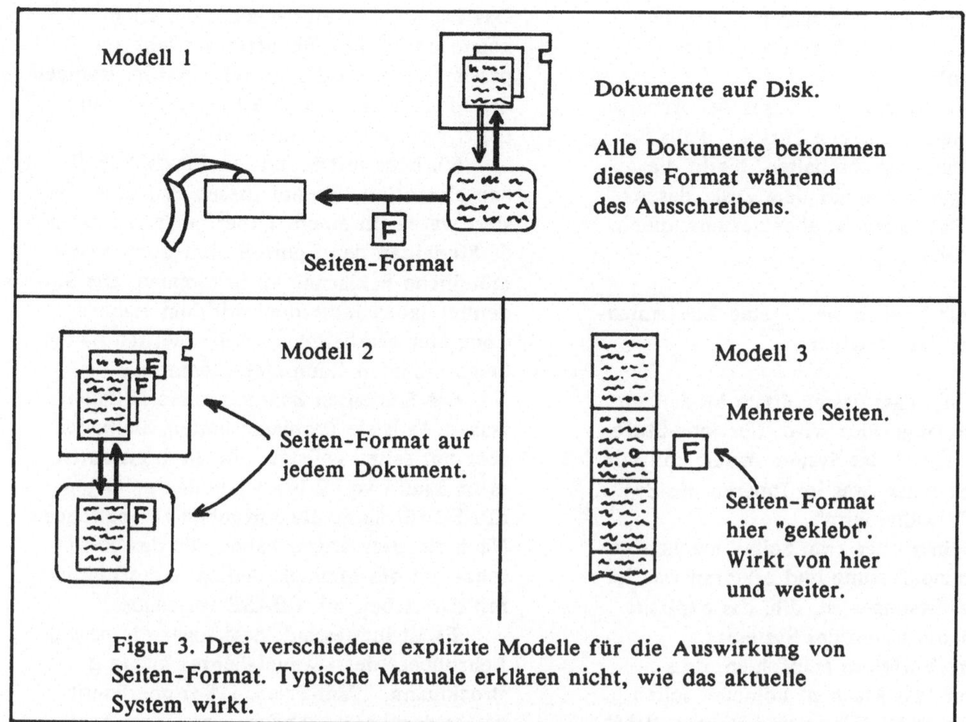

Figur 3. Drei verschiedene explizite Modelle für die Auswirkung von Seiten-Format. Typische Manuale erklären nicht, wie das aktuelle System wirkt.

Im dritten Modell ist das Seiten-Format an einer Stelle im Text "geklebt". Das Seiten-Format wirkt von dieser Seite und weiter. Mit diesem Modell kann der Benutzer raten, dass es möglich ist das Seiten-Format mehrere Male in dem Dokument zu ändern.

Einige Textverarbeitungs-Systeme wirken in Übereinstimmung mit Modell eins, einige in Übereinstimmung mit Modell zwei, usw. Es ist deshalb wichtig, dass der Verfasser das aktuelle Modell spezifiziert.

Einige meinen vielleicht, dass wir mit dem explizitten Modell zu viel über die technische Funktion des Systems erklären. Wir sind aber dazu gezwungen, um das richtige Verständnis geben zu können.

Das Problem mit dem Verständnis besteht scheinbar mit allen EDV-Systemen - sogar auch mit den benutzerfreundlichsten Systemen mit Menüs und direkter Manipulation. Sobald etwas von den Daten vom Schirm verschwindet, wird der Benutzer sofort darüber nachdenken, wo die Daten geblieben sind: weiss das System wo sie sind? Der Benutzer wird sich also nach und nach ein mentales Modell über die Daten, die er nicht sehen kann, bilden. Unglücklicherweise geht es oft so wie im Textverarbeitungs-Beispiel: Der Benutzer bekommt ein falsches Verständnis.

Das explizite Modell im Manual

Wie kombinieren wir den schnellen Anfang (2 bis 6 Seiten) mit der Erklärung eines expliziten Modells? Am besten wird es vielleicht parallel gemacht. Für die erste Übung in Textverarbeitung sieht es ungefähr wie folgt aus:

- Versuchen Sie ein paar Zeilen des Briefes zu tippen ... [das Machen]
* Wie Sie sehen formt das System den Brief auf dem Schirm. Der Brief, den Sie auf dem Schirm sehen, ist das Arbeits-Dokument. [Modell]

- Versuchen Sie zu drücken ... um den Brief auszuschreiben. [Das Machen]
* Das System macht eine Kopie des Arbeits-Dokumentes auf dem Papier. [Modell]

- Versuchen Sie zu drücken ... um den Brief auf den Disk zu legen. [Das Machen]
* Das System legt eine Kopie des Arbeits-Dokumentes auf den Disk ab. Falls Sie den Computer abschalten, bleibt die abgelegte Kopie auf dem Disk, das Arbeits-Dokument ist aber verschwunden. [Mehr Modell]

* In Figur 1 sehen Sie ... [eine Zusammenfassung des Modells]

Bemerken Sie, dass das explizite Modell stufenweise eingeführt wird. Für jede Stufe erklären wir, was das System macht und wir geben einen Wink "was im Inneren des Systemes aufbewahrt wird".

Nach einer oder zwei Seiten machen wir eine Zusammenfassung und erklären was im Inneren des Systemes ist, d.h. das explizite Modell für die Daten des Systems.

Andere Verfasser empfehlen, dass Modelle vor "das Machen" kommen sollen (z.B. Mayer, 1981; Kieras und Bovair, 1984), und der Benutzer erhält Unterricht in dem Modell bevor er faktisch etwas macht. Unserer Erfahrung nach soll man nicht grössere, komplizierte Modelle im Lehrbuch vor "das Machen" anbringen, denn der Benutzer liesst sie einfach nicht.

Wenn der technische Verfasser ein explizites Modell konstruiert hat, kann er es im ganzen Manual verwenden:

- In der ersten Übung sind die Grundteile des Modells parallel mit der stufenweisen Instruktion einzuführen (genau wie im obengenannten Beispiel).

- In späteren Übungen werden mehrere Modell-Teile wenn notwendig eingeführt.

- Jede Stufe in allen stufenweisen Instruktionen erklärt auch was in dem System passiert - also welche Daten geändert werden.

- Jede Funktion im Referenz-Manual erklärt was passiert wenn die Funktion ausgeführt wird.

- Überschriften, Indexe usw. benutzen auch Bezeichnungen von dem Modell.

Das Ergebnis ist ein Manual, das leicht zu verstehen ist. Der Benutzer versteht nun was passiert, er kann die Einzelheiten im Rahmen des Modells zusammenfassen, und er kann das System effektiv kontrollieren.

Ich habe mit Manualen für dBASE II experimentiert, die auf diesen Prinzipien basiert waren. In einem Experiment benutzten 60 Studenten den Lehrteil ohne auch eine mündliche Erklärung zu bekommen. Die Studenten haben individuel mit dem eigenen Computer gearbeitet, und die meisten hatten keine früheren Computer-Kenntnisse.

Die Studenten konnten einen Hilfslehrer fragen, falls sie Probleme hatten. Sie haben aber nur selten gefragt. Für die Meisten ist es im Laufe von 2 bis 3 Stunden gelungen dBASE für sinnvolle Aufgaben zu verwenden. Nach ein paar Tagen haben alle den Referenz-Teil des Manuals täglich in Verbindung mit der Arbeit mit dBASE verwendet.

Es ist interessant, dass sogar die besten Lehrbücher des Manual-Schreibens (z.B. Brockmann, 1986; Price, 1984) überhaupt nichts darüber erwähnen, was einem expliziten Modell entspricht.

Ist es zu lernen, bessere Manuale zu schreiben?

Obwohl die Methoden vielleicht sehr einfach aussehen, sind sie gar nicht leicht zu lernen. Ich habe mit der Zeit sowohl viele Kurse gegeben als auch viele Menschen beraten wie Manuale zu schreiben sind, und meiner Erfahrung nach dauert es mehrere Tage bevor die Methoden in die Tat umgesetzt werden. Besonders ist "das mit den expliziten Modellen" schwierig.

Meistens sind es EDV-Spezialisten oder Benutzer, die das Manual schreiben sollen. Beide Gruppen haben aber Probleme mit den expliziten Modellen. Die EDV-Spezialisten machen oft das explizite Modell viel zu technisch, und sie vergessen leicht das, was der Braucher direkt sehen kann (z.B. das Arbeitsdokument). Die Benutzer-Verfasser wissen oft nicht wie das System fungiert, und sie können deshalb ganz einfach kein explizites Modell machen. Gemeinsam gelingt es uns jedoch fast immer, und die Benutzer werden über das Ergebnis zehr froh.

Literatur

1. Brockmann, R.J.: Writing better computer user documentation: From paper to on-line. John Wiley & Sons, New York 1986.

2. Carroll, J.M. and Thomas, J.C.: Metaphor and the cognitive representation of computing systems. IEEE, SMC-12, no.2, 1982.

3. Carroll, J.M. et al.: The minimal manual. IBM Research Center, Yorktown Heights, New York 1986.

4. Frese, M. et al.: The effects of an active development of the mental model in the training process. Behaviour and Information Technology, Vol. 7, no.3, 1988.

5. Kieras, D.E. and Bovair, S.: The role of mental model in learning to operate a device. Cognitive Science, no. 8, 1984.

6. Mayer, R.E.: The psychology of how novices learn computer programming. Computing Surveys, Vol. 13, no. 1, 1981.

7. Norman, D.A. and Draper, S.W. (eds.): User centered system design. Lawrence Erlbaum Associates 1986.

8. Price, J.: How to write a computer manual. Benjamin/Cummings Publishing Company 1984.

9. Wright, P.: Manual dexterity: A user-oriented approach to creating computer documentation. Proceedings from CHI'83, ACM, New York 1983.

Probleme mit neuen Methoden im Software Engineering

Einige Erfahrungen mit der Einführung von Software-Qualitätssicherung in Skandinavien

Hans Schaefer

1. Einleitung

Dieser Vortrag stellt Erfahrungen mit der Einführung neuer Arbeitsformen in der Softwareentwicklung dar. Ich hoffe, mit diesem Vortrag einen Beitrag zu leisten, der es dem Leser ermöglicht, Fallgruben zu vermeiden, in die man geraten kann, wenn man allzu enthusiastisch neue Methoden einführt.

Der Vortrag behandelt verschiedene Konflikte, die bei Einführung neuer Methoden, insbesondere Qualitätssicherungsmethoden, eine Rolle spielen. Es werden Beispiele gegeben, wie diese Konflikte in skandinavischen Betrieben gelöst werden.

Folgende Konflikte werden behandelt:

- Formalität und Bürokratie gegen Produktivität
- Zielkonflikt in der Betriebshierarchie
- Betriebskultur
- Wie schnell man neue Arbeitsmethoden einführen sollte
- Furcht vor Neuerungen
- Furcht vor objektiven Messungen.

Was sind Qualität und Qualitätssicherung?

W. E. Deming [1] definiert Qualität als „economical conformance to requirements" (Übereinstimmung mit Anforderungen auf eine kosteneffektive Weise). Daraus können wir eine zweiteilige Definition von Software-Qualität ableiten.

- Erfüllung der Produktanforderungen, also möglichst wenig Fehler oder Defekte im fertigen Produkt.
- Effektive Produktion: Also ein Produktionsprozess in dem möglichst wenig Arbeit umsonst gemacht wird, und der ein Produkt hervorbringt, welches so leicht wie möglich zu verwalten, zu warten und zu ändern ist.

Das Ziel der Qualitätssicherung ist also zweiteilig: Ein gutes Produkt und ein effektiver Produktionsprozeß. Dies muß allen Beteiligten im Betrieb klargemacht werden.

2. Formalität und Bürokratie gegen Produktivität

Das wichtigste Ziel für einen Betrieb ist oft Produktivität. Qualitätssicherung ist nur dann von Interesse, wenn sie die Produktivität steigert. Oft bedeutet Qualitätssicherung, daß man die Arbeit in einer mehr formalen Weise ausführt. Wenn allerdings zu viel Formalität gefordert wird, ertrinkt man in der Papierflut, und die Produktivität geht bergab. Wenn auf der anderen Seite die Arbeit zu sehr informell ausgeführt wird, werden viel mehr Fehler übersehen, und damit wird entweder ein schlechteres Produkt entstehen oder sehr viel Arbeit für die Fehlerbeseitigung aufgewendet werden müssen. Wahrscheinlich gibt es hier ein Optimum.Dieses Optimum ist von Betrieb zu Betrieb und von Projekt zu Projekt

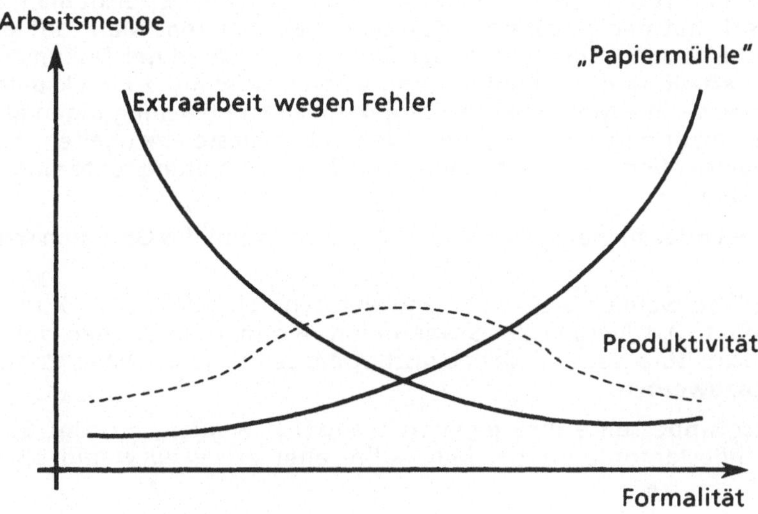

verschieden. Generell steigt der Bedarf an Regeln, wenn das Projekt mehr Mitarbeiter beschäftigt. Regeln sollen Kommunikationsproblemen vorbeugen. Der Bedarf steigt auch, wenn die Mitarbeiter verschiedene berufsmäßige oder kulturelle Hintergründe haben, zum Beispiel wenn Benutzer und EDV-Fachleute zusammen arbeiten, oder die Projektgruppe aus Mitarbeitern in verschiedenen Ländern besteht. Mangelnde Aufteilung der Verantwortung sowie mangelnde Standards vermehren die Notwendigkeit der Kommunikation. Schlimmstenfalls müssen alle mit allen kommunizieren. Mißverständnisse und Mehrarbeit sind dann die Konsequenz. Mehr Standards und Regeln werden auch dann notwendig sein, wenn die Mitarbeiter an Regeln gewöhnt sind, d. h. wenn ihnen zusätzliche Freiheitsgrade mehr Schwierigkeiten bei der Lösungsfindung bereiten. Generell kann man folgende Relationen beobachten:

Das Optimum liegt weiter rechts, wenn

- das Vorhaben groß ist
- die Mitarbeiter unerfahren sind oder große Fluktuation herrscht
- die Arbeitsgruppe auf mehrere Orte verteilt ist
- die Beteiligten geographisch verteilt oder aus verschiedenen Ländern sind
- die Anforderungen an die Zuverlässigkeit oder Sicherheit hoch sind
- die Landes- oder Betriebskultur formell ist.

Meine Erfahrung ist, daß die meisten Betriebe in Skandinavien zu wenig formelle Methoden anwenden. Man vertraut der Motivation und Qualifikation der Mitarbeiter.

Wie kommt man zu einer mehr formellen Arbeitsweise?

Bisher hat man versucht, Formalität durch die Anwendung strukturierter Methoden, Standards und Unterstützungswerkzeuge zu erhöhen. Jedoch muß man sich darüber im klaren sein, daß die Anwendung mehr formaler, disziplinierter Methoden eigentlich Ausdruck einer Arbeitseinstellung ist. Formalität muß von den beteiligten Personen gewollt sein. Es nützt nicht, neue Methoden oder Standards vorzuschreiben. Man muß die Arbeitseinstellung beeinflussen. Dänische Erfahrungen [3] zeigen, daß man dies erreicht, indem die Projektgruppe explizit ihre Arbeitsmethoden wählt [4]. In meiner eigenen Praxis habe ich Projektgruppen am Anfang eines Arbeitsschrittes geschult und sie dann aus den gelehrten Methoden und Techniken wählen lassen. Auf diese Weise erreicht man, daß die Projektteilnehmer sich mit der gewählten Methode identifizieren. Man läßt also die Projektgruppe selbst ihre Arbeitsmethoden, den Detaillierungsgrad der Dokumente, die Standards und die Verteilung der Verantwortung wählen. Wenn die Projektteilnehmer dies selbst tun, können sie ihre Methoden den projektspezifischen Bedingungen anpassen und sie werden auch mehr motiviert sein, ihre eigenen Beschlüsse einzuhalten. Natürlich sollte ein Betrieb gewisse Mindesstandards haben und deren Einhaltung sollte eingeschärft und kontrolliert werden.

Sollte man eher zu viel oder zu wenig Formalität benutzen, wenn das Optimum schwer zu erreichen ist?

Skandinavische Betriebe wählen, wohl aufgrund der generell informellen Kultur, eine suboptimale Formalität. Das Beispiel der Sowjetunion, wo man im Zeichen der „Perestroika" derzeit versucht, Bürokratie wieder abzuschaffen, zeigt wie schwierig es ist, zu viel Formalität wieder loszuwerden.

Moral: Jede Arbeitsgruppe sollte ihre eigenen Standards wählen, auf der Basis von betriebsinternen Mindestanforderungen. Man sollte eher etwas zu wenig als zu viel Formalität benutzen.

3. Zielkonflikte in der Betriebhierarchie

In einem Projekt gibt es immer Zielkonflikte. Man hat mindestens vier Parteien:

- Programmierer
- Projektleiter
- Betriebsleitung
- Qualitätssicherung

Für Programmierer ist es wahrscheinlich am wichtigsten, daß die Arbeit interessant ist und daß man das Gefühl hat, „es gehe vorwärts". Es gibt auch bei einigen Programmierern das Ziel, genug Zeit zu haben, um handwerklich exzellente Arbeit zu liefern.

Für den Projektleiter ist es wichtig, die Zeit- und Kostenrahmen einzuhalten. Risiko sollte minimiert werden. Der Fortgang der Arbeit sollte leicht zu ersehen sein.

Für die Betriebsleitung sind wahrscheinlich Produktivität, Marktchancen, minimales Risiko am interessantesten.

Für die Qualitätssicherung, falls sie aus Qualitätssicherungs-Enthusiasten besteht, kann man sich verschiedene Ziele vorstellen. Zum Beispiel die Einhaltung aller Standards, die Gewinnung vieler Daten über Fehler und Produktivität, die „richtige" Ausführung von Reviews und Tests.

Die Ziele alle dieser Personengruppen oder Betriebsfunktionen können im Konflikt miteinander stehen. Wichtig ist es, allen Beteiligten klarzumachen, was das Ziel ist. Die Betriebsleitung sollte eine Qualitätspolitik haben und diese allen Mitarbeitern verständlich machen. (Das ist auch erforderlich nach den ISO Standards für Qualität). Der Projektleiter sollte diese Politik interpretieren, und mit seinen Mitarbeitern die Methoden, Standards und Techniken wählen. Die Qualitätssicherer sollten zurückstecken und froh sein, wenn ihre Ideen langsam Einfluß gewinnen.

Beispiele:

Folgende Probleme habe ich in der Praxis erlebt:

1. Eine neues Produkt wurde entwickelt. Die Betriebsleitung war kurzfristig an einem Prototyp für die Hannoveraner Messe interessiert. Der Qualitätssicherungsleiter war sich darüber nicht im Klaren und versucht ständig, Qualitätsanforderungen wie für ein wirkliches Produkt zur Geltung zu bringen. Das Resultat: Qualitätssicherung gilt als "Bremse".
2. Auf Geheiß der Betriebsleitung wurden technische Reviews eingeführt. Der Review des „high level design" ergab, daß dieses Dokument (erstellt vom Projektleiter) nicht akzeptiert werden konnte, weil es unvollständig war. Der Projektleiter setzt die Arbeit trotzdem fort. Alle späteren Reviews wurden abgebrochen, weil das "high level design"unzulänglich war. Die Entwickler waren wenig erfreut, der Projektleiter war jedoch zufrieden, weil er der einzige war, der volle Kontrolle hatte. Wieder wurde Qualitätssicherung unpopulär und lächerlich, weil sie das Projekt „bremste" und weil der „erfahrene" Projektleiter sie ignorierte. Die Betriebsleitung traute dem Projektleiter mehr. Das fertige Produkt erwies sich als Fiasko.

Moral: Zielkonflikte sollten offen diskutiert werden. Falls neue Methoden nicht funktionieren, sollte untersucht werden, ob Zielkonflikte vorliegen.

4. Betriebskultur

Betriebskultur und Landeskultur haben viel zu sagen, wenn es darum geht wie Menschen arbeiten. Wenn Menschen generell daran gewöhnt sind, daß ihnen befohlen wird, oder daß jede kritische Bemerkung verboten ist, werden sie anders arbeiten, als wenn sie daran gewöhnt sind, als Individuum ernst genommen zu werden. Im Endeffekt schlägt sich Landeskultur und Betriebskultur in der Arbeitsweise jedes einzelnen Mitarbeiters nieder.

Beispiele:

1. Die Arbeitsweise in der Firma Norsk Data [9]:

Landeskultur (Norwegen):	Demokratisch, ehrlich, moralisch, bescheiden, „es wird schon gut gehen".
Werte (Norsk Data)	Resultatorientiert, Vertrauen, Kreativität, keine Autorität in der Position.
Haltungen	Offen, loyal, individuell, optimistisch, „wir lösen das Problem", schwierige Aufgaben sind interessant; wenn's brennt, machen wir Überstunden.
Arbeitsweise	„Wenn der Kunde anruft, lösen wir das gleich", nicht sehr systematisch, kreativ, Diskussion mit „jedem", fleißig.

2. Die Arbeitsweise eines deutschen Forschungsinstituts (eigene Erfahrung):

Landeskultur (deutsch)	Gehorsam, Fleiß, Genauigkeit, „Vertrauen ist gut, Kontrolle ist besser"
Werte (Institut)	Veröffentlichungen, Autorität der Stellung,
Haltungen	„Meine Idee gehört mir", Niederlagen vermeiden. „Regeln sind immer zu befolgen".
Arbeitsweise	Eine Aufgabe wird ganz fertig gemacht, ehe der Vorgesetzte sie zu Gesicht bekommt. (Evtl. informelle Reviews mit Arbeitskollegen). „Nur nichts versprechen", „keine Fragen stellen", Standards werden befolgt, Dokumente sehen gut aus, Gründlichkeit.

Was sagt dies über neue Methoden aus?

Bei einem Betrieb wie Norsk Data wird es extrem schwierig sein, einfach Regeln einzuführen und sie als Betriebsstandards zu verlangen. Die Mitarbeiter werden von oben verordnete Standards erst einmal als unqualifizierte Einmischung in ihre inneren Arbeitsverhältnisse ablehnen (widerspricht der demokratischen Landeskultur und dem Vertrauensgrundsatz).

Wenn man ihnen aber zeigt, daß mangelnde Standards zu vermehrten Fehlern und hohen Kosten für den Betrieb führen, und wenn dies konkret mit Zahlenmaterial aus dem eigenen Betrieb bewiesen wird, werden die meisten Mitarbeiter selbst Vorschläge zu einer Änderung der Arbeitsweise einbringen. Es ist dann ein konkretes Problem, und „das lösen wir gleich" (siehe Arbeitsweise).

Umgekehrt im deutschen Institut. Mitarbeiter sind schon von der Schulzeit an gewöhnt, daß Ausarbeitungen zusätzlich zur inhaltlichen Qualität gewisse Standards erfüllen müssen. Diese Haltung, bei der Niederlagen zu vermeiden sind, bestärkt die Motivation, Standards zu befolgen. Allerdings ist die Arbeitsweise mit gründlichen informellen Reviews vor einem gründlichen "offiziellen" Review weniger produktiv. Das Ziel der Qualität wird hier wohl erreicht, jedoch nicht das Ziel optimaler Produktivität.

Die beiden Beispiele sind dennoch etwas extrem formuliert. Die erfolgreichsten Betriebe vereinigen wahrscheinlich die besten Haltungen und Werte aus beiden Lagern.

Informelle technische Reviews können zum Beispiel in Norwegen ausreichend sein, weil die Mitarbeiter normalerweise bei Kollegen Rat suchen. In Deutschland könnte es nicht ausreichend sein, weil Mitarbeiter ohne Kontrolle vielleicht die Reviews vermeiden.

Dokumentstandards werden in Skandinavien schwierig zu etablieren sein, wenn man nicht sofort für gute, möglichst automatische, Hilfsmittel sorgt. Norweger sind meist nur motiviert, für die Qualität des Inhalts zu sorgen. Die Form wird vernachlässigt. In Deutschland wird es wahrscheinlich eher akzeptiert, daß Dokumente auch gut aussehen sollten.

Moral: Untersuche die Betriebskultur bevor du neue Standards und Methoden einführst und versuche, Konflikte vorauszusehen.

5. Wie schnell man neue Methoden einführen sollte

Viele Betriebe, die sich für bessere Methoden interessieren, tun das, weil sie glauben, mit neuen Methoden Produktivitätsgewinne erzielen zu können. Oft kann man mit mehreren neuen Methoden gleichzeitig Verbesserungen erreichen. Das Ziel der Verantwortlichen ist es also, möglichst viel auf einen Schlag einzuführen.

Das Problem hier besteht im Mangel an menschlicher Aufnahmefähigkeit. Man muß die neuen Methoden lernen. Ein Teil des Lernens besteht in der erstmaligen Anwendung. Wenn man zu viel auf einen Schlag einführt, stoppt die Arbeit und keine der neuen Methoden wird richtig gelernt.

Die Lösung heißt schrittweise Einführung. Tom Gilb [5,6] empfiehlt die schrittweise Methode („Evolutionary Delivery") als die einzig richtige. Hermann Zeller [7] meint, daß Qualitätsverbesserung eine kontinuierliche Aufgabe ist. Das bedeutet, daß man ständig nach Verbesserungen suchen muß, womit ständig neue, kleine Schritte in der Verbesserung der Methoden nötig werden. Auf der anderen Seite sollten die Schritte nicht so klein sein, daß der Effekt unmeßbar wird. Mehr zu diesem Thema steht auch in [10].

Moral: Führe nicht zu viel auf einmal ein. Konzentriere dich auf eine Neuerung zu jeder Zeit und priorisiere die Neuerungen nach ihrem Effekt.

6. Furcht vor Neuerungen

Qualifikationen in der Datenverarbeitung verfallen sehr schnell. Neue Methoden werden ständig entwickelt, Programmiersprachen und Werkzeuge ändern sich. Alte Wahrheiten gehen unter. Wenn wir neue Methoden einführen, fürchten besonders ältere Mitarbeiter zu unterliegen. Deshalb werden sie versuchen, neue Methoden bewußt oder unbewußt zu sabotieren oder wenigstens deren Untauglichkeit für die aktuellen Aufgaben zu „beweisen".

Svendsen [8] beschreibt die Reaktion von älteren Mitarbeitern auf neue, strukturierte Methoden, speziell technische Reviews. Er kommt zu dem Schluß, daß Mitarbeiter Hilfe brauchen, um neue Methoden zu erlernen und zu üben. Meine Erfahrung an neu ausgebildeten Mitarbeitern (Universitätsabsolventen) ist dagegen, daß diese sehr motiviert sind für Neuerungen. (Sie sind ja auch an die Lernsituation gewöhnt).

Moral: Rechne damit, daß Widerstand geleistet wird. Ein Teil des Widerstandes geschieht aus Angst davor, seine Qualifikation zu verlieren. Umfassende Schulung kann hier helfen. Widerstand ist weniger zu erwarten von gut ausgebildeten und jüngeren Mitarbeitern.

7. Furcht vor objektiven Messungen

Softwarearbeit hat bisher vielfach einen Künstlerstatus. Weder Qualität noch Produktivität wurden objektiv gemessen. Der Programmierer war der Meister und die Anwender mußten froh sein, wenn ein Programm überhaupt funktionierte.

Alle, d. h. EDV-Leiter, Programmierer, Anbieter von Werkzeugen und Standardsoftware und Wissenschaftler, die neue Methoden entwickeln, leben in der Furcht vor objektiven Messungen. David Card [2] schreibt, daß diese Menschen sich komfortabel eingerichtet haben mit einem System, welches sich eher an der Präsentation der Resultate als an ihrem wirklichen Wert orientiert. Auf der anderen Seite wünschen Käufer von Software objektive Kriterien. (Die Tests von Standardsoftware bei der Stiftung Warentest in 1988 sind ein Ausdruck dafür). Versucht man aber, Softwareprojekte objektiv zu messen, fangen alle an zu protestieren, weil ihr eigenes Projekt oder Produkt viel zu speziell sei. Messungen seien deshalb wertlos. Es fragt sich, ob nicht objektive Messungen besser sind als alle Gefühle, Symptome und nicht verifizierbare Behauptungen, die jetzt zirkulieren.

Meine eigene Erfahrung ist, daß Messungen akzeptiert (und aktiv unterstützt) werden, wenn zwei Bedingungen erfüllt sind:

1. Es muß garantiert sein, daß Messungen nicht auf Einzelpersonen oder kleine Gruppen beziehbar sind.

2. Die Messungen müssen für alle Beteiligten, auch die Datenlieferanten, wertvolle Resultate liefern.

Messungen sind wichtig, um den Iststand einer Organisation zu finden, und um herauszufinden, was verbessert werden muß. Damit sind Messungen ein wichtiger Bestandteil jeder Methodenarbeit. Die Erfüllung der zwei genannten Bedingungen hat bei meinen Klienten in Skandinavien immer ausgereicht, um die Mitwirkung der Mitarbeiter zu sichern.

8. Die Arbeitsweise eines Qualitätssicherers

Dieser Artikel beschreibt Erfahrungen einer Person, die Qualitätssicherungsmethoden, das heißt vor allem neue Standards und Regeln einführen soll. Es fragt sich, welche Arbeitsaufgaben eine solche Person von Tag zu Tag wahrnehmen sollte.

Die wichtigste Regel hier ist, daß man sich nicht von seinem Klienten auffressen lassen darf. Im Klartext bedeutet das: Man soll den anderen Mitarbeitern die neuen Methoden lehren und ihnen bei ihrer Anwendung helfen. Man muß Konflikte lösen, die die neuen Methoden in Gefahr bringen. Man darf aber nicht anfangen, selbst die Durchführung zu übernehmen.

Beispiele:

- Einführung neuer Testmethoden: Tests werden formell vorbereitet und von unabhängigen Personen ausgeführt. Projektleiter werden eine solche Regel als Mehrbelastung empfinden. Wenn man als gutmütiger QA-Mitarbeiter beginnt, die Testarbeit selbst zu tun, hat man seine Sache verloren. Niemand lernt, wie Tests vorbereitet werden, und niemand kann die Arbeit später übernehmen. Man selbst verliert den Überblick, der notwendig ist, um später die Testmethode zu verbessern. Außerdem: Wenn man selbst die "Mehrarbeit" übernimmt, werden Projektmitarbeiter Qualität nicht als einen natürlichen Teil ihrer Arbeit ansehen, sondern als einen Wert, den man hinterher zufügt.
- Bei der Einführung formeller Arbeitsaufträge für Änderungen werden Mitarbeiter angehalten, für Änderungswünsche oder Arbeitsaufträge ein formelles Auftragspapier ("Work Request") auszufüllen und vom Auftraggeber Gegenzeichnung zu verlangen. Ziel der Maßnahme ist es, Kontrolle über alle „kleinen" Arbeitsaufgaben zu bekommen, die oft als „Wartung" geführt werden. Probleme treten auf, wenn Mitarbeiter bei Kollegen Rat suchen und der Kollege einen Arbeitsauftrag verlangt. Es wäre falsch, sich als QA-Mitarbeiter in solche Konflikte direkt einzumischen. Solche Probleme sollten von den Leitern der Linienorganisation gelöst werden.

Moral: Ein QA-Mitarbeiter sollte sich darum kümmern, Methoden einzuführen und zu verbessern. Die tägliche Anwendung und die Verantwortung dafür sollte nach kurzer Zeit von der Linienorganisation übernommen werden. Ein QA-Mitarbeiter, der sich direkt mit jeder Detailarbeit befaßt, wird im Wust der Kleinarbeit ersticken und das große Ziel aus den Augen verlieren.

9. Zusammenfassung

Ein zentraler Teil der Qualitätssicherung ist die Einführung neuer Arbeitsmethoden. Solche Einführungen sind Gegenstand vieler Konflikte. In diesem Vortrag wurde die Bedeutung einiger Schwierigkeiten, die der Verfasser bei Beratungsaufträgen erlebt hat, beleuchtet und Lösungswege wurden aufgezeigt.

Das Wichtigste ist es, daß die Mitarbeiter, die nach neuen Methoden arbeiten sollen, wirklich motiviert werden, diese Methoden zu benutzen. Dies kann nur geschehen, wenn die Methoden der aktuellen Arbeitssituation und Betriebskultur angepaßt werden. Die aktive Mitwirkung der Beteiligten ist dabei zentral.

- Jede Arbeitsgruppe sollte, als Teil ihrer Projektarbeit, ihre eigenen Standards auf der Basis betriebsübergreifender Mindestanforderungen wählen.
- Lieber etwas zu wenig Formalität, die richtig befolgt wird, als zu viele Regeln, die stillschweigend ignoriert werden.
- Offene Diskussion von Zielkonflikten zwischen allen Mitarbeitergruppen und der Betriebsleitung ist notwendig.
- Anpassung an die Landes- und Betriebskultur ist notwendig.
- Einführung von Methoden ist ein kontinuierlicher und schrittweiser Prozeß. Man sollte „Revolutionen" vermeiden.
- Widerstand geschieht teilweise aus Angst vor Neuerungen. Dies kann durch Motivation und Training überwunden werden.
- Messungen sind wichtig, um Resultate sichtbar zu machen.
- Als QA-Mitarbeiter sollte man nicht Detailarbeit übernehmen, die eigentlich in den Verantwortungsbereich anderer Mitarbeiter fällt.

Literatur

[1] W. E. Deming: Quality, Productivity, and Competitive Position, MIT Press, 1982

[2] David N. Card: Major Obstacles Hinder Successful Measurement, IEEE Software, November 88, pg. 82-83.

[3] Lars Mathiassen: Kreativitet og disiplin i systemdesign, nordisk Datanytt, 6/88, s. 33ff. [auf Dänisch]

[4] N. E. Anderson et. al: Profesjonell systemudvikling - Erfaringer, muligheder og handling, Teknisk Forlag, Kobenhaven, 1986 [auf Dänisch].

[5] Tom Gilb:Evolutionary Delivery versus the "Waterfall Model", ACM Sigsoft Software Engineering Notes, Juliy 1985

[6] Tom Gilb: Principles of Software Engineering Management, Addison-Wesley 1987.

[7] Hermann Zeller: Quality from the Very First, a Prerequisite for Competitiyeness, in "The Best on Quality", Yearbook of International Academy for Quality, Carl Hanser Verlag, München, 1988.

[8] Gunnvald Svendsen: En undersökelse av problemskapende forhold ved innföring av kvalitetssikringstiltak, Rapport von Norsk Regnesentral, Oslo, 1984 [auf Norwegisch].

[9] Dag Spilde: Bedriftskulturens betydning, Norwegian Computer Society, Conference proceeding from "Systemutivikling 87", Oslo [auf Norwegisch].

[10] Schäfer, Hans: Experiences with the Introduction of Software Quality Assurance Methods in Several Norwegian Companies, Ist-European Seminar on Software Quality Assurance, Brüssewl April 1988.

Hans Schaefer
Betriebsberater in Software-Qualitätssicherung
Postboks 110
5240 Valestrandsfossen
Norwegen
Tel.: 0047 - 5 -394880

IKS^{PFH}
Konzeption eines Rahmensystems für die Bildverarbeitung

D. Haaks und I. C. Carlsen
Philips Forschungslaboratorium Hamburg

Zusammenfassung

Mit dem IKS^{PFH} stellen wir den Entwurf eines Bildverarbeitungskernsystems vor, das die grundlegenden Datenstrukturen und Operationen der Bildverarbeitung in Form von eigenständigen, in einer Hierarchie angeordneten Objekten zur Verfügung stellt. Durch die streng objektorientierte Architektur wird eine hohe Flexibilität und Erweiterbarkeit der vordefinierten Datenstrukturen und Operationen erreicht.

Das IKS^{PFH} ist als ein Bildverarbeitungssystem konzipiert, das den gesamten Prozeß der Bildverarbeitung, beginnend beim Entwurf und Evaluieren von Algorithmen, bis zum endgültigen Anwenden unterstützt. Bei der Konzeption standen die einfache Erweiterbarkeit des IKS^{PFH}, die Anpaßbarkeit an neue Anwendungen, die Wiederverwendbarkeit von Software und die Unabhängigkeit von Hardware und Systemsoftware im Vordergrund.

Die Anpaßbarkeit und Erweiterbarkeit des IKS^{PFH} durch den Benutzer ermöglicht eine individuelle Aufgabenverteilung zwischen dem Benutzer und dem Informationssystem und erleichtert bei veränderten Aufgabenstellungen die Bereitstellung einer angemessenen Arbeitsumgebung.

1. Einleitung: Die Softwarekrise in der Bildverarbeitung

In der Vergangenheit wurde Bildverarbeitungssoftware in der Regel für spezielle Hardware und Systemsoftware entwickelt. Das hatte zur Folge, daß die Software nur unter unvertretbar hohem Aufwand auf andere Umgebungen portiert werden konnte. Ähnliches galt in Bezug auf die Erweiterbarkeit und Anpaßbarkeit an neue Anwendungen, so daß aufwendige und teure Mehrfachentwicklungen der Software unvermeidbar waren.

Dieser Zustand war tolerierbar oder sogar unvermeidlich. Die geringe Leistungsfähigkeit und die hohen Kosten der verwendeten Hardware erzwangen, die speziellen Eigenschaften der Hardware (Peripherie, spezielle Rechnerarchitekturen) weitgehend ausnutzen und die Ein- und Ausgabe eng an das jeweilige Betriebssystem anlehnen zu müssen, um die benötigte Performanz zu erreichen. Die verwendeten Verfahren waren im Vergleich zu heute von geringer Komplexität und die Software mithin überschaubar. Zudem existierten kaum allgemein anerkannte Standardverfahren, so daß eine Verbreitung einmal realisierter Methoden selten angestrebt oder sinnvoll war.

All diese Einschränkungen treffen heute nicht mehr zu. Die Leistungsfähigkeit der Hardware steigt rapide bei sinkenden Preisen, und mit immer anspruchsvolleren Anwendungen (z.B. Bildverstehen) steigt die Komplexität der Verfahren. Zusammen mit kürzer werdenden Lebenszyklen der Hardware erzwingt dies die Wiederverwendungen einmal entwickelter Software. Gleichzeitig kristallisieren sich Standardverfahren in der Bildverarbeitung heraus, die unabhängig von den speziellen Randbedingungen der jeweiligen Hardware oder Anwendung realisiert werden müssen, um als wiederverwendbare Komponenten eine breite Nutzung zu finden.

In ähnlicher Weise sind gegenwärtig die Anforderungen an die Benutzerschnittstellen einem dramatischen Wandel unterworfen. Früher wurde der Ergonomie der Benutzerschnittstellen wenig Beachtung geschenkt, da der Aufwand für die Entwicklung der eigentlichen Funktionalität bereits groß war und die Systeme fast ausschließlich von deren Entwicklern oder Experten der Bildverarbeitung benutzt wurden.

Bereits heute sind aber die Benutzer von BV-Systemen nicht mehr ausschließlich im Bereich der BV-Experten zu finden; die Gruppe der Benutzer, die ein BV-System nur als Werkzeug betrachten und keine speziellen Vorkenntnisse in der Bildverarbeitung mitbringen, wächst ständig. Die Beachtung ergonomischer Gestaltungsprinzipien von Benutzerschnittstellen unter besonderer Berücksichtigung interindividueller Benutzerunterschiede werden daher entscheidend für die Akzeptanz von BV-Systemen werden.

Es wurden bereits zahlreiche Anstrengungen unternommen, um den o.g. Entwicklungen Rechnung zu tragen. Es wurden Dateiformate [Sivigny et al. 88] festgelegt, um die Austauschbarkeit von Bildern zu gewährleisten. Die Erstellung von Unterprogramm-Bibliotheken [Tamura et al. 83] erleichtert die Wiederverwendung von Standardverfahren. In [Gemmar, Hofele 87] wird ein allgemeines Operationsmodell vorgeschlagen, das die Beschreibung vieler BV-Operationen in einheitlicher Form ermöglicht. Mit speziellen BV-Programmiersprachen [Duff, Levialdi 81] war die Bereitstellung leistungsfähiger Daten- und Kontrollstrukturen beabsichtigt. In [Dreschler-Fischer, Faasch 87] wird eine virtuelle Maschine für die Bildverarbeitung vorgestellt, die das Verbergen spezieller Geräteeigenschaften ermöglicht und eine zentrale Betriebsmittelverwaltung bereitstellt. In [Haarslev 87] werden Aspekte der Benutzerschnittstellen im Zusammenhang mit Bildverarbeitungssystemen erörtert.

Allerdings konnten mit diesen Ansätzen immer nur Teilprobleme bearbeitet werden. Von der Idee eines allgemeinen Bildverarbeitungssystems, das den ganzen Softwarezyklus vom Design, über die Implementierung bis zur Anwendung unterstützt, war man noch weit entfernt. Aus dieser Situation entstand der Wunsch, die Gestaltungsziele eines ikonischen Kernsystems auf eine breitere und einheitliche Basis zu stellen. Um das von uns vorgestellte Bildverarbeitungssystem von den Diskussionen eines ikonischen Kernsystems (IKS) innerhalb der IKS-Kommission zur Ausarbeitung einer Empfehlung für eine Deutsche Industrienorm abzugrenzen, haben wir es IKS^{PFH} (Ikonisches Kernsystem im Philips Forschungslaboratorium Hamburg) genannt.

Das IKS^{PFH} ist als ein flexibles und effizientes Dienstleistungssystem gedacht, das ikonische Operationen und Datenstrukturen zur Verfügung stellt. Es soll ein interaktives Bildverarbeitungssystem sein, das unterschiedlichen Benutzergruppen eine angemessene Funktionalität bietet und insbesondere die rasche Anpassung der Funktionalität an die Aufgabenstellungen und Bedürfnisse verschiedener Benutzer ermöglicht.

In den folgenden Kapiteln wird ein Anforderungskatalog an ein allgemeines BV-System erstellt. Darauf aufbauend stellen wir eine neue Architektur vor und beschreiben deren objektorientierte Prototyp-Implementation in einer DEC-VAX Umgebung.

2. Anforderungen an ein allgemeines Bildverarbeitungssystem

2.1. Hardware- und Systemsoftware-Unabhängigkeit

Ein allgemeines BV-System muß aufgrund der vielfältigen und sich ständig ändernden System-Umgebungen in weiten Teilen unabhängig von der Hardware und der Systemsoftware realisiert werden. Unter Systemsoftware sind Betriebssysteme, Gerätetreiber und lokale Intelligenz der Peripherie zu verstehen.

Es müssen logische Schnittstellen zur Peripherie und Systemsoftware geschaffen werden, so daß die speziellen Eigenschaften der Systemkomponenten verborgen bleiben. Wichtig ist in diesem Zusammenhang die einfache Integration neuer Geräte; nach erfolgter Realisierung der logischen Sicht für ein Gerät, ist dieses sofort innerhalb des IKS^{PFH} verwendbar. Die daraus resultierenden Eigenschaften der IKS^{PFH}-Architektur werden weiter unten behandelt.

2.2. Resourcenverwaltung

Die unterschiedliche Funktionalität und Mächtigkeit der Komponenten der Systemumgebung bringen einige Probleme mit sich. Stehen verschiedene Teilsysteme zur Erfüllung einer bestimmten Aufgabe zur Verfügung, so wird von dem einzelnen Benutzer jeweils die leistungsfähigste bzw. am leichtesten zu bedienende Komponente gewählt. Das führt zu einer ungünstigen Resourcenbelegung: Die Komponenten mit hoher Funktionalität werden überbelegt, während einfachere (ältere) Teilsysteme kaum Verwendung finden.

Daraus resultiert die Forderung nach einer Resourcenverwaltung durch das System. Das bedingt wiederum eine Verlagerung der Verantwortung für eine effiziente Ausführung der gewünschten BV-Operationen hin zu einem IKS, da der Benutzer die speziellen Eigenschaften der Systemkomponenten nicht mehr gezielt ausnutzen sollte.

2.3. Benutzerfreundlichkeit

Ein wichtiger Bestandteil der Konzeption des IKS^{PFH} liegt in der Einhaltung softwareergonomischer Gestaltungsprinzipien. So sollten die in [DIN 66234] geforderte

Aufgabenangemessenheit,
Selbsterklärungsfähigkeit und
Steuerbarkeit

von Benutzerschnittstellen erfüllt werden und die in [Balzert 87] vorgeschlagenen Gestaltungsziele

Lern- und Entwicklungsmöglichkeiten,
Möglichkeiten zur Veränderung von Verfahren,
Anpaßbarkeit an vorhandene Qualifikation und
Transparenz der Bedieneroberfläche

eingehalten werden.

Eine wesentliche Anforderung an das interaktive Bildverarbeitungssystems IKS^{PFH} besteht in dessen Anpaßbarkeit an unterschiedliche Benutzergruppen. Die Anforderungen verschiedener Benutzergruppen sind insbesondere von deren Erfahrungen und Aufgabenstellungen abhängig und variieren mit der Benutzung des Systems. Wir unterscheiden insbesondere folgende Benutzergruppen:

Benutzer, die einen festgelegten Methodenvorrat verwenden,
Benutzer, die in Abhängigkeit von der Problemstellung Verfahren anpassen, und
Benutzer, die neue Datenstrukturen und Operationen entwickeln und integrieren.

Diese Benutzergruppen erwarten unterschiedliche Interaktionsformen und unterschiedliche Strategien z.B. hinsichtlich persönlicher Arbeitsstile, der Benutzerunterstützung und der Aufgabenbereiche. Die Adaptierbarkeit schließt insbesondere die Anpassung der Systemfunktionalität durch den Benutzer selbst mit ein - das System sollte sich dem Benutzter anpassen lassen und nicht umgekehrt. Dabei muß das Verhalten der angebotenen Oberflächen stets in sich konsistent und für den Benutzer durchschaubar und vorhersehbar sein, d.h. der Benutzer darf nie in die Situation geraten, nicht mehr verstehen zu können, wie er sich gegenüber dem System als nächstes zu verhalten hat.

Aufgrund der hohen Komplexität einer Benutzerschnittstelle mit der o.g. Funktionalität, sollte sie als eigenständiges System realisiert werden. Dabei sollten Bausteine der Benutzerschnittstelle neben den ikonischen Komponenten für die Entwicklung von Anwendungsprogrammen verwendbar sein, um so nicht nur die Austauschbarkeit von Algorithmen und Daten zu gewährleisten, sondern auch eine einheitliche Anwendungs- und Entwicklungsumgebung zur Verfügung zu stellen.

2.4. Erweiterbarkeit

Das gesamte Feld der Bildverarbeitung ist zu umfangreich und einer zu raschen Weiterentwicklung der Methoden unterworfen, um durch ein einziges System vollständig realisiert zu werden. Die hohe Dynamik in der Bildverarbeitung erfordert die Verwendung offener Systeme, die mit den steigenden Anforderungen wachsen können. Neue Verfahren und Datenstrukturen sollen sich leicht integrieren lassen bzw. alte ersetzen können. Daher stellt das angestrebte IKS lediglich einen administrativen Rahmen bereit, in dem nur die grundlegenden Datenstrukturen und Operationen vordefiniert werden. Neue Anwendungen werden mit diesen Grundbausteinen realisiert und in dem IKS-Rahmen eingehängt.

Das IKS ist somit ein Minimalsystem, das einem Baukastenprinzip entsprechend Werkzeuge zur Verfügung stellt, mit deren Hilfe sich aus bereits vorhandenen Bausteinen neu benötigten Komponente realisieren lassen.

Insbesondere sollte bestehende Software, die in einer beliebigen Hochsprache realisiert wurde, leicht in ein IKS eingebettet werden können, ohne bemerkenswerte Effizienzverluste zu verursachen. Damit wird der Entwicklungen und Wiederverwendung sehr spezieller Verfahren Rechnung getragen.

Eine wesentliche Voraussetzung für die Erweiterbarkeit eines Systems ist dessen Zerlegung in handhabbare Moduln mit einer genau definierten Kommunikation: Die dadurch gewonnene Übersichtlichkeit ermöglicht eine gezielte Änderung des Systems ohne störende Seiteneffekte und bietet so ein hohes Maß an Sicherheit. Wir schlagen eine objektorientierte Architektur vor, die die Modularitätsanforderungen durch die Realisierung abstrakter Datentypen in Form von Objekten erfüllt, die nur über Nachrichten kommunizieren. Durch die in der objektorientierten Methodik enthaltene Technik der Vererbung wird die Erweiterbarkeit des Systems sowohl durch Modifikation als auch durch Wiederverwendung vorhandener Komponenten wirkungsvoll unterstützt.

2.5. Vollständige BV-Umgebung

Wir verstehen unter einer vollständigen BV-Umgebung ein System, das den ganzen Design-Zyklus in der Bildverarbeitung vom Konzept bis zur Anwendung unterstützt. Das IKS^{PFH} soll dem BV-Experten eine Experimentierumgebung zur Verfügung stellen, in die er neue Komponenten leicht einbinden und unter realen Bedingungen testen kann. Für die Formulierung neuer Operationen stehen zwei Alternativen zur Verfügung:

- die Kodierung der Algorithmen in einer beliebigen Programmiersprache mit anschließender Einbettung in IKS^{PFH} und
- die Formulierung neuer Operationen und Datenstrukturen unter Ausnutzung der vollen Befehlsumfanges der objektorientierten Implementationssprache des IKS^{PFH}.

Der erfahrene IKS^{PFH}-Benutzer oder BV-Experte wird in der Regel vorhandene Operationen neu zusammenstellen, modifizieren oder eine Feinabstimmung parametrisierbarer Algorithmen innerhalb des IKS^{PFH} durchführen. Er wird es auch sein, der mit Hilfe der vorhandenen Kommunikationsobjekte die äußerste Benutzerschale zusammenstellt, über die der gelegentliche Endbenutzter - in der Regel kein BV-Experte - mit dem IKS^{PFH} in Verbindung tritt. So ist es möglich, Bildverarbeitungsumgebung in die verschiedene Arbeitsumgebung zu integrieren, ohne den Endbenutzer durch eine unnötige Kommandovielfalt zu überlasten.

2.6. Schnittstelle zur Symbolik

Eine Abgrenzung der ikonischen, d.h. überwiegend pixel-orientierten, Bildverarbeitung von der symbolischen, d.h. abstraktere Repräsentationsformen benutzenden, Bildverarbeitung ist noch nicht allgemein akzeptiert. Eine klare Trennung ist eigentlich auch schwierig, da es Verfahren gibt, die sowohl mit ikonischen als auch mit symbolischen Datenstrukturen arbeiten. Eine mögliche Trennung kann in Abhängigkeit von der Verwendung problemspezifischer Informationen vorgenommen werden. Die Verfahren der Ikonik können im allgemeinen ohne anwendungsspezifisches Wissen formuliert werden, während die symbolischen Bildverarbeitungsverfahren häufig im Anschluß an die Ikonik in Verbindung mit der Nutzung problemspezifischen Wissens ausgeführt werden.

Die in einem IKS realisierten Datenstrukturen beziehen sich im wesentlichen auf den ikonischen Teil der Bildverarbeitung. Es ist jedoch eine Schnittstelle zum symbolischen Teil der Bildverarbeitung notwendig, um einerseits wissensbasierte ikonische Operationen durchführen zu können und um andererseits durch pixelnahe Operationen gewonnene Daten der symbolischen Weiterverarbeitung übergeben zu können. Die symbolischen Beschreibungen variieren oft im Detaillierungsgrad und verwenden eine Vielzahl verschiedener Datenstrukturen. An der Ikonik-Symbolik-Schnittstelle sind neben den in vielen Programmiersprachen vorhandenen "Standarddatentypen" (skalare Datentypen, Arrays, Strukturen etc.) insbesondere die Datentypen Matrix, Menge, Folge und Graph von Bedeutung.

3. Architektur

Wir haben für die IKS^{PFH} - Realisierung eine objektorientierte Architektur vorgesehen, um den hohen Anforderungen an die Modularität und Erweiterbarkeit des Systems zu entsprechen. Ziel war es, die logischen Strukturen der Bildverarbeitung möglichst bijektiv in systeminterne Strukturen abzubilden. Daher bestand die erste Aufgabe der Konzeption darin, das Gesamtsystem in ein Ensemble kooperierender Objekte zu zerlegen.

Die objektorientierte Architektur bietet folgende Eigenschaften:

- Durch die zusammenhängende Definition von Datenstrukturen und Operationen innerhalb von Objekten und die Kapselung privater Eigenschaften, werden abgeschlossene Einheiten realisiert und damit ein hohes Maß an Modularität erreicht. Die Modularität wird von uns als eine wesentliche Voraussetzung für die eingangs geforderte Sicherheit und Überschaubarkeit eines Ikonischen Kernsystems angesehen.
- Die Vererbung von Datenstrukturen und Methoden bildet die Voraussetzung für eine gezielte Spezialisierung vorhandener Objekte, ohne umfangreiche Codierungen erneut durchführen zu müssen.
- Die Erweiterbarkeit ist die zentrale Eigenschaft des IKS^{PFH}. Sie wird insbesondere durch das Konzept der Vererbung und durch das hohe Maß an Modularität der objektorientierten Architektur erreicht.
- Die Wiederverwendbarkeit von Software-Komponenten im Sinne von Softwarebausteinen (vgl. Software-ICs in [Cox, Hunt 86]) wird durch die objektorientierte Vorgehensweise, insbesondere durch die Vererbung, gefördert (bzw. erst ermöglicht).
- Die Trennung der Benutzerschnittstelle von dem Anwendungssystem gewährleistet eine flexible und konsistente Integration externer Algorithmen.

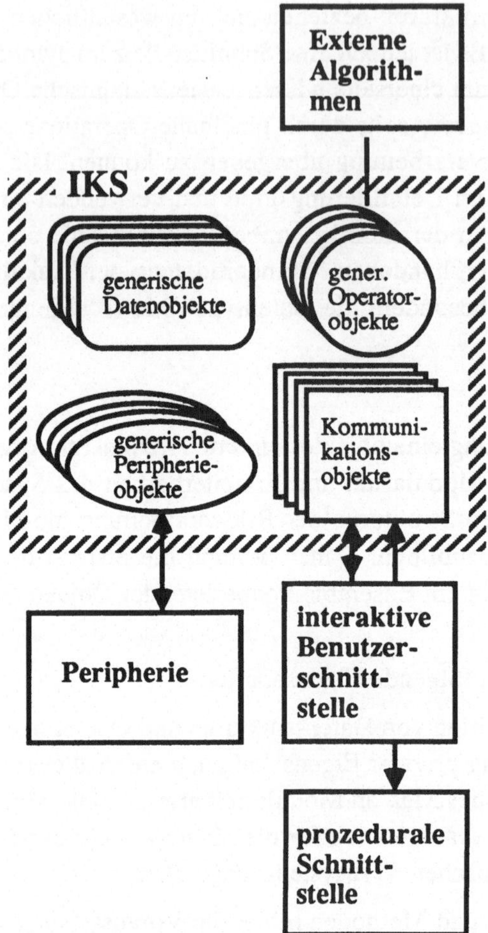

Abb. 1: IKS^{PFH}-Architektur

Die Wiederverwendbarkeit wird von uns in zwei unterschiedliche Konzepte differenziert:

1. Die Formulierung kompakter Objekte mit einer klar abgegrenzten Funktionalität, einer sicheren Schnittstelle und einer aussagekräftigen Dokumentation. Diese Objekte werden in einer Hierarchie angeordnet und können durch Vererbung der wesentlichen Eigenschaften, Modifikation einiger Aspekte und Hinzufügen anderer Aspekte spezialisiert werden.

2. Die Integration vorhandener, in anderen Hochsprachen kodierter Komponenten durch Einbettung in schablonenartige Objekte, die die Kommunikation mit den weiteren Bildverarbeitungsobjekten gewährleistet.

Um die Funktionalität der BV-Objekte möglichst einfach und überschaubar zu definieren, hat es sich als sinnvoll herausgestellt, fünf Objektkategorien vorzusehen:

- Datenobjekte,
- Operatorobjekte,
- Peripherieobjekte,
- Administrationsobjekte und
- Kommunikationsobjekte.

Als Objekte bezeichnen wir Strukturen, die dem Paradigma der objektorientierten Programmierung entsprechen: Objekte sind eine Zusammenfassung aus Datenstrukturen und darauf anwendbare Methoden. Die Unterteilung in Daten- und Operatorobjekte impliziert keine Trennung der Methoden von den Daten. Sowohl die Daten- als auch die Operatorobjekte enthalten Attribute (Daten) und Methoden (Operationen). Die Aufteilung der Funktionalität zwischen den Daten- und Operatorobjekten bleibt dem Benutzer entsprechend seinen Anforderungen und Anwendungen überlassen. Die Struktur und die Funktionalität dieser beiden Objektgruppen werden wir im folgenden noch detailliert beschreiben. Die Kategorie der Peripherieobjekte dient der Zusammenfassung allgemeiner Eigenschaften peripherer Geräte. Die spezielle, zusätzliche Funktionalität eines Gerätes wird darauf aufbauend in einer verfeinerten Subklasse ergänzend beschrieben. Nicht vorhandene Funktionen können in den spezialisierten Peripherieobjekten durch entsprechende Software simuliert werden. Insgesamt gewährleisten die Peripherieobjekte einen einheitlichen Zugang zu verschiedenen peripheren Geräten.

In der Kategorie der administrativen Objekte fassen wir die für die Verwaltung des IKS^{PFH} notwendigen Komponenten zusammen. Dazu gehören unter anderem Verzeichnisse, Listen, Mengen und Objekt-Historien.

Die Benutzerschnittstelle zum IKS^{PFH} sollte nicht integraler Bestandteil desselben sein. Um eine modulare und flexible Gestaltung des Gesamtsystems und eine hohe Wiederverwendbarkeit sämtlicher Systemkomponenten zu erreichen, ist eine Kombination mit eigenständigen Benutzerschnittstellen (evtl. unter Verwendung von User Interface Management Systemen [Olson 87]) anzustreben. Daher haben wir als fünfte Komponente des IKS^{PFH} ein allgemeines Kommunikationsinterface (Abb. 2) konzipiert, das den Anschluß einer großen Klasse von Benutzerschnittstellen und Anwendungsprogrammen ermöglichen soll.

Über die Kommunikationsobjekte werden die Interaktionskomponenten eines Benutzerschnittstellen-Baukastensystems an die entsprechenden Objekte des IKS^{PFH} gekoppelt. Die Kommunikationsobjekte enthalten spezifisches Wissen über "ihre" Interaktions- und IKS^{PFH}-Objekte. So können das IKS^{PFH} und das Benutzerschnittstellensystem unabhängig voneinander entwickelt werden.

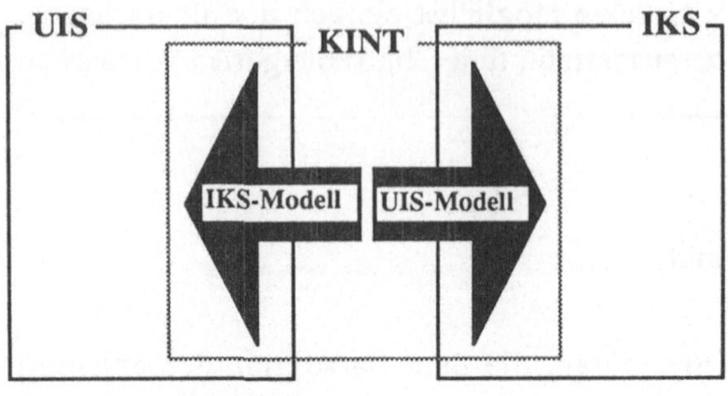

UIS User Interface System
IKS Ikonisches Kern System
KINT Kommunikations Interface

Abb. 2: Das Kommunikationsinterface verbindet die Benutzerschnittstelle(n) mit dem Kernsystem.

Am weitesten fortgeschritten sind unsere Arbeiten im Bereich der Daten- und Operatorobjekte, deren Struktur wir im folgenden vorstellen. An entsprechenden Strukturen der anderen Objektkategorien wird gerade gearbeitet; sie werden später veröffentlicht werden.

3.1. Datenobjekte

Die Datenobjekte werden dem aktuellen Entwicklungsstand entsprechend in zwei Kategorien unterteilt:

- Elementare Datenobjekte
- Bildobjekte

Unter elementaren Datenobjekten verstehen wir Datentypen, die in fast allen Programmiersprachen vorhanden sind (bzw. leicht realisiert werden können). Dazu zählen wir u.a. Text, Zahlen, Vektoren, Matrizen und Listen. Die Bildobjekte sind zweifellos die Datenobjekte von zentraler Bedeutung. Bei der Strukturierung haben wir uns von den Anforderungen der medizinischen Bildverarbeitung anregen lassen und bauen auf die im ACR-NEMA Standard ([ACR-NEMA 85], Section 5.2) vorgeschlagenen Konzepte auf. Das allgemeine Bildobjekt besitzt die folgenden Attribute:

Deskriptor (Name, Datum, Aufnahmeparameter)
Ein Bild wird eindeutig durch einen vom Benutzer wählbaren Namen, durch das Aufnahmedatum und spezifische Aufnahmeparameter identifiziert.

Textinformation
Beschreibung des Bildinhaltes in einer lesbaren, ansonsten aber freien Form durch den Benutzer bzw. durch Methoden der Symbolik.

Zugriffsrechte
Um eine möglichst flexible Zugangskontrolle zu erhalten, halten wir es für sinnvoll, für jedes Bild Zugriffsrechte zu spezifizieren. Die Anwendung von Zugangskontrollen

beschränkt sich nicht nur auf Bilddateien, sondern gilt für beliebige Aufenthaltsorte (Bildspeicher, Peripherie etc.).

Ortsbeschreibung (Aufenthaltsorte, Formate)
Durch die Möglichkeit, Bilder an mehreren Aufenthaltsorten (peripherer Speicher, Hauptspeicher, Displays, externe Prozessoren etc.) gleichzeitig bereitzuhalten, wird eine effektive Nutzung der Kommunikationskanäle erreicht. Zur Verwaltung der unterschiedlichen Aufenthaltsorte und der dort abgelegten Bilder (Bildausschnitt, Auflösung etc.) wird die Ortsbeschreibung benötigt.

Formatbeschreibung
Die Formatbeschreibung enthält Informationen über die Dimensionen, die Auflösung und Kodierung der Bilder.

Geschichte (Originalbild, ausgeführte Operationen, Parameter)
Die Entstehungsgeschichte wird neben den Aufnahmeparametern des Originalbildes für die Beurteilung eines Bildes genutzt. Die Historie bildet die Grundlage für die Rücknahme bzw. erneute Ausführung von BV-Operationen.

3.1.1. Spezialisierte Bildobjekte

Das allgemeine Bildobjekt ist als abstrakte Superklasse der folgenden Spezialisierungen zu verstehen (die zusätzlichen Eigenschaften werden jeweils kurz beschrieben):

Ikonische Bilder
Speicherung des Bildinhaltes in Form von Pixel-Matrizen (Rohdaten, durch ikonische Operationen abgeleitete Bilder, etc.)

Symbolische Bilder
Symbolische Beschreibungen des Bildinhaltes, die in unterschiedlichen, nicht pixelartigen Repräsentationen vorliegen werden. Das können 'klassische' Datenstrukturen, wie z.B. Listen oder Mengen, aber auch beliebig komplexe Objekte (z.B.Matrizen mit beliebigen Elementen [Tanimoto 76]) sein.

Graphische Bilder
Graphische Repräsentationen von Bildinhalten, z.B. Histogramme, Polygonzüge, Segmente etc. , die sich für eine direkte Darstellung auf einem graphischen Gerät eignen.

Teilbilder
Um mehrere Bereiche eines Bildes für die Verarbeitung beschreiben zu können, verwenden wir das Konzept der Teilbilder. Teilbilder sind Ausschnitte ("Region Of Interest") eines Bildes und enthalten einen Verweis auf das entsprechende Originalbild.

3.1.2. Zusammengesetzte Bildobjekte

Mehrere Einzelbilder können zu folgenden komplexeren Strukturen zusammengefaßt werden:

Bildmengen repräsentieren Mengen inhaltlich zusammengehörige Bilder. Sie enthalten Verweise auf die Einzelbilder und spezielle Methoden zur Auswertung. Als Beispiele für Bildmengen ohne Ordnungsrelation können multisensorielle Bilder oder Bilder mit unterschiedlichen Aufnahmemodalitäten genannt werden.

Bildserien sind geordnete Bildmengen. Bildserien können sowohl zeitlich (Bildfolgen) als auch räumlich (z.B. CT-Schichtbilder) geordnet sein. Als Beispiele für spezielle Methoden der Auswertung können die 3D-Rekonstruktion und Bewegungsdetektion angesehen werden.

Verbund-Strukturen stellen eine Zusammenfassung beliebiger, inhaltlich zusammengehöriger, aber unterschiedlicher Datenobjekte dar. Der Zugriff auf die Komponenten erfolgt über Schlüsselattribute.

Die BV-Algorithmen können als Methoden direkt in den entsprechenden Bildobjekten enthalten sein, sie können aber auch als eigenständige Operatorobjekte definiert werden, wie im folgenden Kapitel ausgeführt.

3.2. Operatorobjekte

Die Operatorobjekte haben die Aufgabe, alle Informationen einer generischen (polymorphen [Liskov 87]) BV-Operation, deren Realisierung auf mehrere Bildobjekte verteilt sein kann, zusammenhängend bereitzuhalten. Zu diesen Informationen gehört z.B. das Wissen, wie in Abhängigkeit der verwendeten Parameter dieser Operation die Geschichte des betroffenen Bildes aktualisiert wird, und die Unterstützung spezieller Hilfe-Funktionen. Die eigentlichen Algorithmen können sowohl als Methoden direkt bei den Datenobjekten als auch innerhalb des entsprechenden Operatorobjektes lokalisiert werden. Die Operatorobjekte werden von uns in zwei Kategorien eingeteilt:

IKS - Operatoren werden in der IKS-Implementierungssprache unter Verwendung sämtlicher Kontroll- und Datenstrukturen (Vererbung, generische Operationen) realisiert.

Alien - Operatoren werden zur Einbindung von Algorithmen, die in einer beliebigen Hochsprache kodiert (bzw. in einer Software-Bibliothek enthalten) sein können, in das IKS benutzt.

3.2.1. IKS - Operatoren

Mit Hilfe der IKS - Operatoren können insbesondere abstrakte Operationen in Form von Kontrollfluß-Schablonen beschrieben werden, die durch Instantiierung unter Verwendung von spezifischen Verarbeitungseinheiten zu vollständigen Operatorobjekten ergänzt werden. Dazu sehen wir in Anlehnung an [Gemmar, Hofele 87] Beschreibungskategorien vor, die es gestatten,

- lokale Verarbeitungsvorschriften, die die lokale Operation beschreiben,
- Nachbarschaften, auf die die lokale Operation sukzessive angewendet wird,
- Abarbeitungsstrategien, nach denen das Bildobjekt abgearbeitet wird,

separat zu definieren und zentral zu verwalten.

Im Gegensatz zu den in [Gemmar, Hofele 87] vorgestellten Konzepten, verfolgen wir keinen allgemeinen, theoretischen Ansatz, sondern haben eine pragmatische Realisierung in unserer objekt-orientierten Architektur durchgeführt. Dabei sind die Abarbeitungsstrategien, die Nachbarschaften und die Verarbeitungsvorschriften jeweils eigenständige Objekte, die miteinander kommunizierend eine Operation repräsentieren.

Zur Verdeutlichung der Arbeitsweise dieser Komponenten möge das Beispiel der bekannten Mittelwertfilterung, die mit Hilfe einer abstrakten Filter-Operation für 2-dimensionale Bilder realisiert werden kann, dienen. Die Mittelwertfilterung weist jedem Pixel des Ergebnisbildes das arithmetische Mittel der Grauwerte der umgebenden Pixel des Ausgangsbildes zu. Die abstrakte Filter-Operation überprüft zuerst ihren Operanden (ein ikonisches, 2-dimensionales Bildobjekt) auf Korrektheit und generiert, in Abhängigkeit vom Typ des Operanden, ein leeres Ergebnis-Bildobjekt.

Der abstrakte Filter-Operator enthält zunächst eine Abarbeitungsstrategie, systematisch alle Pixel der im Bildobjekt enthaltenen "Region Of Interest" zu durchlaufen. In der Regel wird dies zeilenweise geschehen, mit einer speziellen Hardware-Architektur (z.B. ein im PFH verwendetes Transputernetzwerk) kann dieses Verfahren durch eine parallele Verarbeitung ersetzt werden. Dazu müßte im IKS^{PFH} eine Spezialisierung des abstrakten Filter-Operators definiert werden, in dem die Methode des systematischen Bilddurchlaufs ersetzt wird.

Für jedes Pixel wird dann ein Filterkern-Objekt aktiviert, das die Berechnung der Pixel des Ergebnisbildes durchführt. Dazu wird eine lokale Operation zur Berechnung der Mittelwerte aktiviert. Die anzuwendenden Gewichtsfaktoren werden dem Parameterblock entnommen, die zu mittelnden Bildelemente werden durch die Nachbarschaft festgelegt. Diese Nachbarschaft wird in der Regel das Format eines Rechteckes aufweisen, jedoch lassen sich beliebig gestaltete Nachbarschaften auf diese Art zentral verwalten.

Das vom Filterkern erhaltene Ergebnis wird schließlich dem entsprechenden Pixel des Ergebnisbildes zugewiesen. Mit diesem Konzept der abstrakten Filter können eine Vielzahl von Filter-Operationen durch gezielte Änderung der einzelnen Beschreibungskategorien durch den Benutzer auf wenige, dafür mächtige Grundkonzepte zurückgeführt werden.

3.2.2. Alien - Operatoren

Die Kategorie der Alien - Operatorobjekte dient der Einbettung von Algorithmen, die in einer beliebigen Hochsprache kodiert sein können. Die Kategorie der Alien-Operatoren enthält Operatorobjekte, die sprachspezifische Konvertierungsmethoden und Aufrufschablonen bereitstellen und die Kommunikation mit den übrigen IKS^{PFH}-Objekten gewährleisten. Durch die Einbettung bestehender Software in Alien-Operatoren und damit in das IKS^{PFH} wird ein wichtiger Beitrag zu der Wiederverwendbarkeit von Software geleistet. Mit einer Kopplung dieser Operatorobjekte an entsprechende Interaktionsobjekte wird unabhängig von der Implementierung der verschiedenen Operationen eine konsistente Benutzeroberfläche erzielt.

Die Lokalisierung der Algorithmen kann, wie bereits oben erwähnt, entweder als Methoden bei den Datenobjekten oder als eigenständige Operatorobjekte vorgenommen werden. In vielen Fällen kann der Entwickler diese Lokalisierung entsprechend der Aufgabenstellung frei wählen. Basisoperationen müssen allerdings als Methoden der Datenobjekte realisiert werden, wenn sie den direkten Zugriff auf die privaten Komponenten des Datenobjektes benötigen. Z.B. werden oft wohldefinierte Zugriffsoperationen, die häufig von anderen Operationen aktiviert werden, als Basismethoden direkt bei den Datenobjekten lokalisiert. Komplexe Verfahren, die für mehrere Datenstrukturen benutzt werden können, sollten als eigenständige Operatorobjekte implementiert werden.

4. Objektorientierte Prototyp-Implementation

Um die objektorientierte Architektur des IKS^{PFH} frühzeitig zu evaluieren wurde im Philips Forschungslaboratorium Hamburg ein Prototyp in der Programmiersprache Objective-C in einer DEC-VAX Umgebung realisiert. Dabei wurden die eigentlichen BV-Algorithmen den bestehenden Software-Bibliotheken zur Bildverarbeitung entnommen.

Es wurden nur die am häufigsten Verwendung findenden Datenobjekte und einige wenige Operatorobjekte realisiert, um die Funktionalität des Gesamtsystems zu testen. Die relativ geringe Anzahl der realisierten BV-Algorithmen ist dabei von untergeordneter Bedeutung, da diese in beliebigen Programmiersprachen realisiert und dann in das IKS^{PFH} eingebunden werden können. Es können daher die Algorithmen einer bestehenden Software-Bibliothek ohne großen Aufwand in das Prototyp-IKS^{PFH} integriert werden.

Zur Kapselung der speziellen Geräteeigenschaften haben wir Peripherieobjekte verwendet. Sie realisieren die im 2. Abschnitt geforderten Eigenschaften der Hardware- und Systemsoftware-Unabhängigkeit. Auch hier werden ausgehend von abstrakten Klassen durch Verfeinerung die jeweiligen Objekte definiert. Als Peripherieobjekte lassen sich u.a. Bildspeicher, Displays, bilderzeugende Geräte und Prozessoren modellieren. Die Peripherieobjekte sind im wesentlichen mit der Funktion der in [Dreschler-Fischer, Faasch 87] vorgestellten virtuellen Maschine für die Bildverarbeitung vergleichbar. Als Verfeinerung der Peripherieobjekte wurde bei den Displays das Ramtek und bei den Bildspeichern die VMS-Datei realisiert. Das durch die Kommunikationsobjekte realisierte Kommunikationsinterface hat im wesentlichen zwei Aufgaben: dem IKS^{PFH} eine logische Sicht einer Benutzerschnittstelle zu bieten und einer beliebigen Benutzerschnittstelle eine logische Sicht des IKS^{PFH} bereitzustellen. Als logische Sicht verstehen wir hier eine implementations-unabhängige Beschreibung der Objekte einschließlich ihrer Funktionalität. Das IKS^{PFH} kennt nur gewisse abstrakte Eigenschaften von Benutzerschnittstellen, ohne Annahmen darüber zu machen, wie die vorhandene Benutzerschnittstelle realisiert ist. Durch die Verwendung des Kommunikationsinterface (vgl. semantic support component [Dance et al. 87]) wird eine Trennung der Benutzerschnittstelle von dem eigentlichen IKS^{PFH} erreicht. Das Kommunikationsinterface wurde in Prolog implementiert. Dabei ist das Interface zwischen Prolog und Objective-C derart realisiert, daß man aus Prolog über ein allgemeines Nachrichten-Prädikat Objective-C Objekten Nachrichten senden kann. Die durch die Nachrichten aktivierten Methoden liefern Ergebnisse an das in Prolog realisierte Teilsystem.

5. Zusammenfassung und Ausblick

Wir haben als Vorschlag für ein Ikonisches Kernsystem ein allgemeines Bildverarbeitungssystem vorgestellt, dessen objektorientierte Architektur auf die Kommunikation von Datenobjekten, Operatorobjekten, Peripherieobjekten, Administrationsobjekten und Kommunikationsobjekten aufbaut. Die objektorientierte Struktur ist eine wesentliche Voraussetzung für eine hohes Maß an Modularität und dient der geforderten Erweiterbarkeit des IKS und der Wiederverwendbarkeit von Software-Komponenten.

Die erste Implementierung hat gezeigt, daß die vorgestellte objektorientierte Architektur der Problemstellung eines IKS angemessen ist. Das Gesamtsystem konnte derart gestaltet werden, daß die Ausarbeitung der einzelnen Komponenten des IKS^{PFH} unabhängig voneinander erfolgte. Die hierarchische Beschreibung der Datenobjekte und der zulässigen Operationen hat eine übersichtliche Struktur des Prototyp-Systems zur Folge. Durch die Verwendung der Peripherieobjekte wurde eine Abstraktion von den Details der verwendeten Geräte erreicht. Die Einbettung vorhandener BV-Software in die Alien-Operatoren hat sich dahingehend bewährt, daß die im Forschungslaboratorium implementierten Algorithmen ohne Effizienzeinbußen weiterhin Verwendung finden.

Bei der weiteren Entwicklung des IKS^{PFH} sind auf dem Gebiet der Benutzerschnittstellen für das IKS^{PFH} noch vielfältige Forschungsaktivitäten nötig, um die Flexibilität und hohe Funktionalität des IKS^{PFH} in angemessener Form bereitzustellen. So ist z.B. die Einbettung neuer Verfahren zur Zeit nur in der Implementierungssprache (Objective-C) möglich. Außerdem müssen Konzepte für die vom Benutzer ausgehende Anpassung der Funktionalität des IKS^{PFH}, z.B. auf der Ebene der Beschreibungskategorien der IKS-Operatoren, erarbeitet werden. Als weiterer Schritt ist die Konzeption eines flexiblen Benutzerschnittstellen-Baukastensystems für das Anwendungsgebiet der Bildverarbeitung geplant, um einen Zugang zu den Interaktionskomponenten auf einem hohen Abstraktionsniveau bereitzustellen. Dabei sollen nach Möglichkeit existierende, anwendungsneutrale Benutzerschnittstellenkomponenten als Basis dienen – ein weiterer Schritt zur Wiederverwendung von Softwarebausteinen.

6. Literatur

[ACR-Nema 85] "Digital Imaging and Communications", ACR-NEMA Standards Publication, No. 300-1985, National Electrical Manufacturers Association, Washington, 1985

[Balzert 87] Balzert, H. "Gestaltungsziele der Software-Ergonomie", in: [Schoenpflug, Wittstock 87], S. 477 - 488

[Cox, Hunt 86] Cox, B. & Hunt, B. "Objects, Icons, and Software-ICs", in: Byte,Vol. 11, No. 8, pp. 161 - 176, August 1986

[Dance et al. 87] Dance, J.R. & Granor, T.E. & Hill, R.D. & Hudson, S.E. & Meads, J. & Myers, B.A. & Schulert, A : "The Run-Time Sructure of UIMS-Supported Applications", in: Computer Graphics, Vol. 21, No. 2, pp. 97 - 101, 1987

[Dreschler-Fischer, Faasch 87] Dreschler-Fischer, L.S. & Faasch, H. "Konzeption einer virtuellen Maschine als Standardschnittstelle für die Bildverarbeitung", in: [Paul 87], S. 542 - 651

[Duff, Levialdi 81] Duff, M.J.B. & Levialdi, S. (eds.) "Languages and Architectures for Image Processing", Academic Press, London, 1981

[Gemmar, Hofele 87] Gemmar, P. & Hofele, G "Konzept für ein standardisiertes Bildverarbeitungssystem auf der Basis eines allgemeinen Operationsmodells für die Ikonik", in: [Paul 87], S. 584 - 602

[Haarslev 87] Haarslev, Volker "Eine ergonomische Benutzerschnittstelle für den Anwendungsbereich der Bildfolgenauswertung", in: [Schoenpflug, Wittstock 87], S. 176 - 186

[Liskov 87] Liskov, Barbara "Data Abstraction and Hierarchy", in: SIGPLAN Notices, Vol. 23, No. 5, pp. 17 - 34, May 1988

[Olson 87] Olsen, Dan R. Jr. (Workshop Chair) "ACM SIGGRAPH Workshop on Software Tools for User Interface Management", in: Computer Graphics, Vol. 21, No. 2, pp. 71 - 147, 1987

[Paul 87] Paul, M. (Hrsg.) "GI - 17. Jahrestagung: Computerintegrierter Arbeitsplatz im Büro", Springer Verlag, Berlin etc., 1987

[Schoenpflug, Wittstock 87] Schoenpflug, W. & Wittstock, M. (Hrsg.) "Software-Ergonomie '87 - Nützen Informationssysteme dem Benutzer?", Teubner Verlag, Stuttgart, 1987

[Sivigny et al. 88] Sivigny, L. & Hedegaard, C. & Gambotto, J.-P. & Bohner, M. & Grinaker, S. & Lloyd, D.E. & Garn, L.E. & Knecht, J.A. "A Tape Format for Transferral of Image Data and Source Programs", in: Computer Vision, Graphics, and Image Processing, Vol. 41, No. 1, pp. 107 - 113, January 1988

[Tamura et al. 83] H. Tamura, S. Sakane, F. Tomita, N. Yokoya, M. Kaneko & K. Sakaue "Design and Implementation of SPIDER - A Transportable Image Processing Software Package", in: Computer Vision, Graphics and Image Processing, Vol. 23, 1983, pp. 273 - 294

[Tanimoto 76] Tanimoto, S.L. "Advances In Software Engineering And Their Relations To Pattern Recognition And Image Processing", in: Pattern Recognition, Vol. 15, No. 3, pp. 113-120, 1982

Adresse der Autoren:

Dipl. Inform. Detlef Haaks
Dr. Ingwer C. Carlsen

Philips Forschungslaboratorium Hamburg
Vogt-Kölln-Straße 30
D-2000 Hamburg 54

Software für Schule und Weiterbildung

Konzeption und Erfahrungen mit der Entwicklung integrierter Softwaretools unter pädagogischen Gesichtspunkten

Hans Rauch
Hessisches Institut für Bildungsplanung und Schulentwicklung
Bodenstedtstraße 7
6200 Wiesbaden

Beschrieben wird das HIT[1]-Projekt des Hessischen Instituts für Bildungsplanung und Schulentwicklung[2] in Wiesbaden zur Entwicklung integrierter Softwaretools für den Bildungsbereich. Ein knapper Überblick zeigt, daß der jeweilige Stand der Softwareentwicklung wesentlichen Einfluß auf die didaktischen Konzeptionen des informationstechnischen Unterrichts hatte. Die speziellen Probleme beim Einsatz von Software im Bildungsbereich werden ausgeführt, woraus sich Forderungen an Software für den Bildungsbereich ergeben. Zum Schluß werden die HIT-Softwaregruppe und erste Arbeitsergebnisse vorgestellt.

Einfluß der Softwareentwicklung auf die didaktischen Konzeptionen des informationstechnischen Unterrichts

Der durch die Mikroelektronik in nahezu allen gesellschaftlichen Bereichen verursachte technische und soziale Wandel war in der Bundesrepublik frühzeitig Gegenstand fachdidaktischer Überlegungen. Dabei haben sich die verfügbare Software und die unterschiedlichen didaktischen Konzeptionen gegenseitig beeinflußt. [1,2]

In einem an der Hardware des Computers ausgerichteten Ansatz wurde Anfang der siebziger Jahre versucht, die wesentlichen technischen Grundprinzipien der elektronischen Datenverarbeitung zu vermitteln. Die Software spielte beim *hardware-orientierten* Ansatz naturgemäß eine untergeordnete Rolle.

Mit dem Aufkommen preiswerter Tischrechner gewannen Mitte der siebziger Jahre die Entwicklung und Untersuchung von Algorithmen im informationstechnischen Unterricht zunehmend an Bedeutung. Der Streit um die "richtige" Programmiersprache stand im Mittelpunkt der Softwarefragen des *algorithmen-orientierten* Ansatzes.

Mit Beginn der achtziger Jahre begann in Berlin die Erprobung eines *anwendungs-orientierten* Ansatzes für die Sekundarstufe I. Dabei sollen, ausgehend von komplexen Problemstellungen, typische Anwendungen und die hiermit verbundenen gesellschaftlichen Auswirkungen für SchülerInnen bearbeitet werden. Beim eigenen Programmieren erfahren die SchülerInnen auf exemplarische Weise, wie Software mit Hilfe einer Programmiersprache entwickelt werden kann.

---

[1] Hessische integrierte Softwaretools
[2] abgekürzt: HIBS

Der Einsatz von Anwendersystemen zur Textverarbeitung, Kalkulation etc. gewann bei diesem Ansatz zunehmend an Bedeutung.

Beim ***system-orientierten*** Ansatz sollen die unterschiedlichen Positionen integriert werden: Die Veränderung gesellschaftlicher Bereiche durch die Informations- und Kommunikationstechnik sowie deren informationstechnische Grundlagen werden handlungsorientiert in komplexen Anwendungsbezügen unterrichtlich aufgearbeitet, wobei die Auseinandersetzung mit vernetzten Systeme und ihrer sozialen Beherrschbarkeit zu den wichtigsten Schwerpunkten dieses Ansatzes zählt.

Mit der Einführung einer "informationstechnischen Grundbildung" für alle SchülerInnen, die in den Bundesländern auf der Basis des gemeinsam gefaßten "Gesamtkonzeptes für die informationstechnische Bildung" [3] voraussichtlich in den nächsten Jahren erfolgen wird, stellt sich erneut die Frage nach der optimalen Software für diesen Bereich. Gleiches gilt im Hinblick auf den enormen Weiterbildungsbedarf, der aus dieser Entwicklung resultieren wird.

Software im Bildungsbereich

Im allgemeinbildenden Bildungsbereich kann die eingesetzte Software in vier Kategorien unterteilt werden:

- Als **Programmiersprachen** werden in erster Linie BASIC, ELAN, LOGO und Pascal eingesetzt.
- Bei den **Softwaretools** werden alle gängigen Anwenderprogramme genutzt: Textverarbeitung, Kalkulation, Datenbanken und Zeichenprogramme.
- Für spezielle Anwendungen werden **Simulationsprogramme** eingesetzt, die einen Teil der Wirklichkeit programmtechnisch nachbilden. In Hessen zählt die *BTX-Bank* zu den wichtigsten Programmen dieser Kategorie, bei der das "home banking" mittels BTX-System auf Einzelplatzrechnern nachgebildet wird. [4]
- Darüberhinaus werden insbesondere im Fachunterricht in der Zukunft verstärkt **Lernprogramme** eingesetzt werden.

Der Einsatz von Software wirft im Bildungsbereich zahlreiche juristische, wirtschaftliche, technische und didaktisch-methodische Probleme auf, von denen die ersten drei Bereiche kurz angerissen werden sollen:

- In vielen Bildungseinrichtungen wird Software außerhalb der vereinbarten Lizenzbedingungen eingesetzt, was (nicht nur) für weitgehend staatliche Einrichtungen juristisch unhaltbar ist.
- Die Ausstattung aller bundesdeutschen Schulen mit den notwendigen Programmiersprachen und Anwendersystemen würde bei einer Nutzungslizenz pro Arbeitsplatz Kosten in Höhe von ca. 270 Millionen DM verursachen. [5, S. 25] Diese Summe müßte wegen der relativ kurzen "Halbwertzeit" von Software ungefähr alle vier Jahre erneut aufgebracht werden.

- Der Markt für Betriebssysteme befindet sich gegenwärtig im Umbruch, wobei bislang keine eindeutigen Anzeichen dafür existieren, welches System künftig eine ähnlich marktbeherrschende Stellung wie MS-DOS erreichen wird.

  Auch der Markt der Kommunikationstechniken wird in den nächsten Jahre komplett umgestaltet werden. Die Auseinandersetzung mit dem Aufbau, den Anwendungen und den Auswirkungen "vernetzter Systeme" zählt deshalb nicht nur in Hessen zu den wesentlichen Schwerpunkten einer informations- und kommunikationstechnischen Bildung. [6]

Forderungen an Software im Bildungsbereich

Die Anforderungen an Software im Bildungsbereich unterscheiden sich teilweise von den Forderungen professioneller AnwenderInnen. Die nachfolgenden Ausführungen charakterisieren wesentliche Gesichtspunkte:

- Beim Umgang mit verschiedenen Softwaretools sollen die SchülerInnen mit den Informations- und Kommunikationstechniken i.a. exemplarische Erfahrungen sammeln. Eine Professionalisierung wird im allgemeinbildenden Bereich dagegen nicht intendiert, weshalb auf viele Funktionen kommerzieller Anwenderprogramme verzichtet werden kann.
- Um technisches Detailwissen soweit wie möglich vermeiden zu können, erlangt eine klare und konsistente Benutzerführung eine zentrale Bedeutung. Für die HIT-Gruppe wurde deshalb eine einheitliche Tastaturbelegung und ein gleichartiges Bildschirmlayout vereinbart. [7]
- Die besondere Dramatik, die mit dem Eindringen der Informations- und Kommunikationstechnik in nahezu alle gesellschaftlichen Bereiche verbunden ist, basiert maßgeblich auf der universellen Bedeutung der Mikroelektronik. Die gemeinsamen Grundkonzepte müssen deshalb durch die Wahl geeigneter Vorstellungsmodelle und Begriffe verdeutlicht werden. Dies kann eine Abkehr von der üblichen Fachterminologie bedeuten.
- Die Software muß zumindest in dem Sinne "offen" sein, daß grundlegende Datenstrukturen und Algorithmen in einem vertiefenden informationstechnischen Unterricht analysiert und aufgearbeitet werden können. Die öffentlich verfügbaren Quelltexte und umfassende Dokumentationen der HIT-Softwaretools werden diese Möglichkeit eröffnen.
- Die Programme müssen mit vergleichsweise geringem Aufwand an neue Gegebenheiten angepaßt werden können. So werden beispielsweise gegenwärtig Überlegungen angestellt, ob und wie existierende Programme für Sehgeschädigte und Blinde adaptiert werden können.
- Alle Programmen sollen über Optionen zum Aufruf von Kommunikationsdienstleistungen verfügen. Dazu gehört insbesondere auch die Möglichkeit, Daten zwischen verschiedenen Arbeitsstationen auszutauschen. Mit *HTalk* wurde am HIBS für diesen Zweck eine preiswerte Möglichkeit für unterschiedliche Rechnersysteme entwickelt. [8]
- Für den Umgang mit Software sollten wenige, dafür aber in verschiedenen inhaltlichen Bezügen tragfähige Konzepte verwendet werden. Hierzu zählt als bekanntestes Beispiel das "Turtle"-Konzept, bei dem ein elektronischer Zeichenstift mit wenigen Befehlen gesteuert wird. Mit *microTurtle* liegt hierzu beim HIBS bereits ein Prototyp vor. [9]

- Programme sollten, soweit dies aus dem jeweiligen Kontext möglich ist, fehlertolerant arbeiten oder sogar Fehler selbstständig korrigieren. Dies betrifft beispielsweise ein fehlendes Leerzeichen zwischen einem Befehl und dem zugehörigen Parameter oder eine fehlende, schließende Klammer bei einem Rechenausdruck.

HIT-Softwaregruppe

Am Hessischen Institut für Bildungsplanung und Schulentwicklung in Wiesbaden wurde im Schuljahr 1988/89 die HIT-Softwaregruppe gebildet, deren Teilnehmer aus dem Bereich der Sekundarstufen I und II und dem berufsbildenden Bereich kommen und über Erfahrungen in der Lehrerfortbildung verfügen. Ihre Aufgabe besteht in erster Linie darin, integrierte Softwaretools für den Bildungsbereich zu entwickeln, wobei zum gegenwärtigen Zeitpunkt mit Vorrang Programme für die informations- und kommunikationstechnische Grundbildung entwickelt werden.

Die im Projektnamen zum Ausdruck kommende "Integration" bezieht sich dabei auf die enge inhaltliche Abstimmung bei der Materialentwicklung, auf einen problemlosen Austausch von Daten zwischen verschiedenen Programmen und Arbeitsstationen und auf das weiter unten erläuterte Prinzip der "optimalen Softwarepassung". [10]

Als Entwicklungssprache wurde aus den folgenden Gründen Modula-2 ausgewählt:

- Modula-2 verfügt über alle wesentlichen Vorzüge von Pascal, während einige Beschränkungen von Pascal korrigiert wurden.
- Arbeitsteilige Programmierverfahren werden durch das Modul-Konzept in vorbildlicher Weise unterstützt.
- Modula-2 ist eine sichere Programmiersprache, da vom Compiler sehr strenge Typ- und Parameterkontrollen durchgeführt werden. Die Typprüfung kann jedoch bei Bedarf explizit umgangen werden.
- Mit Modula-2 kann sowohl maschinennah als auch auf abstraktem Niveau programmiert werden.
- Durch das Coroutinenkonzept können mit vergleichsweise geringem Aufwand multitaskingfähige Programmumgebungen geschaffen werden. [11,12]

Die Programme sollen im Hinblick auf eine "virtuelle Hardware" entwickelt werden, die durch folgende Eigenschaften charakterisiert werden kann:

- Der Prozessor ist zumindest eine 16-Bit CPU und hat Zugriff auf minimal 640 kB RAM-Speicher.
- Mit einer hochauflösenden Grafik und einer Maus kann eine objekt-orientierte Programmsteuerung realisiert werden.
- Die Diskettenlaufwerke bzw. Festplatten verfügen über ausreichende Speicherkapazitäten, wobei 360 kB pro Diskette nicht mehr als Stand der Technik angesehen werden können.
- Neben den üblichen seriellen und parallelen Schnittstellen können diese Rechner auch für Telekommunikationsdienste eingesetzt werden.

- Die Computer müssen zumindest in Grenzen erweitert werden können, um z.B. den Anschluß von CD-ROMs zu ermöglichen.
- Für die betreffenden Rechner müssen Grafikschnittstellen nach dem GKS[3]-Standard zur Verfügung stehen. Für MS-DOS- und Atari-ST-Computer können die GEM- bzw. die zugehörigen VDI[4]-Routinen verwendet werden; für Macintosh-Rechner existieren mit der Quickdraw-Bibliothek ähnliche Prozeduren.

Zum gegenwärtigen Zeitpunkt erfüllen m.E. MS-DOS-Rechner der AT-Klasse, Atari-ST- und Macintosh-Computer die aufgestellten Forderungen.

Ziele der Programmentwicklung

Zwei wichtige Ziele für die Programmentwicklung der HIT-Softwaregruppe sollen genauer diskutiert werden.

Hardwareunabhängigkeit

Jedes technische Objekt besitzt eine gewisse "Lebensdauer". Deshalb ist die HIT-Softwaregruppe bestrebt, für einen möglichst langen Zeitraum den sinnvollen Einsatz der zu entwickelnden Softwarewerkzeuge sicherzustellen.
Die Entwicklung ist jedoch im Bereich der Informationstechnik keineswegs abgeschlossen, wenngleich eher Evolution denn Revolution angesagt ist. Um "Sackgassen" zu vermeiden, die keineswegs immer technisch bedingt sind, sondern häufig durch die Entscheidungen weniger marktbeherrschender Firmen verursacht werden, soll von der zugrundeliegenden Hardware so weit wie möglich abstrahiert werden. Gleiches gilt für das verwendete Betriebssystem, bei dem im Hinblick auf die Verwaltung der Dateien lediglich vorausgesetzt wird, daß hierarchische Strukturen gebildet werden können.
Durch drei Maßnahmen soll diese Unabhängigkeit erreicht werden:

- Durch den Einsatz einer höheren Programmiersprache erfolgt per se eine Abstrahierung.
- Die eigentlichen Programmentwicklungen setzen auf speziell für das HIT-Projekt konzipierten Dienstleistungsmodulen auf. Eine Anpassung der Programme an andere Rechner bedeutet deshalb im wesentlichen, daß diese Module neu entwickelt werden müssen.
- Die Benutzerschnittstelle für Tastatur, Maus, Fenster und Dialoge basiert ebenfalls auf selbstentwickelten Modulen, die wiederum auf der GKS-Schnittstelle aufbauen.

[3] Grafisches Kern System
[4] Virtual Device Interface

Prinzip der "optimale Softwarepassung"

In Anlehnung an *Heckhausen* [13, S. 584] wird in [10] die Forderung nach einer "optimalen Softwarepassung" erhoben. Vier Aspekte sollen mit diesem Begriff zusammengefaßt werden.

- **Einheitliche Benutzeroberfläche**

  Beim Erlernen eines neuen Softwaretools müssen die SchülerInnen zwei Leistungen erbringen: Sie müssen lernen, das Programm sachgemäß zu bedienen, wozu das Laden von Daten, das Abspeichern von Zwischenergebnissen, das Umschalten zwischen den Arbeitsflächen u.v.m. gehören.

  Wichtiger als dieses Bedienerwissen ist jedoch das Wissen darum, welche Operationen mit diesem Programm ausgeführt werden können, wie gewisse Relationen zwischen Objekten erfragt werden können oder wie Arbeitsergebnisse aus anderen Anwendungen einbezogen werden können. Um diesen Fragestellungen den nötigen Raum zu verschaffen, muß die Benutzeroberfläche weitgehend einheitlich gestaltet sein. Zugleich können so lernbezogene Interferenz-Effekte vermieden werden.

- **Berücksichtigung moderner Erkenntnisse der Software-Ergonomie**

  Erfahrungen im Schulunterricht haben gezeigt, daß eine objektorientierte Programmsteuerung zumindest im Anfangsunterricht zu besseren Ergebnissen führt als ein befehlsgesteuerter Ansatz. Durch die Maus und den maßvollen[5] Einsatz grafischer Elemente kann die Lerneffektivität gesteigert werden.

  Farbige Darstellungen können u.U. sehr viel besser zu einer Unterscheidung zwischen wichtigen und unwichtigen Informationen beitragen, als dies bei monochromer Darstellung der Fall ist. Die hohen Kosten und die nicht immer befriedigende Darstellungsqualität sprechen jedoch momentan (noch) gegen einen weiten schulischen Einsatz von Farbmonitoren.

  Gerade bei der Gestaltung des Bildschirms ist der Grundsatz zu beachten, daß "weniger oft mehr ist". Durch mehrere überlappende Bildschirmfenster und Dialogboxen kann zwar die Bedienungsgenese sehr gut dokumentiert werden, jedoch kann die Übersichtlichkeit rasch verloren gehen.

  Weiterführende Erkenntnisse im Hinblick auf eine optimale Steuerung der Programmabläufe sind von der Spracheingabe zu erwarten. Durch Leerprozeduren werden die HIT-Softwaretools bereits hierfür vorbereitet.

- **Optimaler Befehlsumfang**

  HIT-Softwaretools sollen in unterschiedlichen Lerngruppen eingesetzt werden. Durch das Ein- bzw. Ausschalten von "Softwareschaltern" kann eine optimale Anpassung an die jeweiligen Lernvoraussetzungen erfolgen. Insbesondere können alle für die Aufgabenstellung überflüssigen Zusatzfunktionen ausgeblendet werden. Für diesen Ansatz sprechen zwei wichtige Gründe:

  - **Lerntheoretische Überlegungen**

    Für *Heckhausen* ist das Prinzip der "optimalen Passung" grundlegend für alle Lernvorgänge. Der Lernzuwachs ist dann besonders gering, wenn die Lernsituation zu einfach oder zu komplex ist. Über die Änderung des Schwierigkeitsgrades kann somit, in Abhängigkeit von den Lernvoraussetzungen, ein optimaler Lernzuwachs erreicht werden.

---

[5] Eine grafische Orientierung bei der Programmsteuerung darf jedoch nicht dazu führen, daß Begriffe und Operationen, die kurz und treffend mit einem Wort beschrieben werden können, zwanghaft "verbildlicht" werden. Die AnwenderInnen müssen im informationstechnischen Unterricht ernstgenommen werden und dürfen nicht als infantile Geschöpfe behandelt werden. [14]

- **Lernökonomische Gründe**
  Alle Textverarbeitungsprogramme bieten ähnliche Funktionen, wobei sie sich aber z.T. erheblich in ihrer Bedienung unterscheiden. Wurde also in der Grundbildung mit einem einfachen Programm X begonnen, so kann in der vertiefenden informationstechnischen Bildung ein Programm Y erforderlich werden. Durch den Umstieg auf das andere Programm wird das bislang erworbene Bedienerwissen wertlos und kann u.U. sogar zu Interferenzerscheinungen beim Lernfortschritt führen.

Der optimale Befehlsumfang beginnt bereits beim Start des Computers. Durch geeignete technische Maßnahmen kann für die betreffende Adressatengruppe eine optimale Arbeitsumgebung geschaffen werden. So können z.B. anfangs fast sämtliche Betriebssystemfunktionen verdeckt bzw. ausgeschaltet werden.

- **Arbeit mit geeigneten Vorstellungsmodellen**
  Es wurde bereits mehrfach betont, daß die Arbeit mit geeigneten Vorstellungsmodellen im Umgang mit der Hard- und Software für den Lernprozeß von großer Wichtigkeit ist. Durch die Wahl geeigneter Bezeichnungen kann dieser Vorgang immanent unterstützt werden. Die Schreibtisch-Metapher, die erstmals von Rank Xerox eingeführt wurde, wird für didaktische Softwaretools wichtige Impulse geben.

  Es soll nicht verschwiegen werden, daß dieser Ansatz auch auf Kritik stößt. In jedem Fall eröffnet sich hier ein weites Forschungsfeld für die Suche nach Begriffen, die den jeweiligen Problemlöseprozeß adäquat und schülergerecht beschreiben und unterstützen können.

HIT-Softwaretools

Die zu entwickelnden Programme werden nachfolgend in Form von Übersichten beschrieben, wobei die Reihenfolge keiner chronologischen Zuordnung entspricht. Zu den Anwenderprogrammen in engeren Sinne gehören:

- **HBase:** Bei dieser relationalen Datenbank sollen die Eingabeformulare mit Hilfe einer Maus interaktiv erzeugt werden. Der gleiche Bedienungskomfort ist bei der Festlegung des Druckformates gewährleistet. Jeder Datensatz kann neben den üblichen Datenobjekten Text und Zahl auch Objekte vom Typ Grafik enthalten. Die Verwaltung der Indexdateien erfolgt weitgehend automatisch. Das vom HIBS vertriebene Programm *microBase* kann wegen der neuartigen Konzepte nur in eingeschränktem Maße als Modell dienen.

- **HDraw:** Dieses objektorientierte Zeichenprogramm stellt die wesentliche Grundoperationen von Zeichenprogrammen zur Verfügung. Über das bislang vom HIBS vertriebene *microCAD* hinausgehend können Objekte mit dem Attribut Fläche manipuliert werden. Über ein "Klemmbrett" können zwischen den beiden Arbeitsflächen grafische Objekte ausgetauscht werden.

- **HPaint:** Mit diesem pixelorientierten Zeichenprogramm wird ein Programm aus der zweiten wesentlichen Klasse von Zeichenprogrammen verfügbar. Über entsprechende Datenformate können z.B. auch gescannte Bilder weiterverarbeitet werden. Mit elektronischen "Pinseln" und "Sprühpistolen" können andere grafische Fragestellungen als mit objektorientierten Zeichenprogrammen bearbeitet werden. Eine Integration beider Ansätze ist in begrenztem Maße möglich.

- **HLayout:** Die Integration von Text und Grafik gewinnt im Zuge von "Desk Top Publishing" oder "Electronic Publishing" zunehmend an Bedeutung. Kommerziell erhältliche Programme wie Ventura Publisher, PageMaker und Calamus können bezüglich der Vorstellungsmodelle und Handhabung zahlreiche Anregungen vermitteln. Ihr Funktionsumfang ist aber für die Belange der informationstechnischen Bildung drastisch einzuschränken.
- **HChart:** "Bilder sagen oft mehr als 1000 Worte". Diese Erkenntnis gilt erst recht für die Veranschaulichung langer Zahlentabellen. Neben den einfachen Grafiken sollen auch räumlich wirkende Grafiken möglich sein. Grundlage dieser Entwicklung kann das Programm *microDiagramm* sein, das ebenfalls vom HIBS vertrieben wird.
- **HCalc:** Die Tabellenkalkulation zählt im Bereich der Wirtschaft zu den wichtigsten Anwendungsbereichen der Informationstechnik. Gegenüber dem Programm *microCalc*, das auf dem Beispielprogramm von Turbo Pascal 3.0 basiert, werden zwei Rechenblätter mit einem vergrößerten Spalten- und Zeilenbereich zur Verfügung stehen. Eine Integration von *HChart* und *HCalc* erscheint sinnvoll.
- **HText:** Obwohl es mittlerweile zahlreiche Textverarbeitungsprogramme gibt, muß im Zusammenhang mit *HLayout* ein eigenes System entwickelt werden. Der Leistungsumfang wird sich dabei an dem vom HIBS vertriebenen Programm *Textschleuder* orientieren, wobei eine automatische Worttrennung integriert wird.

Dienstleistungen in "geschützten Umgebungen" stellen die folgenden Programme zur Verfügung:

- **HShell:** Auch für Betriebssystemfunktionen kann eine einheitliche Benutzeroberfläche realisiert werden. Die Objektorientierung und der maßvolle Einsatz grafischer Elemente erlauben einen einfachen und sicheren Umgang mit den Ressourcen des Betriebssystems.
- **HSpool:** Dieses Druckprogramm verwaltet alle anfallenden Druckaufträge.
- **HMail:** Die Kommunikationstechniken werden auch im schulischen Bereich zunehmend an Bedeutung gewinnen. *HMail* wird dazu einerseits eine "Klassenzimmer-Mailbox" zur Verfügung stellen und andererseits den Zugriff auf reale Postdienste ermöglichen.

Für die Bearbeitung der algorithmischen Anteile insbesondere im informationstechnischen Grundbildungsunterricht sollen verschiedene Sprachumgebungen konzipiert werden, die gegebenenfalls in einer Programmierumgebung integriert werden können:

- **HTurtle:** Diese grafische Programmiersprache wird in ihren wesentlichen Eigenschaften dem vom HIBS vertriebenen Programm *microTurtle* entsprechen. Als Erweiterung ist der Umgang mit Flächenobjekten vorgesehen.
- **HNumbers:** Ähnlich wie mit *HTurtle* eine Programmiersprache für grafische Objekte existieren wird, sollen mit *HNumbers* arithmetische Probleme bearbeitet werden. Eine Integration grafischer Objekte in *HNumbers* ist anzustreben.
- **HString:** Mit dieser Programmiersprache sollen Problemstellungen aus dem Bereich der Textverarbeitung algorithmisch aufgearbeitet werden können.
- **HRobot:** Probleme aus dem Bereichs des Steuern und Regelns können mit Hilfe dieser Programmiersprache bearbeitet werden. Die Syntax orientiert sich dabei an der Sprache *HTurtle*. Als neues informationstechnisches Konzept werden Elemente einer Parallelverarbeitung eingeführt.

Im Simulationsbereich können mit der Programmierumgebung **HEco** ökologische und ökonomische Modelle gebildet und untersucht werden. **HFinit** dient der Simulation technischer Fragestellungen.

Schließlich sind in der Gesamtkonzeption zwei weitere Programme vorgesehen, die über den Rahmen der bislang im Bildungsbereich eingesetzten Software hinausreichen:

- **HCard:** Die von diesem Programm zur Verfügung gestellten "Informationswerkzeuge" dienen dazu, Informationen so aufzubereiten, wie sie auf der Anwendungsseite anfallen. Die starren Schemata für Datenbanken fallen somit weg, da in einer Datenbasis mehrere "Formulare" verwendet werden können und eine "Navigation in einer Informationslandschaft" per Mausklick ermöglicht wird. Ausgangspunkt der Überlegungen wird das Programm *HyperCard* für den Macintosh-Computer sein.
- **HExpert:** Mit dieser Expertensystem-Shell kann Wissen gespeichert und erfragt werden. Einfach einzugebende Regeln können auf die Datenbasis angewendet werden. Auf der Grundlage des bekannten Wissens und der bekannten Regeln kann der Computer selbstständig Schlußfolgerungen ziehen. Eine natürlich-sprachliche Schnittstelle ist anzustreben.

  Insbesondere für diese beiden Programme strebt das HIBS eine Zusammenarbeit mit Universitäten oder ähnlichen Einrichtungen an.

Von diesem sehr umfangreichen Katalog werden *HBase* und *HDraw* als erste Programme im Verlaufe des Sommers 1989 fertiggestellt sein.

Literatur

[1] **Peschke, R.**, Computer als Unterrichtsgegenstand, DIFF-Fernstudienlehrgang, Tübingen, 1989

[2] **Rauch, H.**, Didaktische Softwaretools, in HEKTOR Info 1, Wiesbaden, HIBS, 1988

[3] Gesamtkonzept für die informationstechnische Bildung, Heft 16 der BLK Materialien zur Bildungsplanung, Bund-Länder-Kommision für Bildungsplanung und Forschungsförderung, Bonn, 1987

[4] **Fleischhauer, H.-L.**, Handbuch zur BTX-Bank, Wiesbaden, HIBS, 1985

[5] **Peschke, R.**, Lizenzen und Preise für kommerzielle Software in Schulen - Ein Regelungsbedarf für Bildungsverwaltung, in **v. Stern, H.**, Kommerzielle Software in der Schule - Wirtschaftliche und rechtliche Aspekte, Wiesbaden, HIBS, 1987

[6] Hessischer Landtag: Antwort der Landesregierung auf die Große Anfrage der Abgeordneten Hinz, Vielhauer und Fraktion betreffend Computer an allgemeinbildenden und beruflichen Schulen, Drucksache 11/5134, Wiesbaden, 12/86

[7] **Rauch, H.**, Programmspezifikation von Software für die informations- und kommunikationstechnische Bildung, HIT-Projekt, Bericht 3, Wiesbaden, HIBS, 1989

[8] **Rauch, H.**, HTalk-Dokumentation - Datenkommunikation für die informations- und kommunikationstechnische Bildung, Wiesbaden, HIBS, 1989

[9] **Rauch, H.**, microGraf - Didaktische Grafiksoftware für die informations- und kommunikationstechnische Grundbildung, Wiesbaden, HIBS, 1987

[10] **Rauch, H.**, Konzeption zur Entwicklung von Software für die informations- und kommunikationstechnische Bildung, HIT-Projekt, Bericht 1, Wiesbaden, HIBS, 1988

[11] **Zöbel, D.**, Konzepte der parallelen Programmierung, Stuttgart, Teubner, 1988

[12] **Cin, M.**, Grundlagen der systemnahen Programmierung, Stuttgart, Teubner, 1988

[13] **Heckhausen, H.**, Bessere Lernmotivation und Lerninhalte, in Weinert, F., Funk-Kolleg Pädagogische Psychologie, Frankfurt, 1974

[14] **Rauch, H.**, Hard- und Software '89 - Überlegungen für eine grundbildungsgeeignete Ausstattung, in HEKTOR Info 3, Wiesbaden, HIBS, 1989